本著作得到国家自然科学基金重点项目"我国产业集聚演进与新动能培育
大力支持

# 乡村振兴地方品质
# 驱动战略研究

杨开忠　彭文英　颜　燕　等著

中国财经出版传媒集团

经济科学出版社
Economic Science Press

图书在版编目（CIP）数据

乡村振兴地方品质驱动战略研究/杨开忠等著 . —北京：
经济科学出版社，2021. 3
ISBN 978 - 7 - 5218 - 2458 - 2

Ⅰ. ①乡… Ⅱ. ①杨… Ⅲ. ①农村 - 社会主义建设 -
研究 - 中国 Ⅳ. ①F320. 3

中国版本图书馆 CIP 数据核字（2021）第 057153 号

责任编辑：李 雪 高 波
责任校对：郑淑艳
责任印制：王世伟 范 艳

**乡村振兴地方品质驱动战略研究**
杨开忠 彭文英 颜 燕 等著
经济科学出版社出版、发行 新华书店经销
社址：北京市海淀区阜成路甲 28 号 邮编：100142
总编部电话：010 - 88191217 发行部电话：010 - 88191522
网址：www. esp. com. cn
电子邮箱：esp@ esp. com. cn
天猫网店：经济科学出版社旗舰店
网址：http：//jjkxcbs. tmall. com
北京季蜂印刷有限公司印装
787 × 1092 16 开 20. 75 印张 445000 字
2021 年 4 月第 1 版 2021 年 4 月第 1 次印刷
ISBN 978 - 7 - 5218 - 2458 - 2 定价：88. 00 元
（图书出现印装问题，本社负责调换。电话：010 - 88191510）
（版权所有 侵权必究 打击盗版 举报热线：010 - 88191661
QQ：2242791300 营销中心电话：010 - 88191537
电子邮箱：dbts@ esp. com. cn）

# 前言

党的十八大以来，党中央把脱贫攻坚作为全面建成小康社会的底线任务和标志性指标，党的十九大作出了实施乡村振兴战略的重大决策部署。我国农业农村现代化是全面建设社会主义现代化国家的重要任务，将着力推动乡村经济、乡村法治、乡村文化、乡村治理、乡村生态、乡村党建全面振兴。实施乡村振兴战略的总目标是农业农村现代化，总方针是坚持农业农村优先发展，总要求是产业兴旺、生态宜居、乡风文明、治理有效、生活富裕，制度保障是建立健全城乡融合发展体制机制和政策体系。深化改革是实施乡村振兴战略的法宝，推动人才、土地、资本等要素在城乡间双向流动和平等交换，激活乡村振兴内生活力是实现乡村振兴战略目标的根本举措。我国发展不平衡不充分的一些突出问题尚未解决，城乡区域发展和收入分配差距依然较大，乡村地方品质水平较低，我国西部山区问题尤为突出。在深入实施乡村振兴战略的新时代，迫切需要选择突出问题区域进行全面调查分析，瞄准突出问题和薄弱环节，揭示乡村发展客观规律，探讨乡村振兴内生驱动力，对标乡村振兴战略总体目标及要求，以地方品质驱动为主要抓手，探索乡村振兴战略路径和政策支持体系。

本书包括五篇十六章。第一篇为乡村振兴战略由来与总体框架，包含乡村振兴战略由来，乡村振兴实践经验、乡村振兴战略逻辑3章，旨在论述我国乡村发展限制性因素、乡村发展历程、乡村振兴机遇与挑战，以及乡村振兴战略方针；第二篇为乡村振兴地方品质驱动力，包含农民收入增长动力、产业兴旺内生动力、人才振兴内生动力3章，主要研究人—业—地—财乡村振兴驱动要素的改革与创新，回答如何促进乡村振兴内生动力发展和乡村振兴战略目标实现问题；第三篇为乡村振兴都市圈化，包含城乡融合发展的内容与由来、城乡融合发展的基本空间形态：都市圈、乡村振兴都市圈化之路、土地制度改革创新4章，主要基于空间格局优化及空间品质提升论述城乡融合发展要求、乡村发展的空间演化规律及城乡融合都市圈化道路；第四篇为乡村生态宜居建设战略，包含美丽乡村建设之路、生态宜居建设之路、乡村生态建设之路、乡村人居环境整治之路4章，主要围绕生态文明建设要求，以及广大农民群众对地方品质和对建设美丽家园的追求，探讨作为乡村振兴内在要求的生态宜居建设内涵、路径及重要方略；第五篇为乡村振兴差别化战略，包含乡村振兴区划、乡村振兴类型2章，主要立足于中国乡村发展区域差异性，评价分析乡村振兴区划及类型，提出分区分类的乡村振兴战略路径和政策建议。

全面实施乡村振兴战略，是决胜全面建成小康社会、全面建设社会主义现代化国家的重大历史任务。本书阐释了以习近平同志为核心的党中央关于乡村振兴战略的思想和方针政策，梳理了我国乡村发展的理论与实践。立足于新时代、新思想、新要求，瞄准西部山区乡村振兴问题及薄弱环节，提出建设中国特色社会主义乡村振兴道路。本书围绕"形成工农互促、城乡互补、协调发展、共同繁荣的新型工农城乡关系"。理论上建构乡村振兴战略逻辑体系，揭示实施乡村振兴战略的内生驱动力，在实践上探索落实乡村振兴战略的路径、措施和政策支持，以期为相关政府部门制定乡村振兴政策提供理论依据，可供广大乡村振兴研究学者们学习参考。

**作 者**

2021 年 1 月

# 目录

# 第五篇　乡村振兴差别化战略

# 第一篇
# 乡村振兴战略由来与总体框架

# 第一章

# 乡村振兴战略由来

党的十九大客观总结了我国社会经济发展成效，对中国特色社会主义进入新时代作出了科学论断，准确判断了我国城乡发展趋势及乡村演变发展态势，为解决社会经济发展突出问题，提出了乡村振兴战略；为新时代我国"三农"建设、全面小康社会建设和建设社会主义现代化国家，提出了总抓手。

## 一、乡村振兴战略的内涵及意义

党的十九大对我国社会经济发展、社会矛盾做出了明确判断，提出了"实施乡村振兴战略"。我国城乡发展不平衡、农业农村发展不充分、农村贫困问题表现突出，乡村振兴战略为新时代我国从根本上解决"三农"问题、城乡发展不平衡问题提供了行动纲领和战略部署。

### （一）乡村振兴战略的背景

我国国内生产总值已稳居世界第2位，对世界经济增长的贡献率超过30%，城镇化率不断提高，人民生活质量有所提升，生态文明建设取得良好效果，社会经济发展迅速。党的十九大报告指出，中国特色社会主义进入新时代，我国社会主要矛盾已经转化为人民日益增长的美好生活需要和不平衡不充分的发展之间的矛盾。我国发展不平衡不充分的现象依然存在，尤其表现在城乡区域发展不平衡和居民收入分配差距大，乡村发展是全面小康社会建设最为薄弱的环节。社会主要矛盾的转化，对我国农村发展提出新的要求。

#### 1. 人民群众美好生活需求

党的十八大以来，以习近平同志为核心的党中央，始终把以人民为中心的发展思想贯穿治国理政全过程。习近平总书记指出，"全面小康路上一个不能少""脱贫致富一个不能落下"[1]，把人民对美好生活的向往作为奋斗目标。我国农村居民收入普遍偏低，乡村贫困问题比较突出，2017年末，全国[2]农村贫困人口3046万人，贫困发生率3.1%，贫困地区农村居民人均可支配收入9377元，是全国农村平均水平的69.8%[3]；乡村地区人力资源资本支撑弱，农村居民文化水平相对较低，务农积极性不高；乡村"小、散、乱"问题突出，垃圾污水处理、公共厕所、文化娱乐等环保设施和民生设施建设严重滞后，这些问题已经严重影响全面小康社会建设，与人民群众美好生活需要不相符。乡村振兴战略顺应了党和人民事业发展的客观需要，是人民群众美好生活追求所向。

### 2. 城乡不平衡问题导向

发展不平衡是新时代我国社会主要矛盾之一，城乡发展不平衡是最为突出的表现。与城市发展相比，我国乡村发展仍然较为缓慢和滞后。21世纪以来，在中国共产党的坚强领导下，相继出台了一系列有效政策，乡村得以快速发展。但是乡村发展基础薄弱，乡村产业缺乏竞争力，农民收入低，贫困人口众多等问题还没有有效解决。要全面建成小康社会，亟待解决农村发展和缩小城乡差距问题。只有通过加快推进乡村基础设施建设，完善乡村公共服务体系，加速乡村特色产业发展、实现乡村和农业现代化，才能从根本上解决我国乡村发展产生的危机。从国际经验来看，城乡融合发展的基本条件是人均GDP超过2000美元、第一产业占GDP的比重降到15%、城镇化率达到50%（郑传芳等，2004）。2017年，我国人均GDP已超8000美元，第一产业占GDP的比重低于9%，城镇化率达到58.52%，已具备实施乡村振兴战略的基础，在当前推行可谓正当其时（张海鹏、郜亮亮、闫坤，2018）。

乡村振兴战略强调要优先发展农业农村，补齐农业农村发展短板，为各类扶持"三农"发展的政策制定创造了广阔空间。通过切实可行的政策措施，有效促进乡村产业发展，改善落后的乡容乡貌，为建设"看得见山、望得见水、记得住乡愁"的新时期乡村环境提供了有效条件。中国特色社会主义建设已进入新时代，全面建成小康社会和全面建设社会主义现代化国家的目标决定了必须要实施乡村振兴战略。同时，城镇化的高质量发展必须要现代化的乡村产业体系支持，需要美丽乡村的空间支撑。中国作为一个大国，只有实现农村和农业现代化，才能实现全面建成社会主义现代化国家的目标。

---

[1] 《光明日报》评论员. 全面小康路上一个不能少［N］. 光明日报，2018 - 10 - 30（1）.
[2] 本书中所指"全国"均不包含港澳台地区，后面不再赘述。
[3] 国家统计局住户调查办公室. 2018年中国农村贫困监测报告［M］. 北京：中国统计出版社，2018.

### 3. 乡村发展不充分内在驱使

发展不充分是新时代我国社会主要矛盾之一，乡村发展不充分是最为突出的表现。我国乡村面积广阔，乡村人口约5.7亿人，占总人口的41.48%，耕地、园地、林地、牧草地及其他农用地总面积达644.8万平方千米[①]。从国际经验来看，工业化和城镇化的急速发展，在一定程度上会对乡村发展造成影响，城乡发展差距的加大，会导致乡村青壮年人口向城市聚集，乡村出现人口老龄化现象，"空心村"的问题产生，造成了乡村经济发展迟缓。我国农村人口老龄化和"空心村"等问题也日渐明显，农村社会矛盾日趋复杂化，乡村发展不充分问题十分突出。据调查研究测算，全国空心村综合整治潜力达1.14亿亩，村庄空废化态势仍严峻，2013年，全国乡村60岁、65岁以上老龄人口比重分别为17.1%、11.2%，比城市高4.3个百分点和2.8个百分点（刘彦随，2011）。乡村资源开发利用效率低，以人口、土地为例，根据国土部土地利用第二次调查数据，1996年以来，农村人口年减少1300万人，而农村建设用地不减反增1.22万平方千米。全国耕地撂荒每年近2万平方千米（卢曦，2016），农业用地产出效率低，全国乡村公共财政收入5亿元以下的县域（市）占38.6%，而行政区域面积占54.6%[②]。

按照国际经验，部分发达国家通过发展特色产业，加强基础设施建设，完善公共服务体系建设等方式，使城乡差距在逐渐弱化。比如，以扶持特色乡村产业发展为特点的日本"造村运动"，以优化乡村环境、加强乡村公共服务体系建设为核心的韩国"新村运动"，以及以加强乡村建设规划，实现乡村农业可持续发展为着力点的德国"村庄更新"，均取得了巨大成功。一些欧美发达国家的乡村，其生活环境和生活品质也远超城市，成为富裕阶层首选的休闲和居住地。借鉴国际经验，结合我国实际情况，充分挖掘乡村发展资源，释放乡村发展动能，全面充分发展乡村，实施乡村振兴战略是新时代乡村发展的客观趋势。

## （二）乡村振兴的本质内涵

中国一直以来都是农村、农业、农民大国，对于乡村发展实践探索已有很长历史。早在20世纪初，国民政府推行"农村复兴计划"期望旧体制改良实现乡村复兴，中国共产党领导"乡村革命运动"，实现"耕者有其田"。1949年中华人民共和国成立后，建立了计划经济体制，实行城乡分割政策；1978年以后，实行家庭联产

---

① 国家统计局.2018年中国统计年鉴［M］.北京：中国统计出版社，2018.

② 国家统计局农村社会经济调查司.2017年中国县域统计年鉴（县市卷）［M］.北京：中国统计出版社，2018.

承包责任制，确立工农产品市场化交换机制，激发了农村发展活力；2005 年以后，党的十六届五中全会启动了内容为"生产发展、生活宽裕、乡村文明、村容整洁、管理民主"的社会主义新农村建设，农村建设迅速，农村面貌得以快速改善；党的十八大以后，城乡统筹发展的力度再次加大；党的十九大提出乡村振兴战略，明确了"产业兴旺、生态宜居、乡风文明、治理有效、生活富裕"的总要求，从本质上定义了乡村振兴的内涵。

### 1. 乡村振兴对象：乡村全面振兴

"乡村"不同于"农村"。根据统计部门《关于统计上划分城乡的规定（试行）》，将我国城乡空间分为城镇和乡村，乡村是指除城镇以外的区域，其领域包括集镇（非建制镇）和农村，农村是最基层空间，主要是指以从事农业生产为主的劳动者聚居的地方。乡村振兴战略明确了振兴对象为"乡村"，是包括农村、集镇范围的区域全面振兴，是城乡融合的全域振兴。

### 2. 乡村振兴根本：农民富裕

乡村振兴战略体现了"坚持以人民为中心"和"人民当家作主"的基本方略，最终目标要让农民富裕。我国城乡居民收入差距、生活水平差距、公共服务质量差距还十分显著，"小康不小康，关键看老乡""振兴不振兴，主要看乡亲"，乡村振兴根本在于要让农民富裕起来，缩小城乡差距，让农民享受公平的教育、医疗、卫生等公共服务资源，让农民摘掉"穷困落后"的帽子，全面提高农民生产生活水平。

### 3. 乡村振兴重点：产业兴旺

产业兴则百业兴，产业兴旺是乡村经济发展的重要基础，是乡村振兴的"发动机"。只有产业兴旺了，才能实现农民增收、促进农村发展和农村繁荣，也才能吸引人力资源，集聚资本。乡村衰败归根结底是乡村经济不发达，农业发展传统落后，在国民经济发展中的地位越来越弱化，不足以支撑农民的收入预期。党的十九大指出，要加快推进农业农村现代化，构建现代农业产业体系、生产体系、经营体系，促进农村一二三产业融合发展。乡村振兴要转变发展方式，充分挖掘和盘活优势资源，因地制宜发展特色产业，以农业为主延伸产业链、价值链，推进农业绿色化、优质化、特色化、品牌化，让农业成为有奔头的产业。

### 4. 乡村振兴关键：生态宜居

党的十九大开启了生态文明建设的新时代，建设生态文明是中华民族永续发展的千年大计。改革开放以来，中国人民美好生活需要日益增长，建设美丽中国，为人民创造良好生产生活环境已是新时代我国社会主义建设的基本方略。然而，从乡村发展历史来看，水资源、耕地资源、土壤资源保护问题，垃圾污水处理及厕所问题，面源污染问题，乡镇企业"三废"排放及污染问题，农田村落景观秩序问题，农村居民住房质量问题，这些问题长期阻碍乡村发展和困扰农村居民。"绿水青山就是金山银山"①，良好生态环境是农村最大优势和宝贵财富。乡村振兴的关键是要生态振兴、居住环境振兴，打好农业农村污染治理攻坚战，做好乡村空间综合整治，实现生态宜居。只有生态宜居了，乡村才能摘掉"散、乱、脏"的帽子，才能建设有特色产业的美丽乡村，吸引城市资源资本下乡，让乡村成为有吸引力的区域。

### 5. 乡村振兴基础：乡风文明

自然地理环境、历史文化传承、社会经济发展等长期综合持续影响，铸就了乡村社会风气、社会习俗、生活习惯及思维观念、言行方式等，不断剔除糟粕留存精华，形成了乡村良好的乡风文明。我国乡村发展相对严重滞后，物质文明和精神文明建设欠发达，文化建设水平较低，还存在一些陈规陋习、封建迷信、涉农犯罪、道德法治等问题，从根本上影响农民群众的思想观念，并严重制约农民活力和正确行为选择。只有将乡村优秀文化、良好社会习俗融入"创新、协调、绿色、开放、共享"五大发展理念②，培育文明乡风、良好家风、淳朴民风，提高农民自身素质，提升农民追求美好生活的动力，才能为乡村经济建设、政治建设、文化建设、社会建设、生态文明建设奠定基础，才能激发农民乡村振兴活力，为乡村振兴提供精神力量，让乡村成为有文化情怀的"乡土乡情"之地。

### 6. 乡村振兴保障：治理有效

坚持全面深化改革，坚持和完善中国特色社会主义制度，不断推进国家治理体系和治理能力现代化，是新时代中国特色社会主义思想和基本方略之一。科学有效的乡村治理，在实现国家治理现代化中具有重要作用，是乡村振兴的制度保障。随着我国社会经济的发展，以及工业化、城镇化、信息化的快速推进，传统乡村正在发生变化，农村人口结构、社会组织模式及农业生产经营方式复杂化，乡村基层治理面临新挑战和新要求。实施乡村振兴战略必须加快乡村全面深化改革，加强乡村基层党组织建设，着力制度建设，夯实乡村治理根基，完善乡村治理体系，提升乡村治理能力逐步实现新时代乡村治理现代化。乡村有效治理体现了国家治理整体水平，对推动"产业兴旺、生态宜居、乡风文明、生活富裕"提供有力保障。只有乡村治理有效，才能

---

① 2005年8月15日，时任浙江省委书记的习近平在浙江湖州安吉考察时提出的科学论断。
② 习近平．中共中央关于制定国民经济和社会发展第十三个五年规划的建议［N］．新华社，2015－11－3.

为乡村发展提供讲秩序、讲法治、讲规则、讲政治的良好环境和风气，才能让乡村成为社会稳定和繁荣的美丽乡村。

## （三）乡村振兴战略现实意义

随着我国社会经济的发展，我国人民日益增长的美好生活需要和不平衡不充分发展之间的矛盾在乡村体现最突出，乡村经济发展总量和质量较低，乡村居民收入较低，公共基础设施的建设和管理存在严重问题，实施乡村振兴战略具有重要的时代意义。

### 1. 为决胜全面建成小康社会补齐短板

实施乡村振兴战略，重要目的是解决好"三农"问题。我国农业人口众多，"三农"工作做得好坏直接关系国计民生，关系社会稳定，是全党工作中的重中之重。只有通过实施乡村振兴战略，切实解决好"三农"问题，才能实现全面建成社会主义现代化国家和全面建成小康社会的宏伟目标。只有解决了农村贫困人口脱贫问题，农村产业转型发展等问题，才能让广大农民群众切实体会到经济社会的发展成果，才能真正逐步实现城乡协调发展，最终实现全面建成小康社会。乡村振兴战略的实施，对如何做好"三农"工作，推动农村经济发展提出了具体可行的措施意见，为补齐农业农村发展短板指明了方向，提供了重要依据。

### 2. 促进工农业互补，推动农业现代化

农业在我国经济发展中发挥着非常重要的作用，是社会稳定的基础和保障。改革开放以来，工业的快速发展，为我国经济的持续高速发展贡献了力量，工业现代化的进程不断加快。伴随着工业的高速发展，我国工业与农业的差距也不断加大，具体表现为农业发展基础差、产业化水平不高、农业发展资金不足等，明显影响了农业现代化进程。乡村振兴战略提到坚持农业农村优先发展，从资源配置层面来看，实施乡村振兴战略可以更好地统筹城乡发展，使资源更多地从支持工业发展转为支持农业和农村发展，解决目前农业农村发展面临的资源供给不足的问题，进而提高资源配置和使用效率，促进农业现代化发展。另外，实施乡村振兴战略可以有效加强农村基础设施建设，提升教育、医疗、文化等社会事业发展水平，缩小城乡差异，减少各类矛盾的产生，实现城乡高质量发展。

### 3. 更好地保障我国粮食安全

中国是拥有近14亿人口的大国，粮食安全历来是国家安全的根本，粮食生产更

是各项工作中的重中之重。实施乡村振兴战略在提升粮食生产科技水平，实现粮食高产、优产，以及保障社会稳定发展等方面有重要作用。近年来，随着农产品生产、销售同质化趋势的日益显现，以及农产品生产成本逐步提高等因素的影响，我国农产品的市场竞争力日益减弱，农民的生产热情逐步减退，对农业的健康稳定发展产生了影响。乡村振兴战略的实施，可以促进农业改革发展，提升农业生产的科技水平，促进农业生产规模化集约化发展，进一步降低生产成本，提高农业经济农业效益，加快农业现代化步伐。同时，可以有效提高农民收入，增强农民从事粮食生产积极性，保障1.2亿公顷的耕地红线不被突破。

### 4. 有利于弘扬中华优秀传统文化

实施乡村振兴战略，是重构中国乡土文化的重大举措，是弘扬中华优秀传统文化的重大战略。中国文化本质上是乡土文化，乡村是中华文化的载体，乡土、乡景、乡情、乡音、乡邻、乡德等构成了中国乡土文化，使其成为中华优秀传统文化的基本内核。实施乡村振兴战略，有利于弘扬中华优秀传统文化，实施乡村振兴战略能够推动我国国际地位的提升。从世界范围看，当前还有很多第三世界国家十分落后。受战争、气候和全球范围内的经济危机等因素影响，很多国家的贫困人口数量增加，并爆发了严重的粮食危机，民众的温饱问题十分严峻，严重影响着地方的稳定。乡村振兴战略的提出，为其他发展中国家提供了宝贵的经验，通过借鉴中国农业农村改革发展经验，促进本地区农业农村的高效和有序发展。中国同时可以为有需要的国家提供技术和人员支持，推动当地农业快速发展，进一步提高中国在国际事务中的地位。

# 二、乡村发展历程

按照乡村发展的实际历程，结合乡村治理体系的改革发展，我国乡村发展大致经历了四个时期，分别是："大集体"发展时期、家庭联产承包责任制时期、城乡协调发展时期和乡村振兴战略逐步成型并实施时期。在这一过程中，我国乡村管理体制逐步完善、发展环境不断优化、科技水平逐步提高。

从20世纪20年代到中华人民共和国成立之前，受国家经济衰落和社会动荡的影响，当时的乡村发展速度极缓。由于当时中国经济的主要来源是农业，为了振兴国民经济，卢作孚等知识分子开始了对乡村改革发展的思考，从不同角度提出了包括"邹平模式""定县模式""无锡模式"等乡村建设模式。这些乡村建设模式的目的都是通过教育、文化、道德、实业、合作等措施，实现乡村振兴和重建，进而寻求国家救亡、民族复兴的道路（张海鹏、郜亮亮、闫坤，2018）。由于缺少群众支持，并且改革的主要内容没有把握住当时中国乡村发展的主要矛盾，这场乡村改革效果不明显。在国内有志之士为乡村改革发展献计献策的同时，中国共产党也在积极研究和推行新政策，发起了"乡村革命运动"，通过土地革命实现"耕者有其田"，激发乡村发展活力。"乡村革命运动"符合农民的切身利益需求，解决了生产者与生产资料相分离的根本矛盾，取得了巨大成功。中华人民共和国成立以来，我国乡村发展经历了四个发展阶段。

## （一）乡村"大集体"发展（1949～1978 年）

受长年战乱的影响，中华人民共和国成立初期，百业凋零，百废待兴，国民经济基础相当薄弱。当时，我国农村人口占全国总人口的 89.4%，农业总产值占工农业总产值的 70%（王国敏，2013）。在我国乡村，尤其是新解放的南方广大区域，仍然是封建土地所有制。广大农民群众缺少土地和生产资料，生活拮据。为了促进农业农村发展，改善广大农民群众的生活，1950 年开始，我国颁布了《中华人民共和国土地改革法》《农民协会组织通则》等一系列法律法规，全面开展土地改革。

通过土地改革，广大农民获得了生产生活资料，激发了生产热情，有效促进了农业发展。统计数据显示，1951 年全国粮食产量达到 1.4 亿吨，比 1949 年增加 28%；1952 年比 1949 年增加 40% 左右，比抗战前最高年产量高 9%（王立祥等，2015）。棉花等工业原料作物的产量在 1951 年已超过历史最高年产量。这一阶段的主要特征是人民公社制度的建立，1962 年《农村人民公社工作条例修正草案》正式出台，标志着人民公社制度的确立，乡村"大集体"时代正式到来。这段时间内，乡村的生产计划性得到了有效提升，大量的农田、水利等大型项目得以兴建，使我国农业发展具备了良好条件，但除农业以外的产业发展较为缓慢，对经济发展的活力造成了一定影响。

## （二）乡村市场经济建立快速发展（1978～2005 年）

在这个阶段，随着改革开放的不断深入，党和国家对农业发展的重视程度不断提升。党的十一届三中全会充分认识了农业对于经济发展的重要性，对农村、农业和农民投入了更多的关注。这一阶段，最主要的特征是家庭联产承包责任制的确立和推行。家庭联产承包责任制的实行，使农民的经营自主权得以充分利用，极大提高了农民的生产积极性，有效释放了农村生产力，农村经济得到了快速发展。以家庭联产承包责任制为主的农村改革是对农村治理结构的一次重要创新，让农民具有更自主的发展空间，有效地促进了农村经济发展，使农民真正成为农村的主人。另外，家庭承包经营制度的实行，加快了人民公社体制的解体，完成了对农村经济组织的重塑，搭建起以土地集体所有为前提，以农户家庭经济、联合经营体和乡镇企业等为主体的新型农村发展范式（周良书，2018）。

1983 年，人民公社制度废除，乡镇人民政府重新确立，农产品统派统购制度的取消，农产品由国家统一配置逐步向市场化的经营转变，乡镇企业得到快速发展的机会，实现了长足的发展，成为农村市场的主体。家庭联产承包责任制的推行、农产品统派统购制度的废除和改革开放的不断深入，广大农民的生产热情和建设美好家园的愿望被极大地激发，农业生产效率明显提升，乡村经济得到了高速发展，乡村面貌发生了巨大变化。这一时期，涌现出了中国改革开放第一村的小岗村、中华第一村华西村等一批具有代表性的"新农村"，被全国人民广泛关注。但与此同时，我国城镇化发展迅速，农村的剩余劳动力大量涌现，民工潮开始出现，出现了留守儿童、空心村等社会问题，城乡差距逐渐变大，城乡二元结构日渐明显。

## （三）"新农村建设"促进发展（2005～2012 年）

随着乡村经济的快速发展，"三农"问题日渐凸显，城乡二元结构矛盾突出。2005 年 10 月中国共产党十六届五中全会《十一五规划纲要建议》中提出了"生产发展、生活宽裕、乡风文明、村容整洁、管理民主"的社会主义新农村建设要求。2006 年，《中共中央　国务院关于推进社会主义新农村建设的若干意见》中明确了要统筹城乡经济社会发展，重点针对"三农"突出问题，有计划、有步骤地扎实推进新农村建设。社会主义新农村建设通过大量资金、人力和物力的投入改善了乡村的生态环境状况，完善了公共服务体系。新型农民合作经济组织快速发展，农民生活水平提高。国家加大了对乡村的扶持力度，稳步推进农业现代化，农产品生产效率极大提高，粮食持续丰收，粮食安全问题得到有效解决。各类富民项目和措施有效执行，在免征农业税等一系列政策的刺激下，中国乡村发展热情被激发，发展速度不断加快。同时，国家积极推进城乡二元体制改革，不断缩小城乡差距。在医疗卫生、社会保障等方面，建起了乡村与城市基本一致的保障体系，农民充分享受到国家改革发展的红利。

## （四）乡村振兴战略成型发展（2013 年至今）

经过新农村建设，社会主义新农村格局基本形成。但是，乡村贫困人口数量多、分布广，仍然是全面建成小康社会需要解决的问题。以习近平同志为核心的党中央十分重视"三农"问题，党和国家启动了精准扶贫工程。2013 年以来，按照"实事求是、因地制宜、分类指导、精准扶贫"精神，全国各地纷纷掀起了脱贫攻坚战，保障到 2020 年使 7000 多万贫困人口摆脱贫困。

党的十八大明确提出，"坚持走中国特色新型工业化、信息化、城镇化、农业现代化道路，推动信息化和工业化深度融合、工业化和城镇化良性互动、城镇化和农业现代化相互协调，促进工业化、信息化、城镇化、农业现代化"。自此，新时期乡村发展路线基本明确。实现农业现代化首先要解决好"三农"问题，而农业现代化要依靠科技发展，必须要在增加农产品科技含量方面下功夫，要提升农产品生产环节的科技水平，不断提升农产品生产效率，走创新发展的道路。同时，要进一步深化改革，理顺管理体制，激发乡村发展活力，实现跨越发展。2017 年，习近平总书记在党的十九大报告中明确提出，"农业农村农民问题是关系国计民生的根本性问题，必须始终把解决好'三农'问题作为全党工作的重中之重，实施乡村振兴战略"。2018 年李克强总理在《政府工作报告》中明确要大力实施乡村振兴战略，2017 年 9 月，《乡村振兴战略规划（2018－2022 年）》出台，标志着我国乡村发展步入新纪元。

# 三、乡村振兴机遇与挑战

新时代面临新矛盾、新挑战和新技术、新机遇，乡村振兴战略总要求已在新农村建设基础上有了深化和创新。在脱贫攻坚即将进入新的历史阶段、"十三五"规划目标任务收官、乡村振兴战略实施的重要时期，有必要进一步反思乡村振兴战略的优势与挑战，需要立足总要求、新理念来再认识乡村发展的不平衡、不充分问题，确保有效实施乡村振兴战略。

## （一）乡村振兴的基础优势

"三农"问题一直是我国重视的焦点问题，持续推进乡村脱贫攻坚，乡村产业、乡村人才、乡村文化及乡村生态备受重视，乡村社会经济发展态势较好，乡村物质文明、精神文明、生态文明建设成效明显，人民收入及生活水平逐年稳定提升，为乡村振兴奠定了有力基础。

### 1. 全国经济发展基础日益雄厚

改革开放以来，我国经济建设取得了重大成就，城市化进程加快，基础设施建设不断完善，人民生活水平不断提高，城市反哺乡村的经济基础日益雄厚，乡村振兴具有坚实的经济基础。

（1）全国经济发展势力日益增强，已进入质量发展阶段

我国经济快速发展，在世界主要国家中名列前茅，国内生产总值（GDP）从 54

万亿元增长到 80 万亿元，稳居世界第 2 位，对世界经济增长的贡献率超过 30%。人均国内生产总值 59660 元（8888.4 美元），进入中高收入阶段。国内生产总值增长 6.6%，总量超过 90 万亿元，服务业对经济增长贡献率接近 60%①。如图 1-1、图 1-2 所示，从近 10 年发展来看，总量发展稳步提高，增长率近年来逐年下降，全国经济发展已从追求速度发展到追求质量发展阶段，进入城乡全面发展的重要时期。

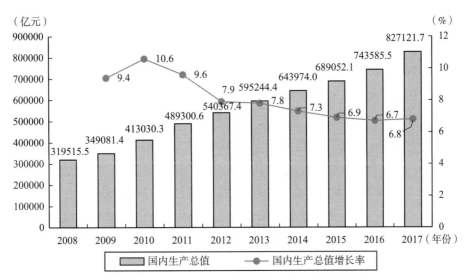

图 1-1 2008~2017 年全国国内生产总值变化情况

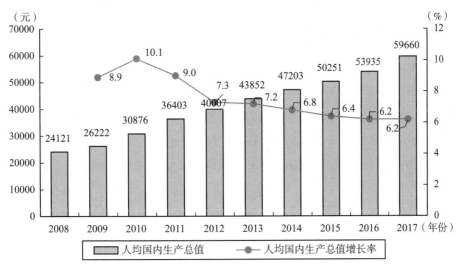

图 1-2 2008~2017 年全国人均国内生产总值变化情况

资料来源：国家统计局. 中国统计年鉴 2018 ［M］. 北京：中国统计出版社，2018.

---

① 李克强. 政府工作报告 ［N］. 人民日报，2020-05-30（1）.

（2）城市化发展水平和质量较高

我国城市化发展迅速，经济质量快速提高，高铁、公路、桥梁、港口、机场等基础设施建设快速推进，养老、医疗等基础保障力度加大，城乡居民收入增速超过经济增速，中等收入群体规模增大，城市化质量迅速提升。2017年城市化率达58.52%，城镇人均可支配收入达36396元（5422.4美元），城镇和农村居民可支配收入增长率超过8%，第二、第三产业产值比重分别为40.5%、51.6%。第三产业比重日益增加，2013年超过第二产业[①]。从国际经验来看，人均国内生产总值超过2000美元、农业占国内生产总值的比重降到15%以下、城镇化水平超过50%时，具备了城乡融合发展基本条件（郑传芳、宋洪远，2004）。

（3）全国经济发展转型步伐加快

我国经济结构不断优化，发展新动能快速成长，经济转型发展取得了重要突破。万元国内生产总值能源消费量0.59吨标准煤/万元，2018年单位国内生产总值能耗下降3.1%；研究与试验发展（R&D）经费支出占国内生产总值比重增加到2.13%[②]，新兴产业蓬勃发展，传统产业加快转型升级。我国提出了"创新、协调、绿色、开放、共享"五大发展理念，加快推进绿色发展，有效破解产能严重过剩、资源环境约束等制约经济社会发展的系列难题，既优化了劳动力、资本、土地、技术、管理等要素配置，又加快转变农业发展方式，加快发展现代服务业，推动新型工业化、信息化、城镇化、农业现代化同步发展。

**2. 农村农业基础设施建设基础增强**

我国不断增加固定资产投资，增强对农村固定资产投资。2017年对第一产业的固定资产投资比2016年增加了10.5%，高于第二产业的3.3%和第三产业的9.2%；农村农户固定资产投资由1985年的478.4亿元增加到2017年的9554.4亿元[③]。

根据全国第三次农村普查及《中国农村统计年鉴》，全国农村基础设施建设成效显著。全国99.3%的村庄通公路，80.9%的村主要道路为水泥路面，61.9%的村内部主要道路通路灯；村委会到最远自然村或居民定居点距离90.8%的村在5千米以内；89.9%的村通宽带互联网，82.8%的村安装了有线电视，25.1%的村有电子商务配送站点；91.3%的乡镇集中或部分集中供水，生活垃圾集中处理或部分集中处理的乡镇占90.8%，生活垃圾集中处理或部分集中处理的村达73.9%，53.5%的村完成或部分完成改厕；有图书馆、文化站的乡镇达96.8%，有公园及休闲健身广场的乡镇占70.6%；设卫生室的村数占行政村的比例由1985年的87.4%增加到2017年的

---

①③　国家统计局.2018年中国统计年鉴［M］.北京：中国统计出版社，2018.
②　国家统计局.2019年中国统计年鉴［M］.北京：中国统计出版社，2019.

92.8%。我国农村水利设施建设不断加强，耕地灌溉面积逐年增加，2017 年达 6781.56 万公顷，农村年末发电设备总量由 1990 年的 1397.81 万千瓦增加到 2017 年的 7927 万千瓦，农业机械总动力快速增长，从 1990 年 2870.8 瓦特增长到 2015 年 11172.8 亿瓦特[①②]。卫生、农业生产等基础设施方面均有了较大的进步，部分指标如表 1-1 所示。

表 1-1　　　　　　　　1990~2016 年农村农业基础设施部分指标情况

| 指标 | 单位 | 1990 年 | 1995 年 | 2000 年 | 2015 年 |
|---|---|---|---|---|---|
| 农业机械总动力 | 亿瓦特 | 2870.8 | 3611.8 | 5257.4 | 11172.8 |
| 乡镇卫生院床位数 | 万张 | 72.3 | 73.3 | 73.5 | 119.6 |
| 乡村（农村）办水电站 | 装机容量（万千瓦） | 428.8 | 519.5 | 698.5 | 7583.0 |
| 卫生厕所普及率 | % | —— | —— | 44.8 | 78.4 |
| 农村沼气池产气量 | 亿立方米 | —— | —— | 25.9 | 153.9 |
| 太阳能热水器 | 万平方米 | —— | —— | 1107.8 | 8232.6 |
| 年底万亩以上灌区数 | 处 | 5363 | 5562 | 5683 | 7773 |

资料来源：根据《第三次全国农业普查》和《2017 年中国农村统计年鉴》数据整理。

### 3. 脱贫攻坚助力乡村振兴

我国 2015 年的《中共中央关于制定国民经济和社会发展第十三个五年规划的建议》提出，到 2020 年"我国现行标准下农村贫困人口实现脱贫，贫困县全部摘帽，解决区域性整体贫困"。同年，出台了《中共中央　国务院关于打赢脱贫攻坚战的决定》，2018 年审议通过了《关于打赢脱贫攻坚战三年行动的指导意见》，强调"要确保到 2020 年贫困地区和贫困群众同全国一道进入全面小康社会，为实施乡村振兴战略打好基础"。2017 年中央财政补助地方专项扶贫资金 861 亿元，比 2016 年增长 30.3%，同时加大了贫困地区在农业、教育、医疗、交通等领域的投入力度，2018 年中央财政补助地方专项扶贫资金安排达 1060.95 亿元[③]。

脱贫攻坚促进了农村产业发展。一方面，在脱贫攻坚实践中，70% 的扶贫资金用于产业扶贫。乡村地区的资源禀赋、生计特色发展了多样化的产业扶贫和小农扶贫，

---

① 国家统计局. 第三次全国农业普查主要数据公报（第一号）[EB/OL]. http：//www. stats. gov. cn/tjsj/tjgb/nypcgb/qgngpcgb/201712/t20171214_1562740. html. 2017－12－14.

② 国家统计局农村社会经济调查司. 2018 年中国农村统计年鉴[M]. 北京：中国统计出版社，2018.

③ 新华社. 财政部关于 2017 年中央和地方预算执行情况与 2018 年中央和地方预算草案的报告[N]. http：//www. gov. cn/xinwen/2018－03/23/content_5276945. htm. 2018－3－23.

开发了特色品牌，提升了农业竞争力。另一方面，扶贫先扶智，脱贫攻坚提升了贫困乡村人力资本，促进了乡村人才振兴。创新基层干部选用、考评制度，加强乡土人才培养，增强吸引外部人才，培育新型农民，引进城市优质人才，为乡村振兴奠定了人才基础。我国脱贫攻坚形成了专项扶贫、行业扶贫、社会扶贫三位一体的大扶贫格局，为全面实施乡村振兴战略奠定了有力基础。

## （二）乡村振兴面临的挑战

为了更加客观反映乡村现实情况，在总结整理了以往乡村调研数据后，通过收集《中国统计年鉴》《中国农村统计年鉴》《第三次全国农业普查》《中国教育统计年鉴》《中国科技统计年鉴》等官方数据，深入全面分析我国乡村振兴战略实施困境。

### 1. 长期存在的城乡差异惯性

我国城乡收入差异本质存在。近10年来，农民收入增长率明显高于城镇，收入差距逐年减小，但是收入差异依然存在。2008年城镇居民与农村居民人均可支配收入比为3.31，2017年下降为2.71。在我国农村，20%的低收入户，人均可支配收入为3301.9元；20%的中等偏下收入户，人均可支配收入为8348.6元，即超过40%的农户人均可支配收入在万元以下。农村居民最低生活保障人数还有4045.2万人，农村特困人员集中供养人数近100万人[1]。我国农村贫困问题依然存在，农民收入仍然偏低，生活水平和质量不高，这是乡村留不住人的重要原因。

我国乡村基本公共服务严重滞后。我国公共服务配置长期以来偏向城市，导致乡村基本公共服务远低于城镇地区。随着我国经济社会的发展，全社会固定资产投资逐年增长，城镇投资总额占比也日益增长。1995年城镇投资占78.14%，2017年增长到98.51%，在农村住户固定资产投资投向中，交通运输、仓储、邮政及居民服务和其他服务业投资仅占3.37%[2][3]。

从城区与乡村普通高中建设来看，乡村专任教师数仅为城区的6.27%，占地面积仅为城区的11.4%，藏有图书仅为城区的6.63%，乡村只有657所学校接入互联网，600多所学校体育运动场馆占地面积及器械配备、音乐美术器械配备达标。2017年，每千人口卫生技术人员，城市为10.87人，乡村仅有4.28人；每千人口注册护士，城市为5.01人，农村仅有1.62人；城市每千人口医疗卫生机构床位数为8.75张，农村每千人口乡镇卫生院床位为1.35张；还有7.2%的行政村未设卫生室，农

---

[1][2]　国家统计局. 2018年中国统计年鉴 [M]. 北京：中国统计出版社，2018.

[3]　国家统计局农村社会经济调查司. 2018年中国农村统计年鉴 [M]. 北京：中国统计出版社，2018.

村有限广播电视实际用户数占家庭总户数的比重为31.7%。2016年，11.9%的乡镇有剧场、影剧院，16.6%的乡镇有体育场馆，乡镇的文化基础设施数量较少；39.4%的乡镇有以粮油、蔬菜、水果为主的专业市场，10.8%的乡镇有以畜禽为主的专业市场，4.3%的乡镇有以水产为主的专业市场，市场类型较为单一，无法满足乡镇居民日渐丰富的生活需求。32.3%的乡村有幼儿园、托儿所，59.2%的乡村有体育健身场所，41.3%的乡村有农民业余文化组织；47.5%的乡村有50平方米以上的综合商店或超市，25.1%的乡村有电子商务配送站点[1][2]。可见，乡村地区教育、医疗卫生、文化、市场服务等基本公共服务设施建设水平远低于城市地区，这是乡村没有吸引力、招商受困、宜居水平低的重要原因之一。

### 2. 农业规模经营及其收入制约

我国农业规模经营弱小，家庭承包经营为主体的制度一直以来激发了农业生产领域的活力，但以农户为个体的分散化经营模式问题也日益凸显，规模经营的发展被约束。我国有60.37万个村，2.3亿登记农户，规模农业经营0.399亿户，农民专业合作社90.51万个。2017年我国有1.349亿公顷耕地，5.7661亿乡村人口，第一产业产值65467.6亿元，户均耕地0.59公顷，户均第一产业产值28464.2元。截至2016年底，全国共有符合统计标准的家庭农场120多万个，平均经营规模14公顷（何劲、祁春节，2018）。我国乡村的农业生产规模较小，经营效益低。

此外，农民经营性收入水平低。从2017年农村居民可支配收入构成来看，工资性收入占比最高，达40.93%，经营性收入占37.43%。在经营性收入中，第一产业净收入占67.45%，第二产业净收入占6.34%[3]。农村居民兼业状态普遍，乡村农业的生产体系、经营体系尚不够发达。乡村发展核心应是农业的发展，农民的主要收入来源应是农业生产经营收入。随着农村农业发展，将与农业生产相关联的农村产业链的附加值创造成为农民增收的主要渠道，美国的农村产业链价值约是土地农业生产的10倍以上（党国英，2019），而我国农村居民的工资性和经营性收入在短时间内不会有较大增长（张晓山，2019）。目前，我国乡村产业链条短，农产品加工业不发达，农业生产附加值低，三大产业融合非常有限，这对农村的产业发展及农民增收有所限制。

### 3. 乡村人力资源资本支撑力弱

人是生产力三要素中最为积极、活跃的要素，人才是第一资源。农村人力资本和

---

① ③ 国家统计局. 2018 年中国统计年鉴［M］. 北京：中国统计出版社，2018.
② 国家统计局农村社会经济调查司. 2018 年中国农村统计年鉴［M］. 北京：中国统计出版社，2018.

人才品质与乡村振兴战略目标的实现有直接关系。

当前，我国乡村振兴面临人力资源资本问题。其一，务农积极性不高，务农人口相对不足。我国乡村就业人口 35178 万人，从事第一产业的人口占乡村就业总人口的 59.54%。乡村老龄化问题也很突出，根据第六次全国人口普查，全国 65 岁及以上的人口占总人口的 9.67%，农村人口占比达 11.16%，比全国平均水平高出了 1.49%①。长期的工农产品价格剪刀差，以及农户农业生产投入产出效益低，促使农民进城务工。2016 年，外出农民工的规模达 16934 万人，其中进城农民工占 80%（刘润秋等，2018），留守务农多为妇女、老人。农村缺乏大量劳动力，农产品价格低，农户农业生产投入少，有的农户直接撂荒土地。从一些实地调研来看，比如，四川省巴中市统计局随机抽取全市 25 个乡（镇）77 个村（社），每亩粮食的生产成本近 2000 元，而综合收益却只有 2265.8 元，收益率极低，造成 10% 的耕地撂荒（岳俊友，2018）。四川省、重庆市、江西省的一些农村地区，小春耕地撂荒面积高达 20%~80%（马永欢，2013），四川宜宾市调查研究季节性撂荒占调查耕地的 55.7%（周丽娟等，2014）。

其二，农村居民文化水平普遍较低，人力资本化程度低。从 2017 年农村居民家庭户主文化程度来看，初中学历占比最大，达到 54.7%，小学学历占 29.8%，高中学历占 10.8%，大学专科及以上学历仅占 1.5%。乡村返乡创业极少，2015 年底，大学毕业生返乡创业的比例仅为 1%。农业 R&D 科研投入不足，农业技术人员及科技服务能力不足。2017 年，在公有经济企事业单位专业技术人员中，农业技术人员占 2.16%；在公有经济企事业单位分行业专业技术人员中，农、林、牧、副、渔业专业技术人员占 3.28%；农、林、牧、渔服务业的 R&D 机构数占 32.65%，R&D 课题数占 19.99%，R&D 人员占 12.35%，R&D 经费内部支出仅占 7.50%②③④⑤⑥。农业 R&D 科研投入 90% 来源于政府，乡村科技事业发展高度依赖于政府，企业发挥作用非常有限，专业化农业技术服务不能适应新时代乡村振兴的需求。

### 4. 资源环境压力大，绿色转型难度大

我国农村环境污染影响深远，生态系统修复任务艰巨。长期以来，我国农业农村

① 国家统计局. 第六次全国人口普查主要数据公报（第 1 号）[EB/OL]. http://www.stats.gov.cn/tjsj/tjgb/rkpcgb/qgrkpcgb/201104/t20110428_30327.html. 2011-4-28.

② 国家统计局. 2018 年中国统计年鉴 [M]. 北京：中国统计出版社，2018.

③ 国家统计局农村社会经济调查司. 2018 年中国农村统计年鉴 [M]. 北京：中国统计出版社，2018.

④ 国家统计局. 第三次全国农业普查主要数据公报（第一号）[EB/OL]. http://www.stats.gov.cn/tjsj/tjgb/nypcgb/qgnypcgb/201712/t20171214_1562740.html. 2017-12-14.

⑤ 教育部发展规划司. 2018 年中国教育统计年鉴 [M]. 北京：中国统计出版社，2018.

⑥ 国家统计局社会科技和文化产业统计司，科技部创新发展司. 2018 年中国科技统计年鉴 [M]. 北京：中国统计出版社，2018.

发展粗放，环境污染严重，人地矛盾仍没有解决。为了追求农地产出和经济利益，我国农业生产化肥施用量不断增加，1990 年 2590.3 万吨，2015 年达到 6022.6 万吨，翻了 2 倍多，单位农作物播种面积化肥施用量也相应增长，每万元农业产值化肥施用量却在降低。受绿色发展政策制度的影响，2016 年以来有所降低。通过对辽宁省菜农的调查发现，38.4% 的菜农会超过农药说明书规定施用量（姜健等，2017），2016 年我国农药施用量位居世界首位，远高于世界各国农药施用的平均水平。施用农药仅 30% 直接作用于农作物病虫害，70% 残留于耕地、水体等环境中，对水土资源、自然生态系统构成严重威胁（Zhang Man et al.，2017）。与世界平均水平相比，2016 年我国单位耕地面积化肥施用达到 443.3 千克/公顷，为国际化肥安全施用上限（225 千克/公顷）的 1.97 倍（潘丹等，2019），农药施放总量是美国农药施用量 4.86 倍，单位耕地农药施用负荷是发达国家平均施用量的 3.11 倍，农业生产中除草剂施用量占农药施用总量的 48%，杀虫剂和杀菌剂次之（郭利京等，2018）。我国农业生产粗放，化肥、农药依赖程度高，已远超最优的施用量，是危及农业可持续发展的极大隐患（仇焕广等，2014；朱淀等，2014），面临污染问题严重，生态系统修复任务艰巨。

乡村"小、散、乱"，环境治理难度较大。随着社会经济的发展，城市化进程的推进，乡村人口逐渐减少，1949 年乡村人口比重占 89.36%，2017 年比重下降为 41.48%[①]，村庄数量相对较大。如表 1-2 所示，我国登记普通户数 23027.1 万户，村级单位 60.37 万个，平均每个村级单位 941.9 人，平均每个村级单位 381.4 户。我国村庄数量多，规模小，区域差异十分显著，环境设施建设水平较低，存在"空心村"，景观上呈现"小、散、乱"，这给资源配置、环境治理增加了难度，在规划布局、投入成本、招投标、管理维护等方面均造成很大压力。

表 1-2 全国村庄规模情况

| 地区 | 乡村人口（万人） | 登记户数（万户） | 村级单位（万个） | 平均人数（人/村） | 平均户数（户/村） |
|---|---|---|---|---|---|
| 全国 | 56862 | 23027.0510 | 60.3686 | 941.9135 | 381.4409 |
| 东部地区 | 17634 | 7617.3288 | 22.2406 | 792.8743 | 342.4966 |
| 中部地区 | 16865 | 6903.0690 | 16.6372 | 1013.6922 | 414.9177 |
| 西部地区 | 18227 | 7215.0558 | 18.1219 | 1005.7996 | 398.1401 |
| 东北地区 | 4136 | 1291.5974 | 3.3689 | 1227.7004 | 383.3885 |

资料来源：根据《2018 中国统计年鉴》《第三次农业普查》数据整理。

---

① 国家统计局农村社会经济调查司.2018 年中国农村统计年鉴［M］.北京：中国统计出版社，2018.

## 5. 城乡土地统筹乏力，县域经济发展带动不足

我国城市土地为国有，农村土地归集体所有，长期城乡土地不平等交换，一方面，带来乡村发展权丧失；另一方面，严重影响农民土地财产权（刘守英等，2018；黄小虎，2012）。我国城市化建设依靠征收农村用地，农村产业发展用地、公益事业建设用地需求比较受限。从表1-3可见，城市居民与农村居民人均财产性收入自2010年以来差距不断扩大，农民土地、住宅财产权没有得到充分体现，财产性收入是影响农村居民收入的重要因素之一（张晓山，2019）。土地是社会经济发展的重要基础和载体，农村土地资源、资产、资本的经济效益未得到凸显，这将深刻影响乡村振兴动力。

表1-3　　　　　　　2010～2017年全国城市和农村居民财产性收入比较

| 年份 | 城市居民人均财产性收入（元） | 农村居民人均财产性收入（元） | 城市农村比率（%） |
|------|------|------|------|
| 2010 | 520.33 | 202.25 | 2.57 |
| 2011 | 648.97 | 228.57 | 2.84 |
| 2012 | 706.96 | 249.05 | 2.84 |
| 2013 | 3606.9 | 194.7 | 18.53 |
| 2014 | 3271.3 | 222.1 | 14.73 |
| 2015 | 3041.9 | 251.5 | 12.1 |
| 2016 | 2812.1 | 272.1 | 10.33 |
| 2017 | 2551.5 | 303.0 | 8.42 |

资料来源：根据历年国家统计局《中国统计年鉴》资料整理。

都市圈辐射影响不足，县域经济动力有限。除了区域型基础设施建设以外，我国都市圈、城镇体系建设是以城市为核心，较少延伸至乡村，而乡村设施建设主要依赖于农业部，这大大限制了乡村建设。县域经济是以县城为中心、乡镇为纽带、农村为腹地的行政区划型经济，是城市经济和农村经济的连接点，是乡村振兴的重要支撑区域（杨晓军等，2018）。县域经济基础薄弱，发展水平参差不齐，如表1-4所示。公共财政收入5亿元以下的县域（市）占县（域）市总量的38.6%，而行政区域面积占54.6%，其中，平均每个县规模以上工业企业数近370个，30%多的县平均仅拥有31个规模以上工业企业。县域经济发展的区域差异也很大，据赛迪顾问县域经济研究中心公布的《2017年中国县域经济百强白皮书》显示，县域经济百强县集中在东部地区的有76个，中部地区仅15个，而西部地区极少。广大的中西部地区，县级地方政府财政支持能力严重不足，县域规模经济数量及规模均较小，县城及龙头企

业带动作用弱，比较难形成城乡融合发展的乡村振兴态势。

表1-4 我国县域（县市）经济概况

| 公共财政收入 | 1亿元（不含）以下 | 1亿（含）~5亿元 | 5亿（含）~10亿元 | 10亿元（含）以上 |
|---|---|---|---|---|
| 县（市）个数（个） | 132 | 670 | 540 | 737 |
| 个数占比（%） | 6.35 | 32.23 | 25.97 | 35.45 |
| 行政区域面积（平方千米） | 1520274 | 3378123 | 2044008 | 2030757 |
| 面积占比（%） | 16.94 | 37.65 | 22.78 | 22.63 |
| 乡个数（个） | 973 | 3799 | 2889 | 2479 |
| 乡个数占比（%） | 9.60 | 37.47 | 28.49 | 24.45 |
| 镇个数（个） | 406 | 4345 | 5147 | 8113 |
| 镇个数占比（%） | 2.25 | 24.12 | 28.58 | 45.04 |
| 规模以上工业企业单位数（个） | 519 | 20828 | 43773 | 186567 |
| 个/县 | 3.93 | 31.09 | 81.06 | 253.14 |
| 个/乡 | 0.53 | 5.48 | 15.15 | 75.26 |

资料来源：根据《2017年中国县域统计年鉴（县市卷）》整理。

# 四、乡村振兴战略方针

乡村是具有独特的自然、经济、社会特征的面积广阔的地域单元，在区域可持续发展中发挥着食物供给、生态服务、文化旅游、休闲娱乐、科普教育等多重功能，是当前全社会建设最薄弱和最重要的区域。党的十九大提出实施乡村振兴战略，为新时代乡村发展指明了方向。认真把握乡村振兴战略的重点与目标、指导思想、基本原则、主要措施路径，以及主要创新点，对于尽快解决城乡发展不平衡问题、促进乡村现代化建设具有重要意义。

## （一）乡村振兴战略的基本内容

### 1. 指导思想

全面贯彻党的十九大精神，以习近平新时代中国特色社会主义思想为指导，加强党对"三农"工作的领导，坚持稳中求进工作总基调，牢固树立新发展理念，落实高质量发展的要求，紧紧围绕统筹推进"五位一体"总体布局和协调推进"四个全面"战略布局，坚持把解决好"三农"问题作为全党工作重中之重，坚持农业农村优先发展，按照产业兴旺、生态宜居、乡风文明、治理有效、生活富裕的总要求，建立健全城乡融合发展体制机制和政策体系，统筹推进农村经济建设、政治建设、文化建设、社会建设、生态文明建设和党的建设，加快推进乡村治理体系和治理能力现代化，加快推进农业农村现代化，走中国特色社会主义乡村振兴道路，让农业成为有奔头的产业，让农民成为有吸引力的职业，让农村成为安居乐业的美丽家园。

### 2. 战略目标

到 2020 年，乡村振兴取得重要进展，制度框架和政策体系基本形成。农业综合生产能力稳步提升，农业供给体系质量明显提高，农村一二三产业融合发展水平进一步提升；农民增收渠道进一步拓宽，城乡居民生活水平差距持续缩小；现行标准下农村贫困人口实现脱贫，贫困县全部摘帽，解决区域性整体贫困；农村基础设施建设深入推进，农村人居环境明显改善，美丽宜居乡村建设扎实推进；城乡基本公共服务均等化水平进一步提高，城乡融合发展体制机制初步建立；农村对人才吸引力逐步增强；农村生态环境明显好转，农业生态服务能力进一步提高；以党组织为核心的农村基层组织建设进一步加强，乡村治理体系进一步完善；党的农村工作领导体制机制进一步健全；各地区各部门推进乡村振兴的思路举措得以确立。

到 2035 年，乡村振兴取得决定性进展，农业农村现代化基本实现。农业结构得到根本性改善，农民就业质量显著提高，相对贫困进一步缓解，共同富裕迈出坚实步伐；城乡基本公共服务均等化基本实现，城乡融合发展体制机制更加完善；乡风文明达到新高度，乡村治理体系更加完善；农村生态环境根本好转，美丽宜居乡村基本实现。

到 2050 年，乡村全面振兴，农业强、农村美、农民富全面实现。

### 3. 基本原则

一是坚持党管农村工作；二是坚持农业农村优先发展；三是坚持农民主体地位；四是坚持乡村全面振兴；五是坚持城乡融合发展；六是坚持人与自然和谐共生；七是坚持因地制宜、循序渐进。

### 4. 具体措施

一是提升农业发展质量，培育乡村发展新动能；二是推进乡村绿色发展，打造人与自然和谐共生发展新格局；三是繁荣兴盛农村文化，焕发乡风文明新气象；四是加强农村基层基础工作，构建乡村治理新体系；五是提高农村民生保障水平，塑造美丽乡村新风貌；六是打好精准脱贫攻坚战，增强贫困群众获得感；七是推进体制机制创新，强化乡村振兴制度性供给；八是汇聚全社会力量，强化乡村振兴人才支撑；九是开拓投融资渠道，强化乡村振兴投入保障；十是坚持和完善党对"三农"工作的领导，夯实基层政权。

## （二）乡村振兴战略思想的主要创新

乡村振兴战略是基于我国新时期、新矛盾和发展新要求而提出的，是为了解决经济社会发展中最明显的短板，即"三农"问题，是针对我国现代化建设整体发展和全部过程，是为了决胜全面小康社会建设目标，改变了过去就乡村来规划乡村发展，更具有系统理论思想。与我国之前的"新农村"建设制度相对比，乡村振兴战略思想有如下几个主要创新：

### 1. 对城乡关系进行了重新定位

相对于传统的"以城带乡、以工促农、城乡一体化发展"的发展思路，乡村振兴战略明确要"坚持农业农村优先发展"和"坚持城乡融合发展。坚决破除体制机制弊端，使市场在资源配置中起决定性作用，更好发挥政府作用，推动城乡要素自由流动、平等交换，推动新型工业化、信息化、城镇化、农业现代化同步发展，加快形成工农互促、城乡互补、全面融合、共同繁荣的新型工农城乡关系"。这充分强调了乡村的重要性，把乡村和城市在经济社会发展过程中摆在了同等位置，乡村不再需要依附于城市发展。在政策制定、产业导向等方面有了更多的自主权，不必再以满足城市发展需求为主要任务，为消除城乡"二元化"差异，实现乡村快速发展创造了良好条件。

### 2. 对农业农村产业发展提出更高要求

乡村振兴战略思想提出，提升农业发展质量，培育乡村发展新动能。这对农业农村产业发展提出了新要求。提升农业发展质量就需要农业由之前的单纯增产转变为在提升农业生产效率、产业结构和农产品竞争力方面下功夫，推动农业发展水平升级。另外，要牢固树立"绿水青山就是金山银山"发展理念，注重培育绿色产业发展。在推动乡村经济发展的同时，要注重乡村绿色产业体系建设。

### 3. 对农村自然环境提出新要求

乡村振兴战略思想提出，推进乡村绿色发展，打造人与自然和谐共生发展新格局，必须尊重自然、顺应自然、保护自然，推动乡村自然资本加快增值，实现百姓富和生态美的统一。这体现了中央对乡村定位的转变，要把乡村建设成为城乡群众共同的宜居之地。这就要求我们要下大力度加强对乡村自然环境的保护，不断加强乡村公共服务体系建设，加强对农村环境的综合整治，把乡村的优美环境转化成为乡村转型发展的巨大优势。

### 4. 突出强调农民的主体地位

乡村振兴战略明确提出要坚持农民的主体地位，一是将小农户建设与实现农业现代化相结合，只有这样才能让农业现代化建设成果真正惠及农民。二是乡村振兴提出，要农民成为有吸引力的职业，同时，要加强乡风建设，健全乡村治理体系，实现生活富裕，这些措施都将从不同的方面惠及农民。可以说，各类政策的制定都是围绕农民设计的，农民是实施乡村振兴战略的最终受益者。

# 参 考 文 献

［1］仇焕广，栾昊，李瑾，汪阳洁. 风险规避对农户化肥过量施用行为的影响［J］. 中国农村经济，2014（3）：85 - 96.

［2］党国英. 关于乡村振兴的若干重大导向性问题［J］. 社会科学战线，2019（2）：172 - 180.

［3］郭利京，王颖. 中美法韩农药监管体系及施用现状分析［J］. 农药，2018，57（5）：359 - 366.

［4］何劲，祁春节. 家庭农场产业链：延伸模式、形成机理及制度效率［J］. 经济体制改革，2018（2）：78 - 84.

［5］黄小虎. 我国土地制度与土地政策的走向——从土地财政和土地金融说起［J］. 中州学刊，2012（2）：23 - 28.

［6］姜健，周静，孙若愚. 菜农过量施用农药行为分析——以辽宁省蔬菜种植户为例［J］. 农业技术经济，2017（11）：16 - 25.

［7］刘润秋，黄志兵. 实施乡村振兴战略的现实困境、政策误区及改革路径［J］. 农村经济，2018（6）：6 - 10.

［8］刘守英，熊雪锋. 我国乡村振兴战略的实施与制度供给［J］. 政治经济学评论，2018，9（4）：80 - 96.

［9］刘彦随. 中国乡村发展研究报告——农村空心化及其整治策略［M］. 北京：科学出版社，2011.

［10］卢曦. 综合施策变"小田"为"大田"［N］. 经济日报，2016 - 8 - 21（8）.

［11］马永欢. 完善管理机制避免耕地撂荒［J］. 中国土地，2013（7）：36 - 37.

［12］潘丹，郭巧苓，孔凡斌. 2002 - 2015 年中国主要粮食作物过量施肥程度的

空间关联格局分析［J］．中国农业大学学报，2019，24（4）：187－201．

［13］王国敏．中国特色农业现代化道路的实现模式研究［M］．成都：四川大学出版社，2013．

［14］王立祥，李永平，许强．中国粮食问题［M］．北京：阳光出版社，2015．

［15］杨晓军，宁国良．县域经济：乡村振兴战略的重要支撑［J］．中共中央党校学报，2018，22（6）：119－124．

［16］岳俊友．振兴乡村亟须盘活农村撂荒耕地［N］．人民政协报，2018－11－19（6）．

［17］张海鹏，郜亮亮，闫坤．乡村振兴战略思想的理论渊源、主要创新和实现路径［J］．中国农村经济，2018（11）：2－16．

［18］张晓山．实施乡村振兴战略确保经济持续健康发展［J］．经济纵横，2019（1）：1－9．

［19］郑传芳，宋洪远，等．中国省域农业竞争力发展报告［M］．北京：社会科学文献出版社，2004．

［20］周丽娟，冉瑞平，林武阳，宋倩．农户耕地撂荒影响因素研究——基于宜宾市南溪区158户农户的调查［J］．农村经济，2014（4）：46－50．

［21］周良书，朱宏霜．中国农村发展历史逻辑研究（1949－2017）［J］．河南社会科学，2018，26（2）：1－8．

［22］朱淀，孔霞，顾建平．农户过量施用农药的非理性均衡：来自中国苏南地区农户的证据［J］．中国农村经济，2014（8）：17－29＋41．

［23］Zhang Man，Jin Yan-hong，Qiao Hui，et al.．Product quality asymmetry and food safety：investigating the "one farm household, two production systems" of fruit and vegetable farmers in china［J］．China Economic Review，2017（45）：232－243．

# 第二章

# 乡村振兴实践经验

在当前世界的发展形势下，乡村如何发展影响着一个国家的整体战略，乡村的发展情况也影响着整个国家的经济、产业和人口等社会发展要素。农业、农村问题是各个国家经济社会中普遍存在的短板，不论是发达国家还是发展中国家，都面临着农村发展落后、农业发展缓慢的问题，如何缩小城乡差距，促进农民增收、改善农民生活质量、促进现代化农村发展成为各国探索的难题。我国乡村的发展不平衡、不充分的问题较为突出，乡村的发展影响着我国实现全面决胜小康社会的总目标。当前，我国已经进行了新农村建设、乡村振兴等一系列举措，以推动乡村的发展，而很多发达国家和地区在特定的历史时期和发展阶段也形成了不同的发展模式，积累了众多乡村建设经验，这些先进经验对于我国实施乡村振兴战略、促进"三农"发展具有参考借鉴意义。

## 一、国外乡村发展经验

通过对国外乡村发展经验进行分析发现，在促进乡村发展过程中应注重与本国国情相联系。经过多年的探索与实践，美国、德国和日本等一系列发达国家，基本形成了既有共性又具有本国特色的乡村发展模式，这些发展模式包括资源禀赋、经济水平、制度环境、人文历史和发展机遇等方面，促进了当地农业发展，提高了农民生活水平，提升了城乡融合度。

### （一）乡村改进型的美国乡村发展模式

作为欧美发达国家的代表，美国农村地区发展较好。当今美国农村地区的面积占国土面积的91.4%，农业人口占总人口的19.2%，农村地区承载了诸多功能，如食品安全供给、生态环境建设和经济社会发展等。因其地广人稀、资源丰富的地理环境，美国乡村的发展是一个漫长的过程（芦千文，2018），乡村建设起步于18世纪末，与推进工业革命基本同步。20世纪初，美国正式召开"乡村生活会议"，并在随后时间内设立专门的乡村生活委员会，统一负责落实乡村发展的各项工作，同时这也为美国乡村改革揭开了序幕（贾俊虎，2018）。

### 1. 完善乡村管理机构的职能和规划体系

首先，美国政府制定了一系列农村政策、重新架构了乡村规制机构的管理职能，并且完善乡村规划法规体系。现阶段，从乡村发展署的组织结构来看，主要包括以下部分：乡村住宅服务局、乡村商业合作服务局、乡村公用事业局。其中，不同部门的职能定位存在一定的差异，由上述部门共同负责对乡村地区的管理与改革工作。在美国现行相关法律法规中，对乡村土地使用类型有着详细界定与说明，并利用道路、绿化带等形式来实现对乡村地区不同功能区域的合理划分，进而为后续管理和改革工作的开展提供一定的支持与便利（龙晓柏，2018）。乡村治理机构职能的划分和严格的功能分区制度，遵从了当地民众生活的基本需求，对乡村环境进行了绿化，并尊重了当地农民生活习惯和传统。

### 2. 加大基础设施的投资力度和规划管理

在基础设施环节，美国政府加强投资力度，注重公共服务的供给水平和服务效果。政府根据当前乡村公共基础设施建设现状，设计并实施了一系列乡村发展计划，如乡村通信计划、环境支持计划和制订乡村电力计划等。在上述一系列投资计划的共同支持下促使乡村公共基础设施建设进程得到进一步深化（龙晓柏，2018）。美国的乡村基础设施建设资金由联邦政府、地方政府和开发商共同承担；政府通过加强基础设施规划管理确保其权威性和执行力，且基础设施规划批准后不得更改，例如高速公路必须贯穿乡村，对于乡村公路的等级、宽度，甚至每一英亩土地上的建筑面积和建筑物的高度、使用性质等都予以强制规定（张雅光，2019）。这些路径使美国乡村的基础设施建设完善，并奠定了乡村发展的基石。

### 3. 制订特殊发展计划扶持乡村经济

政府为了激活乡村经济，制订了商业与产业类发展计划、专门性计划、合作性计划和乡村能源计划四大发展计划。这些计划主要内容是城市资源刺激扶持乡村，以确保乡村高质量的就业机会、商业繁荣及可持续能源供给等，受益的群体有乡村居民个体、乡村公司、合伙人、个体、印第安土著和私人企业等（龙晓柏，2018），这些计划不仅培养了农村人才，促进乡村就业，推动乡村经济的发展，同时也确保了乡村发展的规模性和专业性。

此外，美国针对个别地区的实际现状还设计出针对性的发展方案。如 2010 年正式实施的乡村"锋线力量"额外援助倡议计划。根据该计划，2016 年，美国农业部投资超过 8.2 亿美元用于超贫困区域，同时计划投资 21 亿美元，增加可持续发展资助（张雅光，2019），这种具有针对性的"重点突破"模式值得我们国家探讨和借鉴。在以上政策措施的实施下，美国乡村逐渐形成以大型家庭农场为主的农业生产经营模式，走出了一条以乡村基础设施建设为支撑，以劳动力、土地、水资源等生产要素自由流动为保障，以农业农村支持政策为引导的乡村发展道路。有学者将其归纳为"乡村改进"模式，也有学者将其归纳为"城乡互惠"型模式（贾俊虎，2018）。美国城乡发展的融合格局，实现了城市与乡村、工业与农业的高效均衡发展。

## （二）循序渐进型的德国村庄更新模式

德国的发展时间比英美等国要晚一些。20 世纪初，德国农村经历了青壮年劳动力流失、人口老龄化、土地抛荒、基础设施陈旧等问题，为了解决这些问题，德国政府通过制度顶层设计，联合各州政府的具体计划，发动了"村庄更新"运动。

### 1. 制定不同时期的发展规划指导乡村发展

德国政府十分重视有关乡村规划的指导作用，先后出台《建筑法典》《联邦土地整理法》《联邦国土规划法》《州国土规划法》等法律，对土地规划做出了严格的具体要求。德国村庄规划主要分为两个层次。一是"土地利用规划"。首先联邦政府、州政府、地区政府按经济功能制定土地利用规划，然后地方政府根据当地的区域发展规划，初步对土地利用类型做出规定，划分建设用地和农业用地。二是"建设规划"，即规划建设用地上的各项建设指标。到后期，德国政府又将乡村更新、田地重划和农业结构发展规划等内容联合在一起，形成整合性乡村地区发展框架（宁满秀，2018），规划和法律体系的不断完善，保证德国村庄在有条不紊地进行更新。

### 2. 采取公私合营形式提升公共服务水平

从公共基础设施及服务的完善方面看，德国政府结合乡村地区的战略规划，当地政府依托于公私合营的模式，在乡村地区组织落实多元化的基础项目，如房屋改造、道路重建、水电气基础设施完善等。其中，大部分项目是由政府出资完成，部分项目是政府给予一定的资金支持，由私人负责推行完成（赖海榕，2006），这样的形式不仅能够保证公共服务建设的质量，而且一定程度上帮助政府缓解财政状况。公共服务水平的提升和基础设施建设的完善，加速了德国村庄的更新过程。

### 3. 发展村庄生态农业，促进农民职业化

在推进村庄更新的过程中，德国政府十分重视环境保护问题，提出发展生态农业，通过土地整理推动生态农场的形成，形成农业农村可持续发展。从生态农业方面来看，德国政府同样强调对农民专业素养的培养与提升。具体来讲，政府与高校建立良好的合作关系用于培养专业化人才，同时，完善当前培训体系，并引导具备农业从业资质的人员参与培训，进而提高农村人力资本的利用效率，促进农业职业化进程。对农民的教育培训具有显著效果，农民专业化程度、职业化素质都有所提升，成为职业化"现代农民"，为农村规模化经营和农业现代化的实现奠定了人力基础，优化了乡村人才环境（张雅光，2019）。

通过这些措施方法，德国村庄的特色文化、独特风貌得以保留和传承，乡村居民的自我认知感和归属感大幅增强；村庄房屋、道路、教育、卫生等基础设施和公共服务明显改善，生态环境保护效果明显，农村人才资源迅速壮大，村民生活水平不断提升。从德国乡村发展模式来看，主要指的是在政府主导下促进经济社会的持续发展，并在这一过程中对乡村治理模式进行针对性的优化与改进，以保证农村预期发展目标得以顺利实现。但需要注意的是，这一过程是难以在短时间内完成的，且在农村发展的不同阶段其特征也表现出一定的差异性（沈费伟，2016）。

## （三）活力社区型的英国乡村模式

18世纪以来，英国的乡村人口和资源要素处于一直向城市输入的状态，尤其是第二次世界大战后，乡村陷入了衰败落后的状况。战后，英国政府主导实施"耕地保护运动"及制定了一系列扶持乡村经济发展的政策，到20世纪六七十年代，英国大城市出现了拥挤和蔓延现象，开始出现城市人口回流，越来越多人回归村庄，即"逆城市化"的出现。进入21世纪后，英国乡村具有较强的可持续增长潜力与发展机遇（龙晓柏，2018）。

### 1. 通过法律和规划强化监督管理

在建设乡村的过程中，英国政府主要注重立法先行，强化乡村地区规划管理；相关法律和乡村规划相互配合，在乡村规划中纳入"中央—郡级（次区域）—村镇（教区）"三级综合规划框架，实行城乡一体规划管理模式，严格控制乡村开发建设。为避免耕地资源受到破坏，在20世纪中期，英国制定并实施农业法。随后，由于城镇地区居住压力的提高，导致乡村人口规模持续扩大，与此同时对乡村环境造成了严重的破坏。针对这一现象，英国制定并实施《英格兰和威尔士乡村保护法》，既对乡

村环境的保护有着重要意义，同时这也对乡村基础设施建设有着重要意义。2000年，为了增强对土地、水资源、空气和土壤等环境问题的监管，出台了"英格兰乡村发展计划"，乡村社区的活力和特色都有所增加。2011年，农村政策办公室等机构设立，进而促使地方政府的战略地位明显提高，在乡村发展过程中基层政府的自由权限也得到了进一步提高，这为英国乡村发展提供了重要的推动力。

### 2. 系统性财政投入支持乡村事业发展

此外，政府面向乡村发展的财政投入具有系统性。英国对于乡村公共社会事业和生态环境保护的投入一直都很重视，并有系统性的支持计划。财政支持乡村发展计划有两种，一是乡村基本支付支持计划（BPS计划），二是乡村经济发展主体资助计划（LEADER计划）。其中，涉及的资金为乡村农业的发展提供了重要的支撑，以推进乡村旅游业繁荣、提升乡村公共服务质量、加强以乡村文化的继承发展为目标，上述计划的落实对乡村地区物质文化遗产和非物质文化遗产的继承发展有着重要意义（唐任伍，2018）。法律制度的保障力度、乡村规划的完善指导和财政投入的系统性，使得英国形成了有活力和积极性的社区乡村模式，乡村不断呈现出可持续增长潜力与发展机遇。

## （四）综合发展型的法国乡村模式

从法国的产业结构来看，其中农业和工业均占据着重要地位。作为一个发达国家，仅在20余年的时间里就顺利完成农业现代化建设目标。而上述目标的实现与法国的农业发展策略息息相关。

### 1. 开展"一体化"农业和"领土整治"

法国的农村改革主要是针对"一体化农业"和"开展领土整治"进行的。"一体化农业"指农场和工商业资本家签订合同，利用现代科技和科学的企业管理方式，把农业、工业、商业综合经营起来组成利益共同体。生物、电子、化学等产业为农业提供先进的农用设备、制种技术和原料，以实现农业机械化水平的提高和生物科技的现代化，进而促进农工商之间的联系，形成利益一体化机制。一体化农业是法国社会生产力高度发达的写照。二战前的法国农业基本都是以小型农场的形式存在，工业地区和农业地区、经济发达地区和不发达地区的经济发展不平衡的问题严重。为改善以上情况，"领土整治"的改革任务应运而生。"开展领土整治"主要指国家通过对农业地区和经济落后地区进行强有力的经济干预，以实现落后农业地区现代化工业建设的目标，改善经济发展不平衡的格局（张姗，2018）。法国上述两项农村改革措施为美丽乡村建设的开展奠定了强有力的物质基础。法国在发展一体化农业和开展领土整治过程中，有一个突出的特点，即特别强调政府对农业的支持与干预，主张政府对农村地区进行大量财政和技术上的援助，增加落后地区基础设施的建设（周建华，2007）。

### 2. 不同时期制定不同重点的发展政策

在法国光辉 30 年间，一是法国的工业化和城市化进程基本同步于乡村的发展和振兴，二是城乡的发展背景与乡村政策的制定相呼应。二战后，法国迫切需要发展成为以现代工业化为主导的国家，乡村政策由此同时顺应着城市拉力和乡村推力的要求，内容主要集中在推动农业机械化程度、改进农业技术等方面，意图在提高农业生产力、保证农产品供应的同时，解放乡村的劳动力，以适应工业化的需求。20 世纪 60 年代，乡村人口的持续大量外流使得法国乡村地区的衰败问题日益严重，法国政府认识到发展不能单纯依靠发展农业，而是应该综合考虑乡村的各项事务。因此，这一时期的乡村政策不仅包括经济政策，还涵盖工业、社会、生态多个层面的内容。譬如政府推行农业价格扶持和补贴政策，推出老年农场主退休金补贴，推动农业土地集中政策，建立国家公园等。到了 20 世纪 70 年代初，法国进入了一个"大消费"时期，大规模的城市建设和人口的大量涌入给城市发展带来许多麻烦。因此，此时的乡村政策开始从维护乡村价值、城乡互惠发展的角度进行考虑。譬如，推动农业、食品加工业、乡村手工业和乡村旅游业的综合发展，通过土地利用规划推进乡村地区土地的合理利用，建设高标准的乡村服务设施，实施首批乡村文化项目等（汤爽爽，2018）。不同时期的不同乡村政策顺应了法国社会当时的发展状况，高效地推进了乡村改革的进程。

### 3. 发展农业教育，提升农民素养

在农村人才培养的过程中，法国大力发展农业教育，积极提升人力资本的质量，形成了多层次、全方位的农业教育体系，农民和中等农业职业教育，以及高等农业教育等级分明。法国农业教育是以社会发展状况、合作社和农场的需求确定培训内容，重点加强对于农业及食品加工领域人才的培养，未来培训与科研以职业变革为依据。在农业农村发展方面，法国实现了农业教育、科研和推广的无缝衔接，促成了人才培养、科学研究、技术推广转化的完备体系，增强了法国农业国际竞争力（王芳，2008）。

在政府宏观调控下构建出的发展模式，进一步密切了内部各部门间的沟通与联系，进而在这一过程中成功实现内部资源的整合与配置，对乡村发展目标的实现提供了重要推动力（沈费伟，2016）。

## （五）精简集约型的荷兰农地整理

荷兰国土面积仅为 4 万多平方千米，是典型的人多地少的国家，有着有序的土地和空间利用秩序，以及高密度、高效率的城乡宜居环境，在长期发展中一直保持着农业出口大国的地位。而这与荷兰地区贯彻落实的乡村发展模式息息相关。

### 1. 进行"土地整理"和"土地开发"

进入到 20 世纪以后，荷兰乡村发展主要以"土地整理"和"土地开发"作为侧重点。前者指的是利用交换农户土地、控制农田碎片化、完善乡村道路交通等方式，促进农业生产条件的改善，改善农业生产能力。土地开发除了关注农业生产功能以外，还注重自然保护、景观发展、户外娱乐等功能，是一种综合性的乡村发展手段。

### 2. 制定法律加强农地管理，制定不同用途

荷兰乡村地区土地整理和土地开发的实施机制在逐步做出调整和完善，且政府主要通过立法的形式加强农地管理。在 20 世纪 30 年代，荷兰政府陆续制定并实施《土地整理法》，明确规定将乡村土地资源进行统一整合，改善土壤品质，积极推进基层公共设施建设，保证土地生产水平的有效提高。而到了中期以后，荷兰对《土地整理法》进行重新修订，其中，将乡村景观的保护作为侧重点，同时保存部分土地用于自然保护、村庄改造和娱乐设施建设。而随着时间的推移，荷兰逐渐转变农业发展模式，对原有农业发展结构进行有针对性的调整与优化，提高对绿色农业的扶持力度，对农村土地资源进行合理配置；积极推进乡村旅游业发展，加强自然景观规划，实现土地资源的整合利用，达到规模经营的效果（贾俊虎，2018）。

### 3. 发展乡村集群经济，城镇带动乡村

为了确保乡村农业生产活动有序健康发展，荷兰将乡村集群经济作为战略重点，同时，对工业迁移和农业产业链转移的现象进行严格管控。乡村集群经济以中小卫星城镇为依托，在城镇集中与农业相关的储存、加工、销售等各种配套服务企业和合作社，为周边乡村提供农业社会化服务和大量就业机会，带动周边乡村的发展。荷兰辛格兰市的政府部门通过对乡村田、水、路、林的综合整治，改善当地的生态环境和农业生产条件，维护乡村农业景观，并加强了对农业科研和从业者的培养投资，以吸引和留住人才（宁夏，2018）。荷兰的农地整理模式和乡村集群经济符合荷兰面积小、人口数量少但是经济发达、人口素质高的特点，乡村发展速度极快。

## （六）以"一村一品"为特点的日本造村运动

日本的乡村振兴主要是依靠拓展农业农村的多重功能，提高农业农村多元化价值，通过产业融合发展，走特色产业振兴型乡村发展道路。典型代表是 1979 年开始实施的以"一村一品"为主要内容的"造村运动"。

### 1. 各地区因地制宜，培育各类型产业基地

"一村一品"运动主要以推动日本农产品发展作为战略重点，进而推动多元化的产业基地建设。"一村一品"运动最初在日本九州岛的大分县推行，当地地形多样，且主要以林地资源为主。在这种条件下，导致当地农产品类型表现出多样化的特点，但整体产量并不高。但当地在对特色农产品的开发中将产地建设和品牌建设作为侧重点，结合当地实际发展现状，开发建设多元化的产业基地，如九重町、钱津江村、潼町等（陈磊，2006），有效促进当地资源利用效率的提高。"一村一品"运动的开展，将众多大型企业吸引到此设立厂家，使大分县成为九州岛一个新兴的尖端工业区。大分县的成果很快影响到全日本，"一村一品"运动得以扩散到全国范围（倪树高，1992）。

### 2. 发展 1.5 次产业，增加农产品附加值

日本政府将发展 1.5 次产业作为战略目标，促进农产品价值的提高。关于 1.5 次产业的概念，主要指的是利用农产品及加工品作为原材料而开展的针对性的工业活动，进而在这一过程中促进农产品价值的提高。较日本传统的农业发展模式相比，1.5 次产业的推行对整体产业结构的发展有着重要意义，有利于生产效率的提升，同时保证消费者的个性化需求得到最大限度的满足。1.5 次产业结合市场发展现状，对农产品进行针对性的加工、物流和销售，通过对农产品属性与特征的改变，来促进整体价值的提高，同时确保与消费者的实际需求相适应，增强消费者满意度。

### 3. 充分发挥综合农业协同组织的作用

日本凭借综合农业协同组织（以下简称"农协"）的优势与作用，规划设计针对性的宏观政策。在日本，农业协同组织在整个农业产业中扮演着极其重要的角色。日本农协管理组织体系相对完善，利用参股的形式构建出综合全面的农协网络体系。日本农协作为社会经济组织，其在某种程度上反映出广大农民群体的根本利益，在组织运行过程中，将实现经济效益最大化作为主要目标，同时，尽可能满足广大农民群体的服务需求。因此，其在日本农业体系中占据着重要地位。尤其是在"一村一品"

运动开展过程中，在农协的引导下成功实现基层农户的规模经营。

### 4. 依法构建农村职业教育体系

日本也非常重视农民教育培训，并依法构建农村职业教育体系，培养出的具有国际水平的高素质人才，是一个地区获得新生的关键。"造村运动"促使当地青年的主动性得到显著增强，进而培育出一大批高素质的本土化人才。日本政府综合各方面因素对教育培训模式进行优化与改进，同时组织开设多样化的农业培训课程，成立专门的补习机构，以促进农民群体专业素养的提高，优化其知识结构。最后，政府进一步提高对农业生产的财政扶持力度，并在这一过程中促进农产品产业链的补充与完善，实现农产品销售渠道的进一步拓宽。造村运动的开展对日本农村经济有着显著的刺激效果，同时也为当地农业现代化建设提供了重要的推动力。政府的大力倡导和支持使日本各地区在"一村一品"运动中能够根据自身实际情况，因地制宜培育具有特色的农业产业，"一村一品"运动自上而下地促进农业农村发展，给农业农村发展带来了极大的推动力。

## （七）韩国的"新村运动"

韩国同样是一个人多地少的国家，耕地面积仅占国土面积的22%。在20世纪60年代，韩国提出了出口工业战略，使其工业得到了快速发展，并且初具规模。由于重工轻农的做法，导致其农业落后，农民贫穷，工农脱节，城乡差距拉大，贫富差距增大。为了改变这一现状，20世纪70年代初，由韩国总统亲自倡导和政府强力推动的，旨在改革农业、改变农村、改造农民的大变革运动——"新村运动"在全体国民参与下开始启动（郭永奇，2013）。

### 1. 大力兴建农村基础设施

首先，在农村基础设施建设方面，包括公共基础设施建设和生活基础设施建设，在政府投资和乡村集资的支持下，乡村积极兴建公共道路、地下水管道、乡村交通、河道桥梁，以此改善生活设施，整顿农村生活环境，提升农民生活质量；20世纪70年代，新村的硬件设施基本改造完成（崔亚凝，2016）。

### 2. 调整经济结构，促进农民增收

韩国政府投入大量资金支持，通过在全国推广水稻等经济作物的种植，且通过种植经济作物以调整农业结构，提高农业农产品的价值。同时，建设农业生产基础设施项目，以增加劳动力就业机会，留住乡村人才和青壮年劳动力。部分工厂由政府主

导，从城市迁移至农村，发展非农业，推行农村企业发展来促进农民增收。

### 3. 满足农民精神需求，激发农民积极性

新村运动的开展为农村地区的建设发展提供了重要推动力，同时有效推进基层地区的基础设施建设，农民收入水平得到极大改善，精神需求也得到极大程度上的满足。政府在基层地区成立村民会馆，并组织实施多元化的文化活动，激发当地居民的参与热情。在政府的引导作用下，全体农民共同努力，积极参与、努力推进新村运动，逐渐克服消极落后的意识，乡村的贫困现状得以改善。政府在财政压力较大的条件下，强调构建综合性的支持体系，引导农村主动参与新村运动，为农村建设与发展做出相应的贡献，保证韩国乡村发展目标顺利实现。

# 二、国内乡村发展经验

对于我国来说，农业农村建设一直以来都是工作重点。改革开放 40 多年以来，农业农村发展取得了历史性的成就，城市化进程在不断加速中，城乡融合度也越来越高；乡村振兴作为近年来乡村发展探索的主要方向，被党的十九大定位为实现"两个一百年"奋斗目标的重大历史任务和重要抓手，对于提升乡村发展空间具有重要指导意义。在党的十九大召开期间，习总书记明确提出"产业兴旺、生态宜居、乡风文明、治理有效、生活富裕"的乡村振兴战略，这也为国内农村地区关于乡村振兴的实践指明了方向。

## （一）产业带动乡村发展模式

通过对乡村振兴战略方针进行分析，其中"产业兴旺"主要反映的是对其"三农"问题的解决、特色乡村战略实施的积极意义，产业兴旺同时是乡村振兴的主要目标，在整个乡村战略推行过程中占据着基础性的地位。基于当前农村产业结构实际情况，对其进行科学合理的优化与改进，进而为农村发展提供推动力，是实现乡村振兴的有效途径。

### 1. 促进一二三产业融合

当前，徐州市乡村仍处于第一、第二产业比例高，第三产业比例低的情况，乡村发展受到一定阻碍。考虑到徐州市乡村的实际情况，为建设特色田园乡村，需要对自身的产业结构进行合理化调整，优化农村产业配置，以此助推农村一二三产业融合发展。

首先，徐州市注重特色农业的发展，稳定第一产业。山区的发展重视经济作物的种植和发展；圩区采用精养、套养的方式提升养殖效益。徐州市以农业产业化龙头企业为主体，向上、下游产业环节进行延伸，通过对生产经营、农产品加工、贸易流通等环节的深度整合实现贸工农一体化、产加销一条龙。这种模式是农村一二三产业融合最有效、最紧密的形式，对于带动农业发展和农民增收致富的效果明显（欧阳胜，2017）。

在第二产业上，徐州市大力发展清洁能源，避免焚烧秸秆等破坏环境的行为。在经济发展上，深入推进"农业科技+"建设。徐州市对乡村的特有资源进行挖掘利用，促进第三产业发展。乡村以其质朴、自然的特征，吸引着城市人，带动了乡村旅游业的发展，既促进了消费也带动了乡村经济。徐州市一二三产业同时协调发展并重新配置产业结构，提高了土地利用价值，实现乡村高效、科学、合理的构建，既能体现现代农业发展趋势、提升产业素质，也可以拓展农业多种功能、实现农业农村优先发展的多重效益，建立特色田园乡村建设同产业转型协调发展的格局（龚志成，2019）。

## 2. 构建新型特色产业形态

随着农业供给侧结构性改革进程的推进，以及政府宏观政策的调整，促使特色产业在当前农业发展中的地位有所提高。以特色产业作为切入点，利用现代信息技术来实现对产品的开发、模式的完善，并使其成为现代农业发展的主流趋势。无锡市阳山镇以发展观光农业的形态，基于当地农业资源和乡土文化，合理开发农业生产和生态旅游业，并促进产业融合，推动当地经济建设，保护和改善乡村环境。例如，无锡市阳山镇开发的田园东方项目，该项目位于无锡市惠山区阳山镇，项目总占地面积达到416公顷，同时这也是我国首个田园综合项目。在当前背景下，以实现"田园生活"作为战略目标，其中涵盖现代农业、田园社区和休闲文化旅游等功能模块，在运行过程中始终践行生态环保的理念，兼顾生态效益和经济效益。阳山镇开展的以田园东方项目为首的观光农业模式兼有农业的特征与旅游业的内涵，并且突破了传统农业和旅游业的经营模式。

观光农业这种新型产业形态不仅在无锡市阳山镇得到开展，江西省上饶市、山东省寿光市等地都开发了观光农业。上饶市吕家源村建设的竹春潭农园依山傍水，水库灌溉面积可达40多公顷。竹春潭农园在"建设生态家园、开发绿色产业"的总体规划指导下，整合得天独厚的区位优势和丰富的自然生态资源，着重于农家乐、生态园、休闲娱乐等观光休闲农业项目的开发，大力发展乡村旅游业。农园中的太保殿禅茶生产基地配套建设了200平方米的生产车间，实现生产、加工、包装一体化，年产值达80万元，带动当地至少200人依托茶产业致富。观光农业模式扩大了周边居民的旅游空间，使城市居民感受到了乡村生活的乐趣，城乡之间的交流增多，缩小了城乡差距，对于农民增收具有促进作用，拓宽就业渠道，调整和优化产业结构，促进第一产业和第三产业的融合，推动当地经济的发展，农村环境有所改善，发挥了保护生态环境的作用。

### 3. 发展乡村特色旅游业

发展乡村特色旅游作为推进乡村振兴战略的有效途径，能够对区域经济发展起到重要的推动作用。旅游业是国内农业发展的新兴业务，在乡村振兴产业结构中扮演着极其重要的角色，依托于乡村旅游业既能够实现生态效益，同时还能促进区域经济发展水平的提高，由此可见其对于乡村振兴战略的实施有着重要意义。

江西省婺源县居于浙、皖、赣三省交壤处，占地面积 2947 平方千米，拥有优越的自然气候条件和区域位置。婺源县境内生态资源丰富，其中涵盖善山商周遗址、春秋吴太子、鸿墓清华窑址等历史建筑，特色文化资源丰富。为了将婺源县丰富的旅游资源真正转化为经济发展的优势，县委、县政府以资源优势为依据，按照旅游经济发展规律，着重考察、规划、整合旅游资源，以"文化"和"生态"作为两大主题，将婺源县建成一个旅游大县、经济强县、文化名县。通过有效规划和资源配置后，区域范围内共规划设计出多个精品景区，区域范围内的国家级 4A 旅游景点数量居于全国首位。婺源县以文化和旅游业为主的第三产业迅速发展，带动了农业、手工业、养殖业的兴起，全方位的旅游新模式，为当地创造了良好的就业环境，拓宽了农民的经济来源，促进了全县的经济发展，旅游业成为带动婺源县经济发展的龙头产业。当地村民以互联网为媒介，在各大媒体平台为家乡进行宣传营销，不断开拓市场，作为以文化和旅游业为主要产业发展起来的典型县，吸引了很多国内外游客及各大投资商，使乡村经济发展更有势头（张获，2019）。

信阳市作为革命老区，整体经济发展水平相对落后。在长期发展中曾获得"中国优秀旅游城市""中国十佳宜居城市"等一系列称号，尤其是凭借自身在区位、资源等方面的优势，在乡村旅游发展过程中取得了显著成效。最近一段时间内，信阳市将旅游业作为战略重点，区域范围内的大部分乡村地区均重视对旅游产业的开发，774个村庄具备旅游资源，初具规模的乡村旅游点达到 56 个，农家乐片区达到 10 个，农家乐超过 2300 家，其中乡村旅游业的从业人员超过 5 万人，信阳市乡村旅游的开发，不仅在当地创造了经济收益和就业岗位，使当地居民认识到传统文化的价值，而且大大推动村容村貌的改变，带动农村基础设施建设，推动乡村卫生条件和生态环境的改善，促进"乡风文明"建设（张敬云，2017）。

## （二）人才带动乡村发展模式

人才在农村发展中扮演着极其重要的角色。习近平总书记在党的十九大报告中曾明确表示，在农村建设过程中，应培育一批懂农业、爱农村、爱农民的"三农"工作队伍。

### 1. 新型职业农民的培育

新型职业农民摒弃了传统农民的按时进行生产和销售的模式，开始尝试亲自参与到生产前、生产中、生产后"一条龙"中来，使自身职业具备了产业化的特征，即农民不再进行单一的农业生产，就业渠道更具多元化、创新化、专业化和产业化。在这种条件下，促使农民在农业生产中的精细化水平大大提高，职业农业的类型呈现出多元化的特点，如服务型职业农民、经营型职业农民等。生产型职业农民将农业种植技术的作用发挥到极致，生产出最具经济效益的农产品，各类职业农民在农业生产产业链中各司其职，效率大大提升。

### 2. 海南省新型职业农民培育实践

2014 年，为了保证农村人才培养目标的顺利实现，深化农业现代化建设进程，确保乡村振兴战略目标的顺利实现，海南省在多个区县开展新型职业农民的培育试点工作，并制定实施了相应的《海南省新型职业农民培育实施方案》。例如，海南省的特产"妃子笑"荔枝依托于现代种植技术成功实现产品质量的提高，抢占大量的市场份额。2015 年，海南省东路农场的"妃子笑"荔枝的单价达到 13.2 元/公斤。只有利用种植技术来实现产品质量的提高，才能有效缓解农民的生产经营压力，促进农业专业化水平的提高；海南省儋州市那大镇茶山村将种植产品由以往的橡胶树转变为木瓜，且在此基础上提出养殖"木瓜鸡"、发展乡村旅游的新渠道，成功培育出一大批新型职业农民。

## （三）生态文明建设带动乡村发展

生态价值观对于乡村可持续发展来说有着巨大推动力，尤其是可以将其运用到第三产业当中，与当地旅游规划相结合，避免当地生态资源受到破坏，在旅游业发展过程中，实现生态效应、经济效益和社会效益的协调统一，这对于实现乡村的可持续发展有着重要意义。

### 1. 江西"水生态"文明村建设

为了节约水资源，促进生态建设，江西省相关部门在对资源、产业、区位、环境等要素分析的基础上，综合考虑省内农村各自独特的自然资源条件、经济发展水平、产业发展特点，以及民俗文化传统因素，通过政府主导、社会参与、产业支撑和乡村经营的途径，形成"生态保护—田园种养—休闲观光"自然生态型、"土地流转—统一规划—绿色开发"产业发展型、"河道防护—保持水土—生态利用"安全保障型具有自身特色的水生态文明村建设模式。水生态文明村的建设，不仅尊重自然，构建了循环通畅的水资源体系，防治水土流失和洪涝灾害；而且政府鼓励农民积极参与，扶持农民组织发展，提升了村民的生态意识和环保意识，促进了村民就业和乡村安全治理状况；此外，部分村庄发展生态农业，将农业产业结构调整与当地生态环境整治相结合，开展耕地污染预防整治，确保农产品质量及生态清洁，建立了具有高效经济收益和和谐生态功能的生态农业体系；在交通便利地区，依据村庄特色环境、田园风貌与城镇景观的差异，打造各具特色的观光农业，形成特色观光农业景点，满足市民休闲度假的需求，给江西省带去了巨大的收益（莫明浩，2019）。

### 2. 四川省阿坝州以生态建设带动旅游业发展

阿坝州位于四川省西北部，占地 84242 平方千米，地处青藏高原东南缘，横断山脉北部与川西北高山峡谷的结合处，以高原、高山峡谷为主的地貌，平均海拔 3000 米以上，拥有九寨沟、黄龙等世界级旅游景区，独特的藏羌民族文化景观和民俗风情使其具有很大的旅游开发挖掘价值。在川西民族地区旅游生态化建设中，当地居民作为生态建设的主力，在进行生态化建设中，形成了本民族敬畏自然、珍惜生命的民族伦理价值观。

阿坝州主动建立生态补偿和奖惩机制，建立多层次的旅游教育培训机制，举办各式各样的生态教育宣传活动和旅游环保义务活动，当地居民和游客积极参与到绿色出行、低碳消费的行动中，缓解对脆弱的生态环境造成的压力，让自然生态环境能在一定时间内得到自我恢复和改善（何星，2019）。在阿坝州民族旅游和生态化建设中，政府、企业、当地居民、游客共同构成了一个共存、共享的单元，并且主动发挥法律、纪律、道德的作用，对各利益相关者进行不同程度的监督、管理和宣传。阿坝州大力推进民族旅游开发和生态建设的良性互动，推进旅游与生态环境一体化建设，不仅促进当地旅游业的发展、财富的创收，获得一定的经济效益；同时，在生态环境上也得到了治理，资源得以循环重复利用，获得了生态效益。

## （四）文化发展带动乡村振兴

"文化"作为乡村振兴战略的具体表现形式，在社会范围内得到了各个主体的支持与肯定。尤其是在当前背景下重视对乡村地区非物质文化遗产的深度挖掘，在此基础上实现对乡村文化的继承与发展，积极推动文化产业建设，既有利于乡村经济发展水平的提高，同时对文化产业的布局也有着至关重要的作用。

## 1. 日照文化企业项目园区建设

山东省日照市文化产业近年来保持着良好的发展趋势，且先后建立了多个省级重点文化企业项目园区（基地）、省级文化产业示范基地和服务出口企业等文化产业示范基地。日照市文化局凭借自身文化特色，重点打造一系列特色文化品牌，如海洋文化、莒文化、茶文化等，同时，强调推动传统技艺创新产品，如日照黑陶、艺术地毯、"世唯"原创手绘等，保证民俗传统文化的魅力得到充分展现。日照市的文化产业收益良好、文化产业投资规模持续扩大，地区国内生产总值占比重持续增长，为区域经济发展提供了重要推动力。

## 2. 广西壮族自治区古陶文化产业链构建

钦州市坭兴陶选取钦江东西两岸特有的陶土，经高温烧制通过经传统技艺制作，因其具有浓厚的文化内涵和较高的艺术收藏价值，成为中国陶瓷行业中最具特色的产品之一，它也被认定为广西壮族自治区目前最具民族特色的"二宝"之一。钦州市委市政府对坭兴陶产业发展高度重视，在政策、资金等多方面提供了大力支持。2016年，广西壮族自治区钦州市宣布实施《钦州坭兴陶文化创意产业园》项目，强调以千年古陶文化为产业依托，同时联系广西（钦州）园博园，共同塑造集坭兴陶产业链，在此基础上推动区域经济、文化的协调发展。特色小镇建设促进了区域经济的转型升级，城乡融合发展成效显著，受到各级政府从土地审批到融资、税收、财政奖补等各方面的支持。特色小镇广阔的市场前景同样得到了社会资本的高度认同。在诸多因素的影响下，特色小镇的发展模式逐渐在全国范围内兴起。特色小镇在促进乡村振兴、新型城镇化、农业农村现代化等方面具有叠加效应和重要意义。该经验和模式受到国家认可，同时，各地也开始广泛学习和效仿（张颖举，2019）。

# 三、乡村振兴经验借鉴

我国在乡村振兴战略推进当中，可以对西方国家的相关优秀经验进行借鉴与参考，从我国国情出发，坚持问题导向，抓住并解决制约农业农村发展的突出问题，明确重点，解决难题，构建符合我国实际情况的乡村振兴的运行机制与实现路径。

## （一）完善各项制度供给，做好顶层设计

制度供给不足或空缺直接制约各种生产要素的自由流动。为了弥补制度性短板，

政府应注重规划和建设各项配套制度，在政策、资金、制度等各方面为其提供大力支持，为乡村振兴提供制度保障。

### 1. 完善乡村法律法规体系

政府针对乡村建设的扶持，应先从制度层面对其进行宏观调控，利用颁布并实施相关法律法规的形式，对整个乡村建设进程进行有效约束和规范。例如，日本《农林渔业金融公库法》、德国《土地整理法》、荷兰《空间规划法》等法律都规定了乡村发展的长远目标、具体方式与实现途径，规范了政府在乡村治理中的行为，具有重要指导意义。

### 2. 提高财政投入，增加物质保证

财政作为推进乡村振兴战略的有效方式，为乡村振兴战略的发展奠定了深厚的基础。政府应进一步提高对乡村建设的财政扶持力度。例如，日本不仅通过财政转移支付补贴农业，还建立了农产品价格风险基金，帮助分担村民在农产品生产和销售过程中的资金损失。韩国在新村运动后期，投入 20 亿美元设立新村建设基金，兴办乡村公益事业，改善农民的生活环境。德国政府向边远地区的欠发达乡村提供专项经济补助，帮助其开展生产活动。

### 3. 进一步深化城乡二元体制改革

在城乡二元体制层面，政府应加强户籍制度改革进程，有效弥补城乡二元制的缺陷和不足，按照统一标准在教育、就业和养老等方面努力实现城乡居民公共服务均等化，让乡村农民真正与城市居民一样享受到各种现代文明的优势，提升获得感、安全感和幸福感，逐步解决城乡居民在就业和享受公共服务不平等的现实问题，有效留住农村人才进行农村建设。

## （二）发展乡村产业，强化产业支撑

### 1. 制定乡村产业发展规划

国家及各地方要坚持因地制宜制定乡村产业发展规划。乡村振兴的首要任务就是发展乡村产业，没有产业发展就没有就业。结合乡村的区域、资源等一系列优势，对乡村产业结构进行合理调整与优化，最终构建出既符合当前市场发展要求，同时还能对乡村振兴起到一定推动作用的特色产业体系。

### 2. 推动一二三产业的融合

乡村振兴，产业兴旺是重点。农村一二三产业融合发展是解决城乡发展不平衡、不充分矛盾，破除"三农"难题，推进农村经济走向持续繁荣的高质量发展的重要方式。农村地区各个产业的协调统一，是实现农业现代化建设目标的有效途径，同时，这也成为推动农村地区综合全面发展的重要推动力，对乡村经济振兴战略目标的实现有着重要意义。

### 3. 重视第三产业发展，因地制宜开发

要重视发展乡村旅游业。世界许多发达国家在乡村发展过程中既重视一二三产业融合发展，又注重乡村旅游业的发展和扩大，我国也在不断地探索和开发旅游业。第三产业有助于优化区域经济结构，可以激活农民的创业和就业热情，缓解农民的就业压力，推进农业现代化建设，并使良好生态环境得到保护和塑造，对区域经济的可持续发展具有重要作用。

## （三）加强基础设施建设，促进城乡交流

基础设施建设是乡村振兴的"金钥匙"。《中国农村发展报告（2018）》显示，城市的燃气普及率是村庄的 4.26 倍，城市的污水处理率是村庄的 4.67 倍。要全面推进乡村振兴就必须加强乡村基础设施建设。推进乡村公路建设，实施饮水安全巩固提升工程，加快乡村电网改造升级和实现互联网在乡村全覆盖是实现乡村振兴的必要基础条件。公路是乡村振兴的基石，推进乡村公路建设，方便广大农民安全出行；分类实施农村饮水安全巩固提升工程，保障农民生产和生活用水；提升供电保障能力和供电质量，提高供电服务水平，让乡村居民安全放心用电；在当今快速发展的社会，让乡村居民搭上互联网快车，享受互联网带来的便利也是十分必要的。基础设施的完善为全面推进乡村振兴提供了强大新动力。

## （四）开发人才资源，优化人才环境

实施乡村振兴战略的关键在人。乡村治理是以乡村农民为核心的社会建设工程，鼓励乡村精英积极参与到农村发展的过程中来，不仅有利于充分发挥村民在农村发展中的基础作用，实现乡村社会善治的目标与任务，而且也有利于农民维护自身权益，促进乡村社会的繁荣。为了人才可持续培养与发展，全面推进乡村振兴，需要各级政府为乡村人才成长营造良好的环境，培育新型职业农民，促进传统农民向现代职业农

民转型（张永强，2007），引进各类科技人才到乡村发挥自己的才能，为乡村人才队伍注入新的生机。

在当今中国特色社会主义新时代，培育新型职业农民，一要需要构建科学培育体系，培训对象要以新型职业农民和新型农业经营为主。二要重视对农民培育机制补充与完善，进一步强化对农民的职业培训力度，为农村地区发展提供充足的人才保障。三要强化新型职业农民培训管理，探索建立农业职业技能等级认定制度，逐步实施农业职业资格准入制度，全面提升农业劳动者职业技能水平（贾俊虎，2018）。

# 参 考 文 献

［1］陈磊，曲文俏. 解读日本的造村运动［J］. 当代亚太，2006（6）：29 - 35.

［2］崔亚凝，刘文泽，张远索. 韩国"新村运动"及其对中国村庄整治的启示［J］. 世界农业，2016（9）：45 - 49 + 143.

［3］龚志成，董金玲，闫一川，吴昊龙. 徐州特色田园乡村建设产业结构现状研究［J］. 纳税，2019，13（5）：150 - 151.

［4］郭永奇. 国外新型农村社区建设的经验及借鉴——以德国、韩国、日本为例［J］. 世界农业，2013（3）：42 - 45.

［5］郝华勇. 基于特色产业的乡村产业振兴研究——以中医药产业带动一二三产业融合为例［J］. 天津行政学院学报，2018，20（6）：74 - 81.

［6］何星. 乡村振兴背景下民族地区旅游扶贫中的生态化建设——以阿坝州为例［J］. 云南民族大学学报（哲学社会科学版），2019，36（2）：73 - 79.

［7］贾俊虎. 乡村振兴战略实施过程中的经验借鉴——以国外4种乡村发展模式为参考［J］. 改革与开放，2018（20）：17 - 18 + 223.

［8］赖海榕. 乡村治理的国际比较——德国、匈牙利和印度经验对中国的启示［J］. 经济社会体制比较，2006（1）：93 - 99.

［9］李乾文. 日本的"一村一品"运动及其启示［J］. 世界农业，2005（1）：32 - 35.

［10］李强，姜爱林，任志儒. 韩国新村运动的主要成效、基本经验及对我国的启示［J］. 农业现代化研究，2006（6）：405 - 408.

［11］龙晓柏，龚建文. 英美乡村演变特征、政策及对我国乡村振兴的启示［J］. 江西社会科学，2018（4）：216 - 224.

［12］芦千文，姜长云. 乡村振兴的他山之石：美国农业农村政策的演变历程和趋势［J］. 农村经济，2018（11）：1 - 8.

［13］莫明浩，杨洁，涂安国，袁芳. 美丽乡村建设的实践探索与思考——以江西省水生态文明建设为例［J］. 中国农村水利水电，2019（2）：30 - 33.

［14］倪树高．日本的"一村一品"运动探析［J］．现代日本经济，1992（3）：9－12．

［15］宁满秀，袁祥州，王林萍，邓衡山．乡村振兴：国际经验与中国实践——中国国外农业经济研究会 2018 年年会暨学术研讨会综述［J］．中国农村经济，2018（12）：130－139．

［16］宁夏，罗丽，孔令孜，于平福，李建容，李小红．国内外休闲农业发展经验对广西的启示［J］．江西农业学报，2018，30（9）：122－127．

［17］欧阳胜．贫困地区农村一二三产业融合发展模式研究——基于武陵山片区的案例分析［J］．贵州社会科学，2017（10）：156－161．

［18］沈费伟，刘祖云．发达国家乡村治理的典型模式与经验借鉴［J］．农业经济问题，2016（9）：93－102＋112．

［19］苏嘉栋．文化赋能"非物质文化遗产＋"助推乡村振兴研究——以山东省日照市为例［J］．北方经贸，2019（2）：65－67．

［20］汤爽爽，孙莹，冯建喜．城乡关系视角下乡村政策的演进：基于中国改革开放 40 年和法国光辉 30 年的解读［J］．现代城市研究，2018（4）：17－22＋29．

［21］唐任伍．新时代乡村振兴战略的实施路径及策略［J］．人民论坛·学术前沿，2018（3）：26－33．

［22］王芳，胡永盛，李军．国外农村区域发展基本经验及启示［J］．江西农业大学学报（社会科学版），2008，7（4）：38－41．

［23］王国强．乡村振兴战略下特色小镇建设的专业人才问题与对策思考——以钦州坭兴陶特色小镇为例［J］．保山学院学报，2019，38（1）：68－73．

［24］张荻．以旅游业为引导的乡村振兴经济策略研究——以江西省婺源县为例［J］．商场现代化，2019（1）：181－182．

［25］张进财，叶楠馨．以乡村特色旅游推进区域经济发展［J］．农业经济，2019（2）：49－51．

［26］张敬云．信阳市乡村旅游发展探究［J］．河南农业，2017（24）：14－15．

［27］张姗．美丽乡村建设国外经验及其启示［J］．农业科学研究，2018（3）：73－76．

［28］张雅光．乡村振兴战略实施路径的借鉴与选择［J］．理论月刊，2019（2）：126－131．

［29］张颖举，程传兴．中西部农业特色小镇建设的成效、问题与对策［J］．中州学刊，2019（1）：50－55．

［30］张永强，郭翔宇，秦智伟．日本"一村一品"运动及其对我国新农村建设的启示［J］．东北农业大学学报（社会科学版），2007（6）：11－14．

［31］周建华，贺正楚．法国农村改革对我国新农村建设的启示［J］．求索，2007（3）：17－19.

［32］周艳丽．生态经济视角下海南热带农业与旅游业耦合发展研究［J］．农业经济，2016（12）：21－23.

# 第三章

# 乡村振兴战略逻辑

中国已经走向"乡村振兴"的新时代，解决城乡"发展不平衡"、乡村"发展不充分"问题是新时代中国社会发展的重要工作。立足新时代乡村振兴基础，客观认识乡村振兴困境与挑战，准确把握国家实施乡村振兴战略的科学内涵和政策创新导向，构建新时代乡村振兴逻辑框架，对于地方落实推进乡村振兴战略具有重要意义。

## 一、乡村振兴文献综述

乡村问题是我国近现代以来极其重要的问题，中华人民共和国成立以来，十分重视乡村发展，尤其是改革开放以来，乡村问题备受学术界重视。党的十九大提出实施乡村振兴，更是掀起"三农"问题研究、乡村发展与乡村振兴的研究热潮，为我国新时代乡村振兴逻辑机理和实践理论奠定了坚实的基础。

### （一）乡村发展方式探讨

乡村发展是在外部环境与内部发展要素相互作用和重组驱动下，乡村社会的要素、结构和功能发生相应转变的过程，可以视为特定村域系统内农业生产发展、经济稳定增长、社会和谐进步、环境不断改善、文化接续传承的良性演进过程（李裕瑞，2012）。乡村发展是不断转型发展的过程，是快速工业化和城镇化进程中城乡人口流动和经济社会发展要素重组与交互作用，当地参与者对其过程及变化做出相应调整，由此引致的农村地区社会经济形态和地域空间格局重构（龙花楼，2012）。对于乡村发展研究，发达国家将乡村研究的重点放在乡村社会变化的原因和结果上，并探究其在不同地理尺度上运行的过程；而发展中国家则将重点放在乡村经济和社会方面，如农业发展、乡村工业化和城镇化、乡村服务中心的空间组织、乡村人口和聚落系统、乡村社会发展和能源开发等，并在此基础上划分乡村发展类型（姚龙，2014）。

### 1. 乡村发展体现为"外生式—内源式—综合式"过程

乡村发展是不断转型更新的过程，经历了从外生式农村发展、内源式农村发展到综合式农村发展的演进。外生式农村发展强调区域对农村发展的带动作用，注重通过城市和工业增长极带动城乡经济一体化，进而实现自上而下的发展。比如，城市作为农产品消费中心推动农业圈层化布局发展，城市中心带动外围乡村发展，工业布局对周围地区带来的增长效应。内源式乡村发展强调以乡村自身发展为重点，采取自下而上的发展范式（涂人猛，1993）。改革开放以来的农业发展、乡镇企业发展，不断壮大乡村多元化经济，推动乡村社区化发展。综合式发展强调乡村内生发展的推动力与城市发展的外部拉动力共同作用的结果（李婷婷，2015），乡村嵌入到当地网络与外部网络所构成的综合系统中，并作为其中的复杂节点，推动形成城乡统筹发展、区域网络化发展、区域创新发展的大区域系统格局（陈秧分，2012）。

### 2. 乡村发展驱动由单一逐渐发展为多元化

早期乡村发展依赖于农业生产力水平的提高，乡村发展驱动因子非常单一。随着工业化、城市化的快速发展，深刻改变了广大农村地区，促进乡村地区产业和就业模式发生了巨大变化（吴传钧，2001），乡村发展驱动力日益多元化。工业化、城镇化、产业结构升级和制度创新成为乡村转型发展的四大核心驱动力（陈玉福等，2010），乡村自我发展能力及区域工业化和城市化外援驱动力的强弱直接导致乡村发展演进的状态（张富刚等，2008）。在乡村发展演进过程中，乡村地域系统各要素相互作用形成的各种功能结构，将会影响乡村转型发展的作用过程、方式与规律，成为乡村转型发展的驱动力。地区的通达性是影响乡村发展的重要因素，健全的区域交通网络和高水平的区域内外交通可达性有利于农业生产资料和农产品的运输，促进乡村实现农业现代化（于正松，2014），促进水果、蔬菜和花卉等时鲜产品专业村的形成（李小建，2012），进而提高农民非农收入报酬增长率，农村居民点及用地变化区域也呈现出一定的交通指向性（谭雪兰，2014）。我国乡村发展的驱动力空间分异明显，社会经济因素对乡村发展的推动力存在区域差异，工业化和城镇化的推动作用在东部地区更显著，农业现代化对平原地区和西北部畜牧区推动作用更明显（王艳飞，2016），差异化的乡村发展态势日益凸显。

## （二）乡村振兴内涵探索

乡村振兴战略是新时代乡村转型发展的重要路径。20世纪30年代，费孝通（2001）对乡村的生产、消费、分配和交易问题从微观层面进行了经济学分析，重点阐述了乡村产权、乡土工业、农村商品和金融市场等问题，提出了"多种模式，城乡结合，随机应变，不失时机"的乡村经济发展方针。针对农村经济的衰败、农村文化和生活方式的落后等问题，提出了"乡村复兴"。"乡村复兴"是基于中国国情的本土概念，"复兴"是强调对乡村价值的重新肯定与再认识，在新的时代背景下真正发挥乡村应有的价值。"乡村复兴"表现为复杂的多元内涵，外在彰显乡村的独特性，内在流通城乡要素，包括乡村产业、空间、资本、管治、文化等方面的内容，又与城乡关系的演变、乡村土地制度的变化、社会消费结构的变化等密切相关（申明锐，2015；张京祥，2014）。通过乡村衰败与乡村复兴的辨析，城乡分割是造成乡村衰败的根本原因，乡村复兴应建立城乡要素自由流动的市场机制、加快农村土地制度创新的步伐和培养乡村自身的组织能力是振兴乡村的根本出路（王勇，2016）。我国最大的发展不平衡和发展不充分就是城乡发展不平衡、乡村发展不充分，亟须实施乡村振兴战略来解决这个问题，乡村振兴战略的实施要关注工作重点，人、地、钱是主线，体制机制是实施的保障，要素流动和产业融合是路径，城乡分工体系和新型农业体系是核心，城乡协调平衡发展是目标（罗必良，2017）。

### 1. 乡村振兴与产业兴旺

乡村振兴，产业兴旺是重点。乡村产业发展是乡村振兴战略得以实施的经济基础。当前，国内关于乡村产业振兴研究主要集中在推动三产融合和调整农业产业结构进行产业创新两方面。农村实现现代化发展，离不开发达的产业和非农产业体系。但要以稳定粮食生产安全和优化农村产业调整结构为前提，这是推动乡村产业振兴的重要基础，防止为了产业振兴而削弱粮食生产现象的发生（冯海发，2018），确保国家粮食安全是乡村产业体系调整的前提和基础（张晓山，2017）。要注重农业的多功能性，促进三产融合，实现小农户与现代农业的有机衔接；要突出多形式产业组织、多特点经营制度、多类型规模经营、多元化服务体系，加快构建现代农业的产业体系、生产体系、经营体系。要努力推动三产融合，建立现代农业生产体系（黄祖辉，2018）。为此，要针对城乡居民消费的新需求，以休闲农业、乡村旅游、农村电商、现代食品产业等新型产业为引导，着力构建现代农业产业体系、生产体系、经营体系，推动农业向二三产业的延伸，促进农村三产的融合发展，使农村产业体系全面振兴（叶兴庆，2018）。旅游型乡村建设与产业融合和产业并存的发展思路可以高度融合。旅游型乡村具有产业融合和再生能力，是融合了三产的综合产业，可以盘活农村产业、乡村文化产业和地产等产业，为乡村产业发展提供有力支持；还可以同时治理机制创新，寻求建立人、地、社会的全方位治理体系（黄细嘉，2018）。

产业创新和调整产业结构方面，农村过去靠集体自我供给服务的做法已经发生了变化，当下小农户务农积极性较低，要从科技、政策、体制等方面进行改革创新，推动农业产业链条纵向发展，大力发展现代化农业产业体系产业（张强，2018）。要因地制宜，针对不同区域的乡村产业发展制定差异化策略。要根据自身相关优势，培育乡村主导产业，因地制宜，利用自身优势尽快形成符合乡村发展的结构（刘合光，2018）。近年来，农业发展面临的困境，一方面，生产化农业过剩，农业一位追求数量增长；另一方面，由于农业基本要素被外部市场定价造成商品化程度高的农产品生产成本高于市场价格，农民不能获得相应的收益。李治（2017）从交易成本角度提出技术、制度创新和农业体系多功能开发是产业振兴的主要驱动因素，张军（2018）提出电商和"互联网＋"的产业创新模式，整合线上线下生产功能；利用生物技术改造传统农业生产方式，创建现代农业、加工业和服务业，提高农业生产效率，要在发展社会生态农业和创意农业等方面进行产业创新，在推进"市民下乡"、重建集体经济、培养乡村人才等方面进行制度创新（温铁军，2018）。姜长云认为乡村产业振兴需要加速科技创新，把乡村产业振兴作为科技创新的重点，构建现代化农业产业链和农业产业体系，加快科技成果转化（姜长云，2019）。这些举措可以深化农业经营体制改革，推动农村产业振兴。

### 2. 乡村振兴与生态宜居

实施乡村振兴战略是建设美丽中国的关键举措。农业是生态产品的重要供给者，乡村是生态涵养的主体区，生态是乡村最大的发展优势。统筹山水林田湖草系统治理，加快推行乡村绿色发展方式，加强农村人居环境整治，有利于构建人与自然和谐共生的乡村发展新格局，实现百姓富、生态美的统一。

乡村环境问题日益突出。由于经济增长粗放、资源开发过度与协同管理缺位等原因，致使农村环境问题不断加剧，乡村农业生产普遍存在资源消耗和环境污染现象，主要表现在废弃物污染、生活污染和投入品的污染（郭晓鸣，2018）。据2010年《第一次全国污染源普查公报》，我国农村污染排放量约占全国总量的50%，其中，化学需氧量（COD）、总氮（TN）、总磷（TP）排放量分别占43%、57%和67%。农村生活污水、生活垃圾、人粪等大部分未经处理随意排放（黄季焜，2010）。同时，金属采矿与冶炼、养殖业废弃物排放、化肥农药使用及电子废物排放等问题突出，使得乡村耕地和水环境质量正面临严峻的挑战（王静，2012）。大城市产业结构转型和环保要求提升，使部分污染型工业由城市转向农村、由发达地区转向欠发达地区，从而使落后地区可能面临发展与污染的困境。城乡二元结构社会背景的存在是农村环境污染的重要原因，城乡差距加大，农村经济贫困造成农民无暇顾及环境污染问题（洪大用，2012）。另外，由于农村产业过于单一，小规模农业生产致使农村污染控制难度加大，其生产经营行为对农村生态环境造成了巨大污染（侯俊东，2012）。

我国目前乡村环境治理体系和运行模式不足以适应实施乡村振兴战略的要求，需要重塑乡村生态环境治理模式。要赋予"生态宜居"更多内涵。要对当前的生态环境保护体制和机制进行改革，不仅要创建乡村人民的宜居环境，也要创建城市人民向往的宜居生活环境（黄祖辉，2018）。我国农村环境治理经历了从一元主体到多元主体的转变，形成了政府、企业、社会组织和居民共同治理的新格局，环境治理机制也需要不断创新，政府"项目制"、全要素网格化等创新体制得到应用，通过乡村经济发展较好地区的带动与示范，启发其他地区环境治理机制的创新（戚晓明，2018）；引入了行动者网络的概念，将乡村环境治理镶嵌入行动者网络，联合科层、市场和社会力量，构建出新型协同治理模式（刘伟，2018）；根据乡村生态环境污染的特点，提出政府综合整治、产业支持协调发展、城乡统筹治理、政府专项整治、村庄生态重建、生态环境修复、区域环境整治和村民自治整理等多种模式，在合理政策的支持下，因地制宜地改善乡村生态环境（鞠昌华，2019）；基于理论分析，从效率、公平性和可持续性的角度，对东、中、西部6个案例的农村环境治理PPP模式有效性进行了剖析（杜焱强，2019）。同时，要注意不能因发展产业而破坏生态环境，禁止城镇和工业污染以产业发展为名向农村转移（冯海发，2018）。

### 3. 乡村振兴与乡风文明

乡风文明作为乡村振兴的文化基础，是乡村振兴的保障。习近平总书记强调："农村的精神文明建设很重要，实施乡村振兴战略要物质文明、精神文明一起抓，尤其要注重提升农民的精神风貌。[①]"乡风文明是乡村振兴的总要求之一，其价值取向是多元文化的嵌入融合发展。当前，我国乡风文明建设水平明显滞后于农村经济发展水平。部分农村乡风失范，农村伦理道德发生异化，不良习俗泛滥，乡村社会风气堪忧（徐学庆，2018），具体表现为精神文化生活匮乏，封建迷信活动、宗教势力、黑恶势力多发等问题（赵增彦，2010）。乡风文明建设滞后受到多种因素影响，农村文化硬件缺乏、农村科技文化发展落后、农民自身素质较低、农村治安环境较差等是影响农村乡风文明的主要因素（吴海燕，2008）。

乡风文明建设是一个复杂且长期的过程，需要准确把握其系统特征。乡风文明建设涉及经济、文化、习俗、教育等多个方面，具有内部层次的多样性；乡风文明不是一成不变的，随着社会发展要不断更新其目标和内容，是一个不断发展不断积淀的开放过程；乡风文明具有其核心主体：人的价值观、道德观和精神观，这需要走中国特色的乡风文明建设之路，树立正确的价值观念；乡风文明具有整体统一性，其内在构成是一个包括物质、精神、政治和生态有机统一的整体（张国民，2013）。在农村现代化进程中，要对乡村优秀传统文化所蕴含的思想观念、人文精神、道德规范进行深

---

① 《人民日报》评论员. 加强农村精神文明建设［N］. 人民日报，2021－01－04（2）.

入挖掘，结合现代化要求推陈出新，关注人的现代化，提高农民思想素质，普及科学文化知识，改善乡村营商环境（叶兴庆，2018）。

大量学者探索了如何构建长效的乡风文明机制。赵增彦（2010）从建设农村乡风文明物质基础、提升农民基础素质和强化长效机制等路径方面对乡风文明建设的途径进行了阐述。要构建农村文化服务体系，需培育有文化的新型农民，引导农民自我教育，自我提高（聂辰席，2009）。乡风文明的根源在于乡土文化，加强乡土文化教育是发展乡风文明的基本途径，建立家庭、学校和社区三位一体的乡土文化教育模式，继承和挖掘传统乡土文化，在此基础上把乡土文化与现代文化相结合，具备创新发展理念（高维，2018）。通过建设旅游乡村，守住乡风文明的"魂"，传承乡土文化，旅游型乡村要重视乡风保护和传统文化回归，为乡风文明提供内在支撑（黄细嘉，2018；宋慧娟，2018）。

### 4. 乡村振兴与治理有效

乡村治理与文明建设对于乡村发展与乡村振兴具有重要意义。梁漱溟立足于传统文化伦理本位，从乡村建设入手，"开出新道路，救活老民族"，并设计了以传统伦理文化为根基的乡村组织（杨守森，2017）。不同的乡村管理体制要匹配不同发展类型的乡村，以实现可行的基层治理现代化（贺雪峰，2017）。加强乡村治理是全面建成小康社会的关键，农村的"空心化"趋势要求政府必须进行政策调整和制度改革，走工业和城市反哺农业和农村的发展道路，从自然、经济、文化和社会层面建设新农村（王武朝，2017）。乡村建设各子系统要素重组的外部依赖化、治理结构的短期阶段化和功能实现的浅层主观化方面问题突出，支撑乡村发展的市政和公共服务设施在市场经济制度下长期处在衰弱状态，乡村建设长期处于无序状态，导致空间布局混乱、基础设施不足和居住环境恶劣。

关于乡村治理的内涵，乡村治理是指对乡村进行管理和乡村自我管理，是性质不同的乡镇组织、村级组织和民间群体，通过一定的制度机制共同把乡村的公共事务管理好（贺雪峰，2005；郭正林，2004）。造成村庄管理一直不能令人满意的主要原因是，农民主体地位的塌陷和缺失，农民长期处于被动服从地位，应引入村庄善治理念，改变当前权利分配，向农民大幅赋权，实现村民自治（王忠武，2011）。乡村治理中很重要的内容是"村民自治"，要认清现实与历史之间的关系，以史为鉴，梳理我国乡村治理改革进程，国家要继续高位推动，坚持农民主体地位，采取循序渐进式改革方针，实现乡村有效治理（马池春，2018）。乡村治理是在政府领导下，以村民自治为核心，多元治理主体相互协调、共同参与，以促进乡村社会和谐稳定发展。

治理主体方面，乡村治理需要多种主体参与，利用协商谈判等方式来解决分歧，从而实现多主体共同治理（赵树凯，2006）。基层党组织是基层治理的根本和核心，是乡村治理体系的中心。基层党组织在乡村发展过程中扮演了至关重要的作用，它领导和推动农业发展，是农民利益的代表者，要提高基层党组织的政治领导力、思想引领力和群众号召力，解决基层治理的困难，实现治理理念、体系、方式和手段的现代化，从而推动乡村治理现代化（蔡文成，2018）。任艳妮（2012）认为，乡村治理主体可以分为三类：第一类是国家赋予治理主体权力刚性的、显性的政治资源的制度性主体。第二类是凭借乡村社会内部产生的柔性的、隐性的治理资源参与治理的体制外主体。第三类是掌握村庄集体经济衍生的、经济资源参与治理的主体。

乡村治理的困境和对策路径方面。当前，困境主要表现为基层民主建设落后，乡村治理的各个主体间的权利和责任不够明确。还有学者认为由于我国各地经济发展水平不均衡，各地农民政治素质不同，当其自身利益受到侵害时解决方法也不尽相同，导致破坏乡村整治的恶性事件不断发生。"治理有效"是乡村振兴的社会基础。乡村治理要体现治理手段的多元化，法治、德治、自治相结合，以法治和德治为前提和保障，村民自治为基础，清晰自治边界，发挥乡村集体的主观能动性（黄祖辉，2018）。乡贤文化对当今乡村治理仍有独特的价值和意义，刘淑（2016）兰根据我国目前乡村治理过程中的困境和问题，提出乡贤文化的时代价值，探讨其在乡村治理中的实现路径，构建出乡土与现代相统一，传统治理方式与现代治理规律相结合的乡村治理新模式和新方法。

### 5. 乡村振兴与生活富裕

实施乡村振兴战略是实现全体人民共同富裕的必然选择。乡村振兴战略实施的最终目标在某种意义上是实现"生活富裕"，乡村居民的收入有所提高，生活质量有所提升，最终实现家庭幸福及社会和谐。我国当前对乡村贫困研究主要集中在贫困原因和脱贫措施两方面。随着研究的不断深入，我国学者逐渐达成共识，致贫因素是多方面的，包括自然灾害、疾病制度、健康、教育、文化等各个方面，有学者认为最根本的原因是自然与农业资源条件不足导致农民生活贫困（汪三贵，1992）。农民的自然资产容易受到不可抗力因素的影响，抗风险能力极为脆弱，贫困与自然、生态灾害共生（李小云，2007）。疾病致残也是重要因素，当前我国贫困人口中，因病致残导致的贫困人数高达42%，贫困人口的自我发展能力较弱（刘彦随，2016）。教育因素致贫，通过调查实验，教育贫困是导致农民收入贫困的重要因子（舒莉芬，2016）。

脱贫措施方面。长期以来，我国积极推动扶贫减贫事业，提出精准扶贫战略，走出了一条中国特色的扶贫减贫道路。因为致贫因素的复杂多样性，许多学者有针对性地提出了扶贫对策。要重视不同地区、不同类型扶贫开发中涌现出来的不同模式，发挥专家学者、社会团体等的智慧优势，建立一批成功机制模式进行示范推广（刘彦随，2016）。有学者从健康扶贫的困境和现状角度分析了其内在作用和机理，提出相应的解决措施，为实施健康扶贫提供了理论依据（汪三贵，2018）。我国目前的扶贫工作主要关注的是收入问题，更多的是在物质层面扶贫，"贫困"是多维度的，扶贫过程中要考虑贫困的多维角度，当前农村贫困问题是包括收入、健康、环境、信息和知识等多维度的贫困，精准扶贫要注意区分和识别，以乡村旅游为例探讨特色化扶贫，将其作为一种新型产业形态，其在乡村振兴中的潜力值得深入挖掘（徐虹，2018）。同时，要结合当前环境引入"互联网＋"新动能，可以把电商扶贫作为当前扶贫工作的一个重点，应用电商新模式促进贫困县特色农业产业发展，并助力实现乡村振兴（陆刚，2019）。要特别关注偏远地区的贫困乡村，这些地方发展更为落后，乡村发展容易陷入衰退，乡村居民生活困难（叶兴庆，2018），要适时从绝对贫困转为相对贫困，由单一的收入扶贫向多维度脱贫转变，由城乡分割向城乡一体化转变。

# 二、乡村振兴战略逻辑框架

新时代我国乡村发展要针对变化的主要社会矛盾和发展实际情况，准确把握乡村振兴战略内涵要义和实践指导，面向决胜全面建成小康社会和全面建设社会主义现代化国家的重大历史任务，紧密围绕实现乡村现代化伟大使命，以新理念、新战略架构乡村振兴理论与实践框架，为有效落实乡村振兴战略部署奠定理论基础。

乡村振兴战略充分吸收了马克思主义关于农村发展和城乡融合思想，继承了历代中国共产党人的农村发展思想（张海鹏，2018），是对我国农业农村农民问题及城乡发展科学判断后的宏观部署和战略举措，是人们日益增长的美好生活需求的现实选择。乡村振兴战略逻辑如图3－1所示。

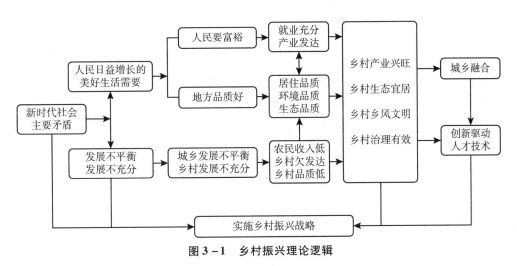

**图3－1　乡村振兴理论逻辑**

资料来源：笔者根据资料整理所得。

## （一）新时代社会主要矛盾是实施乡村振兴战略的逻辑起点

新时代我国社会主要矛盾是人民日益增长的美好生活需要和不平衡不充分的发展之间的矛盾。美好生活是人民的向往和追求，人民美好生活追求可以概括为两个方面：一是收入增长，人民要富裕；二是地方品质要好，重点是居住品质要好，社会秩序、交通环境、医疗卫生等环境品质要好，园林绿化、山川田野，天蓝地绿、山清水秀的生态品质。而不平衡不充分的发展主要体现在，城乡发展不平衡，乡村发展不充分，相比较城市地区，农民收入低，乡村欠发达，乡村生存环境较差，留不住人才。解决新时代社会矛盾，需要城乡融合发展，依靠创新驱动和人才技术，实施乡村振兴战略，解决农村农业问题，着力提升乡村品质，促进乡村产业兴旺、生态宜居、乡风文明、治理有效、生活富裕。

解决"三农"问题是乡村振兴战略的首要任务。"大农弱势"是我国农业农村的长期状态，农村土地面积广袤，农村人口众多，但农业竞争力弱，农村建设落后，农民生活水平较低。党的十八大以来，党中央始终把"三农"问题作为工作的重中之重。我国城乡差异显著，城镇现代化水平较高，城市居民收入及生活质量显著高于乡村地区，城市始终处于"极化"区，乡村却总是"输出"，乡村日渐衰落。农业生产粗放，农村地区污染严重，乡村居民点基础设施建设落后，生态系统和人居环境堪忧。乡村是区域特色、生态保护的重要阵地，承载着人民的"乡愁"。生态文明建设引领乡村振兴战略，促进在乡村发展中牢固树立和践行"绿水青山就是金山银山"这一理念，推动乡村大力发展生态和环境友好型产业，寻求集约高效的生产空间、宜居适度的生活空间、山清水秀的生态空间，建设生态宜居的乡村家园。乡村振兴战略是将城市和乡村作为一个命运共同体，重塑城乡关系，缩小城乡差距，实现城乡融合可持续发展。

乡村振兴战略是决胜全面建成小康社会需要坚定实施的七大战略之一。党的十九大指出，现在到 2020 年，是我国全面建成小康社会的决胜期。当前，全面建成小康社会中最突出的问题就是"三农"问题，最大的短板在乡村。农业强不强、农村美不美、农民富不富，决定着全面建成小康社会目标的实现。对标全面建成小康社会目标，聚焦最突出问题，实施乡村振兴战略应运而生。发展乡村产业，让农民增收，改善农村人居环境，抓住青山绿水、乡风乡貌，为全国经济发展和社会大局稳定奠定基础，助力全面建成小康社会。实施乡村振兴战略是我国社会主义现代化建设的任务需要。党的十九大报告明确提出，到 2035 年，我国基本实现社会主义现代化，到 2050 年，把我国建成富强、民主、文明、和谐、美丽的社会主义现代化强国。社会主义现代化强国及农业农村现代化，必然应匹配富强、民主、文明、和谐、美丽的乡村。实施乡村振兴战略是补齐农业现代化短板的迫切需求，是我国社会主义现代化建设的重要任务。

## （二）乡村振兴的城乡区域新观

新时代中国坚定不移贯彻创新、协调、绿色、开放、共享的发展理念，加快建设科技强国、质量强国、航天强国、网络强国、交通强国、数字中国、智慧社会，社会经济发展日益追求网络化、信息化、智能化，乡村发展迎来区位优势重构和新的区域经济发展逻辑，为乡村振兴战略注入了新动能。

### 1. 嵌入式乡村区位优势重构

乡村振兴必须因地制宜，充分利用地方优势资源打造特色产业、特色村落，而随着社会科技的发展，优势资源禀赋相应发生变化。过去地处偏远的劣势区位、欠开发乡村，现今可能是原滋原味的古村落、自然风貌区。"互联网＋""物联网＋"等高科技为"嵌入式开发"创造了条件，偏远村落可以直接对接世界各地，对接厂家、商家、消费者，乡村振兴迎来全新的区位优势开发和重构机遇，将促使建设自然与人文、历史与时尚、传统与现代相结合的美丽乡村。

### 2. 人地协调的城乡融合新区域发展观

乡村振兴对象是乡村地域，是城乡融合的、人地协调的区域系统性振兴。随着社会经济发展和城镇化质量的提升，在地域空间系统上应形成区域协调的城乡地域系统，系统内部是城市与乡村错落有致、功能互补、生态共建、环境共保、资源共享、要素互动的有机整体。新时代乡村振兴，有别于新农村建设、农村发展，注入了人地协调的城乡融合新区域发展观。

### 3. 都市圈的美好生活圈域观

都市圈是以一个或多个经济发达的大城市或特大、超大城市为依托，将多个城市连接起来形成相互联系相互作用的特定地域单元。县域是连接城市与乡村的纽带，乡村振兴是城乡融合的全面振兴。县域中心城是乡村分享城镇集聚经济和优质社会资源的最近地域依托，依赖于都市圈城市化发展，打造县域都市圈，有利于实现资源要素和产品的城乡一体化市场；合理布局产业和配置设施，有利于乡村获得与县城均等的公共服务资源和发展机会，有效满足城乡居民日益增长的多样化需求。实施乡村振兴战略要树立美好生活圈域观，立足县域美好生活都市圈建设美丽乡村，助力乡村振兴。

## （三）乡村振兴战略实施逻辑路径

实施乡村振兴战略紧密围绕"20字"总要求，聚焦全面建成小康社会建设目标，坚持党的统一领导，坚持新发展理念，不断深化农村改革，统筹推进乡村经济建设、政治建设、文化建设、社会建设、生态文明建设和党的建设，推动农业全面升级、农村全面进步、农民全面发展。

### 1. 立足都市圈建设，构建城乡融合的县域美好生活圈

将乡村振兴战略纳入都市圈规划，建设县域美好生活圈网络。按照主体功能定位和都市圈发展战略，坚持乡村振兴和新型城镇化双轮驱动，在都市圈规划战略中注入乡村振兴战略，立足客观现实，利用地域资源禀赋来谋划都市圈县域美好生活圈网络。以都市圈城乡地域系统全面振兴为区域背景，推进城乡统一规划，加快统筹城乡发展空间，强化空间用途管制，完善城乡布局结构。同时，按照农业生产特点、农村居民点建设基础、绿色空间保护、乡村文化特色，优化乡村发展布局，因地制宜"三生融合"整治乡村空间，差异化推进乡村发展，持续提升精准脱贫致富成效，形成城镇体系＋县域美好生活圈的城乡融合新格局。

以县域为依托整体推进乡村基础设施建设，形成城乡均等的乡村生态宜居态势。生态宜居是乡村振兴的关键，是乡村品质的重要体现。新时代实施乡村振兴战略，要集中治理农业环境突出问题，加快补齐突出短板，着力提升村容村貌，建立健全整治长效机制，持续改善农村人居环境。同时，实施重要生态系统保护和修复重大工程，健全重要生态系统保护制度，健全生态保护补偿机制，充分发挥自然资源多重效益，建设美丽乡村，实现生态宜居。

### 2. 加大乡村建设投入，着力推进信息化、智能化建设，为嵌入式发展提供可能

加大农业技术支持投入，加快促进农业机械化发展。认真贯彻落实国务院指导意见，聚焦农作物生产全程短板问题，加强田间调查和管理服务问题调查，立足我国农业生产区划、生产水平、生产条件等，有针对性地推动农业机械化技术研发和推广，分区分类探索解决农作物生产全程机械化解决方案，引导有条件的省份、市县和垦区率先基本实现主要农作物全程机械化。

加大乡村信息化设施建设，推动智慧农业发展。增强城市设施向乡村地区辐射和延伸，加大农村电信和互联网基础设施建设，普及宽带覆盖，健全乡镇、行政村电子网站、信息服务点，建设涉农信息平台，发展农村电子商务，加强农民信息化技术培

训，大力发展"互联网＋农业"系列工程，加快促进物联网、大数据、移动互联网、智能控制、卫星定位等信息技术在农业中的应用技术研发和转化，发展智慧农业，为国内外各地区、各产业、各企业的嵌入式乡村发展奠定基础。

### 3. 推动"三产融合"发展，壮大乡村产业，实现产业兴旺

进一步高度重视农业发展。重点是健全粮食安全保障机制，加强耕地保护和建设，提升农业装备和信息化水平，夯实农业生产能力基础；优化农业生产力布局，推进农业结构调整，壮大特色优势产业，保障农产品质量安全，培育提升农业品牌，构建农业对外开放格局，促进加快农业转型升级；巩固和完善农村基本经营制度，壮大新型农业经营主体，发展新型农村集体经济，促进小农户生产和现代农业发展有机衔接，建立健全现代农业经营体系；提升农业科技创新水平，打造农业科技创新平台基地，加快农业科技成果转化应用，提高农业科技支撑力；加大支农投入力度，深化重要农产品收储制度改革，提高农业风险保障能力，着力完善农业支持保护制度。

着力推动乡村"三产融合"。重点要发掘农业的新功能、新价值，培育新产业、新业态，打造新载体新模式，推动农村产业深度融合；提高农民参与程度，创新收益分享模式，强化政策扶持引导，培育壮大创新创业群体及服务体系，建立创新创业激励机制，最大限度地激发农村创新创业活力；强化资源保护与节约利用，推进农业清洁生产，推动农业绿色转型和提质增效，尽早实现乡村产业兴旺。

### 4. 保护和发展优秀乡村文化，健全乡村治理体系

繁荣发展乡村文化，实现乡风文明。乡村优秀文化是乡风文明的灵魂，乡风文明是乡村振兴的基础。新时代实施乡村振兴战略，要践行社会主义核心价值观，巩固农村思想文化阵地，倡导诚信道德规范，着力推动农村思想道德建设；保护利用乡村传统文化，重塑乡村文化生态，发展乡村特色文化产业，持续弘扬中华优秀传统文化；健全公共文化服务体系，增加公共文化产品和服务供给，广泛开展群众文化活动，不断丰富乡村文化生活，建设形成乡风文明的和谐乡村。

健全乡村治理体系，实现治理有效。先进的乡村治理体系是实现治理有效的重要基础，治理有效是乡村振兴的组织制度保障。新时代实施乡村振兴战略，要加强农村基层党组织的全面领导，健全以党组织为核心的组织体系，加强农村基层党组织带头人队伍及农村党员队伍建设，强化农村基层党组织建设责任与保障；深化村民自治实践，推进乡村法治建设，提升乡村德治水平，建设平安乡村，有效促进自治、法治、德治有机结合；加强基层政权建设，创新基层管理体制机制，健全农村基层服务体系，不断夯实基层政权，形成乡村有效治理的新局面。

**5. 以"人—地—业—财"为主线构建乡村振兴政策体系，保障和改善农村民生**

构建城乡融合的政策体系，切实保障农民权益。重点要加快建立农业转移人口市民化政策机制，培育新型农民和加强农村专业人才队伍建设，提高农民乡村振兴的内生动力；健全农村土地管理制度，完善"三权分置"政策制度，健全农村新增用地保障机制，盘活农村存量建设用地，确保乡村振兴的用地保障，提高农民财产权收益；继续坚持财政优先保障，提高土地出让收益用于农业农村比例，加大金融支农力度，引导社会资本投向农村，健全乡村振兴的多元投入保障机制，促进农业农村现代化和农民收入增加。

保障和改善农村民生，实现农民富裕。坚定不移地增进乡村民生福祉是乡村振兴的重要任务，农民富裕是乡村振兴的根本。着力解决最突出的民生问题，加快改善农村交通物流设施条件，加强农村水利基础设施网络建设，构建农村现代能源体系，夯实乡村信息化基础，着力提升农村基础设施建设水平；尽力拓宽转移就业渠道，强化乡村就业服务，完善农村劳动力就业制度保障体系，持续提升农村劳动力就业质量；优先发展农村教育事业，推进健康乡村建设，加强农村社会保障体系建设，提升农村养老服务能力，加强农村防灾、减灾、救灾能力建设，加大农村公共服务供给力度，增进乡村民生福祉，尽快让农民富裕起来。

# 三、乡村振兴动力结构

实施乡村振兴战略顺应了亿万农民对美好生活的向往，是新时代"三农"工作、乡村建设的总抓手。党的十九大提出了实施乡村振兴战略新要求，对目标和任务拟订了时间表。乡村振兴是"产业兴旺、生态宜居、乡风文明、治理有效、生活富裕"的全面振兴，要求农业农村现代化，要求乡村地区人与自然和谐共生，既要生态美，还要环境美，良好的乡村风气和农民精神风貌，自治、法治、德治相结合，保障乡村社会充满活力和良好的社会秩序，确保让广大农民有更多获得感，实现共同富裕。

按照到 2020 年实现全面建成小康社会，乡村振兴取得重要性进展，要基本形成乡村振兴的政策制度体系，确立乡村振兴思路举措；按照分两个阶段的安排部署，到 2035 年，基本实现社会主义现代化，乡村振兴取得决定性进展，基本实现农业农村现代化；到 2050 年，我国建成富强、民主、文明、和谐、美丽的社会主义现代化强国，实现农业农村现代化，实现农业强、农村美、农民富的全面乡村振兴。

## （一）乡村振兴内生动力驱动

我国社会经济发展态势较好，人民群众生活质量日益改善，实现中华民族伟大复兴是中国人民的伟大梦想。实施乡村振兴战略是决胜全面建成小康社会、实现中华民族伟大复兴的应然之举，乡村发展迎来了前所未有的机遇，新时代为乡村振兴注入了新动能。

### 1. 城乡融合提供乡村振兴新推力

党的十九大作出了建立健全城乡融合发展体制机制和政策的重大决策部署，中央发布关于建立健全城乡融合发展体制机制和政策体系的意见，明确了新时代"促进城乡要素自由流动、平等交换和公共资源合理配置"，以及"加快形成工农互促、城乡互补、全面融合、共同繁荣的新型工农城乡关系"。

城乡融合发展改变过去较长时期的"乡村支持城市"的发展道路，将形成乡村振兴和城镇化双轮驱动，而且更加着眼于城市反哺乡村。一方面，继续推进我国城镇化建设，有序合理促进乡村居民市民化；另一方面，坚持农业农村优先发展，开发乡村的多元化多功能，推动形成城市资本下乡、城市科技下乡、城市人才下乡、城市文化下乡，形成以工促农、以城带乡的发展态势；推动城乡要素双向流动，支持和鼓励农民就业创业，促进乡村一二三产业融合发展，拓展农民增收渠道；完善产权制度和要素市场化配置，保障农民利益不受损，守住耕地红线和生态保护红线，统筹城乡建设用地；城乡均衡配置、一体化发展基础设施，普惠共享公共服务，缩小城乡差距，实现"城"与"乡"的共富共荣。

### 2. 绿色发展提升乡村发展力

党的十八大以来，中国大力推进生态文明建设，全党全国贯彻绿色发展理念的自觉性和主动性不断增强。2018 年《中共中央　国务院关于实施乡村振兴战略的意见》聚焦乡村振兴战略，提出了推进乡村绿色发展的战略思路，国家林业局宣布启动乡村绿化美化工程，绿色发展成为乡村振兴战略的重要推力。

绿色发展是从理念到政策、生产到产品、生产到生活、生活到生态一系列的安排、运作、管理，并将进一步提升乡村振兴发展能力。其一，绿色发展要求牢固树立和践行"绿水青山就是金山银山"的理念，这为守住乡村资源环境底线而发展绿色乡村产业、生产绿色农产品提供了最大机遇。其二，国家顶层设计绿色生产和消费的法律制度和政策，以及建立健全绿色低碳循环发展的经济体系，倡导简约适度、绿色低碳的生活方式，增强居民享受绿色产品及绿色空间的需求，扩大乡村绿色产业发展内需，为开发和发展乡村空间多功能、乡村居民致富增收给予了更有力支持。其三，绿色发展需要落实节约优先、保护优先、自然恢复为主的方针，要着力统筹山水林田湖草系统治理，这将为乡村农田基础设施建设、水土保持、林草湿地保育，以及防灾减灾设施建设等给予最大支持，为乡村生态宜居、美丽乡村建设奠定设施基础。其四，绿色发展将创新市场导向的绿色技术体系，大力发展绿色金融，将为农业农村产业技术装备、农业农村发展融资等给予最大支持。其五，绿色发展要求壮大节能环保产业、清洁生产产业、清洁能源产业，将着力推进能源生产和消费革命，要求推进资源全面节约和循环利用，这为广大乡村地区太阳能发电、风力发电、光伏发电、沼气能源等能源产业的发展带来了前所未有的机遇，支持实现生产系统和生活系统循环链接，这将推动乡村田园综合体、循环产业园等的"三产融合""三生融合"业态模式发展，为乡村产业发展注入新业态、新模式。

### 3. 资源多功能开发促进农民增收

2019 年，《中共中央 国务院关于坚持农业农村优先发展做好"三农"工作的若干意见》更加明确要因地制宜发展多样性特色农业，乡村资源多功能开发提升到政策及实施层面。乡村资源多功能性主要表现在生产、生态、文化、社会等功能，与农业活动相关的基本功能主要有耕地、园地、木业、牧业等生产类型，与农业活动间接相关的主要有乡村生态系统的生态环境服务、乡村舒适开敞空间、农业文化遗产、乡村休闲娱乐等服务类型。乡村资源多功能开发将激发乡村发展活力，其一，从乡村发展规划层面要因地制宜开展资源研究，充分揭示地方资源的多功能禀赋和特色，将推动乡村发展多元化设计；其二，有了资源多功能开发才能促进乡村产业链延伸，将地方农业生产、"土字号""乡字号"特色产品加工、生态产品开发与供给、文化资源开发等进行整体开发和综合策划，也才能真正实施"三产融合"战略，有力推动和壮大乡村产业发展；其三，资源多功能开发要求全面深化农村改革，迫切需要创新家庭农场和农民合作社两类新型农业经营主体，培育各类社会化服务组织，为一家一户提供全程社会化服务，完善适合农村集体经济组织特点的税收优惠政策；其四，因地制宜的资源多功能开发将促进开发乡村历史文化资源，地方优秀传统文化得以传承和发扬，并将为乡风文明提供载体；其五，资源多功能开发将拓宽小农户家庭经营范畴，小农户可以自主选择独立经营、"＋合作社"、"＋公司"，可以在一定范围内自主发展城乡居民需要的休闲旅游、餐饮民宿、文化体验、健康养生、养老服务等产业，从而拓宽农民收入渠道，促进农户增收，激发乡村居民生产积极性。

### 4. 新科技装备提供"智慧动力"

《乡村振兴战略规划（2018－2022）》提出强化农业科技支撑，提升农业科技创新水平，打造农业科技创新平台基地，加快农业科技成果转化应用，发展多种形式的创新创业支撑服务平台，建立农村创新创业园区（基地）。2019 年《中共中央 国务院关于坚持农业农村优先发展做好"三农"工作的若干意见》明确提出加快突破农业关键核心技术，推动生物种业、重型农机、智慧农业、绿色投入品等领域自主创新。实现农业农村现代化是乡村振兴战略的重要目标，这需要科技创新、新科技装备提供"智慧动力"。其一，将为乡村发展提供新思路新技术，是农村专业化人才队伍建设的重要任务和措施，将促进乡村人力资本质量提高；其二，将促进提升农业生产机械化、标准化生产技术水平，发展"智慧农业"，促使小农户应用新技术、新装备，实现小农户生产向现代技术和生产方式的转型和有机衔接；其三，能促进农业生产技术服务质量水平提升，使"三产融合"成为可能，提高农产品存储、农产品初加工和深加工、农产品销售等领域的技术支持能力，利于大力发展现代农产品加工业，形成乡村智慧产业链，也能保障因生产力水平提高而释放出更多的农村劳动力来从事本地乡村产业服务；其四，可为乡村绿色生产和提供绿色产品注入新动能，从土壤改良、生物种业创新、化肥农药施放、监管监测、疫情防控，以及粮食作物、林果业和畜禽良种联合等方面给予科技创新支持；其五，将为乡村生态宜居建设提供新动力，将加快农村污染治理，推进乡村现代交通物流、水利基础设施、新能源、信息化设施建设。

### 5. "三生空间"融合助力乡村生态宜居

2017 年，《中共中央 国务院关于深入推进农业供给侧结构性改革加快培育农业农村发展新动能的若干意见》提出打造"三生同步"（生产、生活、生态同步改善）的特色小镇，党的十九大报告提出，要坚定走生产发展、生活富裕、生态良好的文明发展道路，坚持人与自然和谐共生。乡村发展由过去单一的农业生产或村庄居民点建设模式转型为生产、生态、生活"三生空间"融合的全面推进模式。乡村发展空间具有很强的独特性，要素层面尽管也叠加了人类活动，但自然要素、自然资源属性仍突出，农业生产空间对资源环境的依赖性依然较高，发展空间的功能性也不仅仅体现为农业生产，休闲观光、游憩活动、地域文化、科普教育等功能作用也十分突出。因此，新时代乡村振兴"三生空间"融合理念为乡村生态宜居建设注入新动能。其一，将促使乡村发展规划理念发生变革，在农业生产规划设计中要纳入生态、生活元素，在生态建设中要考虑生态产品供给、绿色生活空间开发，在乡村人居环境建设中要将生产、生活空间统筹设计，不能孤立、片面地进行规划设计；其二，将有力推动绿色技术创新，壮大乡村绿色环保产业体系，支撑乡村废物资源化利用，实现清洁生产、循环再生产，提供绿色有机农产品，使农业生产空间拓展成为生态空间、生活空间，全面改善乡村生态环境；其三，将有效促使乡村居民增收，"三生空间"融合将使农业生产、农产品加工等乡村生产空间发挥生产功能，并对游憩观光、休闲娱乐、科普教育等进行开发，发挥生态、生活功能，延伸产业链，提供多样化的乡村产品，拓展农民收入渠道，促进农民增收，将使乡村地区成为有吸引力的区域。

### 6. 新型"三农"队伍激发内生活力

人才是引领和推动观念创新、技术创新、发展模式创新，以及一切政策制度有效落地实施的关键。党的十九大报告明确提出，要培养造就一支懂农业、爱农村、爱农民的"三农"工作队伍，为新时代新型人才队伍建设提出了新要求和新指示。《乡村振兴规划（2018－2022）》在强化乡村振兴人才支撑中提出，培育新型职业农民、加强农村专业人才队伍建设、鼓励社会人才投身乡村建设。新时代新型乡村人才队伍建设将提升乡村发展人力资本，激发乡村振兴内生活力。首先，乡村新型人才队伍"懂农业"，具有高级文化素质和农业技术知识，既对传统农业的各方面和全过程充分了解，又能够快速吸收和熟练运用现代农业技术、农业政策；能够带领村民有效解决新兴品种、绿色有机产品在农业生产过程中遇到的实际问题；能够创新农业生产方式、模式，促进农业增收；能够运用现代技术发展智慧农业、网络运销等，善于经营现代农业，这是促进乡村产业兴旺的"生力军"。其次，他们是一支"爱农村"的队伍，一方面，扎根于农村，具有很浓的"乡愁"情怀；另一方面，又能充分认识农村的最大短板和瓶颈，能付出心血出谋划策，切实解决乡村振兴最突出的现实问题，能因地制宜挖掘乡村历史文化和农业特色。最后，是一支"爱农民"的队伍，能尊重农民，保障农民在规划设计、产业创新、特色塑造、乡村治理等各个环节的参与和决策，能为农民着想，提升农民就业环境和质量，扩大农民增收，快速有效地促进农民富裕。

### 7. "三治"有机结合，推动乡村治理现代化

治理有效是乡村振兴的重要保障，健全自治、法治、德治"三治"相结合的乡村治理体系，是乡村治理有效的重要基础。自治是指村民自治，是乡村治理的基础；法治是指依法推进乡村发展，是乡村治理的根本；德治是指发展与时俱进的道德规范，促进乡风文明建设，是乡村治理的优先主线。乡村治理"三治"的有机结合将有力推动乡村治理现代化，实现治理有效目标。仅有村民自治而偏离法律法规的保障和道德规范约束，可能催生"村霸""黑恶"等势力，不但不能保障广大农民根本利益，也不能形成良好的乡村风气；如果离开村民自治，村民主体地位缺失，不能形成民主决策，剥夺乡村发展权、农民权益，可能导致乡村发展脱离实际，不符合乡风乡土的规划设计、发展模式；如果没有积极的、与时俱进的乡村道德规范，一些陈规陋习、封建迷信等将得以宣扬，不能引导农民向上向善、孝老爱亲、重义守信、勤俭持家，

也难以形成道德激励约束机制，更难以激发农民内生发展动力，从而无法形成乡村振兴合力。只有"三治"有机结合，既强调村民主体地位，又加强乡村发展一系列法律法规的权威保障，还强化道德教化作用，以德治滋养法治、涵养自治，才能够实现乡村治理现代化格局。

### 8. 制度机制创新增强乡村振兴合力

贯彻新发展理念是建设现代化经济体系的重要推力，制度机制创新是推动乡村经济发展质量变革、效率变革、动力变革的有效措施。新时代乡村振兴推动供给侧结构性改革，着力乡村实体经济发展，扩大乡村发展的优质增量供给，形成创新引领、绿色低碳、城乡共荣、现代技术支持、现代基础设施网络支撑的乡村发展格局。强化制度机制创新，加快创新建立健全城乡融合发展体制机制和政策体系，深化农村土地制度改革，深化农村集体产权制度改革，完善农业支持保护制度，才能激活乡村生产要素，盘活乡村资源和资产，促使乡村城乡融合和对外开放，并调动村民参与农业、参与乡村发展的积极性，推动乡村生态建设和文化建设，增加村民收入和提高村民生活质量，尽快形成乡村和谐安定美丽的现代化格局。

新时代实施乡村振兴战略需要城乡融合、要素融合，改革创新是重要法宝。新的历史时期，乡村振兴发展面临新机遇新挑战，全国各地资源禀赋、城乡差异、农业发展态势、乡村产业发展水平、区域生态环境等各不相同，需要因地制宜客观认识发展不平衡不充分问题，科学判断内生动力转型困境与方向，抓住国家实施乡村振兴战略机遇，深化重点领域、关键环节改革，强化人才资本支撑、土地要素创新、产业发展及制度创新，激活乡村资源要素，为乡村振兴注入新动能。对此，乡村振兴应加强乡村基层组织领导，加快深化农村产权制度改革，建立健全乡村振兴法律法规，优化村规民约，重视科技支撑和人才支持，建立人力、物力、财力、科技等投入长效机制，保障又好又快地培育乡村振兴新动能，有力高效推动乡村全面振兴。

## （二）乡村振兴战略任务

按照党的十九大有关实施乡村振兴战略的内容及中共中央、国务院印发的《乡村振兴战略规划（2018－2022年）》文件精神，乡村振兴战略紧密围绕"20字"总要求，聚焦全面建成小康社会建设目标，坚持新发展理念，不断深化农村改革，统筹推进乡村经济建设、政治建设、文化建设、社会建设、生态文明建设和党的建设，推动农业全面升级、农村全面进步、农民全面发展。乡村振兴战略任务体系如图3－2所示。

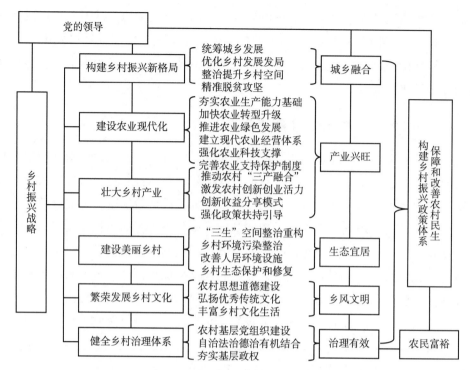

**图 3 - 2　乡村振兴战略任务体系**

资料来源：笔者根据资料整理所得。

## 1. 坚持党的领导，统筹推进乡村"五位一体"建设

中国共产党的领导是人民当家作主和依法治国的根本保证。实施乡村振兴战略的根本是为了人民，党的领导是关键。中国共产党始终把解决好"三农"问题作为全党工作重中之重，实施乡村振兴战略，必须加强和改善党对"三农"工作的集中统一领导，紧紧跟随党的政策和宏观部署，发动农民群众主力军作用，充分调动广大社会力量，凝聚各方力量和智慧，又好又快的全面推进乡村建设。

## 2. 构建乡村振兴新格局，实现城乡融合

新时代乡村振兴是城乡地域系统全面振兴，坚持乡村振兴和新型城镇化双轮驱动，按照主体功能定位，推进城乡统一规划，加快统筹城乡发展空间，强化空间用途管制，完善城乡布局结构。同时，按照农业生产特点、农村居民点建设基础、绿色空间保护、乡村文化特色，优化乡村发展布局，因地制宜"三生融合"整治乡村空间，差异化推进乡村发展，持续提升精准脱贫致富成效，建设形成城乡融合的县域美好都市圈的乡村振兴新格局。

### 3. 建设农业现代化，壮大乡村产业，实现产业兴旺

产业是发展的动力引擎，"产业兴旺"是新时代乡村振兴的第一要求。新时代实施乡村振兴战略要求：

首先，高度重视农业发展，加快农业现代化发展的步伐。健全粮食安全保障机制，加强耕地保护和建设，提升农业装备和信息化水平，夯实农业生产能力基础；优化农业生产力布局，推进农业结构调整，壮大特色优势产业，保障农产品质量安全，培育提升农业品牌，构建农业对外开放格局，促进加快农业转型升级；巩固和完善农村基本经营制度，壮大新型农业经营主体，发展新型农村集体经济，促进小农户生产和现代农业发展有机衔接，建立健全现代农业经营体系；提升农业科技创新水平，打造农业科技创新平台基地，加快农业科技成果转化应用，提高农业科技支撑力；加大支农投入力度，深化重要农产品收储制度改革，提高农业风险保障能力，着力完善农业支持保护制度。

其次，着力推动乡村"三产融合"，发展壮大乡村产业。发掘新功能新价值，培育新产业新业态，打造新载体新模式，推动农村产业深度融合；提高农民参与程度，创新收益分享模式，强化政策扶持引导，培育壮大创新创业群体及服务体系，建立创新创业激励机制，最大程度激发农村创新创业活力；强化资源保护与节约利用，推进农业清洁生产，推动农业绿色转型和提质增效，尽早实现乡村产业兴旺。

### 4. 建设美丽乡村，实现生态宜居

生态宜居是乡村振兴的关键，是乡村品质的重要体现。新时代实施乡村振兴战略，要着重解决农业环境突出问题，加快补齐突出短板，着力提升村容村貌，建立健全整治长效机制，持续改善农村人居环境。同时，实施重要生态系统保护和修复重大工程，健全重要生态系统保护制度，健全生态保护补偿机制，充分发挥自然资源多重效益，建设美丽乡村，实现生态宜居。

### 5. 繁荣发展乡村文化，实现乡风文明

乡村优秀文化是乡风文明的灵魂，乡风文明是乡村振兴的基础。新时代实施乡村振兴战略，要践行社会主义核心价值观，巩固农村思想文化阵地，倡导诚信道德规范，着力推动农村思想道德建设；保护利用乡村传统文化，重塑乡村文化生态，发展乡村特色文化产业，持续弘扬中华优秀传统文化；健全公共文化服务体系，增加公共文化产品和服务供给，广泛开展群众文化活动，不断丰富乡村文化生活，建设形成乡风文明的和谐乡村。

### 6. 健全乡村治理体系，实现治理有效

先进的乡村治理体系是实现治理有效的重要基础，治理有效是乡村振兴的组织制度保障。新时代实施乡村振兴战略，要加强农村基层党组织的全面领导，健全以党组织为核心的组织体系，加强农村基层党组织带头人队伍及农村党员队伍建设，强化农村基层党组织建设责任与保障；深化村民自治实践，推进乡村法治建设，提升乡村德治水平，建设平安乡村，有效促进自治、法治、德治有机结合；加强基层政权建设，创新基层管理体制机制，健全农村基层服务体系，不断夯实基层政权，形成乡村有效治理的新局面。

### 7. 保障和改善农村民生，实现农民富裕

坚定不移地增进乡村民生福祉是乡村振兴的重要任务，农民富裕是乡村振兴的根本。实施乡村振兴战略，加快改善农村交通物流设施条件，加强农村水利基础设施网络建设，构建农村现代能源体系，夯实乡村信息化基础，着力提升农村基础设施建设水平；尽力拓宽转移就业渠道，强化乡村就业服务，完善农村劳动力就业制度保障体系，持续提升农村劳动力就业质量；优先发展农村教育事业，推进健康乡村建设，加强农村社会保障体系建设，提升农村养老服务能力，加强农村防灾、减灾、救灾能力建设，加大力度增加农村公共服务供给，增进乡村民生福祉，尽快让农民富裕起来。

### 8. 构建乡村振兴政策体系，实现农业农村现代化

乡村振兴离不开政策制度的支持，尤其是需要能支持支撑城乡融合发展的政策体系。新时代实施乡村振兴战略，要加快建立农业转移人口市民化政策机制，培育新型农民，加强农村专业人才队伍建设，提高农村专业人才质量，增强乡村振兴的人才支撑力；健全农村土地管理制度，完善农村新增用地保障机制，盘活农村存量建设用地，确保乡村振兴的用地保障；继续坚持财政优先保障，提高土地出让收益用于农业农村的比例，加大金融支农力度，引导社会资本投向农村，健全乡村振兴的多元投入保障机制，为实现农业农村现代化奠定基础。

参 考 文 献

［1］陈秧分，刘彦随，杨忍. 基于生计转型的中国农村居民点用地整治适宜区域［J］. 地理学报，2012（3）：420－427.

［2］陈玉福，刘彦随，龙花楼，王介勇. 苏南地区农村发展进程及其动力机制——以苏州市为例［J］. 地理科学进展，2010（1）：123－128.

［3］蔡文成. 基层党组织与乡村治理现代化：基于乡村振兴战略的分析［J］. 理

论与改革，2018（3）：62-71.

[4] 杜焱强，王亚星，陆万军.PPP 模式下农村环境治理的多元主体何以共生？——基于演化博弈视角的研究 [J]. 华中农业大学学报（社会科学版），2019（6）：89-96+163-164.

[5] 费孝通. 中国城乡发展的道路 [J]. 中国乡镇企业，2001（8）：69-71.

[6] 冯海发. 推动乡村振兴应把握好的几个关系 [J]. 农业经济问题，2018（5）：4-7.

[7] 高维. 乡土文化教育：乡风文明发展根基 [J]. 教育研究，2018，39（7）：87-89.

[8] 郭晓鸣. 乡村振兴战略的若干维度观察 [J]. 社会科学文摘，2018（7）：16-18.

[9] 郭正林. 乡村治理及其制度绩效评估：学理性案例分析 [J]. 华中师范大学学报（人文社会科学版），2004（4）：24-31.

[10] 贺雪峰. 乡村治理现代化：村庄与体制 [J]. 求索，2017（10）：4-10.

[11] 贺雪峰. 乡村治理研究的三大主题 [J]. 社会科学战线，2005（1）：219-224.

[12] 洪大用. 经济增长、环境保护与生态现代化——以环境社会学为视角 [J]. 中国社会科学，2012（9）：82-99+207.

[13] 侯俊东，吕军，尹伟峰. 农户经营行为对农村生态环境影响研究 [J]. 中国人口·资源与环境，2012，22（3）：26-31.

[14] 黄季焜，刘莹. 农村环境污染情况及影响因素分析——来自全国百村的实证分析 [J]. 管理学报，2010，7（11）：1725-1729.

[15] 黄细嘉，赵晓迪. 旅游型乡村建设要素与乡村振兴战略要义 [J]. 旅游学刊，2018，33（7）：5-6.

[16] 黄祖辉. 准确把握中国乡村振兴战略 [J]. 中国农村经济，2018（4）：2-12.

[17] 姜长云. 关于实施乡村振兴战略的若干重大战略问题探讨 [J]. 经济纵横，2019（1）：10-18.

[18] 鞠昌华，张慧. 乡村振兴背景下的农村生态环境治理模式 [J]. 环境保护，2019，47（2）：23-27.

[19] 李婷婷，龙花楼. 基于"人口—土地—产业"视角的乡村转型发展研究——以山东省为例 [J]. 经济地理，2015（10）：149-155+138.

[20] 李小建，周雄飞，郑纯辉，Scott Rozelle. 欠发达区地理环境对专业村发展的影响研究 [J]. 地理学报，2012（6）：783-792.

［21］李小云，董强，饶小龙，赵丽霞．农户脆弱性分析方法及其本土化应用［J］．中国农村经济，2007（4）：32－39.

［22］李裕瑞，刘彦随，龙花楼．黄淮海典型地区村域转型发展的特征与机理［J］．地理学报，2012，67（6）：771－782.

［23］李治，王东阳．交易成本视角下农村一二三产业融合发展问题研究［J］．中州学刊，2017（9）：54－59.

［24］刘合光．乡村振兴战略的关键点、发展路径与风险规避［J］．新疆师范大学学报（哲学社会科学版），2018，39（3）：25－33.

［25］刘淑兰．乡村治理中乡贤文化的时代价值及其实现路径［J］．理论月刊，2016（2）：78－83.

［26］刘伟．论乡村环境协同治理的行动者网络及其优化策略［J］．学海，2018（2）：114－120.

［27］刘彦随，张紫雯，王介勇．中国农业地域分异与现代农业区划方案［J］．地理学报，2018，73（2）：203－218.

［28］龙花楼，邹健，李婷婷，刘彦随．乡村转型发展特征评价及地域类型划分——以"苏南—陕北"样带为例［J］．地理研究，2012，31（3）：495－506.

［29］陆刚，孙芸莉．电商扶贫助力乡村振兴：基于河北省实践的再思考［J］．当代经济管理，2019，41（8）：27－33.

［30］罗必良．明确发展思路，实施乡村振兴战略［J］．南方经济，2017（10）：8－11.

［31］马池春，马华．中国乡村治理四十年变迁与经验［J］．理论与改革，2018（6）：21－29.

［32］聂辰席．乡风文明：农村经济社会发展的重要推力［J］．求是，2009（13）：31－32.

［33］戚晓明．乡村振兴背景下农村环境治理的主体变迁与机制创新［J］．江苏社会科学，2018（5）：31－38.

［34］任艳妮．多元化乡村治理主体的治理资源优化配置研究［J］．西北农林科技大学学报（社会科学版），2012，12（2）：106－111.

［35］申明锐，沈建法，张京祥，赵晨．比较视野下中国乡村认知的再辨析：当代价值与乡村复兴［J］．人文地理，2015，30（6）：53－59.

［36］舒莉芬．教育贫困与收入贫困关系的实证研究——以江西省连片特困地区为例［J］．教育学术月刊，2016（3）：52－56.

［37］宋慧娟，陈明．乡村振兴战略背景下乡村旅游提质增效路径探析［J］．经济体制改革，2018（6）：76－81.

［38］谭雪兰，钟艳英，段建南，曹浩成．快速城市化进程中农村居民点用地变化及驱动力研究——以长株潭城市群为例［J］．地理科学，2014（3）：309－315.

［39］涂人猛．内源式乡村发展理论的渊源及发展［J］．经济评论，1993（4）：21－25.

［40］汪三贵．贫困地区农业发展的资源约束［J］．经济地理，1992，12（3）：39－42.

［41］汪三贵，刘明月．健康扶贫的作用机制、实施困境与政策选择［J］．新疆师范大学学报，2019（3）：1－10.

［42］王静，林春野，陈瑜琦，刘爱霞．中国村镇耕地污染现状、原因及对策分析［J］．中国土地科学，2012，26（2）：25－30＋43.

［43］王武朝．"空心化"趋势下乡村治理的对策研究［J］．农业经济，2017（10）：30－32.

［44］王艳飞，刘彦随，李玉恒．乡村转型发展格局与驱动机制的区域性分析［J］．经济地理，2016（5）：135－142.

［45］王勇，李广斌．乡村衰败与复兴之辩［J］．规划师，2016，32（12）：142－147.

［46］王忠武．农民赋权与村庄善治［J］．理论视野，2011（8）：48－51.

［47］温铁军，杨洲，张俊娜．乡村振兴战略中产业兴旺的实现方式［J］．行政管理改革，2018（8）：26－32.

［48］吴传钧．胡焕庸大师对发展中国地理学的贡献［J］．人文地理，2001（5）：1－4.

［49］吴海燕．农村乡风文明建设是科学发展观的题中应有之义［J］．求实，2008（11）：80－83.

［50］徐虹，王彩彩．乡村振兴战略下对精准扶贫的再思考［J］．农村经济，2018（3）：11－17.

［51］徐学庆．乡村振兴战略背景下乡风文明建设的意义及其路径［J］．中州学刊，2018（9）：71－76.

［52］杨守森．梁漱溟的乡村之思［J］．山东社会科学，2017（10）：164－173.

［53］姚龙，刘玉亭．乡村发展类型与模式研究评述［J］．南方建筑，2014（2）：44－50.

［54］叶兴庆．新时代中国乡村振兴战略论纲［J］．改革，2018（1）：65－73.

［55］于正松，李同昇，龙冬平，等．陕、甘、宁三省（区）农业现代化水平格局演变及其动因分析［J］．地理科学，2014（4）：411－419.

［56］张富刚，刘彦随．中国区域农村发展动力机制及其发展模式［J］．地理学

报，2008（2）：115 - 122.

[57] 张国民，刘芳，刘旭芳. 论新农村乡风文明之系统特征 [J]. 系统科学学报，2013，21（2）：90 - 93.

[58] 张海鹏，郜亮亮，闫坤. 乡村振兴战略思想的理论渊源、主要创新和实现路径 [J]. 中国农村经济，2018（11）：2 - 16.

[59] 张京祥，申明锐，赵晨. 乡村复兴：生产主义和后生产主义下的中国乡村转型 [J]. 国际城市规划，2014，29（5）：1 - 7.

[60] 张军. 乡村价值定位与乡村振兴 [J]. 中国农村经济，2018（1）：2 - 10.

[61] 张强，张怀超，刘占芳. 乡村振兴：从衰落走向复兴的战略选择 [J]. 经济与管理，2018，32（1）：6 - 11.

[62] 张晓山. 实施乡村振兴战略的几个抓手 [J]. 人民论坛，2017（33）：72 - 74.

[63] 赵树凯. 乡村观察手记（十二）新农村建设呼唤新的治理 [J]. 中国发展观察，2006（3）：26 - 28.

[64] 赵增彦. 经济欠发达农村乡风文明建设研究 [J]. 理论导刊，2010（8）：71 - 73.

# 第二篇
# 乡村振兴地方品质驱动力

## 第四章

# 农民收入增长动力

"三农"问题是长期以来困扰我国社会经济发展的重要问题，而"三农"问题的核心在于农民，而农民问题的核心在于收入的增加。党的十九大报告提出要实施乡村振兴战略，并从"产业兴旺、生态宜居、乡风文明、治理有效、生活富裕"五个方面提出了要求。生活富裕是乡村振兴的根本，更是实现全体人民共同富裕的必然要求。

## 一、农民收入增长的内在逻辑

生活富裕是乡村振兴战略的基本出发点，也是乡村振兴战略的最终落脚点。在当前我国基本国情和主要矛盾下，生活富裕不仅意味着消除贫困、改善民生、实现农民收入的可持续稳定增长，更意味着农民生活环境和生活质量的显著提升。农民增收与乡村繁荣是一脉相承的，要理解新时代农民增收的内在逻辑，需要首先理解区域发展的新逻辑。在经济一体化、信息化和知识经济时代，以及经济发展新常态背景下，区域发展的逻辑已经悄然发生变化。区域核心竞争力来源于以创新为核心的高附加值产业和服务经济的集聚，而创新是由人才驱动的，因此，区域竞争力的提升更重要的是留住人才。而人才偏好影响地方品质，地方品质决定了人才集聚。因此，地方品质是区域竞争力提升的内在要求。新时代乡村振兴或者说新时代农民增收要以提升地方品质为核心，以地方品质建设集聚人才，由人才驱动农业现代化，由农业现代化提升乡村的竞争力，进而使乡村成为促进区域高质量协调发展的新引擎。

创新是农业农村供给侧改革成功的关键。农业农村供给侧改革的根本目标是提高农业综合效益和竞争力，破解资源错配、供需脱节、市场扭曲等矛盾。而乡村创新实际上就是通过新知识、新产品、新业态、新模式和新市场的产生、扩散和应用，来调动农民、乡镇企业、基层政府和乡村自治组织等乡村创新主体全面参与创新，促进劳动力、土地、资金、技术等内部基础要素和支撑要素的自由流动，并通过互联网等中介组织网络实现与城市创新系统的协同联动，实现自身的生态发展与价值创造（陈劲等，2018）。具体而言，乡村创新的出路在于产业全面创新，包括农业科技创新、营运管理创新、机制体制创新和文化创新等。因此，乡村振兴的关键在于通过提升乡村创新能力，深化改革，进而实现乡村可持续发展，促进人民幸福。

人才掌握创新资源，乡村创新驱动的本质是人才驱动，乡村振兴的保障是人才振兴。当前我国乡村发展不平衡不充分的根本原因在于城乡二元体制及由此导致的农村人才流失。与实施乡村振兴战略的内在需求相比，当前我国农业农村人才在规模、素质、结构和效能等方面都存在较大差异。农业部调查数据显示，2016 年全国农村实用人才仅占乡村就业人员总数的比例不足 5%，新型职业农民总量不足，年青后备力量缺乏，文化程度偏低。基层农技推广人才"青黄不接"、队伍老化问题严重。县乡农业新产业、新业态急需人才严重不足，不能满足现代农业发展和农村产业扶贫的需要。因此，要适应农村劳动力状况和资源配置新变化新趋势，适应建设现代农业新要求，探索乡村振兴人才培养新路径。正如习近平总书记在中央农村工作会议上强调的，"乡村振兴要靠人才"，要积极培育新型职业农民，培育一大批种田能手、农机作业能手、科技带头人、农产品营销人才、农业经营管理人才，吸引一大批高层次人才扎扎实实服务"三农"。

国内外理论和实践表明，要培育、留住、吸引和聚集人才，就要创造可及的、好的地方品质。这不仅是因为培育人才需要教育、医疗卫生、文化的投入和支持，而且因为人才更加喜好地方品质。因此，实施地方品质驱动，大力提升乡村地方品质，做到生态宜居、乡风文明，既是满足城市居民日益增长的回归自然生态、回归乡村田园的需要，更是贯彻落实"产业兴旺、生态宜居、乡风文明、治理有效、生活富裕"的根本要求。

# 二、农民收入的特征事实

作为西部山区县域的典型代表，甘谷县近年来农民收入稳定增长，体现了农业农村发展的强劲态势，也是政府支农惠农的结果。但从横向比较来看，甘谷县农民收入水平显著落后于甘肃省和全国水平，并且与城镇居民收入存在巨大差距。

## （一）农民收入总体水平

近年来，甘谷县农民收入稳步增长，2013 年农村居民人均可支配收入为 4447 元，2017 年上升到 7037 元，年均增长 12.16%。但从横向比较来看，甘谷县农村居民收入显著落后于甘肃省和全国水平，2017 年甘谷县农村居民人均可支配收入仅为甘肃省农村居民人均可支配收入的 87.1%，全国农村居民人均可支配收入的 52.4%，这也从侧面反映了甘谷县农民增收仍有很大的空间。而从城乡居民收入对比来看，甘谷县与甘肃省和全国的差异显著，近年来城镇居民与农村居民人均可支配收入比一直维持在 3.5 左右，而全国城乡居民人均可支配收入比仅为 2.7 左右（见表 4 - 1）。

**表 4 - 1  2013 ~ 2017 年甘谷县农村居民人均可支配收入及对比**

| 年份 | 农村居民人均可支配收入（元） | | | 城乡居民人均可支配收入比 | | |
|---|---|---|---|---|---|---|
| | 甘谷县 | 甘肃省 | 全国 | 甘谷县 | 甘肃省 | 全国 |
| 2013 | 4447 | 5108 | 9429.6 | 3.62：1 | 3.71：1 | 2.81：1 |
| 2014 | 5043 | 5736 | 10488.9 | 3.52：1 | 3.63：1 | 2.75：1 |
| 2015 | 5964 | 6936 | 11421.7 | 3.44：1 | 3.43：1 | 2.73：1 |
| 2016 | 6464 | 7457 | 12363.4 | 3.46：1 | 3.45：1 | 2.72：1 |
| 2017 | 7037 | 8076 | 13432.4 | 3.48：1 | 3.44：1 | 2.71：1 |

资料来源：①国家统计局 . 2018 年中国统计年鉴［M］. 北京：中国统计出版社，2018.
②《甘肃发展年鉴》编委会 . 2018 年甘肃发展年鉴［M］. 北京：中国统计出版社，2018.
③甘谷县地方志办公室 . 2018 年甘谷年鉴［M］. 兰州：甘肃文化出版社，2018.

## （二）农民收入总体结构

### 1. 工资性和经营性收入是甘谷县农民收入的主要来源

甘谷县农民收入主要来源于工资性收入和经营性收入。2017 年，工资性和经营性收入分别占甘谷县农村居民人均可支配收入的比重分别为 35.57% 和 35.75%。从时间趋势来看，工资性收入的比重逐年降低，从 2013 年到 2017 年降低了将近 20 个百分点，而经营性收入的比重逐年增加，从 2013 年到 2017 年上升了 7 个百分点左右。从横向比较来看，甘谷县农民收入结构介于甘肃省和全国之间。甘肃省农民收入主要来源于农业经营性收入（2017 年为 44.03%），工资性收入的比重略低（2017 年为 28.17%）；全国农民收入中经营性收入占比略低（2017 年为 37.43%），工资性收入占比较高（2017 年为 40.93%）。究其原因是由于产业结构的差异，作为西部山区的甘肃省主要以种植业等农业为主，而东部发达省份由于工业和服务业发达，吸纳了大量农村流动人口前往就业。甘谷县由于是劳务输出大县，在农民收入结构上的表现界于甘肃省与全国之间。

### 2. 农民对转移性收入的依赖越来越高

甘谷县农民对转移性收入的依赖越来越高。2013 ~ 2017 年，转移性收入占甘谷县农村居民人均可支配收入的比重从 14.35% 上升到 27.51%。与此同时，我们发现甘肃省也经历了同样的变化，转移性收入的比重从 2013 年的 10.59% 上升到 2017 年的 26.03%，超过了全国农村居民转移净收入的比重。2015 年中央提出坚决打赢脱贫攻坚战，确保 2020 年所有贫困地区和贫困人口一道迈入全面小康社会。基于此，中央实施了一系列支农惠农政策，对保障民生起到了重要作用。

### 3. 财产性收入是制约农民收入增长的重要瓶颈

2017 年，甘谷县财产净收入仅占农村居民人均可支配收入的 1.17%（见表 4 - 2），并且这比例近年来呈现持续下降的趋势。从甘肃省和全国来看，财产净收入在农民收入中的占比也极低，大约维持在 2 个百分点。财产性收入是导致城乡居民收入差距的重要原因。2018 年全国城市居民人均财产性收入 4028 元，是农村居民人均财产性收入（342 元）的 11.78 倍，城镇居民财产性收入占总收入的比重也高于农村居民财产性收入占总收入的比重。城乡财产性收入差距主要是由于城乡居民房产价值差异和土地征用制度对农民的隐形占有（谭智心，2020），推进农村产权制度改革是提高农民财产净收入的重要路径。

表 4 - 2　　　　2013 ~ 2017 年甘谷县、甘肃省、全国农村居民收入结构对比　　　　单位：%

| 地区 | 年份 | 农村居民人均可支配收入 | 工资性收入 | 经营净收入 | 财产净收入 | 转移净收入 |
|---|---|---|---|---|---|---|
| 甘谷县 | 2013 | 100 | 55.30 | 28.83 | 1.55 | 14.35 |
| | 2014 | 100 | 50.80 | 29.13 | 1.67 | 18.42 |
| | 2015 | 100 | 41.33 | 32.81 | 1.29 | 24.55 |
| | 2016 | 100 | 38.40 | 32.94 | 1.22 | 27.46 |
| | 2017 | 100 | 35.57 | 35.75 | 1.17 | 27.51 |
| 甘肃省 | 2013 | 100 | 43.13 | 43.68 | 2.60 | 10.59 |
| | 2014 | 100 | 43.32 | 42.82 | 2.91 | 10.97 |
| | 2015 | 100 | 28.47 | 43.61 | 1.85 | 26.07 |
| | 2016 | 100 | 28.50 | 43.73 | 1.72 | 26.04 |
| | 2017 | 100 | 28.17 | 44.03 | 1.76 | 26.03 |
| 全国 | 2013 | 100 | 38.73 | 41.73 | 2.06 | 17.47 |
| | 2014 | 100 | 39.59 | 43.86 | 2.12 | 17.90 |
| | 2015 | 100 | 40.28 | 39.43 | 2.20 | 18.09 |
| | 2016 | 100 | 40.62 | 38.35 | 2.20 | 18.83 |
| | 2017 | 100 | 40.93 | 37.43 | 2.26 | 19.38 |

资料来源：①国家统计局.2018 年中国统计年鉴［M］.北京：中国统计出版社，2018.
②《甘肃发展年鉴》编委会.2018 年甘肃发展年鉴［M］.北京：中国统计出版社，2018.
③甘谷县地方志办公室.2018 年甘谷年鉴［M］.兰州：甘肃文化出版社，2018.

## （三）农民各项收入的具体来源

农民各项收入的来源结构是农民在进行经济活动和职业分化过程中形成的，通过对甘谷县农民进行问卷调查，分析农民各项收入的来源结构，可以大致把握农民经济活动的主要规律，对促进农民增收具有重要的意义。

从工资性收入来看，甘谷县农民工资性收入主要来源于在外地就业获得的工资，有63.9%的被调查者选择了这一选项，23.6%的农民从甘谷县非企业组织就业获得工资，23.5%的农民从甘谷县本地企业就业获得工资（见图4-1）。这主要是因为甘谷县是劳务输出大县，年均输转劳务10万人左右，且80%以上为技能型农民工。相对而言，甘谷县农民从本地就业获取工资的比例较小，这也从侧面反映出甘谷县本地就业吸纳能力不足。

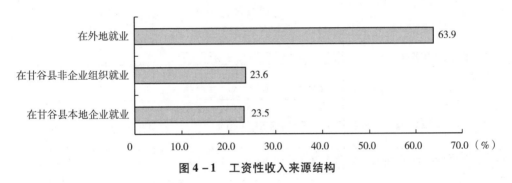

**图4-1 工资性收入来源结构**

资料来源：笔者根据调查问卷计算。

从经营性收入来看，甘谷县农民收入主要来源于农业收入，如种植粮食、果树和蔬菜等，有83.6%的被调查者选择了该选项。18.7%的农民经营性收入主要来源于建筑业，16.4%的农民主要来源于其他行业，6.7%的主要来源于社会服务业（见图4-2）。这说明种植业仍是农民收入的主要渠道，甘谷县农民自主经营活动较少。

从财产性收入来看，55.3%的农民主要来源于存款利息等储蓄保险投资收入，33.8%的农民主要来源于转让承包土地经营权收入，21.4%的农民主要来源于集体分配股息和红利，6.8%的农民主要来源于出租农业机械等租金收入（见图4-3）。而城镇居民财产性收入主要来源于房产和金融资产等（谭智心，2020）。城乡二元土地制度和不健全的农村金融制度是阻碍农民财产权利实现的根源。

从转移性收入来看，甘谷县农民收入主要来源于各项补贴收入和退耕还林还草补贴，49.2%和46.8%的被调查者选择了这两个选项。此外，27.6%的农民转移性收入主要来源于离退休金和养老金，其中，8.1%来源于救济金、抚恤金和救灾款，

2.7%来源于城市亲友赡养费或赠送（见图4-4）。这主要是因为甘谷县是国家贫困县和典型的西部山区县域，因此获得国家大量扶贫补贴和退耕还林还草补贴。

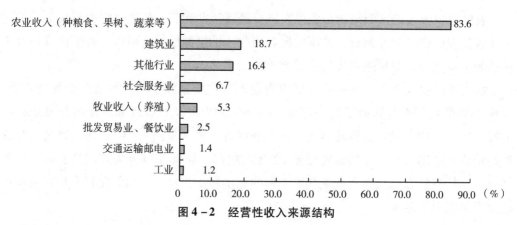

图4-2　经营性收入来源结构

资料来源：笔者根据调查问卷计算。

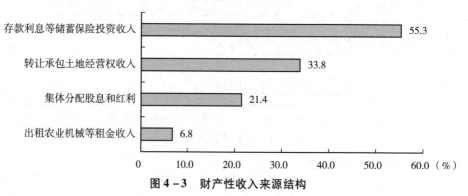

图4-3　财产性收入来源结构

资料来源：笔者根据调查问卷计算。

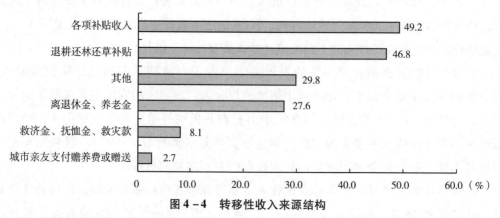

图4-4　转移性收入来源结构

资料来源：笔者根据调查问卷计算。

## （四）不同农民群体收入特征

不同农民群体在学历、手艺或技术、身体健康程度、是否为精准扶贫户、家庭规模等方面都存在差异，这就决定了不同农民群体收入也有所不同。通过对甘谷县农民进行问卷调查，分析不同农民群体的收入特征，为接下来研究影响农民收入的因素提供支持。

从学历来看，最高学历越高的农民家庭，工资性收入的比重相对越高，而最高学历越低的家庭转移性收入比重越高（大专及以上学历工资性收入为主要来源的家庭占83.20%）。这在某种程度上说明，教育在促进农民收入中的重要性，受教育程度较高的农民，更容易在就业市场上找到一份工作，而受教育程度较低的农民收入相对也低，更需要政府的帮扶。从技术水平来看，没有手艺或技术的农民更依赖于政府的补贴，有手艺或技术的农民经营性收入和财产性收入的比重更高。从健康程度来看，作为家庭收入支柱的户主身体越健康，工资性收入和经营性收入的比重越高，而户主身体越差则转移净收入的比重越高。这反映了健康在促进农民收入中的重要性，很多贫困户都是因病致贫，这也凸显了公共卫生在扶贫和促进农民增收中的作用。从家庭收入水平来看，年收入越高的家庭经营性收入的比重相对越高，年收入中等的农民家庭工资性收入的比重相对越高（表4-3中年收入2万~4万元的家庭工资性收入为主要来源的占82.5%；年收入4万~6万元的家庭，工资性收入为主要来源的占85.6%），年收入越低的家庭转移性收入的比重越高。从是否为精准扶贫户来看，精准扶贫户较非精准扶贫户的政府补助收入来源更多。

表4-3　　　　　　　　　　不同农民群体的收入结构

| 变量类别 | 变量说明 | 家庭年总收入均值（元） | 工资性收入占比（%） | 经营性收入占比（%） | 财产性收入占比（%） | 转移性收入占比（%） |
|---|---|---|---|---|---|---|
| 家庭最高学历 | 不识字 | 34703 | 72.4 | 41.4 | 0.0 | 27.6 |
| | 小学及以下 | 29813 | 72.6 | 49.1 | 9.4 | 22.6 |
| | 初中 | 31745 | 81.3 | 45.8 | 1.7 | 12.7 |
| | 高中或中专 | 30571 | 79.3 | 43.7 | 4.5 | 12.7 |
| | 大专及以上 | 34870 | 83.2 | 41.9 | 3.4 | 11.2 |
| 是否为精准扶贫户 | 是 | 30841 | 82.5 | 47.4 | 4.2 | 19.3 |
| | 否 | 32519 | 78.5 | 43.8 | 3.9 | 11.4 |

| 变量类别 | 变量说明 | 家庭年总收入均值（元） | 工资性收入占比（%） | 经营性收入占比（%） | 财产性收入占比（%） | 转移性收入占比（%） |
|---|---|---|---|---|---|---|
| 是否有手艺或技术 | 是 | 35044 | 77.1 | 49.4 | 4.8 | 8.9 |
| | 否 | 30143 | 81.0 | 42.1 | 3.5 | 17.2 |
| 户主的身体健康状况 | 比较健康，除了感冒发烧没有什么大病 | 32063 | 85.0 | 44.8 | 3.8 | 10.2 |
| | 一般 | 31025 | 80.2 | 38.1 | 2.0 | 16.3 |
| | 较差，经常生病 | 28529 | 77.8 | 46.7 | 8.9 | 26.7 |
| | 非常差，有长年累计的慢性病 | 24875 | 73.7 | 42.1 | 0.0 | 36.8 |
| 家庭收入水平（元） | ≤200000 | 13887 | 69.0 | 45.5 | 4.3 | 26.2 |
| | 20000～40000（含） | 31319 | 82.5 | 45.1 | 4.2 | 12.2 |
| | 40000（不含）～60000（含） | 50298 | 85.6 | 43.8 | 2.5 | 8.1 |
| | 60000（不含）～80000（含） | 70200 | 50.0 | 70.0 | 0.0 | 20.0 |
| | >80000 | 95166 | 66.7 | 66.7 | 0.0 | 0.0 |

资料来源：笔者根据调查问卷计算。

# 三、农民收入的制约因素

农民收入增长是消除贫困和生活富裕的关键所在。要解决农民增收问题，需在了解制约农民收入的因素基础上，实施针对性的政策和建议。农民收入受到多方面因素的影响，如农村资源禀赋不足、农业现代化和产业化发展滞后、农村土地制度、农村金融市场发展缓慢等因素。要破解制约农民收入增长的因素，需要发展新产业和新业态，促进农民增收，大力发展劳务经济，推动劳动力转移，提高农民致富意识和致富能力，推进农村土地和金融制度改革。

## （一）制约农民收入的因素综述

资源禀赋对农民收入的影响体现较为直接。有研究指出，地理位置、气候等自然条件通过多种渠道直接或间接影响生产水平和收入水平。我国中西部地区尤其是西部地区深居内陆，交通相对落后，地势以高原、山区和丘陵为主，起伏较大；且气候、雨水、土壤等自然条件也明显不如东部地区，较好的地理区位和资源条件使得东部地区较中西部地区具有经济发展优势（宋莉莉，2016）。由于地势复杂、常年少雨，旱涝灾害、水土流失、荒漠化等问题严重，部分地区甚至处于强烈地震活动带上，加上愈演愈烈的人类开发活动，导致西部地区成为中国生态脆弱区最为集中的地区（贾利军、陈一琳，2019），然而西部农村居民的主要收入来源于农业，生态的脆弱性可能会导致农业歉收、粮食产量大幅减少，直接影响农民收入。

农业现代化和产业化发展滞后是影响农民收入提高的重要因素。作为现代农业发展的重要途径，农业现代化和产业化对农民收入的增长具有长期拉动作用（平欢梅、王容博，2018）。当前，我国农业就业比例过高，农业劳动生产率偏低，农业现代化装备水平不高，具体表现为生产环节现代化不充分，养殖业、农产品加工业落后，高附加值农业发展不充分（李周，2017）。农业现代化建设滞后的关键问题是投入不足，在现有体制下，中央政府对农业投入增长满足不了农业现代化的需要，地方政府受事权约束不愿对农业过多投入，而农民因农业经营规模小、收益少而投入能力低下，由此导致现代农业投入缺位（马晓河，2019）。农业产业化离不开农业基础设施建设、农业科技创新和农业产业化龙头企业的培育（卢晓，2019），闫磊、刘震等（2016）通过对31个省（区、市）的数据探究农业产业化对农村居民纯收入的影响发现，短期财政投入、农业科技推广、新型农业产业经营组织等农业产业化发展条件较为落后的中西部地区，农民收入水平较低。

农村土地制度是制约农民收入的重要因素。土地带来的土地财产性收入是农民财产性收入的主要来源，陈飞、张安录等学者研究发现，租入和租出土地均有利于提升农户收入并降低贫困发生率，土地流转形成的规模经营存在规模效益，提高了农地利用效率，具有一定的减贫增收效应（陈飞，2015；曹瑞芬、张安录，2015）。此外，土地细碎化与农民的总收入水平呈正相关的关系，同时，土地细碎化还有利于农民收入不平等的缩小（韩菡、钟甫宁，2011）。国家对于农地流转制定了严格的限制条件，导致国有土地与集体土地产权权能不统一，农村集体土地与国有土地不能实现同地、同价、同权，且法律规定农用地转为城市建设用地必须通过政府征用，导致农地产权不能直接作为土地交易的一方直接入市（陈寒冰，2019）。现阶段我国多数农村地区存在农村集体土地产权不明晰、农地产权主体模糊或虚置的现象，影响农民财产性收入。

农村金融发展与农业贷款也会对农民收入产生影响。与城市相比，受二元经济结构、工业和城市倾斜发展战略，以及二元金融结构的影响，甚至在一个时期内以农村金融抑制为代价来达到城市金融深化的目的，相对于城市来说，农村金融机构十分稀缺，非正规金融发展动力不足，农村的金融制度十分落后（余新平，2010；尹晓波，2020；胡宗义，2016）。近年来，农村贷款和农户储蓄均有较大幅度提高，但随着农业生产方式的转变和农村新产业、新业态的发展，农村金融需求也正在从小额资金向大额资金转变、从短期周转向长期投资转变，现行金融供给结构难以满足这种需求变化，导致金融供给跟不上农户和乡镇企业贷款需求增长，对农民"放贷难"，农村金融供需结构性矛盾依然突出（周振，2015）。此外，村镇银行普遍存在吸储难、成本高、规模不经济、抗风险能力弱等问题（熊德平，2017）。村镇银行内缺乏金融体系内在流动性的支持，再加上农村金融机构业务创新动力不足，新型农村金融机构可贷资金有限（程郁，2019），资本的稀缺在极大程度上限制了金融支农能力。现阶段农村金融整体发展水平滞后，无法满足农民多层次、多样化的金融服务需求，一定程度上影响了农民收入水平。

国内学者从教育水平、健康水平、技术技能等诸多角度出发开展研究。郭剑雄（2005）基于城乡人力资本积累的差异视角，认为我国广大农村低人力资本积累造成农民增收困难，陈斌开和张鹏飞（2010）基于国内教育发展现状，认为政府教育支出的城乡分配不均，造成农村收入水平的差异。王鹏等（2018）基于中国西部地区农村经济社会发展综合调查数据，实证考察了农户健康对其收入和主观福利水平的影响。周亚虹、许玲丽等（2010）参照国际上农村职业教育与农村家庭收入之间的年平均回报率标准，得出农村职业教育与农村家庭收入之间存在显著性关系的结论。此外，有研究表明甘肃省、广西壮族自治区、青海省、四川省等低农业劳动生产率区域，其农业机械化程度和农村居民收入水平都较低（张宽，2017）。我国西部地区经济较落后，发展速度慢，医疗资源和受教育水平有限，劳动生产率不高，农户健康状况与东部发达地区有差距，专业技能掌握不足，农民收入水平较低。

政府政策对农民收入也产生一定影响。在新时期农村扶贫和精准扶贫政策的推行下，大规模的扶贫资金投向扶贫重点县种养殖业及农林业，大力建设改造基础设施，改善了农村农业生产条件，创造临时非农就业岗位，提高了人均产值，农村居民劳动收入普遍增加（张彬斌，2013）。政府扶贫资金在整体上对处于非西部地区贫困县的影响要大于西部地区贫困县（姜爱华，2008），尤其是在转移支付方面，中央对于西部地方政府的转移支付高于中部地区，但西部地区居民城乡收入差距却没有因此得到缓解，城镇居民收入从转移支付中受益程度高于农村居民（雷根强、黄晓虹，2015）。此外，朱青、卢成等（2020）研究发现，在目前中国的农业补贴制度下，真正发放给农民家庭或个体的补贴占比不多且直接补贴覆盖面过广，影响了补贴的精准度，弱化了再分配效应。因此，虽然能少量增加农户的家庭收入，但基本不能起到调节农村收入分配状况的作用。

## （二）影响农民收入的实证分析

影响农民收入增长的因素众多，总体可以划分为内部因素和外部因素两大类。内因主要指农民自身原因造成的障碍，外因主要指外部环境对农民增收的制约。

### 1. 影响农民收入的内因分析

图 4 - 5 反映的是制约甘谷县农户收入增长的内部因素。首先，"收入来源单一、增收渠道不广"是导致农户收入水平偏低的最重要原因，40.8%的被调查者选择了这一原因。这反映出甘谷县产业化程度低，很多农户主要依靠种植粮食、果树和蔬菜等作为主要收入来源。其次，39.6%的被调查者选择了"文化水平较低"，36.2%的被调查者选择了"家庭成员技术匮乏"，这说明由于受教育水平低和缺乏技术手艺，农户增收受到限制。进一步调研得知，政府在扶贫和帮助农民增收过程中，更多采用直接帮扶的方式，缺乏提高农户技术、手艺的相关针对性技能培训，这也导致扶贫和促进农民增收过程中"久贫不脱"和"先脱后返"的现象时有发生。健康也是影响农户收入的重要原因，14.8%的被调查者选择了"家庭老弱病残多、劳动力不足"，6.4%的被调查者选择了"家庭患有重大疾病"。此外，38.62%的被调查者选择了"自身致富意识不强"，反映出农民在增收过程中主动性和积极性不足。"子女教育负担重"也是影响农民收入的一个原因，25.1%的被调查者选择了这一选项。

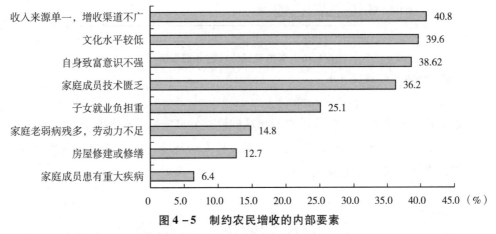

图 4 - 5　制约农民增收的内部要素

资料来源：笔者根据调查问卷计算。

综合来看，制约甘谷县农民收入的原因较为复杂，主要以产业发展滞后、收入渠道单一和缺乏致富技能为主。同时教育，健康等因素也对农民收入产生重要影响，因病致贫、因学致贫的现象时有发生。此外，居民致富的积极性也相对不足。政府应从引导产业发展、扩大农民增收渠道，提升农民技能水平，完善教育、医疗等社会保障，调动农民生产生活积极性等方面入手完善相关政策。

### 2. 影响农民收入的外因分析

图 4 - 6 反映的是制约甘谷县农户收入增长的外部因素。58.3%的农户认为"缺

乏资金支持"是制约其增收的最主要因素。我国农村金融市场不健全，金融机构和金融产品不完善，严重制约了农民增收的能力（李倩、杜江，2020）。基础设施是另一影响农民收入的重要外部因素，31.5%的被调查者选择了"基础设施不完善"，22.4%的被调查者选择了"农村交通闭塞"。基础设施是连接乡村和城市、西部边缘地区和东部发达地区的重要桥梁，基础设施滞后会使西部县域成为孤立的个体，失去发展的机会。此外，自然环境也是影响甘谷县农民收入的重要因素，29.4%的被调查者选择了"自然环境恶劣、灾害严重"。16.1%的被调查者认为"政府扶持力度不够"也是导致甘谷县农民收入较低的原因。

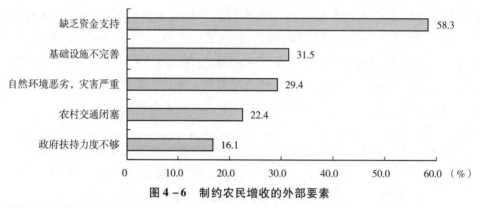

图 4-6　制约农民增收的外部要素

资料来源：笔者根据调查问卷计算。

总体来看，资金约束、自然环境差和基础设施发展滞后是制约农民收入增长的主要因素。政府应从健全农村金融市场、改善农村人居环境、加强基础设施建设等方面提高甘谷县发展环境，促进农民增收。

# 四、农民增收的保障措施

## （一）农民增收的保障措施综述

要增加农民收入，就要破解制约农民收入增长的各类难题。习近平总书记在农村改革座谈会上讲话时强调，要"构建长效政策机制，通过发展农村经济、组织农民外出务工经商、增加农民财产性收入等多种途径，不断缩小城乡居民收入差距，让广大农民尽快富裕起来"。

### 1. 发展新产业和新业态，促进农民增收

传统的农民收入渠道主要来源于种植业、零散的养殖业，以及凭借一定技术服务于农民生活的服务业。但农业产业发展滞后，严重限制了农民的收入来源。研究发现，农业产业化能创造更多的就业岗位，吸纳更多的农业转移人口就业；农业技术进步能显著提高农业的产出效率（何学松，2019），尤其是西部地区，农业技术进步对农民纯收入、经营性收入和工资性收入具有显著影响（李林红，2019），因此要大力优化农业产业结构，推动农业现代化发展（谢素艳，2017）。王留鑫（2018）在测算了我国农业分工指数后发现，农业分工与农民人均纯收入间存在稳定关系。李谷成（2018）的研究指出，农业机械化是建立农民增收长效机制的重要抓手。

很多地区通过引导产业发展来促进农民收入提高，如贵州省大力开发特色文化发展乡村旅游业，利用自身自然禀赋发展大数据产业，以此带动农民收入的提升（王峥，2017）。部分地区政府通过增加对实施产业精准扶贫企业的财政资金扶持，引进并帮助企业进驻贫困地区开展扶贫（张玉明，2019）。京冀14村通过建立"三产联动型、文化引领型、创意小镇型"的乡村产业发展模式，促进农民收入的提高（彭建华，2018）。

### 2. 大力发展劳务经济，推动劳动力转移

随着农业科技的广泛应用，农业劳动生产率大幅度提高，产生大量剩余劳动力。如果农村剩余劳动力不能有效地转移到边际生产效率更高的城市，则导致劳动力要素在城市和乡村地区的错配，农业无法实现规模经济，农民收入停留在较低的水平。通过发展劳务经济，推动农村剩余劳动力向城市转移，可以促进农村规模经营和生产效率的提升，实现农村剩余人口和转移人口收入的共同提高（王敬尧，2018）。汤青（2018）的研究指出，要以半城镇化农民为出发点，将农业转移人口市民化和农村地区可持续发展结合起来。刘彦明（2018）通过调研贫困地区的致贫原因认为，资源匮乏、信息闭塞等禀赋问题是造成这些地区贫困的重要原因，因此，他建议把"过量"的农民从深山中搬出来，转向城镇和其他产业，实现脱贫致富。对于自然条件恶劣的地区，易地搬迁也是很多地区扶贫的重要方式（郭纹廷，2019）。

### 3. 提高农民致富意识和致富能力

农民致富意识不强、致富能力差是制约农民收入增长的重要因素。过去农民自我认同感比较低，参与生产和生活的意识不强，缺乏创新精神；但新时代农民作为农业和农村发展的主体，要摆脱传统思想的束缚，提高自主性、积极性、创造性和独立性，提高自我发展意识，只有增强农民的内生动力，才能与外部力量产生合力，促进

农民收入增长（于乐荣，2019）。农民收入提高的关键还在于提高农民的有效劳动力能力。研究发现，参加职业培训能有效帮助农民增加收入，尤其是生产经营型职业农民的培训收入效应更加显著（李宝值，2019）。通过鼓励贫困家庭的青壮年劳动力参加就业培训进而实现自主就业或创业，可以帮助家庭摆脱贫困（于乐荣，2019）。相应的，政府应提升失地农民教育水平、技术技能培训水平和健康水平，设计引导不同禀赋特征的失地农民创造收入的公共政策（马彦涛，2018；杨晶，2019）。

### 4. 推进农村土地和金融制度改革

农村土地和产权制度改革滞后严重制约了农民财产性收入的提升，也是导致城乡居民收入差异的重要原因（谭智心，2020）。提高农民收入，要深化农村土地制度改革，完善农地流转市场，深入推进农村集体产权制度改革（张红宇，2017；陈良敏，2019）。安徽省金寨县先后出台一系列完善的宅基地制度体系，将用地与扶贫精准对接，说明宅基地制度改革在促进农民收入中的重要性（潘东旭，2017）。此外，金融助力在促进农民增收过程中也是不可或缺的一部分，因此，要增加正规渠道金融机构对农户的支持，打破金融资本限制对农民增收的影响。

## （二）农民对增收措施的评价分析

对于可能促进收入的各种途径，农民有不同的偏好。课题组在问卷中设计"您认为哪些措施会提高您家的生活水平（多选）？"一题，以了解农民对不同增收措施的认知和偏好。从结果看，很多农民认为产业发展也是促进其增收的重要举措，58.2%的农民选择"发展种养殖业"，17.9%的农民选择"发展乡村旅游"，15.8%的农民选择"发展电子商务"，这体现了农民对产业致富的需求和向往。31.8%的农民选择"职业或技能培训"，说明农民认识到技术缺乏对增收的影响，并且希望通过技能培训提升自身素质，最终实现收入增长。农民对政府支农惠农政策有较高的期望，30.8%的农民选择"政府无息贷款"，25.4%的农民选择"政府惠农项目扶持"，21.4%的农民选择"修路等基础设施建设"，17.2%的农民选择"生态补偿"，8.9%的农民选择"易地搬迁"。此外，10.6%的农民认为"土地确权和流转"会带来收入水平的提高（见图4-7）。

总体来看，农民认为促进收入提升的主要方式包括引导产业发展，通过教育和职业技能培训提升自身素质，政府支农惠农政策，以及土地流转确权等。政府应根据农民的需求，大力引导现代化种养殖业、生态旅游、电子商务等产业发展，为农民提供无息贷款、惠农项目扶持、生态补偿、易地搬迁等支持政策，同时，加快土地流转市场建设，促进农民增收。

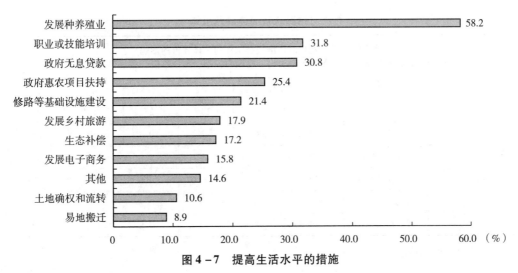

图4-7 提高生活水平的措施

资料来源：笔者根据调查问卷计算。

## （三）农民对政府扶贫政策的满意度分析

政府在农民致富过程中扮演着重要角色，政府通过给予补贴、引导产业发展、提升农民素质等一系列政策扶持低收入农民尤其是贫困农民的发展。分析农民对政府扶贫政策满意度，对调整未来政府扶贫工作方向具有指导意义。

### 1. 农民对精准扶贫工作的总体评价

为了解甘谷县农民对精准扶贫工作的总体评价，调查问卷设置问题"您对当地精准扶贫工作（包括推动力度、贫困户识别、帮扶举措等）的总体评价是？"，并请被调查者在"满意、比较满意、一般、不太满意、不满意"中选择。

表4-4反映了甘谷县农民对当地精准扶贫工作（包括推动力度、贫困户识别、帮扶举措）的总体评价结果。在889份有效问卷中，该问题共获得850份有效样本。其中，满意和较满意当地精准扶贫工作的人数一共为725人，占总人数的85.3%；对于当地精准扶贫工作给予一般性评价的有114人，占总人数的13.4%；不太满意甚至不满意当地精准扶贫力度、贫困户识别等扶贫工作的有11人，占比1.3%。总体来看，村民对于精准扶贫工作整体比较满意，说明扶贫政策与措施一定程度上起到了带领村民脱贫致富的作用；但是也有少数村民认为扶贫工作开展的一般甚至不太满意当地的工作，在今后应当进行更加准确的贫困户识别，加大工作开展力度，改善帮扶渠道和帮扶措施，争取达到更好的效果，提升甘谷县村民的生活水平。

表 4 - 4　　　　　　　　　　村民对精准扶贫总体满意度调查

是否为精准扶贫户对精准扶贫工作的总体评价的影响
对当地精准扶贫工作（包括推动力度、贫困户识别、帮扶举措）的总体评价

| | | 评价 | 满意 | 较满意 | 一般 | 不太满意 | 不满意 | 总计 |
|---|---|---|---|---|---|---|---|---|
| 是否为精准扶贫户 | 是 | 频数（人） | 163 | 96 | 20 | 2 | 2 | 283 |
| | | 百分比（%） | 57.6 | 33.9 | 7.1 | 0.7 | 0.7 | 100 |
| | 否 | 频数（人） | 232 | 234 | 94 | 5 | 2 | 567 |
| | | 百分比（%） | 40.9 | 41.3 | 16.6 | 0.9 | 0.4 | 100 |
| | 总计 | 频数（人） | 395 | 330 | 114 | 7 | 4 | 850 |
| | | 百分比（%） | 46.5 | 38.8 | 13.4 | 0.8 | 0.5 | 100 |

资料来源：笔者根据调查问卷计算。

我们进一步分析了精准扶贫户和非精准扶贫户对扶贫工作满意度的差异。283 位被调查者为精准扶贫户，占有效样本的 33.3%，567 位被调查者为非精准扶贫户，占有效样本的 66.7%。在精准扶贫户样本中，163 位被调查者满意甘谷县当地精准扶贫工作，占精准扶贫户样本的 57.6%；96 位被调查者较满意当地扶贫工作，占精准扶贫户样本的 33.9%；24 位被调查者认为当地扶贫工作开展的一般甚至不太好，占精准扶贫户样本的 8.5%。在非精准扶贫户样本中，232 位被调查者满意甘谷当地的精准扶贫工作，占非精准扶贫户样本的 40.92%；234 位被调查者较满意当地扶贫工作，占比 41.27%；94 位被调查者认为当地精准扶贫工作开展的情况一般，占比 16.58%；此外，分别有 5 位和 2 位不太满意甚至不满意当地精准扶贫工作开展的总体情况，分别占非精准扶贫户的 0.88% 和 0.35%。

总体而言，精准扶贫户对当地的精准扶贫工作满意度更高，而非精准扶贫户的满意度相对偏低。一项政策实施的效果除了需要考虑该政策对特定目标人群的影响外还应考虑该政策对非目标人群的影响。精准扶贫户和非精准扶贫户对精准扶贫工作满意度的差异从侧面说明，未来政府扶贫工作在对贫困户进行精准扶贫的同时，也要考虑通过某些政策手段帮扶其他农民的发展。

### 2. 农民对精准扶贫效果的评价

为了解甘谷县农民对当地精准扶贫效果的满意程度，调查问卷设置问题"您是否赞成以下描述？"，并请被调查者在"赞成、比较赞成、一般、不太赞成、不赞成"中选择。表 4 - 5 是农民对精准扶贫效果的评价结果。64.9% 的被调查者赞成、24.7% 的被调查者比较赞成"精准扶贫改变了家庭贫困面貌"；63.1% 的被调查者赞成、27.6% 的被调查者比较赞成"精准扶贫改变了当地农村落后的面貌"。有 548 位

被调查者"对扶贫工作中贫困认定、资金支持、物资分配等信息公开公示"持赞成态度，占有效样本的62.2%，92位被调查者持一般、不太赞成或不赞成的态度，占有效样本的10.4%。此外，分别有61.5%和65.2%的被调查者赞成"政府没有漏掉贫困户或错置贫困名额"和"贫苦户通过村民民主评选"，不太赞成或不赞成的被调查者分别有9位和6位，占有效样本的1.1%和0.7%。

表4-5 农民对精准扶贫效果的评价

| 统计指标 | 被调查者意见 | | | | | | | | | |
| --- | --- | --- | --- | --- | --- | --- | --- | --- | --- | --- |
| | 赞成 | | 比较赞成 | | 一般 | | 不太赞成 | | 不赞成 | |
| | 频数（人） | 百分比（%） | 频数（人） | 百分比（%） | 频数（人） | 百分比（%） | 频数（人） | 百分比（%） | 频数（人） | 百分比（%） |
| 精准扶贫改变了您家庭贫困面貌 | 568 | 64.9 | 216 | 24.7 | 84 | 9.6 | 3 | 0.3 | 4 | 0.5 |
| 精准扶贫改变了当地农村落后面貌 | 556 | 63.1 | 244 | 27.6 | 79 | 8.9 | 2 | 0.2 | 2 | 0.2 |
| 扶贫工作中贫困认定、资金支持、物资分配等信息公开公示 | 548 | 62.2 | 241 | 27.4 | 87 | 9.9 | 3 | 0.3 | 2 | 0.2 |
| 政府没有漏掉贫困户或错置贫困名额 | 542 | 61.5 | 245 | 27.8 | 85 | 9.6 | 4 | 0.5 | 5 | 0.6 |
| 贫困户通过村民民主评选 | 576 | 65.2 | 222 | 25.1 | 80 | 9 | 4 | 0.5 | 2 | 0.2 |

资料来源：笔者根据调查问卷计算。

总体而言，大多数被调查对当地精准扶贫的效果比较满意，这说明甘谷县扶贫工作取得了良好的效果。但也有极少数人认为精准扶贫的实施效果较差，这也表明了当前扶贫举措和民众预期效果之间尚且存在差距，这正是政府今后应该尽力"缩小"差距的空间所在。

### 3. 农民对精准扶贫措施的评价

为了解甘谷县农民对当地具体扶贫措施的满意程度，调查问卷设置问题"您对家庭现有扶贫措施是否满意?"，并请被调查者在"满意、比较满意、一般、不太满意、不满意"中选择。

表4-6反映了农民对具体扶贫措施的满意度。在"产业扶贫（种养殖）"方面，有761人满意或者比较满意相关措施，占有效样本的87.6%，没有被调查者持不满意意见；在"异地搬迁扶贫"上，有85.2%的被调查者认为满意或比较满意，13.7%的被调查者认为一般，还有1.1%的被调查者不太满意或者不满意，说明易地

搬迁措施有待加强；"教育扶贫"方面，91.6%的被调查者满意或比较满意，7.8%的被调查者认为一般，0.6%的被调查者不太满意；对"危房改造"措施，89.2%的被调查者满意或者比较满意，10.8%持一般或者不太满意的态度；对于"发展电子商务"，仅有81.5%的被调查者满意或者比较满意，是众多措施中满意程度较低的，说明当地电子商务发展还有很大的提升空间；对于"生态补偿"，87.9%的被调查者满意或者比较满意；对于"提供资金支持"，86.4%的被调查者满意或者比较满意，但有1.2%的被调查者不太满意甚至不满意这一措施；对于"技术培训"，87.2%的被调查者满意或者比较满意，11.7%的被调查者认为一般，1.1%的被调查者不太满意或者不满意；对于"社会保障"，有90.5%的被调查者满意或比较满意，是所有措施中满意程度最高的举措；对于"建设基础设施"，有87.5%的被调查者满意或者比较满意现有建设，但也有1.2%的被调查者不太满意甚至不满意。

表 4-6　　　　　　　　　　村民对精准扶贫措施满意度调查

| 扶贫举措 | 被调查者意见 | | | | | | | | | |
| | 满意 | | 比较满意 | | 一般 | | 不太满意 | | 不满意 | |
| | 频数（人） | 百分比（%） | 频数（人） | 百分比（%） | 频数（人） | 百分比（%） | 频数（人） | 百分比（%） | 频数（人） | 百分比（%） |
|---|---|---|---|---|---|---|---|---|---|---|
| 产业扶贫（种养殖） | 524 | 60.3 | 237 | 27.3 | 105 | 12.1 | 3 | 0.3 | 0 | 0 |
| 易地搬迁扶贫 | 417 | 52.5 | 260 | 32.7 | 109 | 13.7 | 6 | 0.8 | 2 | 0.3 |
| 教育扶贫 | 545 | 62.6 | 253 | 29 | 68 | 7.8 | 5 | 0.6 | 0 | 0 |
| 危房改造 | 513 | 60.4 | 245 | 28.8 | 90 | 10.6 | 2 | 0.2 | 0 | 0 |
| 发展电子商务 | 418 | 50.7 | 254 | 30.8 | 143 | 17.3 | 9 | 1.2 | 0 | 0 |
| 生态补偿 | 525 | 60.9 | 233 | 27 | 101 | 11.7 | 3 | 0.4 | 0 | 0 |
| 资金支持 | 510 | 60 | 224 | 26.4 | 105 | 12.4 | 6 | 0.7 | 5 | 0.5 |
| 技术培训 | 517 | 59.4 | 242 | 27.8 | 102 | 11.7 | 4 | 0.5 | | 0.6 |
| 社会保障 | 554 | 63.6 | 234 | 26.9 | 75 | 8.6 | 7 | 0.8 | 1 | 0.1 |
| 基础设施建设 | 499 | 57.4 | 262 | 30.1 | 98 | 11.3 | 6 | 0.7 | 5 | 0.5 |

资料来源：笔者根据调查问卷计算。

总体来看，大多数被调查者对精准扶贫各项具体措施持"满意"或"比较满意"的态度，尤其是在产业扶贫（种养殖）、教育扶贫、危房改造、生态补偿和社会保障等方面，说明甘谷县在这几方面的扶贫举措得到了农民的认可，确切满足了农民在产业、教育、住房、生态和保障环节的需要。同时需要注意的是，对于易地扶贫搬迁、发展电子商务、资金支持、技术培训和基础设施建设等措施，持"一般""不太满意"或"不满意"意见的人数比例较高，这说明甘谷县尚存在电商产业扶贫机制不够健全、农民培训工作不够深入、扶贫资金管理不够规范等问题，指明了该甘谷县今后扶贫举措提升的方向。

总体而言，甘谷县精准扶贫工作开展较为顺利。政府通过产业扶贫、易地搬迁扶贫、发展电子商务、生态补偿、社会保障等方式对农民进行帮扶，改善了甘谷县农民家庭贫困和农村落后面貌，同时，公开进行贫困认定、民主评选贫困户的方式也受到农民的高度认可。但也有部分调查者对精准扶贫工作做出了一般性评价，体现出当前的扶贫工作仍有不足之处，问卷数据为今后工作指明了方向。

## （四）进一步促进农民收入增长的政策措施

通过以上分析可知，工资性收入、经营性收入和转移性收入是甘谷县农民纯收入的主要来源。其中，家庭经营收入主要来源于农业，工资性收入主要来源于外出打工，转移性收入主要依赖于政府各项补贴。增加甘谷县农民收入，应因地制宜，依托特色农业资源和技术劳力资源寻找思路。

建立可持续的农民增收长效机制，是乡村振兴和农村减贫的关键。首先，要明确影响农民收入增长的因素，这些因素可能是由于农民自身造成的内生因素，如致富意愿弱、文化水平低、技术匮乏、患有疾病等；也有可能是由于外部环境造成的外生因素，如农业产业化程度低、区域资源禀赋差、基础设施不完善、政策扶持力度弱、农民资金匮乏等。其次，针对影响农民致富的因素，采取相对应的措施，如通过职业技能培训、基础设施建设、公共服务保障体系建设，以及转变农业发展方式、促进一二三产业融合发展等方式，提升农民的人力资本、健康资本，优化乡村发展环境，全面激活资源，拓展农民增收的渠道。通过增加打工等工资性收入、种养殖等经营性收入及财产性收入，减轻对政府转移性收入的依赖，使农民收入由外援式增长转向内源式增长。具体而言，有以下几方面：

一是转变农业生产方式，推进农业产业化和农业现代化。推动农业产业化建设，充分挖掘农业的多维功能，推动农业产业链前后向延伸和横向融合，形成农业生产、加工、销售、品牌经营一条龙，打造完整的农村电商产业链。引导发展新产业、新业态，推动农业现代化发展，改变传统的农业生产方式，建立起规模化、绿色化、集约化的新型农业生产方式。

二是对农民进行培训，提高其技能和人力资本。采取各种有效措施，培育一批文化素质高、技术能力强、善于经营管理的实用型人才，针对现代农业、农产品加工、新兴服务业等领域的技术和管理，设计乡村农民培训方案和人才吸引方案，有针对性地开展农民技能培训，拓宽农民就业渠道，促进农民增收。完善农民社会保障体系，减少农民因病致贫和教育致贫的可能性，形成农民收入可持续增长的内生动力。

三是加快农村综合改革，增加农民的财产性收入。通过提升农村土地的承包经营权、宅基地使用权、集体收益分配权等方式保障农民的合法财产权利，提高农民的财产性收入。允许农村集体建设用地以同地、同权、同价、同责的方式入市流通，探索宅基地所有权、资格权、使用权"三权分置"，在保障农民基本居住权利的同时，最大限度促进宅基地的增值。

四是大力促进劳动力的转移。以农业转移人口为抓手，促进农业转移人口市民化，推动农村剩余劳动力向城镇的转移。大力发展劳务经济，扩大劳务输出，有效促进农村富余劳动力转移，提高农民收入。通过易地搬迁，将生活环境恶劣地区的农民有序转移到生活条件更好的地区，进一步解放劳动力。

# 参 考 文 献

[1] 曹瑞芬, 张安录. 中部地区农地流转经济效益分析——基于湖北省27个村313户农户的调查 [J]. 中国土地科学, 2015, 29 (9): 66 - 72.

[2] 陈斌开, 张鹏飞, 杨汝岱. 政府教育投入、人力资本投资与中国城乡收入差距 [J]. 管理世界, 2010 (1): 36 - 43.

[3] 陈飞, 翟伟娟. 农户行为视角下农地流转诱因及其福利效应研究 [J]. 经济研究, 2015, 50 (10): 163 - 177.

[4] 陈寒冰. 土地权利与农民财产性收入增长的关系 [J]. 郑州大学学报 (哲学社会科学版), 2019, 52 (4): 40 - 45.

[5] 陈良敏, 丁士军, 陈玉萍. 农户家庭生计策略变动及其影响因素研究——基于CFPS微观数据 [J]. 财经论丛, 2020 (3): 12 - 21.

[6] 程郁. 引导金融资源向农村回流的政策性机制研究 [J]. 经济纵横, 2019 (11): 58 - 69.

[7] 甘谷县地方志办公室. 2018年甘谷年鉴 [M]. 兰州: 甘肃文化出版社, 2018.

[8] 《甘肃发展年鉴》编委会. 2018年甘肃发展年鉴 [M]. 北京: 中国统计出版社, 2018.

[9] 国家统计局. 2018年中国统计年鉴 [M]. 北京: 中国统计出版社, 2018.

[10] 郭剑雄. 人力资本、生育率与城乡收入差距的收敛 [J]. 中国社会科学, 2005 (3): 27 - 37 + 205.

[11] 郭纹廷. 乡村振兴背景下西部民族地区脱贫攻坚的路径优化 [J]. 中南民族大学学报 (人文社会科学版), 2019, 39 (3): 163 - 167.

[12] 韩菡, 钟甫宁. 劳动力流出后"剩余土地"流向对于当地农民收入分配的

影响 [J]. 中国农村经济, 2011 (4): 18 - 25.

［13］何学松, 孔荣. 互联网使用、市场意识与农民收入——来自陕西908户农户调查的经验证据 [J]. 干旱区资源与环境, 2019, 33 (4): 55 - 60.

［14］胡宗义, 马文丽, 刘亦文. 农村非正规金融发展对地区农民收入差异影响分析 [J]. 统计与决策, 2016 (16): 86 - 89.

［15］贾利军, 陈一琳, 葛继元, 葛宇航. 极端气候对西部生态脆弱区农民农业收入的影响 [J]. 世界农业, 2019 (8): 96 - 103.

［16］姜爱华. 我国政府开发式扶贫资金投放效果的实证分析 [J]. 中央财经大学学报, 2008 (2): 13 - 18.

［17］雷根强, 黄晓虹, 席鹏辉. 转移支付对城乡收入差距的影响——基于我国中西部县域数据的模糊断点回归分析 [J]. 财贸经济, 2015 (12): 35 - 48.

［18］李宝值, 杨良山, 黄河啸, 朱奇彪. 新型职业农民培训的收入效应及其差异分析 [J]. 农业技术经济, 2019 (2): 135 - 144.

［19］李谷成, 李烨阳, 周晓时. 农业机械化、劳动力转移与农民收入增长——孰因孰果? [J]. 中国农村经济, 2018 (11): 112 - 127.

［20］李林红, 李莲青, 王娟. 西部地区农业技术进步对农民收入的影响研究 [J]. 生态经济, 2019, 35 (1): 84 - 89.

［21］李倩, 杜江. 金融发展与财政支农对农村居民收入影响的实证 [J]. 统计与决策, 2020 (4): 159 - 162 [2020 - 04 - 26].

［22］李周. 全面建成小康社会决胜阶段农村发展的突出问题及对策研究 [J]. 中国农村经济, 2017 (9): 17 - 25.

［23］刘彦明. 扶贫搬迁是高山、深山农民脱贫致富的"治本之策"——山区实施扶贫搬迁的现实根源和具体措施分析 [J]. 经营与管理, 2018 (12): 7 - 12.

［24］卢晓. 推动农业产业化实现农民增收 [J]. 人民论坛, 2019 (12): 94 - 95.

［25］马晓河. 构建优先发展机制推进农业农村全面现代化 [J]. 经济纵横, 2019 (2): 1 - 7 + 137.

［26］马彦涛. 谁来担负乡村振兴的重任 [J]. 人民论坛, 2018 (12): 86 - 87.

［27］潘东旭. 宅基地制度改革引领精准脱贫——基于安徽省金寨县的改革经验 [J]. 中国土地, 2017 (11): 16 - 17.

［28］彭建华, 冯琳, 何希德, 刘雅琴, 王自鹏, 周华强. 乡村振兴视角下的美丽乡村建设模式与启示: 基于京冀14个美丽乡村的考察 [J]. 农业科技管理, 2018, 37 (6): 29 - 33.

［29］平欢梅, 王容博. 贵州省农业现代化和农业开放度对农民收入的影响分析

［J］．南方农业学报，2018，49（7）：1460－1466．

［30］宋莉莉．我国区域间农民收入差异及成因分析［J］．中国农业科技导报，2016，18（5）：200－206．

［31］谭智心．城镇化进程中城乡居民财产性收入比较研究——一个被忽略的差距［J］．学习与探索，2020（1）：131－137．

［32］汤青，李扬，陈明星，徐勇．半城镇化农民可持续生计与农村可持续发展——理论框架、研究进展及未来展望［J］．地理科学进展，2018，37（8）：1022－1030．

［33］王敬尧，王承禹．农业规模经营：乡村振兴战略的着力点［J］．中国行政管理，2018（4）：91－97．

［34］王留鑫，洪名勇．农业分工对农民收入增长的影响效应研究［J］．统计与决策，2018，34（23）：106－109．

［35］王鹏，梁城城．农户健康对收入和主观福利的影响——基于西部民族地区微观调查数据的经验研究［J］．西南民族大学学报（人文社科版），2018，39（5）：116－126．

［36］王峥，邹知言，郭蕾．南方脱贫攻坚的典型模式与经验启示——基于闽粤桂黔的经验总结［J］．农林经济管理学报，2017，16（2）：152－160．

［37］谢素艳．基于灰色关联度分析探讨大连市农民增收致富的途径［J］．农业经济，2017（5）：64－66．

［38］熊德平，陆智强，李红玉．农村金融供给、主发起行跨区经营与村镇银行网点数量——基于中国865家村镇银行数据的实证分析［J］．中国农村经济，2017（4）：30－45．

［39］闫磊，刘震，朱文．农业产业化对农民收入的影响分析［J］．农村经济，2016（2）：72－76．

［40］杨晶，丁士军，邓大松．人力资本、社会资本对失地农民个体收入不平等的影响研究［J］．中国人口·资源与环境，2019，29（3）：148－158．

［41］尹晓波，王巧．中国金融发展、城镇化与城乡居民收入差距问题分析［J］．经济地理，2020，40（3）：84－91．

［42］于乐荣．影响贫困农户脱贫的动力及能力因素——基于河南X县实地调查数据［J］．南京农业大学学报（社会科学版），2019，19（3）：9－17＋155．

［43］余新平，熊晶白，熊德平．中国农村金融发展与农民收入增长［J］．中国农村经济，2010（6）：77－86＋96．

［44］张彬斌．新时期政策扶贫：目标选择和农民增收［J］．经济学（季刊），2013，12（3）：959－982．

［45］张红宇. 实施乡村振兴战略需进一步深化农村改革［J］. 农村经营管理，2017（11）：1.

［46］张宽，邓鑫，沈倩岭，漆雁斌. 农业技术进步、农村劳动力转移与农民收入——基于农业劳动生产率的分组 PVAR 模型分析［J］. 农业技术经济，2017（6）：28 - 41.

［47］张玉明，邢超. 企业参与产业精准扶贫投入绩效转化效果及机制分析——来自中国 A 股市场的经验证据［J］. 商业研究，2019（5）：109 - 120.

［48］周振，伍振军，孔祥智. 中国农村资金净流出的机理、规模与趋势：1978 ~ 2012 年［J］. 管理世界，2015（1）：63 - 74.

［49］周亚虹，许玲丽，夏正青. 从农村职业教育看人力资本对农村家庭的贡献——基于苏北农村家庭微观数据的实证分析［J］. 经济研究，2010，45（8）：55 - 65.

［50］朱青，卢成. 财政支农政策与农民收入的实证研究——基于农业补贴的视角［J］. 暨南学报（哲学社会科学版），2020，42（3）：67 - 83.

# 第五章

# 产业兴旺内生动力

产业兴旺是乡村振兴的重要基础，是解决农村一切问题的前提。《国务院关于促进乡村产业振兴的指导意见》指出，要以农业供给侧结构性改革为主线，以农村一二三产业融合发展为路径，与脱贫攻坚有效衔接、与城镇化联动推进，充分挖掘乡村多种功能和价值，聚焦重点产业，聚集资源要素，强化创新引领，突出集群成链，延长产业链、提升价值链，培育发展新动能，加快构建现代农业产业体系、生产体系和经营体系。

## 一、产业兴旺在乡村振兴中的地位和作用

党的十八大以来，解决"三农"问题一直是全党全社会工作的重中之重，党的十九大具有秉要执本、固本开新的指导作用，明确提出要优先发展农业农村，并从"产业兴旺、生态宜居、乡风文明、治理有效、生活富裕"五个方向为新时代乡村振兴战略指明了道路，而产业兴旺作为乡村振兴战略的"第一步"，显然占据着举足轻重的地位。

### （一）产业兴旺是乡村全面振兴的"源头活水"

产业是乡村各类要素集聚的载体，产业兴旺是乡村经济和社会实现可持续发展的基础。一方面，乡村振兴是乡村经济、文化、社会、生态、组织等全方位的振兴，而经济建设作为乡村振兴的首要目标又恰恰与产业兴旺有着密不可分的联系。大树成材必有深根，有了扎实的产业基础和雄厚的产业实力，乡村就有了主动吸引资金、技术、劳动力等要素的资本，继而经济建设的快速推进也有了强有力的物质支撑。正如古话说"仓廪实而知礼节"，物质基础决定精神文明，乡村文化、社会、生态、组织振兴同样也需要依托经济的振兴。另一方面，乡村产业的发展直接影响到农民的收入，兴旺的产业不仅能为农民提供更多的增收渠道，而且可以促进农村剩余劳动力实

现本地就业，同时还可以吸引在外务工的农民返乡创业。以产业之兴旺给人民之富足、带动经济之强盛，再以经济之强盛来铺筑乡村振兴的道路，产业兴旺即是全面激发乡村活力和动力的关键。

## （二）产业兴旺是乡村产业高质量发展的必然要求

促进农业升级转型和加快乡村一二三产有机融合是乡村产业兴旺的核心任务。长期以来，我国农产品供需阶段性错位问题未得到有效解决，随着人们对粮食消费的要求越来越高，对农业产业转型升级的要求也愈发迫切。而我国农村经济以第一产业为主，因此推进农业供给侧性改革，保障国家粮食安全，保护农民利益是乡村产业兴旺的初衷，秉承"质量兴农、绿色兴农"的理念，构建起农业现代化生产、经营、服务体系是产业兴旺的体现。由于我国农村产业结构单一问题突出，而居民的生活需求是多元化的，因此乡村产业高质量发展在以农业作为不可动摇的基础的同时，不仅要重视农业的繁盛，更要强调使产业链上每个环节的功能得到扩展延伸，以多元产业的积极互动、渗透叠加引导乡村一二三产有机融合，构建起坚实立体的多元化、综合化乡村经济体系从而达到满足居民美好向往、深掘乡村发展潜力、激活乡村发展动力的目的。

## （三）产业兴旺是城乡融合发展的"发力点"

消除城乡二元分割是实现乡村振兴的根本途径，而城乡融合发展离不开乡村产业的兴旺。乡村产业兴旺通过作用于乡村经济的最基础、最重要层面的方式，来拓宽农民收入渠道、实现农民持续增收，是一种以"授之以渔"的理念来激发农村发展的内生动力，焕发农村精神风貌的方式。乡村振兴能为城市提供更加广阔的发展空间，城市化进程的推进可赋予乡村更多发展的动力和机遇，产业联动便顺理成章地成为城乡融合发展的连接点。乡村产业兴旺不仅是破除我国现代化进程中要素单向流往城市格局的突破点，还是城乡之间产业链条紧紧相扣的连接点，更是城乡之间密切往来、融合发展的发力点。因此，要充分利用市场机制来有效配置城乡资源，从而解决当前我国乡村发展不充分、城乡发展不均衡的问题。

## （四）产业兴旺是乡村脱贫攻坚的"续航力"

乡村振兴和精准扶贫的本质都在于促进资源在城乡之间均衡配置，农村脱贫为产业兴旺提供可能，产业兴旺为农村脱贫持久续航。现阶段，我国精准扶贫工作已取得巨大成效，产业扶贫已成为中国特色精准扶贫的重要举措，但乡村公共服务体系仍不完善，农民基本生活水平仍不高，这就要求进一步巩固产业在脱贫攻坚战中的地位。产业兴旺，首先，能通过降低农业风险、保障粮农利益、就地提供更多更优质工作岗位等方式增加农民收入，"打开"农民的钱包；其次，通过产业的扎根和发展改善农村基建、美化农村风貌、提高农村服务水平等各个方面完善促使乡村形成脱贫致富长效动力，"稳住"农民的钱包；最后，通过促进乡村与城市的沟通对话实现城乡融合发展，缩小城乡福利差距，让农业强、农村美、农民福有了坚实的依托，也让全社会人民能共同享受全面建成小康社会的成果。

# 二、产业兴旺的内涵和逻辑

有关乡村产业振兴的研究成果颇丰，学者们主要围绕乡村产业振兴的内涵、内容和具体路径展开研究。

## （一）乡村产业兴旺的理论内涵

农业农村部部长韩长赋指出，产业兴旺就是"要紧紧围绕促进产业发展，引导和推动更多资本、技术、人才等要素向农业农村流动，调动广大农民的积极性、创造性，形成现代农业产业体系，促进农村一二三产业融合发展，保持农业农村经济发展旺盛活力"[①]。顺着这个大框架，学者通过不断深入学习和探索，对产业兴旺的内涵又衍生出更加细致和全面的解释。针对产业兴旺是否等同于农业现代化的问题，有学者认为乡村产业是我国实体经济的有机构成部分，而产业兴旺不是追求乡村产业经济的快速增长，以及其对国民经济增长贡献的提升（姜长云，2018），因此，不能等同于农业现代化，但产业兴旺的确是实现农业现代化的关键（蔡丽君，2018）。农业分为与乡村存在密切关系的农业和保障国家农业安全的农业两种，兴旺蕴含的生机与活力是通过多种产业的此消彼长或竞相发展来体现和表达的，因此产业兴旺一方面，指乡村的不同经济形态相互融合、相互促进、共同发展（朱启臻，2018），另一方面，指顺应我国农业主要矛盾从总量不足到结构失衡的变化，致力于提升农业综合竞争力（孔祥利、夏金梅，2019）。产业兴旺在乡村振兴战略中始终处在无法撼动的重要地位，从宏观角度讲，乡村产业兴旺是关系到国计民生和国家发展全局的根本问题，是

---

① 韩长赋. 国务院关于构建现代农业体系深化农业供给侧结构性改革工作情况的报告——2018 年 4 月 25 日在第十三届全国人民代表大会常务委员会第二次会议 [N]. 农民日报，2018 - 4 - 27.

我国全面建成小康社会和助力脱贫攻坚战取得最后胜利、实现全社会人民共同富裕的重要举措（吴海峰，2018；陈丽莎，2018）；中观层面，乡村振兴中生态宜居、乡风文明、治理有效是产业兴旺的重要条件，其被赋予乡村发展物质基础和各项事业健康可持续发展保障的含义，也是打破城乡二元结构、促进城乡融合发展的重要基础；微观层面的产业兴旺则是为农民提供就业机会、拓宽农民收入渠道、实现农民长效可持续增收的关键途径（朱启臻，2018）。

何为产业兴旺？学者们就乡村产业振兴的特征和主要内容展开了讨论。朱启臻（2018）将产业兴旺的特征概括为产业构成的多样性、产业内容的综合性和产业要素的整体性，他认为产业的兴旺来源于乡村各类生产的相互促进和协调发展，强调树立非线性的、立体的产业思维，令乡村资源得到综合利用，以及乡村价值得到综合体现。吴海峰（2018）指出，可以从多样化的角度来衡量乡村产业是否兴旺，比如，土地的投入产出水平是否较高、产品是否具有优良的品质、产业模式是否绿色高效、生产要素配置是否合理等。高帆（2019）指出，乡村振兴下的产业兴旺源于社会主要矛盾转化、经济步入高质量发展阶段，以及供给侧结构性改革等实践背景，因此，乡村产业兴旺应包括四重内涵：农村生产要素具有与其他产业大致持平的要素回报率、农村产业的创新贡献度或全要素生产率持续提高、农村内部的产品结构更能契合居民变动的消费结构、农村产业融合形成对城乡居民需求的新供给体系。孔祥智（2018）则指出，产业兴旺应包括四个层次的内涵：提高农业产业竞争力、挖掘农业多功能性、延长农业产业链条、大力发展农业农村服务业。

有学者将农业现代化和乡村一二三产融合发展作为实现产业兴旺的主要路径。黄祖辉（2018）认为产业兴旺应包括但不局限于第一产业的发展，还应着眼于"接二连三"的一二三产融合发展。孔祥利（2019）和李国祥（2018）等指出，乡村产业融合可以通过将各类生产要素、市场和技术重新进行组合，进而改善乡村产业布局。朱启臻（2018）从农业的角度出发，指出乡村产业融合是实现产业兴旺的重要维度，与乡村产业链延伸和乡村产业功能拓展一起发力，形成丰富立体、特色鲜明的乡村产业体系。吴海峰（2018）则强调从农业供给侧改革为切入点来实现乡村产业兴旺，通过优化乡村产业结构、提升农业品牌化和绿色化水平、深化农村土地等产权制度改革、激发农民创新创业活力等方式，从供给端发力，推动乡村产业的发展。从产业业态看，要按照"延长产业链、提升价值链、完善利益链"的思路，推动农村一二三产业融合发展（温铁军等，2018）。

一些学者强调乡村产业振兴的特色化发展，指出产业兴旺的推进要结合发展阶段和区域实践深入研究，不是所有的乡村都适合以发展休闲农业和乡村旅游为重点的产业振兴之路，要因地制宜发展特色农业（蔡丽君，2018）。城市郊区着力发展低碳加工业及设施、休闲、创意等农业新业态；依靠近产业园区区域聚力延伸产业链，打造农产品加工业为主轴的农业产业集群；农业基地示范区倾力规模化种养殖与特色品牌农业发展；欠发达山区着力发展山区特色种养、特色旅游和电子商务（崔彩周，2018）针对西部乡村产业兴旺，赵坤（2018）指出要处理好乡村产业与现代经济、城镇化、农业科技、农产品供给与农民增收、农村改革的关系。曾福生和蔡保忠（2018）通过分析湖南乡村产业的困境，提出通过发展现代农业、新产业新业态和推动三次产业融合，实现湖南农村产业兴旺。芦千文（2019）结合社会主要矛盾变化和实施乡村振兴战略的需要，分析了农业生产性服务业发展的新要求。陈赞章（2019）探讨了文化产业如何促进乡村振兴。

## （二）乡村产业兴旺的新逻辑

投资、消费和出口作为区域经济增长的"三驾马车"，在区域发展中扮演的角色随着时代变迁不断发生变化。对于新时代乡村发展，"投资"涵盖了基础设施投资，科技服务基础设施、绿色发展基础设施等投资，"消费"更加突出了文化、休闲、教育、医疗及康养等，"出口"强调的是乡村产品能够畅通外销。乡村经济发展驱动力依赖于新的投资、消费、出口，这促使乡村产业发生革命，农业＋互联网、农业＋旅游、农业＋文化等，以及产业的城乡融合，"一二三产业融合"，乡村产业发展模式变革，乡村振兴将着力增强产业发展引擎动力。

新时代乡村产业不再仅仅是传统的农业，而是一种新型产业体系，这一体系以农业和农村的各类资源作为依托，以农民作为产业发展的主体，以产业间融合作为发展路径。乡村振兴战略中产业兴旺涵包括了四个维度：一是农村产业要素具有与其他产业大致持平的要素回报率；二是农村产业的创新贡献度或全要素生产率在持续提高；三是农业内部的产品结构更能契合居民变动的消费结构；四是农村产业融合形成了对城乡居民消费需求的新供给体系（高帆，2019）。按照新时代乡村振兴战略部署，增强乡村产业发展引擎动力逻辑框架如图 5－1 所示。我国农业劳动生产率低，农业生产回报率低，且农业生产造成的环境污染破坏成本高，农业没有吸引力，农民收入低，发展乡村产业是乡村振兴的重要经济源动力。乡村振兴战略中实现产业兴旺的逻辑路径：一是加快实现农业现代化，夯实农业生产能力基础，提高农业综合生产能力，让农业成为"有奔头"的产业；二是加快乡村产业融合，大力发展新产业新业态，促进"三次产业融合"，促进城乡融合农业社会化发展，鼓励发展各种形式创意农业、绿色有机农业、农业电商、智能农业等，打造品牌农业、特色农业，全面提高农村产业要素回报率、农村产业全要素生产率，壮大农村集体经济，促进农民增收；三是进一步发展和培育新型农业经营主体，构建起家庭、企业、集体等多种主体共同经营的新型农业经营体系，快速提高乡村产业的专业化、集约节约化，全面推动乡村产业的振兴。

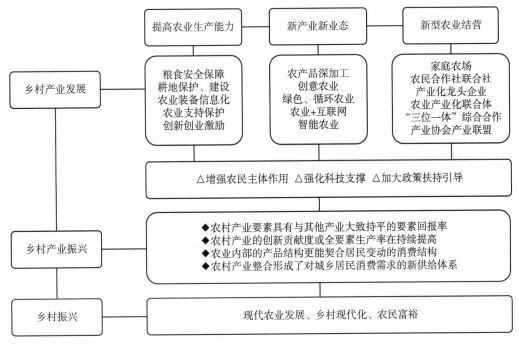

**图 5 - 1　乡村产业发展逻辑框架**

资料来源：笔者根据资料整理所得。

## 1. 农业现代化

《全国农业现代化规划（2016 - 2020 年）》明确指出，过去我国乡村产业的主要矛盾是总量不足，但随着科技进步和居民消费水平提升等因素的变化，当前形势下我国乡村产业的主要矛盾已经转变为结构性矛盾。因此，我国乡村产业进入全面转型升级的新阶段，政策导向要从以化学农业支撑产量增长的增产导向型政策转向提高农业竞争力和生产效率的质效导向型政策。在这种背景下，由于居民的消费升级，将对农业的绿色化、特色化和有机化产生重大需求，也对以乡村为载体的旅游、文化、休闲等方面产生个体化、多元化的需求。

首先，要提高科技化水平。农业发展要紧随技术变革的脚步，提高农业生产对技术变革的适应性和应用度。一是要加强农业科技的研发和集成，整合科技创新资源，加强农业科技基础前沿研究，加快适宜特殊地形的农机装备研究，各地结合自身优势开展技术研发。二是要加快农业科技成果的推广和应用，创新农业技术推广的服务方式，通过政府购买、农业技术人员与农业产业平台合作等方式，吸引各类社会力量参与农业科技的推广。三是要提高农业信息化水平，大力发展"互联网＋"现代农业、智慧农业等，建设特优农产品的安全监管和追溯体系，逐步实现特色品牌农产品从生产、加工到销售的全过程监控和电子监管，对传统农业实施数字化改造，引导更多的企业和农户应用电子商务，鼓励龙头电子商务服务企业建立全产业链服务联盟。

其次，要调整农业产业结构。根据新时代人民对美好生活的向往所带来的需求端的变化，相对应地调整农产品的结构，提高农产品对消费终端需求的适应性。按照"稳粮、优经、扩饲"的要求，协调三类农作物种植结构。坚持质量兴农，以安全、绿色和优质为导向，全面提升农产品的质量和食品安全水平。各地根据自身比较优势，做大做强特色优势产业。

### 2. 乡村产业融合

产业融合发展是乡村产业振兴的核心。《国务院关于促进乡村产业振兴的指导意见》明确指出，要以农业供给侧改革为主线，围绕农村一二三产业融合发展，加快构建现代农业产业体系、生产体系和经营体系。

首先，形成丰富多元的乡村产业融合业态。一二三产业融合发展意味着在讨论乡村产业振兴时，不能仅仅关注传统的农业，而是要开拓思路，以"延长产业链、提升价值链"为主导思想，实现传统农业与二三产业的融合。这就要求充分挖掘农业在生态、经济、教育、社会和文化等方面的多元功能，以及农业资源的多元价值。具体而言，一是在传统农业内部通过农、林、牧、副、渔等产业的重组融合，形成以绿色农业、循环农业为导向的特色农业；二是产业链延伸型融合，打造种养殖、农产品加工、仓储物流、市场营销一条龙的"全产业链"；三是拓展农业功能，实现农业与旅游、生态、文化、健康等多种功能融合，形成"农业＋"的多元化乡村产业融合业态（见图 5-2）。

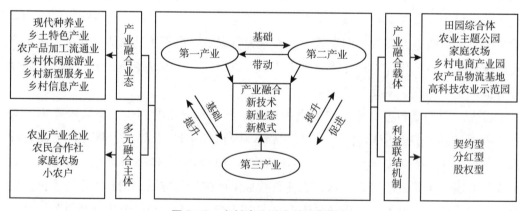

图 5-2　乡村产业融合的逻辑框架

资料来源：笔者根据资料整理所得。

其次，培育产业融合的载体。一是通过现代农业园区的建设带动乡村产业的融合发展,如田园综合体、农业主题公园、家庭农场、高科技农业示范园等;二是依托互联网,打造农村电商,通过建设乡村电商产业园和农产品物流基地,积极发展农村电商。

最后,培育壮大多元化产业融合主体。一是要在将家庭经营作为基础的同时,大力扶持农业种养专业大户、龙头企业、家庭农场、农业合作社等,完善支撑政策,使之成为发展现代农业的生力军。二是要引导返乡创业农民、大学生、复员军人等创办农业企业、家庭农场和农民合作社等。

# 三、乡村产业兴旺的具体实践

## (一) 甘谷县乡村产业发展的基本概况

### 1. 农业比重相对较大,但农业生产率相对较低

农业在甘谷县域经济体系中占有重要地位。2005～2017年甘谷县农业增加值和农业总产值不断上升,分别从4.57亿元和7.84亿元增加到18.63亿元和31.14亿元(见图5-3),年均增长率分别达到10.56%和10.35%。农业在甘谷县产业结构中的占比也一直维持在30%左右。

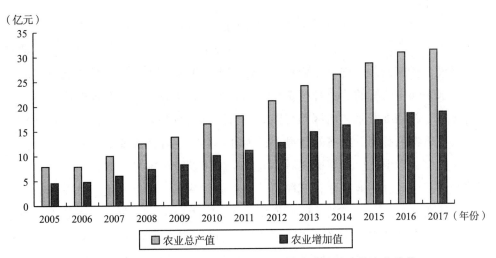

**图5-3 2005～2017年甘谷县农业增加值和农业总产值变化趋势**

资料来源:甘谷县地方志办公室.2018年甘谷年鉴 [M].兰州:甘肃文化出版社,2018.

甘谷县农业劳动生产率相对较低。甘谷县乡村从业人员的人均农业产值从2009年的8622.09元/人增长到2016年的19734.47元/人（见图5-4），虽增长势头良好，但与同期甘肃省和全国的水平相比仍存在较大差距，甘谷县农业劳动生产率的大幅提升具有较大的空间和潜力。

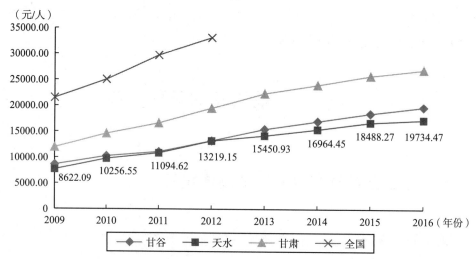

**图5-4 2009～2016年甘谷县乡村从业人员的人均农业产值**

资料来源：①国家统计局.2018年中国统计年鉴[M].北京：中国统计出版社，2018.
②《甘肃发展年鉴》编委会.2018年甘肃发展年鉴[M].北京：中国统计出版社，2018.
③甘谷县地方志办公室.2018年甘谷年鉴[M].兰州：甘肃文化出版社，2018.

### 2. 现代特色农业发展优势逐渐显现

甘谷县已初步形成了现代农业基础，构建了农业产业化和农业特色化的基础设施，现代农业产业体系也已初具规模，农业品牌影响力不断扩大。首先，特色种植基地形成规模，产业内部结构日趋合理。经过多年的不断探索实践，甘谷县已形成了多个蔬菜、水果和中药材的特色种植基地。拥有多个名优农产品，并远销广东省、福建省、青海省、新疆维吾尔自治区等全国23个省（区、市），年外销蔬菜40万吨以上。经济作物种植特色鲜明、经济效益显著，为甘谷县特色现代农业的健康发展奠定了良好基础。其次，标准化生产健康发展，农业品牌建设稳步推进。甘谷县已有8个无公害蔬菜生产基地通过产地认证，五坪茄子、番茄、辣椒、燕家韭菜、菜花、结球甘蓝等9个产品通过无公害农产品认证；菜豆、大蒜、大白菜、大葱4个产品通过绿色食品A级认证；甘谷大葱、甘谷辣椒通过国家地理标志产品认证；燕家韭菜、雒家大葱和蒜苗、磐安五坪蔬菜、朱圈果蔬、新悦泉果蔬5个产品进行了商标注册，获名牌产品称号。此外，甘谷县被命名为全国辣椒标准化示范县、全国韭菜标准化示范县、全国大葱标准化示范县、全国绿色农业示范县、全国蔬菜生产重点县、全省无公害蔬菜基地示范县。甘谷县是世界三大品牌之一的花牛苹果主要产地之一，也是甘肃省18个果品基地建设优势区域重点县之一。

### 3. 人文旅游资源丰富，但开发力度相对不足

甘谷县人文旅游资源丰富，涉及伏羲文化、秦源文化、两汉文化、石窟文化、三国文化、民俗文化，这些丰富的文化资源奠定了发展旅游业的基础。自然资源层面，甘谷县属第四纪沉积岩地质构造，典型的丹霞地貌特征，有南部山区的尖山寺森林公园和林草混合型的古坡草原风景区，自然旅游资源丰富。甘谷县共有各级文物保护单位46处，全国重点文物保护单位、4A级旅游景区1个，3A级旅游景区1个，2A级旅游景区5个，省级森林公园1个；星级宾馆4家，工业旅游示范点4个，旅游商品生产企业7家，高新农业示范园及花卉生产企业示范点13个；旅游专业村4个，农家乐接待点100余户，乡村旅游示范点6个。

文化旅游资源开发力度不足，文旅产业整体实力不强。文化旅游资源开发不足，区域竞争力未显现。"华夏第一县"文化、红色文化、生态文化等旅游资源开发层次较低，与周边地区融合较差，吃、住、行、购、娱等配套产业发展滞后，旅游业仍以传统的过路型游览为主，产业链条较短，可驻足性、可消费性和可回头性不强，在景点打造、开发旅游商品上没有做出特色，缺乏拳头产品和核心竞争力。此外，旅游产业基础设施供给不足，受县级财力不足的制约，甘谷县旅游基础设施建设滞后，以厕所、交通、住宿、娱乐设施等为代表的旅游基础设施供给与市场需求、旅游产业发展不相适应，缺乏高水平旅游经营管理人才，旅游服务保障水平较低。

### 4. 农村集体经济较弱，现代农业发展支撑力较低

甘谷县农村集体经济普遍薄弱，在全县405个村中，无收益的村236个，占总数的58%；有收益的村169个，占总数的42%。当年收入5万元以下的村132个，5万~10万元的村30个，10万元以上的村7个。

发展现代农业的基础设施还有待完善，科技对现代农业的支撑作用不强，技术人才比较匮乏。现代农业的经济效益、环境效益和生态效益总体水平不高，农村三产的结合度低，产业链条短，空间分布比较分散，集聚度不高，规模经济和集聚经济尚未形成。农业的附加值低，综合产出效益有限，农产品和农业服务的经营和推销环节还不够完善。农业合作社、家庭农场、龙头企业等新型农业经营主体的数量少、运行规范化程度低，对农业经济的带动能力还很薄弱。

人多地少、山多川少、干旱少雨是甘谷县的基本县情和农情。水资源短缺是甘谷县的最大自然制约，川地资源有限，户均耕地7.21亩，低于全国平均8亩左右的水平。尽管梯田建设不断推进，但受自然条件约束，较少大面积的整片、整块土地，耕

地的细碎化问题突出。加之农业生产方式较传统，农业的科技贡献率较低，适度规模化和机械化的难度也较大，严重制约农业现代化发展。

### 5. 新型农业经营主体发展缓慢，农业社会化服务体系尚待完善

甘谷县确权到户地块数 103.48 万块，总面积 7.67 万公顷；全县农民专业合作社达到 672 家；家庭农场总数达 86 家。创建省级示范社 7 家，市级示范社 27 家，县级示范社 65 家；创建市级家庭农场 4 家，县级家庭农场 13 家。全县土地流转总面积0.77 万公顷，占承包耕地总面积的 14.1%。截至 2016 年年底，我国土地经营权流转的面积达到 0.31 亿公顷，占整个二轮承包面积的 35.1%。总体而言，甘谷县的新型农业经营主体发展相对缓慢，大型的龙头企业少、带动农民致富的能力不强，农民合作社的组织机制不够完善、作用尚未充分发挥，农业社会化服务体系尚待完善。

## （二）甘谷县乡村产业振兴行动计划

甘谷县以农业提质增效保障农民增收作为目标，通过调整优化乡村产业结构，推动农业集约化、规模化、高效化，深度融合产业发展，形成具有甘谷特色的现代农业产业体系、生产体系、经营体系。

### 1. 树立大农业的概念，构建现代农业产业体系

甘谷县应立足自然条件和区域特点，大力发展具有地域特点的蔬菜、果椒、养殖三大农业支柱产业，形成与周边地区和其他县域差异化的农业竞争优势；立足规模农产品，扶持支持农产品加工业、商贸流通业；挖掘华夏第一县历史，发扬农耕文化传统，发展农业文化创意产业；立足自然资源禀赋及农业特色，发展农业休闲观光旅游产业，形成"农工商贸文化旅游"的现代农业产业体系。

（1）打造西北地区特色农产品基地

立足区域农业发展、交通网络、信息技术条件优势，调整优化种植结构，大力推进全县蔬菜、果椒、养殖三大农业支柱产业的转向升级工程，充分利用丝绸之路经济带建设机遇，着力打造西北地区特色农产品基地。在蔬菜产业上，向有机化、品牌化方向发展，着力提高蔬菜的安全性和高品质，满足新时代人民群众消费升级的需求。在果椒产业上，继续提高甘谷苹果和甘谷辣椒、花椒的品牌影响力，加强技术指导，注重通过电子商务等平台进行产品的销售。在养殖产业上，要考虑甘谷水资源短缺的约束条件，现有养殖业需要朝着规模化、生态化的方向发展，重视养殖业环境污染问题的治理，并努力形成养殖业与种植业、加工业等一体化的循环性产业。

（2）推动农产品加工业跨越式发展

甘谷县围绕特色农产品生产优势，依托西北地区特色农产品基地建设，坚持特色

化、品牌化、标准化、绿色化方向，积极推动蔬菜、果椒、中药材、畜产品等深加工，拓展农工商产业链条，利用先进技术，提升农产品加工业在县域经济发展中的地位，促进乡村产业兴旺，为农民增收致富奠定基础。

一是依托冀城产业园区建设集聚龙头企业，形成农产品深加工产业集群。充分发挥冀城产业园融入天水经济技术开发区的政策优势，引进经济实力雄厚、产品加工能力强的农业企业，推进龙头企业、优势企业向园区集中，培育形成以龙头企业为引领，以蔬菜、果品、畜禽、中药材为主导的特色优质农产品精深加工集群。二是依托甘谷县资源优势，打造天水市特优农副产品加工基地。依托甘谷县本地丰富的农林产品资源，支持辣椒加工、花椒加工、麻编鞋业等优势产业发展，推进农特产品深加工，延长产业链，提高附加值，加快扩大农副产品加工产业规模，打造天水市特优农副产品加工基地。三是创品牌，强化产品标准建设。立足已形成的全录王辣椒丝、佰润食品榨菜、雒家大葱、中洲大蒜、燕家韭菜及正在形成的果品、畜禽、中药材等农产品生产优势，积极引导农产品加工龙头企业提高品牌意识和推进农产品标准化建设，实施品牌战略，不断完善品牌创建激励机制，积极发展甘谷县特色农副产品品牌。

（3）推动甘谷县乡村旅游业发展

大力发展全域旅游。一是充分挖掘具有本土特色的优势旅游资源。重点挖掘本地先秦文化、石窟文化、三国文化、伏羲文化、民俗文化等旅游资源，打造"华夏第一县"文化品牌；重点建设 4 个旅游名镇、6 个旅游名村、3 条旅游名街。二是整合景区资源。在现有旅游文化资源的基础上优化布局，整合全县生态文化旅游资源，结合美丽乡村、特色小镇建设，形成以点串线、以线带面、相互支撑的全域旅游空间格局；与周边著名景区共同打造全域旅游，融入陇东南"祖脉"文化旅游圈。

充分发挥旅游的多功能价值。一是实现旅游业与特色农业的有机融合。以农家乐为依托，发展休闲农业、观光农业、体验农业，如种植薰衣草、油菜花等，吸引兰州市、西安市等周边大都市居民前往旅游观光、户外休闲；推动科技、人文等元素融入农业，发展农田艺术景观、农事节庆活动等创意农业。二是实现旅游业与特色乡村相结合。依托乡村绿水青山、田园风光、乡土文化等资源，大力发展特色乡村旅游，因地制宜发展庭院经济，围绕特色产业打造"一村一品""一村一景""一村一韵"的美丽村庄，有序发展以农业和森林为主题的乡村公园。

依托旅游业发展大健康产业。一是打造全国知名的"旅游＋养老养生"基地。强化城市养老服务设施规划建设，高标准建设一批休闲养老、养生保健、康复疗养、中医药治疗及医养结合基地，把甘谷县打造成全国知名的"养老养生示范县"。二是发展"旅游＋特色中医药"产业。发挥陇药制造优势，打造特色健康养生服务业；全面推进中医药特色保健养生服务业发展，如开发药膳和建设特色体验馆。三是依托旅游业完善养生服务体系。延长健康产业链条，逐步建立覆盖全生命周期、业态丰富、结构合理的健康服务体系，积极提高医疗服务品质，推动与休闲养生旅游相关的健康体检、健康咨询、营养辅导、健康保险等快速发展。

### 2. 强化技术技能支撑，构建现代农业生产体系

甘谷县作为农业大县，要从传统农业的增产导向转向现代农业的提质增效导向，重视有机化、品牌化、规模化、生态化。大力引进现代农业技术，培育掌握现代农业发展技能的新农民，调整现有生产规模，落实和对标制定种植业、养殖业、文化创意业、旅游休闲业等标准，将现代设施、装备、技术手段应用到蔬菜、果椒、养殖中，推进农业绿色生产、规模生产、循环生产、机械化生产、标准化生产，建成一批智能化的蔬菜、果椒、养猪生产物联网基地，推行农业行业管理精细化，建立健全现代农业生产体系。

（1）建立现代农业绿色生产体系

甘谷县的农业生产具有一定特色，但生态较为脆弱、水土配置错位、资源性和工程性缺水严重，资源环境承载力有限，农业基础设施相对比较薄弱。因此，要把保护和发展放在同等重要的位置，根据甘谷县自身的资源禀赋，发挥其优势和特长，深入挖掘内在的潜力，实现高效集约化发展。贯彻落实绿色发展理念，促进农业农村绿色发展，注重发展资源节约型和环境友好型的农业，努力防治农业生产过程中的面源污染问题。

（2）推动现代农业特色化发展

推动农业向优势农业、特色农业、有机农业方向发展，实现产品品牌化和数字化、高附加值化、绿色化，实现农业增效、农民增收。一是充分发挥现有农业优势。继续发展现有优势农业，如甘谷辣椒、大葱、大白菜、苹果、花椒等；大力发展"一村一品""一镇一业"的高品质和高收益农业，重点发展优势种植业、养殖业和林果业，促进农业与第二、第三产业融合发展，培育高效益农业新增长点，提高农产品附加值。二是发展特色农业和有机农业。大力发展有机农业，利用现有的绿色食品基地和生产技术，巩固提升农产品质量，将特色优势农产品打造成有机食品；发展高品质农业和个性化农业，一方面，可运用二维码实现农产品全程可追溯，可通过互联网进行实时监控，实现种植全过程的可视化，使农产品直接从田头到餐桌，满足高收入阶层的高品质生活需要；另一方面，可运用互联网使甘谷县成为我国农产品消费的"特供"基地，根据客户需求定制"种什么""怎么种"，满足顾客的个性化需求。三是促进农业与其他产业的融合发展。面向未来鼓励发展设施化、立体化高科技农业，以及定制农业、会展农业和众筹农业等新型业态。

（3）推动现代农业规模化发展

推进农业规模化、产业化，实现农业增效、农民增收。一是优化调整种养业结

构。适当减少粮食作物的种植面积，扩大经济作物的种植面积，促进种养循环、农牧结合、农林结合；培育高效益农业新增长点，如发展高附加值种业，可借鉴张掖市发展种业的经验，引入国内外种业巨头，在甘谷县育种；注重农业品牌塑造实现贴牌生产，建议引进国际上的重要农产品品牌，按照品牌流程进行"贴牌"，提升其单位产出的收益率，使农民变为农业工人。二是优化农业产业空间布局。建设三大百里林果蔬菜示范带，打造三大流域综合开发示范区，建设三大农业示范园。三是移植以色列农业发展模式，甘谷县属于缺水县，可重点借鉴以色列农业发展模式，与以色列签订合作协议吸引以色列投资，借势以色列农业品牌，可派出劳务到以色列学习农业生产经营全过程，实现以色列农业发展模式在甘谷县的移植。

（4）推动现代农业生态化发展

因地制宜推广节水、节肥、节药等节约型农业技术，以及"猪沼果"、林下经济等生态循环农业模式。促进种养循环、农牧结合、农林结合。探索"种植、养殖、深加工"相结合的发展路径，因地制宜地实施四大生态养殖循环发展模式（见专栏5-1），积极探索生猪、禽蛋全产业链发展的新路子，不断完善"畜牧龙头企业＋农民合作组织＋规模养殖场户＋市场"的产业化格局。

---

**专栏5-1**

### 甘谷县四大生态养殖循环发展模式

川区打造以丰裕公司、甘谷县永召畜禽定点屠宰场为龙头企业的现代有机农业示范园，推广"种植＋养殖＋深加工"相结合的生态养殖循环发展模式。

西北部浅山区推广以"生猪养殖＋沼气能源＋果园"为主的生态养殖循环发展模式。

东北部浅山区推广以"生猪养殖＋果树种植＋有机肥处理"为主的生态养殖循环发展模式。

西南部浅山区推广以"规模养殖＋有机蔬菜示范园"协同发展的生态养殖循环模式。

资料来源：笔者依据甘谷县调研整理。

---

（5）推动现代农业融合化发展

在现代农业产业园区建设中，以建设田园综合体为抓手，促进农产品加工业与农村一二三产业融合发展，以满足居民对美好生活的需求为导向，以提高农民收入、增加农民就业、促进农业质量效益和激活农村发展活力作为目标，以多样化的农业经营主体作为支撑，以构建参与主体之间的利益联结机制、保障农民的增值收益作为核心，以促进各类要素高效配置和优化集聚为切入点，以制度创新、商业模式创新、技术创新作为发展动力，深入挖掘发展农业的多维功能，以延长产业链和提升价值链为路径，大力推进传统农业与农产品加工业等第二产业，以及旅游、商贸等第三产业的融合发展。

推动以田园综合体为代表的农业产业园区建设。积极探索促进农业、农村和农民发展的新模式、新路径，以提高农民收入、促进农业质量效率、美化农村环境为基础，支持有条件的乡村通过基础设施和各类公共服务设施建设，推动乡村生产、生活和生态"三生同步"、一二三产业"三产融合"，形成以农业合作社作为主要载体，集循环、绿色、生态、体验于一体的田园综合体，如区域性综合体、农园综合体、农博综合体、主题产业综合体、卖场综合体等。

### 3. 发展适度规模经营，健全现代农业经营体系

探索多种形式的适度规模经营，培育新型农业经营主体和新型职业农民，大力发展农业生产性服务业。推进建立和应用农业物联网、大数据，搭建农产品、农业生产资料、休闲农业电子商务智能交易平台，充分应用国家"三农"政策，实施新型经营主体扶持政策，构建农副产品和食品"从农田到餐桌"的全程经营网络，实现大众创业、万众创新的良好局面，不断完善现代农业经营体系。通过农工联合、农旅融合、农工商一体等方式，引进龙头企业，扶持合作组织，打造各类特色基地，形成"企业＋合作组织＋基地＋农户"的农业农村经营体系，构建"三产＋三生"融合的产业化经营链条。

大力发展农村电子商务，推动农业产业数字化。一是推动互联网在农业领域的融合与应用，大力发展"互联网＋现代农业"。推动大数据、遥感监测、云计算等新一代信息技术向农产品生产、农产品加工、农产品销售和流通等产业链各环节的渗透和融合；利用网上购物平台等电子商务方式拓展产品市场，比如，与京东、苏宁、淘宝等电商平台进行合作，结合当前流行的直播带货模式，缩短农产品和市场的距离。二是培育新型农业经营主体。在家庭经营基础上，引导集体经营、企业经营、农场经营等模式，鼓励大学生、退伍军人参与农业规模经营，推动新型农业经营主体与各类电子商务平台的对接。三是借助大数据、物联网等技术手段追踪农产品生产过程，建立农产品质量安全追溯体系，提升农产品的质量和品质。

## （三）甘谷县乡村产业支撑措施

### 1. 新型推进模式探索工程

培育和发展壮大新型经营主体，是甘谷县现代农业发展的突破口。通过"引进

来"和"扶起来"相结合的方式,以财政支持、政策优惠为抓手,引导社会资本和民营企业进行投资和现代农业的经营和运营,发挥农民的主体作用,突出市场在资源配置中的决定性作用,强化政府的宏观调控作用,多层次、多渠道地培育龙头企业、农民合作社和家庭农场。

加大对土地承包法律法规和政策的宣传力度,引导农民转变"恋土"的思想观念,引导农村土地整合,推动农业经营规模化发展。在土地流转过程中,开展农民以土地承包经营权入股农民合作社和农业产业化龙头企业试点,鼓励、引导农户以土地承包经营权入股组建土地股份合作社,引导农村产权流转交易市场健康发展。继续深入开展农村"资源变资产、资金变股金、农民变股东"的"三变"改革试点工作,盘活农村资源,用活项目资金,继续深入探索"三变"+X(果品基地、辣椒产业、特色加工、乡村旅游等)的推进模式(见专栏5-2)。吸引资本的过程中,也要警惕资本逐利性可能引发的对生态环境破坏、只求短期回报而不顾长远发展等不利影响。

---

**专栏 5-2**

### 甘谷县"三变"+X 的推进模式

"三变"+果品基地模式。安远镇老庄村由农民供销互助社牵头,探索形成了"供销互助合作社+农户+产业"模式,吸纳社员68户,投资12万元流转耕地约66.67多公顷,发展果椒66.67公顷,按照建园1~5年/13.33元/公顷、1~5年/20元/公顷、1~5年/33.33元/公顷3个标准对农户实行保底分红,供销互助合作社集体分红占收益利润的30%,社员入股分红占收益利润的70%,再根据股民所占股份进行二次分红。依托"合作社+农户+果品+贮销"的联结机制,以圣园果品贮销农民专业合作社为承接主体,探索形成了资源股、资金股、资产股和投资股四类股权形式,通过协议形式,确定各方收益分配次序,合作社集体分红占收益利润的30%,社员入股分红占收益利润的70%,并根据社员所占股份(资源股+资金股+资产股+投资股)平均分配红利。

"三变"+辣椒产业模式。以康家滩农民供销互助合作社为公司发起股东,组建成立了甘谷县康美辣椒加工有限公司,其中互助社占股50%,管理团队占股10%,农户以资金入股占10%,农户以土地入股占30%,构建起了向上争取政策、项目、资金支持的平台和农民入股的载体。

"三变"+特色加工模式。金山镇借助秀金山杂粮种植农民专业合作,积极推进"三变"改革,在确定入股农户上,坚持"农户入股自愿、入股方式自愿、入股土地面积自愿"的原则，按照种植基地面积相对集中的要求，由农户提出入社入股申请，合作社考察同意后签订入股协议书。在确定分红标准上，入股农户收益的前 15 年采用"保底分红＋效益分红"的分配方式，即第一个 5 年保底分红 26.67 元/公顷；第 2 个 5 年保底分红 26.67 元/公顷，效益分红 40 元/公顷，合计收益 66.67 元/公顷；第 3 个 5 年保底分红 26.67 元/公顷，效益分红 73.33 元/公顷，共计 100 元/公顷。在确定合作机制上，从第 16 年开始，由入股农户按照自己的入股面积进行承包经营，收益的 70% 归入股农户，30% 作为管理费归合作社，合作社只负责协调、管理、培训工作。

"三变"＋乡村旅游模式。八里湾镇八里湾村以绿创生态发展有限公司为经营主体，盘活集体土地和林地资源，开发建设以休闲、娱乐、餐饮、住宿、观光为主的乡村旅游业。

资料来源：笔者根据甘谷县调研整理。

### 2. 现代农业科技引领工程

形成具有甘谷县农业特色的农业技术体系，推动农业领域的技术创新和科技推广，开展农产品深加工和可持续发展方面的研究、引进和消化。重点开展小麦、玉米、杂粮等主要农作物优异种子资源的搜集、引进、培育和示范，加大示范基地建设力度。重点研究以辣椒为主的主导蔬菜产品的生产、品种选育、病虫害防治、蔬菜工厂化育苗、高产高效和农产品安全等关键技术，推动蔬菜生产的规模化、标准化和产业化。开展苹果、大樱桃、花椒、中药材标准化种植和科学加工管理等方面的研究和技术推广。

围绕蔬菜、果椒、养殖等农业支柱产业，通过利用本县农技推广机构和邀请天水市、甘肃省和国内知名农业技术专家，进行有针对性的培训和指导工作，在资金投入、对外交流等方面加大支持力度。大力推广应用科技新成果，在甘谷县省级农业科技园区和工业园区示范推广一批适合当地条件、群众易于接受、科技含量高的新成果。建设一批创新服务平台，完善多元化科技服务体系。

### 3. 新型经营主体培育工程

加快培育农业新型经营主体。扶持发展种养大户和规模适度的家庭农场，提升农户家庭经营能力和水平。深入推进示范社建设，引导和促进农民合作社规范发展。培育壮大农业产业化龙头企业，增强企业辐射带动能力，探索组建现代农业产业化联合体。鼓励和支持工商资本发展适合企业化经营的现代种养业、农产品加工流通和农业社会化服务，健全工商资本租赁农地的监管和风险防范机制。

### 4. 信息化互联网赶超工程

农业和农村现代化作为甘谷县"四化同步"（工业化、城市化、信息化和农业农村现代化）中的短板，唯有通过信息化，才能实现追赶和超越。对传统农业进行现代化的改造和升级，必须借助信息化的技术和手段。而农村新产业、新业态和新模式，某种程度上代表了现代农业未来发展的趋向。

顺应信息化的发展潮流，通过电子商务等平台和手段，实施互联网＋X（农业、教育培训、就业、乡村旅游等）战略，为农村的内涵提升和外延拓展搭建广阔的平台。这就需要，加强乡村的通信信息基础设施建设，优化布局甘谷县 15 个乡镇的电商中转站点，尽力抹平和消除各乡村的信息化鸿沟和差距，做到信息化基础设施的起点基本平衡，为各乡村的产业布局、生产和经营信息搜寻、产品和服务推广销售等提供强大而便捷的信息化支撑。

## 参 考 文 献

［1］陈丽莎 . 论新型城镇化战略对实现乡村振兴战略的带动作用 ［J］. 云南社会科学，2018（6）：97 - 102.

［2］陈赞章 . 乡村振兴视角下农村产业融合发展政府推进模式研究 ［J］. 理论探讨，2019（3）：119 - 124.

［3］蔡丽君 . 实现农村产业兴旺的对策研究 ［J］. 农业经济，2018（9）：22 - 23.

［4］崔彩周 . 乡村产业兴旺的特色路径分析 ［J］. 中州学刊，2018（8）：47 - 52.

［5］甘谷县地方志办公室 . 2018 年甘谷年鉴 ［M］. 兰州：甘肃文化出版社，2018.

［6］《甘肃发展年鉴》编委会 . 2018 年甘肃发展年鉴 ［M］. 北京：中国统计出版社，2018.

［7］高帆 . 乡村振兴战略中的产业兴旺：提出逻辑与政策选择 ［J］. 南京社会科学，2019（2）：9 - 18.

［8］国家统计局 . 2018 年中国统计年鉴 ［M］. 北京：中国统计出版社，2018.

［9］姜长云 . 推进产业兴旺是实施乡村振兴战略的首要任务 ［J］. 学术界，2018（7）：5 - 14.

［10］孔祥利，夏金梅 . 乡村振兴战略与农村三产融合发展的价值逻辑关联及协同路径选择 ［J］. 西北大学学报（哲学社会科学版），2019，49（2）：10 - 18.

［11］孔祥智 . 培育农业农村发展新动能的三大途径 ［J］. 经济与管理评论，

2018，34（5）：5－11.

[12] 黄祖辉. 科学把握乡村振兴战略的内在逻辑与建设目标 [J]. 理论参考，2018（4）：49－50.

[13] 李国祥. 实现乡村产业兴旺必须正确认识和处理的若干重大关系 [J]. 中州学刊，2018（1）：32－38.

[14] 芦千文. 新时代发展农业生产性服务业的新要求 [J]. 农业经济与管理，2019（3）：33－41.

[15] 温铁军，杨洲，张俊娜. 乡村振兴战略中产业兴旺的实现方式 [J]. 行政管理改革，2018（8）：26－32.

[16] 吴海峰. 乡村产业兴旺的基本特征与实现路径研究 [J]. 中州学刊，2018（12）：35－40.

[17] 赵坤. 西部乡村产业兴旺需认清五大关系 [J]. 人民论坛，2018（17）：78－79.

[18] 朱启臻. 关于乡村产业兴旺问题的探讨 [J]. 行政管理改革，2018（8）：39－44.

[19] 曾福生，蔡保忠. 以产业兴旺促湖南乡村振兴战略的实现 [J]. 农业现代化研究，2018，39（2）：179－184.

# 第六章

# 人才振兴内生动力

人才是引领和推动观念创新、技术创新、发展模式创新，以及一切政策制度有效落地实施的关键。党的十九大报告提出实施乡村振兴战略，其中，明确提出要培养造就一支懂农业、爱农村、爱农民的"三农"工作队伍，为新时代新型人才队伍建设给予了新要求和新指示。

## 一、乡村人才振兴的意义

习近平总书记 2018 年在山东考察时指出，"乡村振兴，人才是关键"①。乡村发展需要"人"，没有"人气"的乡村是"空心村"，没有"人力"的乡村是"凋敝村"，没有"人才"的乡村是"落后村"。我国乡村人才匮乏，村无人住、田无人耕，农业成为"老人农业"、粗放的传统农业。实现产业兴旺需要农业经营管理人才、生态宜居需要环境治理人才、乡风文明需要文化传播人才。如何补齐"人才短板"，培育和挖掘一批懂农业、爱农村、爱农民的乡村人才是新时代乡村振兴的关键任务。

### （一）人才振兴是提升农业生产率、实现"农业强"的关键因素

改革开放以来，农业部门虽然较好地适应了工业化和城市化带来的冲击，避免了农业衰退，但我国农业发展仍面临诸多问题。主要表现在我国农业生产成本较高，而农产品价格受全球性供给过剩的影响一直在低位徘徊，农业生产率偏低。此外，农业集体化耕作率低，大多数地区维持着家庭联产承包制下的小农经济，导致农业竞争力和防御风险能力差。乡村振兴下农业发展方向将从粗放式、低效率、分散化的传统农

---

① 学习中国. 习近平讲述如何为乡村振兴提供人才保障 ［EB/OL］. https：//www.chinanews.com/gn/2018/06－18/8540190.shtml. 2018－6－18.

业转向高效率、组织化、综合型的现代农业。与此同时，现代农业的发展对人才提出新的需求。现代农业化建设归根结底要依靠农业科技的不断创新和推广应用，而现代农业人才是促进农业科技创新和应用的先行者。此外，集约化、信息化、科学化农业生产模式的实现，很大程度上取决于农业增长方式的根本转变，随着农业作业方式从人力化向智能化转变，种养能手、机械化作业能手、农产品营销人才、经营管理人才等的需求应运而生。通过乡村人才振兴，培养造就一批懂科技、有技能、善经营的现代农业人才，是实现"农业强"的必经之路。

## （二）人才振兴是推进乡村绿色发展、实现"农村美"的重要着力点

农村美是内在美与外在美的结合，不仅体现在环境友好、生态宜居等村容村貌的外在形式，更体现在村民文化素养、道德风尚，以及乡村治理等方面的内在要求（吴忠权，2018）。首先，乡村振兴要实现生态宜居，就必须贯彻绿色发展理念，强调"绿水青山就是金山银山"，加强乡村资源环境保护，有效解决农村环境污染；同时推动乡村传统产业向绿色化方向发展，打造生态农业、休闲农业、田园综合体等。这就要求培养一批具有绿色发展理念、掌握绿色生产技能、善于经营绿色农业产业链的绿色产业带头人。其次，乡村振兴要实现乡风文明，就需要挖掘培养德能兼备的乡贤型人才，树立一批具有新时代特征的道德楷模，需发挥其道德文化引领作用，用先进的知识、文化、观念，引领乡风文明新时尚，弘扬乡村风正气正，感染教育乡亲，完善乡村治理体系，推进美丽乡村建设。

## （三）人才振兴是提高农民收入、实现"农民富"的治本之策

农村人力资本积累是降低农村贫困发生率、提高农村人口收入的重要手段（赖德胜，2018）。研究表明，健康和人力资本对农村减贫具有显著的促进作用，其中，人力资本对农户收入的增长贡献达到38.57%（程名望等，2016）。我国贫困地区人力资本相对较低，主要表现为贫困人口身体素质较差和教育水平较低。根据国务院扶贫办2015年底调查数据显示，我国贫困户中因病致贫的约占42%，同时因病返贫现象也十分普遍。此外，很多贫困地区乡村人口受教育年限较少，职业技能缺乏，导致"打工没技术、创业没思路、务农没出路"，这就造成大量剩余劳动力的浪费，也减少了乡村居民收入。随着我国农业农村发展阶段从要素投入驱动转向创新和技术驱动，人力资本在创新和技术方面的作用愈加重要。通过教育、培训和公共卫生体系的建设，提高乡村农民的身体素质和职业技能，实现人力资本的积累和收入的可持续增

加，进而实现"农民富"。

# 二、乡村人才振兴的内涵与逻辑

乡村人才振兴的目标就是培养造就一支懂农业、爱农村、爱农民的"三农"工作队伍。随着社会经济的发展，在不同阶段中央对乡村人才的认知和界定有所不同。新时代乡村人才振兴要全面培养和吸引在乡人才、返乡人才和下乡人才，形成育才、引才、留才、用才的全方位、立体化通道，使乡村人才能"育得好、引得来、留得下、干得好"。

## （一）乡村人才的概念演化和政策梳理

1949 年以来，中央对人的认知经历了从"职业 + 阶级"到"职业 + 素质"的演变过程（刘晓峰，2019）。1949 年初期，对人的划分是以职业为基础并带有一定的阶级色彩，如农民阶级、工人阶级等。党的十二大报告首次出现了对人才的具体表述，提出"培养各种专业人才"的说法，但这一提法对人才的划分相对笼统。党的十六大报告提出"拔尖创新人才"等细分人才概念，但对乡村人才未有涉及。党的十九大报告提出"培养造就一支懂农业、爱农村、爱农民的'三农'工作队伍"，至此，乡村人才的概念正式提出（见表 6 - 1）。

表 6 - 1　　　　　　　　　政策文件中关于乡村人才类型的表述

| 文件时间 | 文件名称 | 提及人才类型 |
|---|---|---|
| 2007 年 12 月 | 《关于切实加强农业基础建设进一步促进农业发展农民增收的若干意见》 | 大力培养农村实用人才，重点培训种养业能手、科技带头人、农村经纪人和专业合作组织领办人；创业农民：加快提高农民素质和创业能力，以创业带动就业，实现创业富民、创新强农 |
| 2010 年 6 月 | 《国家中长期人才发展规划纲要（2010 - 2020 年)》 | 农业技术推广人才；农业产业化龙头企业负责人；专业合作组织负责人；优秀生产经营人才（生产能手和农村经纪人等） |
| 2011 年 3 月 | 《农村实用人才和农业科技人才队伍建设中长期规划（2010 - 2020)》 | 培养农业科研领军人才、农业技术推广骨干人才和农村实用人才带头人、农村生产型人才、农村经营型人才、农村技能服务型人才为统领，带动农业农村人才队伍全面发展 |
| 2011 年 12 月 | 《关于加快推进农业科技创新持续增强农产品供给保障能力的若干意见》 | 加快培养村干部、农民专业合作社负责人、到村任职大学生等农村发展带头人，农民植保员、防疫员、水利员、信息员、沼气工等农村技能服务型人才，种养大户、农机大户、经纪人等农村生产经营型人才；大力培育新型职业农民；创业者（务农创业农村青年、返乡创业农民工） |

| 文件时间 | 文件名称 | 提及人才类型 |
|---|---|---|
| 2012 年 12 月 | 《关于加快发展现代农业进一步增强农村发展活力的若干意见》 | 扶持联户经营、专业大户、家庭农场。大力培育新型农民和农村实用人才，着力加强农业职业教育和职业培训 |
| 2016 年 6 月 | 《全国农业现代化规划（2016－2020 年)》 | 加快构建新型职业农民队伍；提升新型经营主体带动农户能力；促进农村人才创业就业 |
| 2017 年 1 月 | 《"十三五"全国新型职业农民培育发展规划》 | 新型农业经营主体带头人轮训计划以专业大户、家庭农场经营者、农民合作社带头人、农业龙头企业负责人和农业社会化服务组织负责人等为对象；现代青年农场主；农村实用人才带头人培训计划以贫困地区农村两委干部、产业发展带头人、大学生村官等为主要对象 |
| 2016 年 12 月 | 《关于深入推进农业供给侧结构性改革加快培育农业农村发展新动能的若干意见》 | 重点围绕新型职业农民培育，深入推进现代青年农场主、林场主培养计划和新型农业经营主体带头人轮训计划，探索培育农业职业经理人；专业人才（乡村工匠等）；乡村教师；农村基层卫生人才 |
| 2018 年 1 月 | 《关于实施乡村振兴战略的意见》 | 大力培育新型职业农民；加强农村专业人才队伍建设，扶持培养一批农业职业经理人、经纪人、乡村工匠、文化能人、非遗传承人等 |
| 2018 年 9 月 | 《乡村振兴战略规划（2018－2022 年)》 | 培育新型职业农民；加强农村专业人才队伍建设（如农技推广人才等）；鼓励社会人才投身乡村建设企业家、党政干部、专家学者、医生教师、规划师、建筑师、律师、技能人才、城市医生教师、科技文化人员、大学生村官等 |
| 2019 年 1 月 | 《关于坚持农业农村优先发展做好"三农"工作的若干意见》 | 鼓励外出农民工、高校毕业生、退伍军人、城市各类人才返乡下乡创新创业 |
| 2020 年 1 月 | 《关于抓好"三农"领域重点工作确保如期实现全面小康的意见》 | 畅通各类人才下乡渠道，支持大学生、退役军人、企业家等到农村干事创业 |

资料来源：笔者根据文件整理。

乡村振兴战略提出之后，中央和省部级政府出台了一系列阐述乡村人才概念，以及强化乡村人才振兴的方案、措施和行动计划，但这些文件多以列举或概括的方式介绍乡村人才，对乡村人才的具体口径并没有明确清晰的界定。学术界对于乡村人才也没有形成共识性的概念体系。从实践角度看，乡村人才是一个涵盖了空间、社会、素质等多重属性的复杂体系。根据空间属性，可以将乡村人才划分为在乡人才、返乡人才和下乡人才（刘晓峰，2019）。在乡人才是指乡村自主培育起来的人才，这类人才是乡村振兴的主力军，具体包括生产型人才、经营型人才、技能带动型人才、技能服务型人才、社会服务型人才和治理型人才。返乡人才是本土成长起来、但因外出打工经历或接受高等教育等提高了技能和素质，然后返回家乡的农民工和大学生等。下乡人才是指从城市成长起来但把智力、资本等要素投入乡村振兴的人才（见表6-2）。

表6-2 乡村人才的分类

| 在乡人才 | 治理型人才 | 农村基层干部、大学生村官、驻村干部、村"两委"成员 |
|---|---|---|
| | 生产型人才 | 种植能手、养殖能手、捕捞能手、加工能手等 |
| | 经营型人才 | 一般经营人才、专业大户、农村经纪人、农民专业合作组织负责人、农业企业经营管理人员、特色产业经营者（如物流、电商、休闲农业、乡村旅游、特色产业、家政服务等） |
| | 技能带动型人才 | 铁匠、木匠、泥匠、石匠、篾匠、漆匠等手工业者等 |
| | 技能服务型人才 | "三支一扶"人员、农技推广服务人员、农村基层卫生人才、动植物防疫防治员、农产品质量检验检测员、农机驾驶和维修能手、农民植保员、水利员、沼气工等 |
| | 社会服务型人才 | 乡村文化人才（如民间曲艺和戏曲创作表演人才、手工艺人、文化能人、非遗传承人、乡村教师等）；乡村社工人员（从事职业介绍、维护社会秩序、调解民事纠纷、开展公益事业等活动的农村劳动者的新乡贤） |
| 返乡人才 | 经验知识型返乡人才 | 有在外务工或接受高等教育的经历，后返回并扎根乡村的返乡农民工、返乡大学生等 |
| 下乡人才 | 智力型下乡人才 | 身在城市，但以"智力"投入特定乡村发展的："三农"学者、科技人才、规划师、建筑师、律师、医生、教师等 |
| | 资本型下乡人才 | 身在城市，但以"资本"投入特定乡村发展的：企业家、金融家等 |
| | 社会型下乡人才 | 身在城市，但以"社会关系"投入特定乡村发展的：社会名流、党政干部、爱心人士、社会组织人员等 |

资料来源：刘晓峰. 乡村人才：从概念建构到建设路径 [J]. 人口与社会，2019，35（3）：76-85.

## （二）乡村人才振兴的逻辑与战略

乡村人才振兴就是要充分、全面地运用社会各界人才投入乡村建设，通过培育在乡人才、引进返乡人才和下乡人才，实现乡村人才的全面振兴。乡村人才振兴要深入贯彻落实习近平总书记关于"发展是第一要务、创新是第一动力、人才是第一资源"科学论断的精神，把人力资源开发放在首要位置。要坚持党管人才的原则，遵循市场规律和人力资源开发规律，以教育培育战略、健康提升战略、人才优先战略、品质吸引战略为抓手，全面推进教育和卫生体系建设对人力资本的积累作用，全面提升乡村地方品质，全面深化人力资源开发体制机制改革，将培育人才与引进人才通盘谋划，将留住人才与作用发挥统筹考虑，以党政人才、企业经营管理人才、专业人才和适用技术人才为重点，全面推进人才建设（见图6-1），使乡村人才能"育得好、引得来、留得下、干得好"，提升乡村人才的吸引力、竞争力、创新力和生产力，为区域经济发展提供强有力的人力资源支撑。

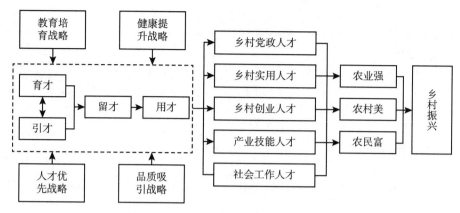

**图 6-1　乡村人才振兴的驱动机制框架**

资料来源：笔者根据资料整理所得。

### 1. 乡村人才振兴的逻辑

乡村人才振兴就是要充分、全面地运用社会各界人才投入乡村建设，通过培育在乡人才、引进返乡人才和下乡人才，实现乡村人才的全面振兴。

（1）培育在乡人才

"三农"工作队伍在乡村振兴工作中起着举足轻重的作用，激发广大农民的积极性、主动性、创造性是激活乡村振兴内生动力的关键。乡村振兴战略为乡村人才建设提出新要求，需要新型农业经营主体和农业科技人才、绿色农业带头人、乡贤型人才和平民英雄，需要适应自治、法治、德治要求的领路人，需要培养一批专业实用型人才（蒲实，2018）。

（2）吸引返乡人才和下乡人才

乡村人才振兴不仅要自己培养在乡人才，而且要吸引返乡人才和下乡人才。返乡创业和人才下乡是实施乡村振兴战略的重要抓手，助推乡村振兴战略实施。根据创业者的个人特征和创业的内外部环境，以及乡村振兴战略和返乡创业的逻辑关系，应该优化乡村创业的外部环境、健全帮扶政策、完善软硬件设施、强化人才培训（王轶，2018）。以优惠的政策制度吸引农民回乡创业，引入农业农村发展的新理念、新模式，以健全的福利和保障留住农民，提高劳动者素质，培育农业科技型和创新性经营主体（凌慧敏，2018）。

（3）留住各类人才

乡村人才振兴不仅要培育和吸引各类人才，更重要的是留住和用好各类人才。由于乡村的吸引力不足，大量乡村培养的人才都流失到城市，因此，乡村人才振兴的关键是增强乡村的吸引力和凝聚力。乡村要满足人才对美好生活的需求，为人才打造良好的生活和工作环境，多种举措稳定人才、发展人才，保护人才各项权利不受侵犯。

农村创新人才是农业经济发展的驱动力量，是具有创新精神的复合型人才。通过对企业经营者、农民专业合作社负责人、返乡农民工创业者和农村转移就业者等农村创新创业人群的研究发现，政府、高校、学生和家长应发挥联动作用，创新乡村人才周期培训制度，加强农村学校教育和职业教育体系的顶层设计（谭金芳，2019）。

### 2. 乡村人才振兴的战略

遵循市场规律和人力资源开发规律，以教育培育战略、健康提升战略、人才优先战略、品质吸引战略为抓手，全面推进教育和卫生体系建设对人力资本的积累作用，全面提升乡村地方品质，全面深化人力资源开发体制机制改革。

（1）人才优先战略

强化乡村人才队伍是乡村振兴的首要任务之一，汇聚城乡各类人才致力于乡村发展，在乡村振兴中大显身手、大展才华是乡村人才振兴的核心要义。新型乡村人才队伍主要包括新型职业农民、农村专业人才、农业科技人才及社会各界专业人才。新型职业农民是以农业为职业、掌握农业现代化生产技术和经营技能的现代农业生产者经营者，以及农业工匠和农业文化传人等农民群体。实施乡村振兴战略要改变过去传统的农民形象，通过农业职业教育、田间课堂、网络课程等方式加强职业农民培育，并探索职业农民的城乡统筹的养老、医疗等社会保障制度，全面提升农民农业的职业地位。农村专业人才主要是指依托农业、乡村产业而形成了农业大户、家庭农场、专业合作社及农业企业等各类新型农业经营主体人才、农业工人或农业雇员，以及为之服务的农机操作人员、植保员、防疫员、农村经纪人、公共服务等现代化农业社会化服务人才。农业科技人才主要是指农村科技创新人才、农业实用技术创新人才、农业科技推广人才等，以农业生产经营为对象的科研人员、技术服务者，这需要提高农业科技创新投资，探索农技人员服务增值取酬等制度，深化农业系列职称制度改革。社会各界专业人才主要指服务乡村发展的社会团体组织、各类合作组织人才、城乡结对互助人才及下乡志愿服务人才等，需要建立健全激励机制，以乡情乡风为纽带，鼓励社会人才投身于乡村建设，形成城乡融合的、服务乡村的人才队伍建设机制。

（2）品质吸引战略

品质吸引战略就是通过建设美好的地方品质吸引聚集人才，由人才驱动创新，由创新提升地方竞争力。美好的地方品质包括城乡融合的劳动力、土地和住宅等地方市场；数量充足、多样性齐全、质量上乘、分工高效的私人消费和公共服务体系；优美的生态环境；高效的通勤网络和数字化生活环境。乡村建设要以品质提升为中心，建立健全公共服务体系，提高公共服务供给能力，提升公共服务质量和水平，有效满足社会多元化、多层次公共服务需求，优化人力资源发展环境，使乡村能"引来人、留住人"。

（3）教育培育战略

以教育为抓手，促进乡村人力资源开发与培育。大力发展公共教育，推进乡村人力资源整体素质的提升；积极开展职业教育，促进乡村重点领域技能人才的培养。一是大力发展公共教育，促进青少年人力素质的提升。通过推进普惠性学前教育、巩固提高义务教育、推进普及高中阶段教育，保障乡村所有适龄儿童和少年能"人人有学上、人人上好学"，逐步提高乡村青少年人力资本水平，进而促进乡村整体人力资源质量的提升。二是大力发展职业教育，促进技能人才的培养。加强职业技术教育体系建设，依托县域职业技术学校的科研项目资金和技术人才等优势，充分发挥其培养和吸引人才的载体作用，以服务发展为宗旨，以促进就业为导向，围绕当地优势产业领域，建成一批紧贴产业转型升级需求的特色骨干专业（群），推动职业教育产教融合发展。

（4）健康提升战略

全面提升居民的健康意识和健康素养，完善乡村健康服务体系，提高乡村健康服务能力。首先，要强化健康文化宣传力度，普及科学健身知识和健身方法，形成热爱健康、崇尚健康、促进健康的社会氛围。宣传推广全民健身运动，使健身融入居民的日常生活，成为必不可少的一部分。从全县层面统筹建设各类健身设施，比如，健身步道、体育场馆、社区健身设施和运动场地等，根据不同健身设施的辐射范围统筹布置。其次，在公共卫生领域将工作重点前移，以健康服务和健康促进作为公共卫生的中心，推动社区卫生中心等基层单位的工作中心逐步转向疾病的预防和健康的管理，将疾病的发生概率在源头降低。形成并强化覆盖所有人群的公共卫生服务，不断提升乡村地区公共卫生服务质量，推进城乡基本公共卫生服务均等化。

# 三、乡村人才振兴的创新实践

## （一）甘谷县人力资源的基本概况

甘谷县人力资源总量较为丰富，截至 2017 年底，甘谷县总人口达到 63.92 万人[1]，是甘肃省除市辖区以外的人口第一大县。并且甘谷县近年来人口数量稳步增加，近十年年均增长率为5.5‰。此外，甘谷县人口结构较为年轻，2017年甘谷县0~14岁的年轻人口比重达到22.8%，高于同期甘肃省这一比重4.6个百分点（18.16%），随着时间推移，这部分生力军将进入劳动力市场，为甘谷县发展提供强有力的支撑。尽管甘谷县人口数量具有优势，但人力资源发展仍面临诸多问题，具体如下。

一是人口素质总体偏低。从人口受教育水平来看，甘谷县总体受教育水平偏低，小学和初中学历占到全部人口的88.0%，而高中及以上受教育水平人口仅占12.0%，远低于甘肃省（20.2%）8.2个百分点，尤其是大专及以上的高素质人才占比极低，仅为2.1%，低于甘肃省（7.5%）5.4个百分点。

二是各类人才队伍短缺。甘谷县农村实用人才总量不足，目前，甘谷县农村实用人才19122人，仅占全部农村人口（55.62万人）的3.4%；且农村实用人才队伍结构不合理，生产型、技术型人才较多，经营管理型、创业型、创新型人才相对较少；农业科技服务网络不健全，科普教育相对滞后，农村劳动力科技素质提升缓慢，甘谷县果业局仅有10名专业技术人员，面对量大面宽的技术培训和服务指导工作，技术力量难以保障，进而导致新优技术推广和普及效果不理想。

## （二）甘谷县人才振兴的创新分析

从创新实践来看，甘谷县紧密围绕人才振兴这一主线，政府、社会、文化和乡村多方发力，对如何使乡村人才"育得好、引得来、留得下、干得好"等关键问题进行了有益探索，主要体现在以下4个方面：

### 1. 教育优先的人才培育理念

甘谷县坚持教育优先发展的战略，以公共教育促进乡村人口素质的提升。具体而言，甘谷县不断加大教育投入，在巩固提高义务教育的同时，加快普及学前教育，提速发展高中教育，同时着力发展职业教育，促进城乡教育均衡发展。此外，甘谷县综合运用财政补贴和引入社会资本等形式，通过技校、培训机构、企业等多种渠道开展劳动技能培训、创新创业培训、农业技术培训等，以进一步提高劳动者的就业能力。尤其是针对困难企业在职职工、返乡农民工、城镇失业人员、新成长劳动力及未就业高校毕业生等5类人员进行培训，帮助劳动者掌握1~2项就业技能。甘谷县以公共教育抓青少年培育，以技能培训抓重点人群，双管齐下形成全生命周期、全覆盖的人

---

① 甘谷县地方志办公室.2018年甘谷年鉴［M］.兰州：甘肃文化出版社，2018.

才培育理念。

### 2. 干中学的人才培训机制

甘谷县劳动力资源丰富，但相对缺乏承载劳动力的平台和载体，因此，甘谷县探索出一条劳务培训输转和劳务招商的新路径，形成"招工、培训、输转、维权、引资"五位一体的腾达培训模式。首先，甘谷县分别在县、乡、村设立三级劳务工作站，通过劳动力实名登记等方式构建劳动力信息库，依托县内劳务输转中介机构腾达实业集团，形成甘肃省首个"400"人力资源网络就业平台。其次，甘谷县在新疆维吾尔自治区、北京市、广东省、江苏省等地建立了多个驻外劳务工作站，及时整理对接发达地区的市场需求信息。最后，甘谷县根据发达地区的人力需求，对县内富余劳动力采取以订单、订岗、定向为主的菜单式培训，并将其输送到相应需求单位。此外，甘谷县劳务输转机构还依托丰富的劳动力资源进行劳务招商，将部分较为简单的生产线引入甘谷县，边培训劳动力边生产。

### 3. 柔性的人才引进方式

甘谷县坚持"不求所有、但求所用"的观念，对于县里支柱产业、重大工程所需要的学术带头人或专业技术人才和经营管理人才，可以打破编制、岗位设置等方面的限制。设立专项资金用于高层次人才的奖励和引进，对于有意愿在甘谷县定居的亟须人才，可以一次性发放一定数量的安家补助费。此外，对于直接引进人才存在困难的，甘谷县采用兼职、挂职、聘用、讲学、学术交流、科研与技术合作、技术咨询、定期培训、跟踪指导等形式使他们成为服务性人才，在户口不迁、关系不转的情况下为甘谷县所用。

### 4. 高效的人才激励制度

甘谷县通过创新人才激励机制，为其人才发展提供良好的环境。甘谷县通过薪酬制度改革建立了灵活有效的分配机制，调整绩效工资分配办法，将绩效奖励向优秀人才和干事创业做出突出贡献的人才倾斜。在具体实施过程中，按照业绩确定酬劳，同时把技术、知识、信息和管理等生产要素纳入分配方式之中，实现"一流人才、一流业绩、一流报酬"，同时对关键岗位的技术骨干、重点工程和科研项目带头人，可以实行技术入股和协议工资制度的方式。此外，设立人才专项基金和优秀人才奖，对在科技成果转化和科技创新方面有突出贡献的人才进行奖励。

## （三）甘谷县人才振兴的现实限度

甘谷县的人才振兴工程为乡村治理和乡村社会发展提供了良好的经验。但是，甘谷县也面临着大多数地区共同存在的现实瓶颈。主要问题是乡村对人才的吸引力，这种不足主要表现为两个方面，首先，是农村作为一个生活场所吸引力不足；其次，是农业作为一种职业吸引力不强。

### 1. 乡村生活环境与人才需求之间的反差

改革开放以来，我国城市建设和工业发展取得了显著的成绩，但也带来严重的城乡发展不平衡问题。乡村地区无论是在基础设施建设还是教育、医疗、社会保障等公共服务供给都严重滞后，与城市地区存在极大的差距，此外，多年来城市导向的发展模式还造成很多乡村居住环境恶化，这在一定程度上降低了在乡人才留在家乡、返乡人才回归家乡和下乡人才服务乡村的脚步。

### 2. 农业生产效率低与人才发展之间的反差

城乡收入失衡是导致乡村人才外流的重要原因，根据人口流动的推拉模型，人口流动的重要决定因素是对收入和发展机会的追求。而乡村传统的农业生产模式效率较低，加之对土地等生产要素的流动限制无法实现规模经济，从事传统农业的农民收入较低。此外，乡村工业基础薄弱并且规模较小，产业也以传统产业和劳动密集型产业为主，大型企业和知名企业相对较少。这些因素都导致乡村难以对人才形成较大的吸引力和需求增长点，也难以引进和留住高精尖人才。乡村有广大的发展空间，但乡村振兴的机遇需要被人才认知并有效挖掘，需要培养现代化的新型职业农民。

## （四）优化乡村人才振兴的机制

### 1. 地方品质建设：提升乡村吸引力

乡村人才振兴的关键在于提高乡村的吸引力和凝聚力，可以通过乡村品质建设提升乡村对人才的吸引力。

第一，提供高质量的公共服务。教育、医疗、社保等公共服务是人才的基本需求，只有为他们提供较好的公共服务，才能消除乡村人才的后顾之忧，激发其留在乡村和服务乡村的决心。一是要打破城乡二元体制限制和障碍，实现城乡公共服务一体化。通过城乡公共服务资源共享、制度对接、待遇互认、要素流转、城乡统一等方面入手，促进乡村与城市公共服务一体化。二是要吸引优质的公共服务集团到乡村落户。鼓励通过合资、合作等方式，引进教育、文化、医疗、体育、养老等领域先进的高质量集团到乡村，提升乡村的公共服务质量。

第二，建设高效便捷的基础设施。在网络化时代，高效便捷的交通网络和集成个性、人性的数字化生活环境使乡村紧密的嵌入在区域网络体系中。以县城为核心，高标准建设交通、水利、电网、信息等基础设施，共同构建布局合理、功能配套、安全高效的以县城为中心的现代基础设施体系，打造"半小时优质生活圈"和"一小时县域经济圈"。

第三，打造优美的生态环境。良好的生态环境是吸引高端企业和高端人才进入的重要保障，因此，乡村地区应营造一流的生态环境。

### 2. 人才优先：推进各类人才培育

推进党政人才队伍建设。坚持党管干部原则，注重培养专业能力、专业精神，增强干部队伍适应乡村现代经济社会发展要求的能力。大力发现储备年轻干部，注重在基层一线培养锻炼年轻干部。加快培养一批懂乡村、会管理的干部，用科学态度、先进理念、专业知识去规划、建设、管理乡村。借鉴国际先进经验，探索实行中国特色职业城市经理人制度，聘请东部地区有经验的干部到乡镇做一把手。打破干部部门化，拓宽选人视野和渠道，加强干部跨条块、跨领域交流，推进乡村地区与东部地区干部的交流。

推进农村实用人才队伍建设。围绕构建现代农业产业体系和经营体系的需要，实施农村实用人才培训工程，不断加强以生产能手、经营能手、能工巧匠等为主的农村乡土人才队伍建设。重点培养以下几类农村实用人才：一是生产类农村实用人才。围绕发展设施农业，重点对农业种植大户、养殖大户和经营大户进行培养。二是营销类农村实用人才。这类人员是搞活农村，活跃市场，连接农村与城市、生产与市场的重要力量，主要包括从事农产品加工营销、现代农业科技示范园区经营、专业合作经济组织（合作社）的带头人等。三是管理类农村实用人才。这类人有较高的素质和管理能力，能够带领群众学习推广新知识、新技术、新技能，引导群众从事有特色的主导产业、现代农业生产经营，或有市场前景的非农产业活动，从而带领本地区走向文明富裕。

推进乡村创业人才队伍培育。鼓励创业基础好、创业能力强的返乡人员，充分挖掘乡村、乡土、乡韵潜在价值，开发一批农林产品加工、休闲观光农业、乡村旅游、农业服务业等产业项目，有条件的乡镇重点培育发展农家乐集聚村，推动传统农业与现代服务业融合发展。大力支持新型农业经营主体的发展，鼓励在乡人才、返乡人才和下乡人才积极参与到农村集体合作社、龙头农业企业、家庭农场等多种形式的经营主体建设中来，围绕农业规模化生产、传统农业与二三产业融合发展等领域，开拓乡村产业新业态、新渠道，打造具有甘谷县特色的农业品牌。积极鼓励在外工作且已取得一定成功的人才返乡创业，结合甘谷县本地的资源禀赋和发展基础，将学到的技术或适合的产业移植到甘谷县来发展，实现二次创业。支持返乡人员发展电子商务创业，大力发展"互联网＋农业"新经济形态，加快推进"一村一品一店"建设，促进农产品提档升级。

推进产业技能人才队伍发展。围绕甘谷县打造现代乡村产业体系的目标，发展甘谷县自身的特色产业，形成以市场需求为主导、以政府和职业学校为培养主力的人才培养体系，最终形成一支数量多、技术水平高、综合素质强、与甘谷县产业需求相协调的产业技能人才队伍。

推进社会工作人才队伍发展。推进教育、卫生、社会工作等公共服务领域人才队伍发展，提高乡村公共服务质量。以全面提升乡村教育、健康、文化、体育素质为目标，培养造就一支师德高尚、业务精湛、充满活力的教育人才队伍，加强以全科医生为重点的基层医疗卫生人才队伍建设，培养储备一批文化、体育管理人才。

# 参 考 文 献

［1］程名望，盖庆恩，JinYanhong，史清华．人力资本积累与农户收入增长［J］．经济研究，2016，51（1）：168－181＋192.

［2］赖德胜，陈建伟．人力资本与乡村振兴［J］．中国高校社会科学，2018（6）：21－28＋154.

［3］凌慧敏，徐晓林．重塑城乡关系合理引导人口迁移［J］．学习与实践，2018（10）：88－94.

［4］刘晓峰．乡村人才：从概念建构到建设路径［J］．人口与社会，2019，35（3）：76－85.

［5］蒲实，孙文营．实施乡村振兴战略背景下乡村人才建设政策研究［J］．中国行政管理，2018（11）：90－93.

［6］谭金芳，张朝阳，孙育峰，李书民．乡村振兴战略背景下人才战略的理论内涵和制度构建［J］．中国农业教育，2018（6）：17－22＋93.

［7］王轶，熊文．返乡创业：实施乡村振兴战略的重要抓手［J］．中国高校社会科学，2018（6）：37－45＋154－155.

［8］吴忠权．基于乡村振兴的人力资本开发新要求与路径创新［J］．理论与改革，2018（6）：44－52.

# 第三篇
# 乡村振兴都市圈化

# 第七章

# 城乡融合发展的内容与由来

党的十九大提出了乡村振兴战略，并强调"建立健全城乡融合发展机制体制和政策体系，加快推进农业农村现代化"。2018 年《中共中央　国务院关于实施乡村振兴战略的意见》进一步将坚持城乡融合发展作为实施乡村振兴战略的基本原则之一。乡村发展中的突出问题是城乡发展不平衡和乡村发展不充分的问题，而究其原因是长期以来城乡关系失衡导致的生产要素配置和公共服务供给的城市偏向，因此，乡村振兴的关键在于城乡融合。新时期城乡融合发展有其独特的内涵和要求，既包括城乡基础设施、公共服务等硬件的融合，也包括要素市场和制度的融合。

## 一、城乡融合：乡村振兴的治本之策

改革开放以来，我国经济发展和城市建设取得了举世瞩目的成就，然而乡村发展一直滞后于工业和城市发展。究其原因，根源在于我国政策重点一直倾向于城市和工业，即使出台过一系列解决"三农"问题的文件，并提出过城乡统筹、城乡一体化等发展思路，但在具体实施过程中主要以城市和工业作为抓手，强调二者对乡村的反哺和扶持作用，而乡村地区则被动接受城市的辐射和带动，没有从根本上形成乡村发展的主观性和能动性。乡村振兴战略将乡村和城市放在同等重要的地位上，强调建立城乡融合发展的体制机制，这是一种全新的发展思路，是从城乡不平衡发展战略向城乡平衡发展战略的转变。本章将通过对我国乡村发展的现状和问题进行审视，探究城乡不平衡政策对乡村发展的影响，并进一步提出城乡融合发展在乡村振兴中的战略作用。

### （一）我国乡村发展的现状与问题

改革开放以来，我国乡村发展取得了一定成绩，但发展不平衡、不充分的情况仍然普遍存在。总体而言，我国乡村发展主要面临以下问题：农业生产率低，农业现代化滞后；农村环境问题突出，老龄化和空心化日益显著；劳动力人力资本水平较低，农民收入增长缓慢。

## 1. 农业生产率低，农业现代化滞后

改革开放以来，我国农业发展取得了明显成就，根据中国科学院中国现代化研究中心发布的报告[①]，我国小麦和水稻单产达到世界发达国家水平，玉米单产达到中等发达国家水平，与此同时，我国农业的良种化、水利化、机械化和商品化程度也普遍提高。尽管如此，我国农业依然是国民经济最薄弱的环节，尤其是农业现代化严重滞后于工业化和城镇化进程。劳动生产率低是制约我国农业现代化建设的主要瓶颈（叶兴庆，2015），表 7 - 1 的数据显示，2018 年我国农业就业人口人均增加值为 4900 美元，不仅远低于美国、德国等农业资源丰富的欧美发达国家，而且与日本和韩国等资源稀缺的发达国家，或是俄罗斯和巴西等新兴经济体国家也有很大差距。

表 7 - 1　　　　　　　　　　2018 年主要国家农业人均生产率

| 国家 | 农业就业人口（万人） | 农业增加值（亿美元） | 人均农业增加值（万美元/人） |
| --- | --- | --- | --- |
| 法国 | 50 | 420 | 8.4 |
| 荷兰 | 22 | 149 | 6.76 |
| 丹麦 | 8 | 54 | 6.75 |
| 美国 | 450 | 2070 | 4.6 |
| 德国 | 62 | 252 | 4.06 |
| 英国 | 45 | 147 | 3.27 |
| 日本 | 220 | 572 | 2.6 |
| 韩国 | 145 | 318 | 2.2 |
| 以色列 | 10 | 18 | 1.8 |
| 俄罗斯 | 650 | 664 | 1.02 |
| 巴西 | 890 | 855 | 0.96 |
| 中国 | 19852 | 9782 | 0.49 |
| 印度 | 44500 | 4095 | 0.09 |

资料来源：笔者根据世界银行数据库（https：//databank.shihang.org/databases）数据整理所得。

## 2. 农村环境问题突出，老龄化和空心化日益显著

随着社会经济的发展和农村形势的不断变化，农村环境问题日益突出。从农村生

---

① 何传启，中国现代化战略研究课题组，中国科学院中国现代化研究中心. 中国现代化报告 2012：农业现代化研究 [M]. 北京：北京大学出版社，2012.

态环境来看，土地沙化、水土流失、森林和草地功能退化，以及地下水位下降等现象使农村生态环境面临巨大挑战。从农业面源污染来看，长期以来增产导向的农业生产过程中使用了过量的化肥和农药，这不但会导致大范围的土壤板结和酸化，破坏农作物从土地中汲取营养的能力，而且还会造成农产品中农药和重金属等有害物质残留超标。此外，大量未被利用的农药和化肥等化学品随地表径流进入河湖，造成水体中氮、磷等营养元素富集，进而导致水质恶化。尽管近年来在国家政策的推动下，我国农业废弃物的资源化利用水平有所提高，每公顷耕地的农药和化肥使用量开始下降，但仍远高于世界平均水平，治理农业面源污染不容乐观。从农村人居环境来看，农村生活垃圾未经处理随意堆放，农村生活污水直接排放到河流等水体之中，最终对饮用水造成污染。《第三次全国农业》普查数据显示，2016 年全国农村仍有 48.2% 的家庭使用普通旱厕或无厕所，26.1% 村庄的生活垃圾、82.6% 村庄的生活污水未得到集中处理或部分集中处理，52.3% 的农户尚未使用经过净化处理的自来水，农村人居环境远不能满足居民日益增长的美好生活需要。此外，某些城镇地区由于治污设施不配套，将垃圾转运到农村地区堆积或填埋，进一步加剧了农村环境问题。

随着城镇化进程的快速推进，大量农村青壮年劳动力进城务工，导致农村人口老龄化和空心化等问题日益严重。青壮年劳动力的外流导致"386199"部队（妇女、儿童、老人）成为农村留守人口的主要构成。统计数据显示，2018 年我国乡村人口总抚养比达到 49.9%，这就意味着农村地区每 2 位成年人就要赡养 1 位老人或儿童。而从城乡 65 岁及以上人口数来看，农村 65 岁及以上人口数明显高于城市地区，而且在逐年上升（见表 7-2）。

表 7-2　2014~2018 年城乡 65 岁及以上人口比重情况

| 年份 | 城市 | | 镇 | | 乡村 | |
|---|---|---|---|---|---|---|
| | 65 岁以上人口（人） | 抚养比（%） | 65 岁及以上（人） | 抚养比（%） | 65 岁及以上（人） | 抚养比（%） |
| 2014 | 32323 | 27.65 | 23008 | 35.00 | 57839 | 43.71 |
| 2015 | 637769 | 27.78 | 466985 | 35.87 | 1125710 | 45.38 |
| 2016 | 38252 | 29.34 | 25493 | 36.38 | 61897 | 46.65 |
| 2017 | 39180 | 30.33 | 28446 | 38.08 | 62803 | 48.39 |
| 2018 | 41737 | 31.54 | 30919 | 39.49 | 63989 | 49.90 |

注：2015 年数据为全国 1% 人口抽样调查数据，其余年份为全国人口变动情况抽样调查数据。
资料来源：国家统计局人口和就业统计司.2019 年中国人口和就业统计年鉴 [M]. 北京：中国统计出版社，2019.

### 3. 农民增收难度较大，农村贫困不断发生

与我国经济发展水平和城镇居民收入水平相比，农村居民收入相对偏低。2018 年，

城镇居民人均可支配收入 39250.8 元，是农村居民人均可支配收入（14617 元）的 2.69 倍（见图 7-1）。从时间维度看，城镇与农村居民人均可支配收入比在 2009 年达到峰值 3.3 后，近年来呈下降趋势，2018 年降为 2.69；但城乡居民人均可支配收入的绝对差距在不断扩大，从 2000 年的 4042.5 元上升到 2018 年的 24633.8 元。扭曲的要素配置关系和产权制度改革滞后是阻碍农民增收的重要原因，我国农业比较劳动生产率仅为 0.315，比中上等收入国家（0.35）低了 10%（马晓河、冯竟波，2017）。2018 年城镇居民财产性收入占人均可支配收入的 10.26%，而农村这一比例仅为 2.34%。

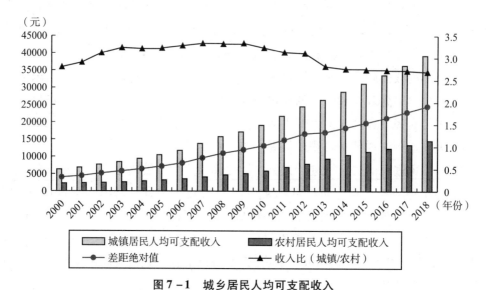

**图 7-1 城乡居民人均可支配收入**

资料来源：国家统计局.2019 年中国统计年鉴［M］.北京：中国统计出版社，2019.

随着我国脱贫攻坚战的实施，农村地区贫困人口大幅缩小，贫困发生率显著降低。根据国家统计局全国农村贫困监测调查，2018 年末，全国农村贫困人口 1660 万人，比上年末减少 1386 万人；贫困发生率 1.7%，比上年下降 1.4 个百分点（见表 7-3）。但是我国农村贫困人口数量依然较多，深度贫困仍然是扶贫攻坚的重中之重。

表 7-3　　　　　　　　　　**2010～2018 年农村贫困状况**

| 年份 | 2010 年标准 | |
| --- | --- | --- |
| | 贫困人口（万人） | 贫困发生率（%） |
| 2010 | 16567 | 17.2 |
| 2011 | 12238 | 12.7 |
| 2012 | 9899 | 10.2 |

| 年份 | 2010 年标准 | |
|------|-------------|-------------|
| | 贫困人口（万人） | 贫困发生率（%） |
| 2013 | 8249 | 8.5 |
| 2014 | 7017 | 7.2 |
| 2015 | 5575 | 5.7 |
| 2016 | 4335 | 4.5 |
| 2017 | 3046 | 3.1 |
| 2018 | 1660 | 1.7 |

资料来源：国家统计局.2019 年中国统计年鉴［M］.北京：中国统计出版社，2019.

## （二）乡村发展滞后的主要原因：城市偏向

中华人民共和国成立以来，为了实施重工业优先发展的战略，我国建立了具有严重城市偏向的城乡二元制度，并通过这一制度将生产要素、城乡产品向城市倾斜。这一制度为我国工业化初期的资本积累创造了条件，但也造成城乡发展的两极分化。具体而言，城市偏向政策主要体现为生产要素配置的城市偏向和公共服务供给的政策偏向。

### 1. 生产要素配置的城市偏向

生产要素的城市偏向主要指通过建立城乡二元的劳动力市场和土地市场，限制劳动力和土地在城市和乡村之间的自由流动，阻碍农民分享现代工业和城市文明的权利。户籍制度是我国城乡分割格局的制度基础，人为将劳动力划分为城市户口和农村户口，并将劳动力的就业机会和可获得的公共服务与户籍捆绑。由于我国城乡二元社会保障制度的存在，户籍身份差异决定了城乡居民能够享受到的教育、医疗、住房等保障范围和水平的差异，以及可获得的可转移收入的多寡（季素萍，2015）。户籍制度限制了农村劳动力向城市的自由流动，也制约了农民分享城市福利待遇的权利，而城乡劳动力市场的分割进一步导致资本、技术和产业在城乡间配置的差异，形成城乡二元经济结构。随着我国户籍制度改革的持续推进，中小城市全面放开落户限制，但在一些大城市户口仍然扮演着重要的角色。此外，很多城市的户籍制度改革并未与教育、医疗和住房保障等政策改革相配套，由于公共服务和就业等方面的差异，农村剩余劳动力进城就业的积极性受到影响，这也制约了农村剩余劳动力向城市转移和农业转移人口市民化，进而导致大量农村剩余劳动力束缚于土地，不仅不利于农业规模化经营，也阻碍了农民收入水平的提高。

城乡二元土地制度是我国城乡差距不断扩大的另一重要原因。《中华人民共和国宪法》规定："城市的土地属于国家所有""农村和城市郊区的土地，除由法律规定属于国家所有的以外，属于集体所有"。但同是公有制土地，二者在权利和价值方面却存在巨大差异（颜燕、满燕云，2015）。首先，国有土地所有者（国务院作为代表）对其土地拥有全部产权，包括占有、使用、收益和处分等权利，而集体土地所有者却不能买卖土地。其次，国有土地可以出租、转让、抵押给任何合法的经济主体，而集体土地只能在集体内部初始配置，宅基地以集体经济组织成员身份获得，不得转让给集体之外成员，农村集体建设用地不允许出租和抵押，耕地、宅基地、自留地、自留山等集体土地的使用权也不得抵押。最后，《中华人民共和国土地管理法》规定只有国有土地可以用于开发建设活动，集体土地即使被确定为建设用地，也只能用于农民自住房、村办企业和公共设施的建设。城乡土地权利的差异，导致集体土地的使用收益远低于国有土地。与此同时，城市政府对集体土地征收具有垄断性，并且土地征收补偿也按照"被征收土地的原有用途"，农民在获得原用途的若干补偿后，未来土地的使用、收益、转让和发展权全部丧失。而市政府在将集体土地征收转变为国有土地的过程中，土地资本可增值几倍甚至十几倍[1]，城乡土地转用过程中的巨大收益成为城市基础设施建设的重要资金来源。城乡二元的土地制度使农民的土地权益受到侵害，农民的财产收入受到遏制。

## 2. 公共服务供给的城市偏向

公共服务尤其是基础设施等经济性公共服务的供给，能显著降低企业的生产成本，促进地区经济发展。而教育、医疗等社会性公共服务虽在短期内对区域发展的影响较小，但从长期来看却能促进人力资本的积累，推动地区经济增长。在城市和工业为导向的政策背景下，我国公共服务供给也存在显著的城市偏向，进一步导致城乡差距的扩大。城乡公共服务供给差异主要体现为基础设施、教育资源和公共卫生等方面的差异。

我国城乡基础设施差异显著。从基础设施投资来看，不论从总体还是人均，基础设施投资最薄弱的地区都是农村（见表 7-4），其次是乡镇，投资最多的是城市，相对而言，农村人口越集中的地区基础设施投资越薄弱。

---

① 温铁军、朱守银在《土地资本的增值收益及其分配——县以下地方政府资本原始积累与农村小城镇建设中的土地问题》（发表于《中国土地》1996年第4期）一文中指出，如果土地出让成本价为100%，则农民只得5%~10%，村级集体经济组织得25%~30%，县、乡（镇）各级地方政府得60%~70%。

表 7 - 4 　　　　　　　2000～2018 年市政公用设施建设固定资产投资额

| 年份 | 总投资额（亿元） | | | | | 人均投资额（元） | | | | |
|---|---|---|---|---|---|---|---|---|---|---|
| | 城市 | 县城 | 建制镇 | 乡 | 农村 | 城市 | 县城 | 建制镇 | 乡 | 农村 |
| 2000 | 1890.7 | — | 185 | 35 | 139 | 902.37 | — | 150.41 | 60.34 | 17.12 |
| 2002 | 3123.2 | 412.2 | 265 | 39 | 368 | 1418.27 | 464.56 | 193.43 | 75.00 | 45.54 |
| 2004 | 4762.2 | 656.8 | 437 | 48 | 342 | 2014.82 | 681.23 | 305.59 | 90.57 | 43.02 |
| 2006 | 5765.1 | 730.5 | 580 | 66 | 501 | 1731.85 | 666.33 | 414.29 | 188.57 | 70.17 |
| 2008 | 7368.2 | 1146.1 | 726 | 99 | 793 | 2201.36 | 959.32 | 526.09 | 291.18 | 102.72 |
| 2010 | 13363.9 | 2569.8 | 1028 | 129 | 1105 | 3777.94 | 2033.55 | 739.49 | 399.73 | 143.79 |
| 2012 | 15296.4 | 3984.7 | 1348 | 152 | 1660 | 4135.31 | 2972.33 | 913.81 | 486.48 | 217.45 |
| 2014 | 16245.0 | 3572.9 | 1663 | 132 | 1707 | 4211.12 | 2545.17 | 1064.79 | 443.05 | 223.78 |
| 2016 | 17460.0 | 3394.5 | 1697 | 136 | 2120 | 4332.59 | 2449.46 | 1044.98 | 486.88 | 277.82 |
| 2018 | 20123.2 | 3026.0 | 1788 | 175 | 3053 | 4709.38 | 2165.63 | 1113.35 | 692.42 | 395.75 |

资料来源：中华人民共和国住房和城乡建设部．2019 年中国城乡建设统计年鉴［M］．北京：中国计划出版社，2019.

　　从公共卫生投入来看，城乡之间也存在巨大差别。统计数据显示，我国城乡千人医疗机构床位数、卫生技术人员数和执业医师数存在显著差距，城镇与乡村之比均在 2 以上，并且从千人卫生技术人员数和千人执业医师数来看，城乡差距甚至有扩大的趋势（见表 7 - 5）。而从城乡医疗资源可获得性比较来看，乡村居民到最近医疗点的距离和时间都高于城市居民，西部地区居民到最近医疗点的距离和时间都高于东中部地区居民。根据世界卫生组织（WHO）标准，当居民到最近医疗点的距离超过 5 千米时就不能得到及时医疗服务，《第五次国家卫生服务调查报告》结果显示，城乡居民到最近医疗单位距离 5 千米以上的比例为 3.4%，其中城市为 1.8%，乡村为 5%，而西部乡村这一比例更高达 9%（见表 7 - 6）。

表 7 - 5 　　　　2012～2017 年千人卫生技术人员数、千人执业医师数和千人医疗机构床位数

| 年份 | 千人卫生技术人员数（人） | | | 千人执业医师数（人） | | | 千人医疗机构床位数（个） | | |
|---|---|---|---|---|---|---|---|---|---|
| | 城市 | 农村 | 城市/农村 | 城市 | 农村 | 城市/农村 | 城市 | 农村 | 城市/农村 |
| 2012 | 8.54 | 3.41 | 2.50 | 3.19 | 1.40 | 2.28 | 6.88 | 3.11 | 2.21 |
| 2013 | 9.18 | 3.64 | 2.52 | 3.39 | 1.48 | 2.29 | 7.36 | 3.35 | 2.20 |
| 2014 | 9.70 | 3.77 | 2.57 | 3.54 | 1.51 | 2.34 | 7.84 | 3.54 | 2.21 |

| 年份 | 千人卫生技术人员数（人） | | | 千人执业医师数（人） | | | 千人医疗机构床位数（个） | | |
|------|------|------|---------|------|------|---------|------|------|---------|
| | 城市 | 农村 | 城市/农村 | 城市 | 农村 | 城市/农村 | 城市 | 农村 | 城市/农村 |
| 2015 | 10.21 | 3.90 | 2.62 | 3.72 | 1.55 | 2.40 | 8.27 | 3.71 | 2.23 |
| 2016 | 10.40 | 4.10 | 2.54 | 3.50 | 1.20 | 2.92 | 8.41 | 3.91 | 2.15 |
| 2017 | 10.90 | 4.30 | 2.53 | 3.70 | 1.20 | 3.08 | 8.75 | 4.19 | 2.09 |

资料来源：国家卫生和计划生育委员会．2018年中国卫生和计划生育统计年鉴［M］．北京：中国协和医科大学出版社，2018．

表7-6　　　　　中国2013年调查地区住户距最近医疗单位距离和时间构成统计　　　单位：%

| 类别 | | 合计 | 城市 | | | | 农村 | | | |
|------|------|------|------|------|------|------|------|------|------|------|
| | | | 小计 | 东 | 中 | 西 | 小计 | 东 | 中 | 西 |
| 到最近医疗点距离 | 不足1千米 | 63.90 | 71.00 | 72.10 | 74.60 | 66.30 | 56.70 | 63.20 | 60.00 | 47.00 |
| | 1~2千米 | 16.70 | 15.10 | 15.20 | 13.40 | 16.80 | 18.30 | 18.40 | 18.00 | 18.60 |
| | 2~3千米 | 9.70 | 7.70 | 8.40 | 5.70 | 9.20 | 11.60 | 10.30 | 11.80 | 12.80 |
| | 3~4千米 | 4.20 | 3.10 | 2.70 | 3.20 | 3.50 | 5.30 | 3.80 | 4.40 | 7.80 |
| | 4~5千米 | 2.10 | 1.30 | 0.70 | 1.40 | 1.60 | 3.00 | 1.90 | 2.30 | 4.90 |
| | 5千米及以上 | 3.40 | 1.80 | 0.90 | 1.70 | 2.70 | 5.00 | 2.50 | 3.40 | 9.00 |
| 到最近医疗点所需时间 | 15分钟及以内 | 84.00 | 87.80 | 93.00 | 88.80 | 81.60 | 80.20 | 90.40 | 81.10 | 69.10 |
| | 16~20分钟 | 7.90 | 6.90 | 4.80 | 7.00 | 8.90 | 8.90 | 6.10 | 9.20 | 11.50 |
| | 20分钟以上 | 8.10 | 5.30 | 2.20 | 4.20 | 9.50 | 10.90 | 3.50 | 9.70 | 19.40 |

资料来源：国家卫生计生委统计信息中心．2013第五次国家卫生服务调查分析报告［R］．2015．http：//www．nhc．gov．cn/ewebeditor/uploadfile/2016/10/20161026163512679．pdf．2015-11-15．

　　从教育资源投入来看，我国乡村教育供给长期不足，虽然近年国家对乡村地区的教育投入不断增加，但仍未改变乡村教育发展相对滞后的现象。乡村小学、初中的生均预算内教育事业费支出均低于全国平均水平，乡村小学生均预算内教育事业费支出与全国平均水平的差额从2010年的209.6元上升至2017年的430.55元，乡村初中生均预算内教育事业费支出与全国平均水平的差额从2010年的317.5元上升至2017年的1194.07元（见表7-7）。

表 7 - 7　　　　　　　2010 ～ 2017 年小学、初中生均预算内教育事业费支出

| 年份 | 普通小学 | | | 普通初中 | | |
|---|---|---|---|---|---|---|
| | 全国 | 农村 | 差额 | 全国 | 农村 | 差额 |
| 2010 | 4012.51 | 3802.91 | 209.60 | 5213.91 | 4896.38 | 317.53 |
| 2011 | 4966.04 | 4764.65 | 201.39 | 6541.86 | 6207.10 | 244.76 |
| 2012 | 6128.99 | 6017.58 | 111.41 | 8137.00 | 7906.61 | 230.39 |
| 2013 | 6901.77 | 6854.96 | 46.81 | 9258.37 | 9195.77 | 62.60 |
| 2014 | 7681.02 | 7403.91 | 277.11 | 10359.33 | 9711.82 | 647.51 |
| 2015 | 8838.44 | 8576.75 | 261.69 | 12105.99 | 11348.79 | 756.29 |
| 2016 | 9557.89 | 9246.00 | 311.89 | 13415.99 | 12477.35 | 938.64 |
| 2017 | 10199.12 | 9768.57 | 430.55 | 14641.15 | 13447.08 | 1194.07 |

资料来源：教育部，国家统计局，财政部 . 2017 年全国教育经费执行情况统计公告［EB/OL］.（2018 - 10 - 8）［2020 - 5 - 3］. http：//www. moe. gov. cn/srcsite/A05/s3040/2018 10/t20181012_351301. html.

## （三）乡村振兴的治本之策：城乡融合

城市偏向的发展政策是导致农业、农村发展滞后于工业、城市发展的主要原因。城市偏向及城乡二元体制的出现有其时代背景，是计划经济时代为优先发展重工业，人为地固化乃至强化城乡隔绝形成的一系列政策和制度安排。这种围绕工业化建立的计划经济体制将城市和农村分割为两个失去市场联系的部门，并延续下来导致城乡资源流动不畅和流向不合理，城乡生产要素交换不平等，城乡公共资源配置不均衡，农村发展严重滞后于城镇，城乡差距不断拉大。

解决"三农"问题的关键在于正确处理城乡关系。要实现乡村振兴，就要彻底打破传统的城乡二元机制，通过城乡融合实现城市和乡村的一体化联动。以深化供给侧改革和基本公共服务均等化为抓手，进一步促进土地、人才、资本等要素市场的流动性，补齐乡村在基本公共服务领域的短板，最终实现城乡居民基本权益平等化、城乡公共服务均等化、城乡居民收入均衡化、城乡要素配置合理化、城乡产业发展融合化，通过城乡融合实现从"小康社会"到"美好社会"的新跨越。

# 二、城乡融合发展的由来

中华人民共和国成立以来，随着社会经济发展水平和发展阶段的变化，我国城乡关系也随之改变。从城乡二元分割到城乡统筹再到城乡融合，城乡关系的调整与变化

是我国社会经济结构变迁的重要组成部分。尤其是进入 21 世纪以来，党中央认识到城乡不平衡问题的重要性，对城乡关系进行过一系列重要表述，如党的十六大提出"统筹城乡经济社会发展"，到党的十七大提出"形成城乡经济社会发展一体化新格局"，再到党的十九大提出"城乡融合发展"。这些表述均反映了党中央解决城乡不平衡、促进乡村发展的主张，但不同表述侧重点和实施方式存在差异，最终实施效果也有所不同。"城乡融合"是在以往城乡关系基础上形成的新型发展思路，要准确理解城乡融合发展的内涵，就要梳理我国城乡关系的演变过程，尤其是厘清"城乡融合""城乡一体化"和"城乡统筹"等概念的异同。

## （一）我国城乡关系的演变

1949 年以来，我国城乡关系总体经历了四个阶段，即：1949～1952 年，平等互惠的城乡关系；1953～1978 年，城乡二元结构形成；1978～2002 年，城乡关系失衡；2003 年至今，逐渐走向平衡的城乡发展。

### 1. 1949～1952 年：平等互惠的城乡关系

新中国成立初期，党和政府的首要任务是恢复和发展国民经济，因此，我国通过农村土地改革和调整工商业生产等政策，使广大农民无偿获得土地和其他生产资料，并形成城乡私营工商业自由发展、多种经济成分并存的经济格局。这些政策的实施，使城乡之间的资本、劳动力和土地等生产要素自由流通，城镇劳动者和农民获得就业自由和充分的选择机会，城乡经济活跃并得到充分的发展，形成平等互惠的城乡关系。这一时期，城镇人口从 5765 万人增加达到 7163 万人，城镇化率由 10.64% 上升到 12.46%。

### 2. 1953～1978 年：城乡二元结构形成

这一时期，我国实施重工业优先发展的赶超战略，为了促进工业和城市部门的快速发展，我国建立了户籍制度、人民公社、统购统销，以及工农业产品不等价交换等一系列城乡关系政策和制度，并基于此形成了城乡二元分割的经济社会格局。这些制度相互支撑，形成农业对工业、农村对城市长期的巨大贡献。1952～1990 年，中国工业化利用各种方式从农业中取得的剩余总量达到 11594 亿元，其在国民收入积累额中所占的比重，在工业化起步阶段达到 40% 以上（白永秀，2012）。这一时期，城乡之间生产要素的自由流动受到限制，城乡居民的权利和发展不平等逐渐显现，城乡二元分割制度开始形成。

### 3. 1979～2002 年：城乡关系失衡

改革开放以后，人民公社和统购统销的制度逐渐解体，同时农村联产承包制等一系列改革措施不断推进，城乡二元分割制度开始瓦解。户籍制度逐渐松绑，大量农村剩余劳动力涌入非农产业，为形成城乡劳动力市场创造了条件。但是，随着经济体制改革的重点逐步向城市转移，我国城乡关系出现了失衡的态势，农村大量资源涌向城市，农民增产不增收，"三农"问题显现，城乡差距不断扩大。这一时期，虽然城乡二元体制逐步瓦解，早期扭曲的工农关系一定程度上得以矫正，但以农业农村要素支持城市和工业发展的格局没有得到根本改变，城乡关系依然处于失衡状态。

### 4. 2003 年至今：逐渐走向平衡的城乡发展

进入 21 世纪以后，中国经济持续快速发展，"三农"问题受到了高度重视，党的十六大将"统筹城乡经济社会发展"作为解决城乡二元结构问题的基本方针，党的十七大提到必须建立"以工促农、以城带乡的长效机制，形成城乡经济社会发展一体化新格局"，党的十八大明确提出"城乡发展一体化是解决'三农'问题的根本途径"，党的十九大则明确提出"建立健全城乡融合发展的体制机制和政策体系"。其间，政府加大对农业农村发展的重视程度，全面取消了农业税，减轻了农民的负担，通过城市就业和社会保障等制度改革，优化农村劳动力向城市流动的制度环境。在这些政策措施下，城乡差距逐渐缩小，城乡关系向一体化方向发展。

## （二）"城乡融合"与其他概念辨析

随着中央对"三农"问题的重视，党的十六大以来提出了一系列涉及城乡关系的基本方针（见表 7-8），总体来说，从"城乡统筹"到"城乡一体化"，再到"城乡融合"。三个概念有共通之处，但侧重点也有所不同。相较于城乡统筹和城乡一体化，城乡融合有以下特点：一是将农业农村与城市置于同等重要甚至是优先发展的地位。城乡统筹和城乡一体化在政策上仍围绕城镇化和工业化展开，乡村仍然处于从属地位，农村获得的机会和人均占有的公共资源仍然低于城市居民（张克俊、杜婵，2019）。城乡融合将乡村置于优先发展的地位，在要素配置、公共服务和资金投入上都会优先保障。二是实施方式从"以工促农、以城带乡"转向"工农互促、城乡互补"。城乡统筹和城乡一体化强调"以工促农、以城带乡、城乡互惠、城乡一体"，而城乡融合发展则强调"工农互促、城乡互补、全面融合、共同繁荣"。从"以工促农"转向"工农互促"，从"以城带乡"转向"城乡互补"，改变了工业和城市处于主动、农业和农村处于被动的关系。三是政府和市场的互动作用更加显著。城乡统筹和城乡一体化主要是政府主导的，市场机制作用较弱，农村市场尤其是农村要素市场发育十分滞后，造成农村内生发展动力不足。而城乡融合发展强调政府和市场的共同作用，在政府政策的激励和引导下，要同时发挥市场在资源配置中的决定性作用。四是更注重乡村与城市功能的互补。城乡融合更强调城乡功能的差异以及城乡特色的凸显，把城市和乡村作为融合共生的有机整体，充分挖掘体现乡村的自然生态属性、历史文化特征和乡村的特有风格，可以说城乡融合是重新认识和发现乡村价值的过程。

表 7-8　　　　　　　党的十六大以来重要政策文件关于城乡关系的描述

| 时间 | 出处 | 内容 |
| --- | --- | --- |
| 2002 年 11 月 | 党的十六大报告 | 统筹城乡经济社会发展，建设现代农业，发展农村经济，增加农民收入，是全面建设小康社会的重大任务 |
| 2003 年 10 月 | 党的十六届三中全会 | 要按照统筹城乡发展、统筹区域发展、统筹社会经济发展、统筹人与自然和谐发展、统筹国内发展和对外开放的要求，更大程度地发挥市场在资源配置中的基础作用 |
| 2003 年 12 月 | 2004 年中央一号文件 | 按照统筹城乡经济社会发展的要求，坚持"多予、少取、放活"的方针 |
| 2005 年 12 月 | 2006 年中央一号文件 | 统筹城乡经济社会发展，扎实推进社会主义新农村建设 |
| 2007 年 10 月 | 党的十七大报告 | 统筹城乡发展，推进社会主义新农村建设。建立以工促农、以城带乡长效机制，形成城乡经济社会发展一体化新格局 |
| 2007 年 12 月 | 2008 年中央一号文件 | 按照形成城乡经济社会发展一体化新格局的要求，突出加强农业基础建设，积极促进农业稳定发展、农民持续增收，努力保障主要农产品基本供给，切实解决农村民生问题，扎实推进社会主义新农村建设 |
| 2009 年 12 月 | 2010 年中央一号文件 | 协调推进工业化、城镇化和农业现代化，努力形成城乡经济社会发展一体化新格局 |
| 2012 年 11 月 | 党的十八大报告 | 城乡发展一体化是解决"三农"问题的根本途径。坚持工业反哺农业、城市支持农村和多予、少取、放活方针，加大强农、惠农、富农政策力度，让广大农民平等参与现代化进程、共同分享现代化成果 |
| 2012 年 12 月 | 2013 年中央一号文件 | 始终把解决好农业农村农民问题作为全党工作重中之重，把城乡发展一体化作为解决"三农"问题的根本途径 |
| 2013 年 12 月 | 2014 年中央一号文件 | 要城乡统筹联动，赋予农民更多财产权利，推进城乡要素平等交换和公共资源均衡配置，让农民平等参与现代化进程、共同分享现代化成果 |
| 2014 年 12 月 | 2015 年中央一号文件 | 要强化规划引领作用，加快提升农村基础设施水平，推进城乡基本公共服务均等化 |
| 2015 年 12 月 | 2016 年中央一号文件 | 加快补齐农业农村短板，必须坚持工业反哺农业、城市支持农村，促进城乡公共资源均衡配置、城乡要素平等交换，稳步提高城乡基本公共服务均等化水平 |

| 时间 | 出处 | 内容 |
| --- | --- | --- |
| 2016 年 12 月 | 2017 年中央一号文件 | 顺应新形势新要求，坚持问题导向，调整工作重心，深入推进农业供给侧结构性改革，加快培育农业农村发展新动能，开创农业现代化建设新局面 |
| 2017 年 10 月 | 党的十九大报告 | 建立健全城乡融合发展体制机制和政策体系，加快推进农业农村现代化 |
| 2018 年 1 月 | 2018 年中央一号文件 | 举全党全国全社会之力，以更大的决心、更明确的目标、更有力的举措，推动农业全面升级、农村全面进步、农民全面发展，谱写新时代乡村全面振兴新篇章 |
| 2019 年 1 月 | 2019 年中央一号文件 | 必须坚持把解决好"三农"问题作为全党工作重中之重不动摇，进一步统一思想、坚定信心、落实工作，巩固发展农业农村好形势，发挥"三农"压舱石作用 |
| 2019 年 4 月 | 《中共中央国务院关于建立健全城乡融合发展体制机制和政策体系的意见》 | 坚持农业农村优先发展，以协调推进乡村振兴战略和新型城镇化战略为抓手，以缩小城乡发展差距和居民生活水平差距为目标，以完善产权制度和要素市场化配置为重点，坚决破除体制机制弊端，促进城乡要素自由流动、平等交换和公共资源合理配置 |
| 2020 年 1 月 | 2020 年中央一号文件 | 持续抓好农业稳产保供和农民增收，推进农业高质量发展，保持农村社会和谐稳定，提升农民群众获得感、幸福感、安全感，确保脱贫攻坚战圆满收官，确保农村同步全面建成小康社会 |

资料来源：笔者根据政策文件整理。

# 三、城乡融合发展的内涵和实践要求

城乡融合是乡村振兴的关键，只有深入理解城乡融合的内涵及其要求，才能真正建立起城乡融合发展的体制机制和政策体系，推进农业农村现代化发展。

## （一）城乡融合发展的目标

缩小城乡差距、促进城乡均衡发展，是城乡融合和乡村振兴的重要目标。城乡融合发展是把城市与乡村、农业与工商业、城乡居民作为一个整体进行统筹谋划，通过空间结构优化和创新城乡融合的机制体制，实现城乡在经济、社会、文化和生态环境等方面的全面融合，最终推动城乡均衡发展。与"城乡统筹"强调城市在城乡发展中的主导和带动作用不同，城乡融合发展更强调城乡互动，而互动的关键在于促进城乡要素的双向流动，进而推动城乡互促互进、协同发展。

城乡融合发展是城乡经济、社会和生态环境等方面的全面融合。城乡经济融合要实现生产要素在城乡之间的合理配置和优化组合、一二三产业之间的融合发展，以及城乡居民收入均衡。城乡生产要素自由流动是城乡经济融合的基础，通过建立健全城乡融合发展机制体制和政策体系，解决人、地、钱、业等关键问题。产业是城乡融合和乡村振兴的重点，城乡产业融合要以第一产业为基础，发挥二三产业的带动作用，促进三大产业融合发展，进而实现质量兴农。城乡居民收入均衡是城乡经济融合的最终目标，通过市场机制下要素的自由流动，乡村的综合发展效益不断增强，最终实现城乡人均综合发展效益均衡。

城乡社会融合要实现城乡基本公共服务均等化，以及城乡社会治理协同。推进城镇公共服务向农村延伸，实现城乡基本公共服务均等化，是城乡融合发展的核心内容之一。城乡基本公共服务均等化是教育、医疗、文化、体育、社会保障等全方位的均等化，基本公共服务均等化的实现，一方面，要以县城和重点建制镇为依托，对接城市基本公共服务标准，提升基础设施和公共服务水平；另一方面，要进一步推进农业转移人口市民化，实现城镇基本公共服务常住人口全覆盖。城乡社会治理协同是城乡社会融合的另一重要方面，应以乡贤为纽带促进城乡居民协同治理。乡贤有能力和资源凝聚社会能人志士关注反哺乡村，同时由于伦理维系和地域维系，乡贤容易获得村民的认同，更好地发挥连接城乡的纽带作用，实现城乡协同治理。

城乡生态融合要实现城乡资源互补共享、生态环境协同治理和人居环境和谐宜居（见图7-2）。城乡具有不同的要素禀赋，城市拥有先进的技术、相对充裕的资本和现代化的生活方式，而农村则具有良好的生态环境、新鲜的空气和安全的食品，通过城乡资源互补共享，从而实现优势互补、共同发展。城乡生态环境协同治理是城乡生态融合的另一重要方面，虽然城乡在自然景观上存在明显差异，但由于生态系统的开放性，城乡环境保护不可割裂开来，生态环境协同治理成为城乡生态系统有机体系的必然要求。

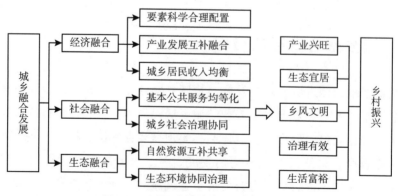

**图7-2 乡村振兴下城乡融合的内涵**

资料来源：笔者根据资料整理所得。

## （二）城乡融合的实践要求

城乡融合的实践要求在于城乡居民的权益平等和机会平等、城乡要素的自由流动和优化配置、城乡功能的互补和深度耦合。

### 1. 城乡权益平等化是城乡融合的基础性前提

城乡融合的最终目标是满足城乡人民的美好生活需要，正如党的十九大报告所指出的，"既要创造更多物质财富和精神财富以满足人民日益增长的美好生活需要，也要提供更多优质生态产品以满足人民日益增长的优美生态环境需要"。因此，城乡融合发展的核心是人，在城乡融合过程中要坚持"以人为本"，而城乡居民权益平等和机会平等是关键。机会平等是指城乡居民在机会获得和享有上的公平性（王春光，2014），机会是由一系列资源和条件支撑的社会空间和平台，反映了城乡居民获得资源的可能性和权利。机会平等体现在多个维度：生存的机会平等，包括获得就业的机会、在城乡间和区域间流动迁移的机会、获得救助救济的机会等；公共服务的享受机会，也即城乡居民理应获得同等的公共服务机会；公共领域的平等参与机会，包括参与政治活动和社会组织的机会；平等的发展机会，包括接受教育和培训的机会、晋升等社会流动的机会，以及文化活动的参与机会等。权益平等则强调城乡居民基本权益和财产权益的平等，尤其是土地财产权益的实现。

城乡融合实践过程中要确立城乡居民权益和机会平等化的根本观念，确保城乡居民获得平等的基本生存质量和发展机会。以公共服务均等化为抓手，逐步完善覆盖城乡的社会保障制度，在政策制定时适度向农村地区倾斜，补齐农村基础设施和公共服务的短板，弥补过去因忽视农村而造成农民在获取机会上的不足，实现教育、医疗卫生、职业保障和基础设施等方面均实现城乡均等化。

### 2. 要素自由流动和优化配置是城乡融合的内生动力

要素的自由流动和优化配置是推动城乡融合的内在动力。区域均衡发展理论指出，生产要素在区域间的自由流动，会促进区域经济发展水平的收敛。在工业和城市偏向的政策导向下，大量的农村要素单向流入城市，极大地降低了农村的活力（张玉林，2019）。虽然随着城乡关系的调整，城乡要素流动相对松绑，但由于要素市场尤其是农村要素市场体系不健全、价格机制没有理顺等原因，要素在城乡之间的双向流动成本很高，事实上仍然是农村要素单向流向城市。劳动力、土地、资本、技术等是城乡重要的生产要素，目前，我国城乡要素流动的问题主要存在于以下几方面：农民工市民化障碍和人才下乡渠道不畅、双重土地制度安排下农村土地价值和使用受限、农村金融体系不完善导致资本下乡困难。

要实现要素在城乡之间的自由流动和优化配置，就要打破阻碍要素流动的瓶颈制约。因此，城乡一体化市场的建设，以及市场决定价格机制的形成起到重要作用（涂圣伟，2019）。2020年4月，党中央、国务院印发《关于构建更加完善的要素市场化配置体制机制的意见》，该意见就土地、劳动力、资本、技术、数据5个要素领域提出改革方向和具体举措，为促进各类要素自由流动、提高要素配置效率提出了"顶层设计"。其中，在土地要素方面，提出"推进土地要素市场化配置，建立健全城乡统一的建设用地市场，深化产业用地市场化配置改革，鼓励盘活存量建设用地，完善土地管理体制"；在劳动力要素方面，强调"深化户籍制度改革，进一步消除制度障碍，加快农业转移人口市民化，畅通劳动力和人才社会性流动渠道"。劳动力、土地、资本和技术等要素在城乡市场之间的双向自由流动和优化配置，将激发乡村发展新活力，为乡村振兴和城乡融合带来新的要素红利。

### 3. 城乡功能互补是城乡融合的必要条件

城市和乡村具有各自的特点和不可替代的功能，城乡融合将乡村和城市置于同等重要的地位，乡村不再是依附于城市、向城市提供各类要素和农产品的空间单元，而是承载了生态和文化传承等多种功能的异质化空间。城乡融合就是要打破"农村的发展只是农业的发展、农村的功能只是提供农产品"这一传统观念（林志鹏、刘伟，2018），将城市和乡村看作有机互补的整体，通过发挥城乡各自的比较优势，实现功能互补、资源互补、文化互补、产业互补，形成"你中有我、我中有你"的融合发展格局（朱翠明，2019）。城乡融合的过程不仅体现为城乡各自功能的拓展和完善，而且体现在生产功能、生活功能和生态功能等多个方面的互补。城乡生产功能的互补和耦合，体现在生产要素和产品的自由交换，以及产业转移和互动过程中共生产业链和价值链的形成（涂圣伟，2019）。城乡生活功能的互补体现为城市的高效和忙碌与乡村的自然和休闲，以及基于此形成的交易—消费、交往—休闲等一体化空间。城乡生态功能互补体现为城乡生态的共建共享，通过城乡绿色联动和绿色惠民推动生态系统的治理，构建城乡生态新秩序。

# 参 考 文 献

［1］白永秀. 城乡二元结构的中国视角：形成、拓展、路径［J］. 学术月刊，2012，44（5）：67–76.

［2］季素萍. 户籍改革制度与城乡收入差异分析［J］. 商业经济研究，2015（17）：56–58.

［3］林志鹏，刘伟. 城乡融合发展实现乡村振兴［N］. 光明日报，2018–06–

01（1）.

[4] 马晓河，冯竞波. 以制度供给为重点深入推进城乡一体化发展 [J]. 经济，2017（8）：8-13.

[5] 涂圣伟. 中国乡村振兴的制度创新之路 [M]. 北京：社会科学文献出版社，2019.

[6] 王春光. 建构一个新的城乡一体化分析框架：机会平等视角 [J]. 北京工业大学学报（社会科学版），2014，14（6）：1-10.

[7] 颜燕，满燕云. 土地财政与城市基础设施投融资 [J]. 中国高校社会科学，2015（6）：131-139+155.

[8] 杨开忠. 乡村振兴以都市圈为主要依托 [J]. 理论导报，2018（6）：54-55.

[9] 叶兴庆. 农业现代化的核心是提高劳动生产率 [N]. 中国经济时报，2015-07-20（8）.

[10] 张克俊，杜婵. 从城乡统筹、城乡一体化到城乡融合发展：继承与升华 [J]. 农村经济，2019（11）：19-26.

[11] 张玉林. 21世纪的城乡关系、要素流动与乡村振兴 [J]. 中国农业大学学报（社会科学版），2019，36（3）：18-30.

[12] 朱翠明. 如何促进城乡融合发展 [J]. 人民论坛，2019（19）：72-73.

# 第八章

# 城乡融合发展的基本
# 空间形态：都市圈

都市圈作为城乡融合发展的功能地域，是突破城乡行政边界、在更大范围内对资源要素进行整合的基本空间单元。都市圈化是区域协同发展的新趋势，乡村振兴的都市圈化是新时代城乡发展的新要求，都市圈是城乡融合发展的基本形态。建立起都市圈建设与乡村振兴战略之间的联动机制，以都市圈建设促进国家重大战略的实施，实现区域协调发展、城乡融合发展，以此提升都市圈外延地区的经济价值，促进乡村和城市的整体发展。

## 一、城乡融合的空间形态：都市圈

城乡融合发展强调"工农互促、城乡互补、全面融合、共同繁荣"，这就意味着只有地理位置上相近的"城"和"乡"才能充分实现城乡融合。因此，城乡融合必须依托一定的空间组织结构来进行，而都市圈则是城乡融合的最佳空间载体。

### （一）城乡融合的地域依托：都市圈

都市圈是不可贸易品城乡一体化市场的基本空间单元，是集聚和分散力量下的要素空间重构的均衡地域，是实现城乡快速发展的增长极。因此，都市圈是城乡融合的最佳地域单元。

#### 1. 都市圈是不可贸易品城乡一体化市场的基本空间单元

不可贸易品通常是指那些生产和消费发生在同一地点的产品和服务（李兵等，

2019）。产品或服务是否具有可贸易性取决于多方面因素，如产品内在属性决定了产品根本不能或难以被运输，或由于空间距离和文化差异导致该产品难以参与到市场，或政府政策原因限制其流动等。典型的不可贸易品包括餐馆、博物馆、美发店等本地服务业；教育、医疗等本地公共服务品；清新的空气、干净的水、优美的环境等本地生态产品；土地、劳动力等生产要素。产品或服务的不可贸易性意味着不可贸易品的市场具有地域性，比如，某个地区的居民只能在本地的餐馆消费，享用本地的公共服务和生态环境，为本地的企业提供劳动力和土地等，如果要消费其他地区的不可贸易品，居民或企业必须旅行、流动或迁移到其他地区。当然，产品的可贸易性也会发生变化，比如，随着信息和技术的发展，远程教育、远程医疗和远程办公等成为现实，居民或企业可以在本地消费其他地区传统意义上的不可贸易品。但总体而言，不可贸易品仍然是地域性的市场。

城乡差距本质上是由于不可贸易品的差异造成的，城乡融合的目标就是形成城乡统一的不可贸易品市场，实现城乡产品和服务市场的一体化、城乡要素的无障碍双向流动和城乡公共服务及社会保障的均等化。都市圈本质上是城市核心和日常生活意义上与其一体化的周边地区组成的功能地域，也就是说都市圈是一个日常通勤生活圈，居民的居住、工作、上学、就医、娱乐、购物等功能都是以都市圈为空间单元进行组织（见图 8 - 1）。在都市圈，城市生活是乡村的，乡村生活也是城市的，乡村居民可以更好地分享城市的就业和创业机会、个人的消费服务和公共服务，城市居民也可以更好地分享乡村健康的食品、清新的空气和优美的生态环境，都市圈将有效满足城乡居民的高质量和多样化服务，促进居民工作、居住、游憩和通勤的自由选择（杨开忠，2018）。

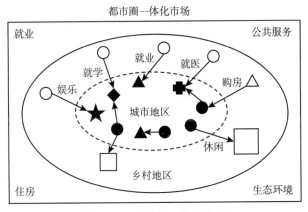

图 8 - 1 都市圈一体化市场

资料来源：笔者根据资料整理所得。

## 2. 都市圈是集聚和分散力量下的要素空间重构的均衡地域

城市和乡村的形成是集聚力与分散力相互作用的结果，城市与乡村的差别主要体现在空间要素的集中程度。城市化的动力来源于现代生产中的集聚效应，但当企业向城市积聚到一定程度的时候也会产生集聚不经济。在城市和乡村各自为战的情况下，城市尤其是超大城市出现过度集聚和结构失衡，而乡村地区则陷入动能缺失和服务缺位的困境。城乡融合就是通过产业等要素在空间上重构，实现城乡均衡发展。都市圈的出现是核心城市集聚到一定规模后，交通拥堵、房价过高等"城市病"出现，推动人口和经济要素从中心城区向周边地区扩散，进而带来大量的跨区域就业和人员流动，并进一步形成就业、居住市场一体化；同时，中心城区产业的不断外迁在促进生产要素优化整合的同时，推进产业价值链的空间布局重构。

城市核心与周围地区可以经由多种意义上的社会经济联系组成一体化区域，只有经由通勤联系组成的社会经济一体化区域才能称为都市圈。都市圈克服了单独发展大城市带来的过度集聚和拥挤效应，以及单独发展乡村区域带来的非规模经济。都市圈的核心城市与周边的中小城市会形成紧密的空间联系和经济联系，进而带动边缘乡村的进步和发展，优化城镇体系的格局，真正实现大城市、周边中小城市，以及周边农村之间各种要素在跨行政区域间的自由流动，使资源配置效率得以提升，充分发挥都市圈的集聚效应和辐射带动功能。以都市圈为单元，中心城区和周边地区实现专业化分工协作，并形成城市功能互补、产业错位布局和特色化发展的模式。

## 3. 都市圈是实现城乡快速发展的增长极

随着城市化进程的推进，全世界范围内都呈现出人口和经济向都市圈和城市群集中的现象。以美国纽约都市圈为例，2000～2010年间，核心区和近郊区人口增长率分别仅为2.1%和2.4%，而远郊区人口增长率达到6.3%。中国也进入都市圈化时代，核心城市人口规模逐渐稳定、外圈层人口加速增长成为现阶段我国都市圈人口演化的新特征。以北京都市圈为例，20世纪90年代，城市核人口加速集聚，年复合增速高达4.6%，外圈层人口增长缓慢；但进入21世纪以来，城市核人口增速急剧下滑，都市圈人口增速快速上升，加之都市圈内外圈层人口和经济密度的落差，未来外圈层人口和经济规模将进一步加速增长①。

城乡融合是在经济增长中实现的，而都市圈作为由空间上地理临近、基础设施连

---

① 蒲劲秋. 轨道上的都市圈——都市圈综合交通体系视角下的市郊铁路 [J]. 华夏幸福产业研究院，2018 - 12 - 18.

接良好、经济活动互动频繁的中心城区与周边地区有机组成的城市空间地域组织形式，正逐渐成长为全球经济的增长极。日本的太平洋沿岸城市群，以 9% 的土地，居住了 53% 的人口，创造了 60% 的国内生产总值；美国的波士华城市群，以 2% 的土地，居住了 17% 的人口，创造了 20% 的国内生产总值①。类似的情况还发生在北美五大湖城市群、英伦城市群和欧洲西北部城市群，人口和经济活动持续向以少数大城市为中心的城市群地区集聚。

## （二）我国以都市圈推动城乡融合的可行性

随着我国经济发展水平的提高，都市圈作为功能地域意义上的城镇开始受到理论界关注，并成为城市与区域发展研究热点之一。都市圈作为城镇体系建设中的重要节点，发挥着放大城市群核心城市辐射力、突破行政边界束缚、实现区域协调发展的重要作用。2014 年官方文件正式引入城市功能地域概念并提出培育发展现代化都市圈。2019 年，国家发展改革委发布《关于培育发展现代化都市圈的指导意见》，明确都市圈的概念和阶段目标。部分省市相关规划文件也提及打造区域核心城市都市圈，这都为以都市圈推动城乡融合提供了基础。

### 1. 国家提出培育发展现代化都市圈

2014 年国家在《国家新型城镇化规划（2014～2020 年）》中首次提出培育形成通勤高效、一体发展的都市圈。自 2014 年以来，城镇功能地域——都市圈概念已贯穿于国家城镇化和区域发展相关政策，成为新时代我国面临的重大理论和实践课题。2019 年，国家发展改革委在《关于培育发展现代化都市圈的指导意见》中提出了都市圈的概念，提出都市圈发展的两个阶段目标：一是到 2022 年，都市圈同城化取得明显进展；二是到 2035 年，现代化都市圈格局更加成熟，形成若干具有全球影响力的都市圈。在都市圈范围方面，《中国都市圈发展报告 2018》建议，在中心城市 1 小时通勤圈的基础上，选取与中心城市日平均双向流动人口占市域总人口比重在 1.5%以上的城市，作为都市圈的外围城市，中心城市加上符合标准的外围城市，即为该都市圈范围。按照此标准，在不含港澳台地区的情况下，全国共识别出 34 个中心城市都市圈（见表 8－1）。

---

① 周园，林洁婕，于冬 . 国际比较视野下的京津冀协同发展研究［EB/OL］. https：//mbd. baidu. com/ma/s/63vgvacq. 2017－3.

表 8 – 1 关于都市圈的相关文件

| 国家文件 | 重要内容 |
| --- | --- |
| 《国家新型城镇化规划（2014—2020 年）》 | 特大城市要适当疏散经济功能和其他功能，推进劳动密集型加工业向外转移，加强与周边城镇基础设施连接和公共服务共享，推进中心城区功能向 1 小时交通圈地区扩散，培育形成通勤高效、一体发展的都市圈 |
| 《关于深入推进新型城镇化建设的若干意见》 | 要求构建核心城市 1 小时通勤圈 |
| 《中华人民共和国国民经济和社会发展第十三个五年规划纲要》 | 提出 "超大城市和特大城市要……强化与周边城镇高效通勤和一体发展，促进形成都市圈" "促进以拉萨为中心、以喀什为中心的城市圈发展" |
| 《关于促进市域（郊）铁路发展的指导意见》 | 至 2020 年，京津冀、长江三角洲、珠江三角洲、长江中游、成渝等经济发达地区的超大、特大城市及具备条件的大城市，市域（郊）铁路骨干线路基本形成，构建核心区至周边主要区域的 1 小时通勤圈 |
| 《关于规范推进特色小镇和特色小城镇建设的若干意见》 | 重视 "市郊镇" "市中镇" "园中镇" "镇中镇" 依托大城市周边的重点镇培育发展卫星城 |
| 《关于培育发展现代化都市圈的指导意见》 | 强调 "都市圈是城市群内部以超大特大城市或辐射带动功能强的大城市为中心、以 1 小时通勤圈为基本范围的城镇化空间形态" |

资料来源：笔者根据政策文件整理。

### 2. 都市圈建设在我国部分地区初见端倪

都市圈建设在我国部分地区已经初见端倪。第一，居住在农村工作在城镇的人越来越多；第二，返乡创业的人多落脚在都市圈的城市里。2016 年开始全国组织了 341 个县市区开展了支持农民工等人员返乡创业的试点工作[①]。3 年多来 341 个试点地区返乡创业人员的总量已经达到了 161.8 万人，同比增长 28.6%，带动就业人数已经达到了 580 万人，同比增长 26.5%。这些返乡创业人员累计创办市场主体 148 万个，同比增长 34%。在试点的带动下，返乡创业蓬勃发展。现在返乡创业的人数，全国初步统计大体达到 740 万人，一大批拉动就业能力强、群众增收效果显著的县乡特色产业培育出来，为加快脱贫攻坚、乡村振兴，包括促进城乡融合发展打下了比较好的基础。随着城镇化的不断推进，很多地区提出要打造 "1 小时交通圈" 等形式，来促进本地和周边地区的协调发展（见表 8 – 2）。例如，厦门市在《厦门市城市总体规划（2017—2035 年）》中明确提出，建设辐射漳州市、泉州市、龙岩市等地区的 "1 小时交通圈"。

---

① 中国网财经：发改委：三年多来 341 个试点地区返乡创业人员达 161.8 万人 [EB/OL]. http：//finance. china. com. cn/news/20180725/4710029. shtml. 2018 – 7 – 25.

表 8 - 2　　　　　　　　　部分城市规划关于都市圈的相关内容

| 城市规划 | 主要内容 |
|---|---|
| 《"十三五"国家战略性新兴产业发展规划》 | 发挥长三角城市群对长江经济带的引领作用；以广州市、深圳市为核心，全面提升珠三角城市群战略性新兴产业的国际竞争力；大力推进成渝地区、武汉都市圈、长株潭城市群、中原城市群、关中平原城市群等重点区域战略性新兴产业发展 |
| 《京津冀都市圈区域规划》 | 统筹京津两大都市与周边区域的关系，将京津两市建设成为在全球具有重要意义的"双核"门户城市，合理规划土地利用总体布局，形成高效的区域性基础设施体系，形成一个环境优美的大都市经济区 |
| 《长江三角洲城市群发展规划》 | 发挥上海龙头带动的核心作用和区域中心城市的辐射带动作用，依托交通运输网络培育形成多级多类发展轴线，推动南京都市圈、杭州都市圈、合肥都市圈、苏锡常都市圈、宁波都市圈的同城化发展，强化沿海发展带、沿江发展带、沪宁合杭甬发展带、沪杭金发展带的聚合发展 |
| 《厦门市城市总体规划（2017—2035 年）》 | 厦门将加快轨道交通建设，着力缓解交通拥堵状况，建设辐射漳州、泉州、龙岩等地区的"1 小时交通圈" |
| 《关于印发全省新型城镇化建设近期工作要点的通知》 | 实施济南都市圈和烟威、东滨、临日、济枣菏都市圈规划，开展青岛都市圈发展战略研究，打造"两圈四区"总体格局 |
| 《成渝城市群发展规划》 | 充分发挥成都市的核心带动功能，加快与德阳、资阳、眉山等周边城市的同城化进程，共同打造带动四川省、辐射西南、具有国际影响力的现代化都市圈 |

资料来源：笔者根据政策文件整理。

# 二、全面树立都市圈的理念、划分和统计标准

在都市圈成为乡村振兴主要空间阵地的背景下，以行政区划为口径的城乡统计和管理工作已不能适应乡村振兴的需求，亟须建立以都市圈为主要口径的统计标准。自2014 年我国政府正式提出"培育形成通勤高效、一体发展的都市圈"以来，都市圈成为城镇体系建设的重要单元，但我国都市圈划分尚无翔实、系统、科学的官方标准。通过梳理发达国家都市圈划分标准，以期为我国都市圈划分和统计提供借鉴依据。

## （一）都市圈划分和统计标准的国际经验

发达国家在进入都市圈化阶段后，普遍建立了都市圈或都市区统计标准。美国在1910 年首次提出"大都市区"（metropolitan district）概念，开创了城市非行政区划空间尺度识别的国际范式；加拿大制定了"大都市普查体系"（census metropolitan category），包括大都市普查区（census metropolitan area）、人口聚集区（census agglomeration）和都市普查影响区（census metropolitan influenced zone）；英国基于独立劳动力市场导向划定了全国"通勤区"（travel to work area）。

纵观不同国家和地区以及同一国家和地区在不同时期的变化，不难发现 20 世纪 50 年代以来，现代化都市圈划分标准具有几个基本规律。一是划分指标包括中心核、中心与外围功能联系、外围县三个方面。例如，美国都市圈划分指标，1910～1940 年代仅有中心、外围两个方面，但 1950 年代以来，中心与外围功能联系，特别是通勤联系成为现代化都市圈划分不可或缺的指标。二是划分指标由繁到简，最终简化为体现都市圈本质特征的核心、通勤联系指标。例如，除中心核、通勤联系指标外，美国 1950～1970 年尚包括与通勤联系指标平行的外围县特征指标，但 1980～1990 年虽存在外围县特征指标，但仅仅作为确定通勤率门槛的条件指标，2000 年代以来甚至基本不再作为确定通勤率门槛的条件指标。三是随着经济社会发展，中心核规模门槛值趋于下调。例如，美国都市圈中心核心人口规模在 1910 年为 20 万人；1930 年下调为 5 万人；1930 年以来，虽一直保持在 5 万人水准上，但 2000 年以来，为了描述、分析和管理更小中心核与周围地区的融合，美国专门设置了中心核人口在 1 万～5 万人的"小城镇圈"（见表 8-3）。日本都市圈中心核人口门槛标准随着经济发展同样呈下降趋势。1950 年，日本行政厅规定中心核人口门槛标准为 10 万人。2002 年以来，在日本经济产业省、内阁府、国土交通厅采用的"城镇雇佣圈"（UEA - Urban Employment Area），中心核人口门槛标准仅为 1 万人，其中，都市雇佣圈（Metroplitan Employment Area）中心核人口门槛值也仅为 5 万人；四是随着经济发展，居民通勤能力提升，通勤率门槛值在波动中呈总体上升之势。一般来讲，国家和地区人口密度越高，在都市圈划分中外围至中心核通勤率门槛趋于越低。日本人口密度远高于美国，2002 年以来采用的都市雇佣圈通勤率门槛标准主要为 10%，远低于美国门槛标准。虽然如此，但随着经济社会发展，都市圈外围到中心核的通勤率门槛通常是趋于上升的。美国都市圈外围县到中心核的通勤率门槛值由 1950 年的 15% 上升到 2000 年以来的 30%。

表 8-3　　　　　　　　　　1950～2000 年美国现代都市圈划分标准

| 年份 | 中心核人口 | 中心核—外围县联系 | 外围县人口 |
|---|---|---|---|
| 1950 | 中心市人口 5 万人 | ①外围县至中心核通勤率 15%<br>②外围县 25% 就业人口住在中心核<br>③外围县每个电话用户月致电中心县次数 4 次 | ①非农就业人口 1 万<br>②非农人口占整个都市圈非农人口的比率为 10%<br>③50% 以上的人口居住在与中心市空间相连且人口密度在 150 人以上的最小行政单元<br>④2/3 的劳动力为非农劳动力 |

续表

| 年份 | 中心核人口 | 中心核—外围县联系 | 外围县人口 |
|---|---|---|---|
| 1960 | 中心市人口或两个相邻市总人口5万人 | ①外围县至中心核通勤率15%<br>②外围县25%就业人口住在中心核 | ①非农劳动力占总劳动力比为75%，且50%以上的人口居住在与中心市空间相连且人口密度在150人以上的最小行政单元<br>②非农劳动力占中心市非农劳动力比为10%或非农劳动力为1万人<br>③在地居住的非农劳动力为1万人或占居住在中心市的非农劳动力比率为10% |
| 1970 | ①中心市人口5万人以上<br>②人口至少7.5万人的县中人口，2.5万人以上的市及其连接且人口密度1000人/平方英里以上的地域人口总和5万人以上 | ①外围县至中心核通勤率30%<br>②若都市圈人口密度50人/平方英里、城镇化率25%、城镇人口增长率12%，外围县至中心核通勤率15%或中心外围间总和通勤率大于20% | 非农劳动力占总劳动力的比率为75% |
| 1980 | ①城市化地区人口5万人<br>②若最大城市人口5万人，则都市圈或联合都市圈须人口10万人<br>③中心核包括都市统计区人口最大的市、人口25万人或就业人口10万人以及人口2.5万人、就业率75%、外向通勤率60%的市，且每个城市人口1.5万人、最大中心市人口的1/3、就业率75%、外向通勤率60% | ①若外围县人口密度25人/平方英里，则至中心核通勤率50%<br>②若外围县人口密度35人/平方英里，则至中心核通勤率40%<br>③若外围县人口密度35人/平方英里且满足下列条件之一：外围县人口密度50人/平方英里、城市化率35%、人口增长率大于20%、10%人口或5000人住在城市化地区，则至中心核通勤率25%<br>④外围县人口密度50人/平方英里且满足下列条件之二：外围县人口密度60人/平方英里、城市化率35%、人口增长率大于20%、10%人口或5000人住在城市化地区，则至中心核通勤率15% | |
| 1990 | ①中心市人口5万人<br>②在10万人都市圈中城市化地区人口为5万人<br>③中心核包括都市圈/联合都市圈人口最大的市，人口25万人或就业人口10万人以及人口2.5万人、就业率75%、外向通勤率60%的市，城市人口1.5万人、最大中心市人口的1/3、就业率75%、外向通勤率60%、位于第二大非相连城市化地区的市 | ①若外围县人口密度25人/平方英里或5000人住在城市化地区，则至中心核通勤率50%；<br>②若外围县人口密度35人/平方英里或10%人口或5000人住在城市化地区，则至中心核通勤率40%；<br>③若外围县人口密度35人/平方英里且满足下列条件之一：外围县人口密度50人/平方英里、城市化率35%，则至中心核通勤率25%<br>④外围县人口密度50人/平方英里、10%人口或5000人住在城市化地区且满足下列条件之二：外围县人口密度60人/平方英里、城市化率35%、人口增长率大于20%，则至中心核通勤率15%<br>⑤外围县人口密度50人/平方英里且满足下列条件之二：10%人口或5000人住在城市化地区、城市化率35%、人口增长率大于20% | |
| 2000 | 城市化地区人口5万人 | ①外围县至中心核通勤率30%<br>②外围县就业人口住在中心县比率25% | — |

资料来源：根据美国人口普查局，1998年和2000年数据整理。

## （二）形成中国特色的都市圈标准体系

虽然我国都市圈划分尚无翔实、系统、科学的官方标准，但已显现出强调中心核特征和通勤特征两个取向。应该说，这种取向既体现都市圈本质要求又符合国际通例，是十分正确的。为促进都市圈有效发展，亟待遵循这一正确取向，科学定义都市圈中心城市和通勤圈，加快形成中国特色都市圈标准体系。

首先，中心核标准。这里，应当明确两个标准，一是坚持中心核是景观地域意义的城市而非行政地域意义的城市，这是中心核的本质要求。同时，我国已经建立起景观地域意义的城乡划分，坚持这一标准可以发挥这一优势，具有可操作性。坚持中心核是景观地域意义的城市，意味着中心核地域范围和人口规模等特征即按统计上城乡划分标准确定的"城区"地域范围和人口规模等特征，中心核人口规模等级对应的是国家以城区常住人口为统计口径划分的城市规模等级，那种自觉或不自觉地以行政地域意义的城市人口规模等特征指代中心核人口规模等特征的做法是错误的，应当予以纠正。二是坚持加快下调中心核人口门槛。2014 年，《国家新型城镇化规划》中仅仅提出以特大城市为中心"培育形成通勤高效、一体发展的都市圈"，表明当时官方关于中心核人口门槛设定为城区常住人口 500 万人。2019《国家发展改革委关于培育发展现代化都市圈的指导意见》开宗明义指出："都市圈是城市群内部以超大特大城市或辐射带动功能强的大城市为中心"。考虑到 I 型大城市较 II 型大城市普遍具有更强的辐射带动功能，这可能意味着中心核人口门槛可以有条件放宽至城区常住人口 300 万人，同时，显现出中心核人口门槛降低之势。目前，一方面，我国都市圈中心核人口门槛是美国的 60～100 倍，也是 1950 年日本行政厅标准的 30～50 倍。从我国国情出发，借鉴国际经验，我国都市圈中心核人口门槛完全可以降低到 II 型小城市城区常住人口下限。这个门槛与 1950 年日本标准相当。另一方面，进入新时代以来，与周围地区的职住分离和通勤联系已遍及我国规模等级不同的城市，而且，由于人口更大程度源于周围地区，中小城市与周围地区的职住分离和通勤联系甚至更为普遍。顺应客观规律，鼓励和支持大中小都市圈和小城镇圈的共同发展，是我国大中小城和小城镇协调发展以及城乡融合发展的内在要求。因此，进一步大幅度降低我国都市圈中心核人口门槛，逐步建立与国外先进经验接轨的"城镇圈"概念体系，既是必然也是紧迫的。

其次，通勤圈标准。从通勤角度来看，都市圈本质上是中心与周围的通勤圈，可以通过通勤距离、通勤时间和通勤率判定。2014 年以前，相关研究和城市规划中更多使用"通勤距离"，通勤半径一般主张以 50 千米或 100 千米为上限。在一定的交通系统条件下，通勤距离是由合意的通勤时间决定的。因此，2014 年国家新型城镇化规划发布以来，《国家发展改革委关于培育发展现代化都市圈的指导意见》和《关于促进市域（郊）铁路发展的指导意见》等政府相关文件则多采用"通勤时间"，通勤时间通常以 1 小时为上限，强调构建中心核至周围地区的 1 小时通勤圈。通勤距离和通勤时间法虽然较广泛应用于空间规划和交通系统规划，但二者都以一定的通勤交通系统为条件的，而通勤交通系统建设和有效运行则以一定的通勤率为门槛。不同通勤强度门槛标准意味着不同规模的通勤需求、通勤距离和通勤时间。以北京周围地区到中心核的通勤率为例，根据 2018 年北京市交通委员会基于信令数据的北京城市通勤圈范围研究，当门槛值设为 30% 时，以中心城区为核心的北京通勤圈半径为 30 千米；当门槛值下调为 10% 时，以中心城区为核心的北京通勤圈半径延伸至 50 千米。因此，没有足够高的通勤率，便既不可能形成支撑通勤交通供给的有效需求，也不可能定义有社会意义的通勤距离和通勤时间。脱离具体的通勤需求，以交通系统或交通工具设计时速估计的、在合理通勤时间内所能达到的空间距离来决定都市圈范围，势必夸大都市圈半径，从而误导社会资源配置。事实上，我国虽然最发达的都市圈经济社会发展水平远不及东京都市圈（见表 8-4），但许多都市圈规划建设的空间范围却显著更大，夸大都市圈半径态势由此可见一斑。因此，通勤强度是合理度量中心核和周围地区通勤联系，进而判定都市圈不可或缺的基础。

表 8-4　　　　　　　　　　2017 年我国部分都市圈与日本东京都市圈比较

| 区域 | 相关规划文件 | 范围 | 面积（万平方千米） | 人口（万人） |
|---|---|---|---|---|
| 日本首都圈 | | 1 都 7 县：茨城县、栃木县、群马县、埼玉县、千叶县、东京都、神奈川县、山梨县 | 3.64 | 4364 |
| 日本东京都市圈 | | 1 都 3 县：埼玉县、千叶县、东京都、神奈川县 | 1.34 | 3592 |
| 上海都市圈 | 《上海市城市总体规划（2017年版）》 | 上海市、苏州市、无锡市、南通市、嘉兴市、宁波市、舟山市、湖州市 | 4.9 | 6500 |
| 杭州都市圈 | 《杭州都市经济圈发展规划》 | 杭州市、湖州市、嘉兴市、绍兴市、衢州市、黄山市 | 5.3 | 2570 |
| 南京都市圈 | 《南京都市圈规划》 | 南京市、镇江市、扬州市、淮安市、马鞍山市、滁州市、芜湖市、宣城市 | 6.46 | 3675 |
| 合肥都市圈 | 《长江三角洲城市群发展规划》 | 合肥市、淮南市、六安市、滁州市、芜湖市、马鞍山市、桐城市 | 5.7 | 1350（2016 年） |

| 区域 | 相关规划文件 | 范围 | 面积（万平方千米） | 人口（万人） |
|---|---|---|---|---|
| 青岛都市圈 | 《山东半岛城市群总体规划》 | 青岛市、潍坊市、莱阳市、海阳市 | 3.1 | 2016 |
| 成都都市圈 | 《成渝城市群发展规划》 | 成都市、德阳市、眉山市、资阳市 | 3.3 | 2537（2018年） |
| 郑州大都市区 | 《郑州大都市区空间规划》 | 郑州市、开封市、新乡市、焦作市、许昌市 | 3.12 | 2817 |
| 济南都市圈 | 《济南都市圈规划》 | 济南市、淄博市、泰安市、莱芜市、德州市、聊城、邹平市 | 5.3 | 3172（2018年） |
| 武汉都市圈 | 《武汉城市圈区域发展规划》 | 武汉市、黄石市、鄂州市、黄冈市、孝感市、咸宁市、仙桃市、潜江市、天门市 | 5.78 | 3800（2018年） |
| 长株潭都市圈 | 《长株潭城市群区域规划》 | 长沙市、湘潭市、株洲市 | 2.81 | 1499 |
| 重庆大都市区 | 《重庆大都市区规划》 | 重庆主城区、涪陵区、长寿区、江津区、合川区、永川区、南川区、綦江区、大足区、璧山区、铜梁区、潼南区、荣昌区、双桥经济技术开发区、万盛经济技术开发区 | 2.87 | 2017 |
| 哈尔滨都市圈 | 《哈尔滨都市圈总体规划》 | 哈尔滨市区、五常市、双城区、阿城区、尚志市、宾县、肇东市 | 3.43 | 842 |

资料来源：①日本数据系根据2016年《日本国家统计年鉴》有关数据和百度实时汇率数据制作。
②笔者根据各地统计年鉴数据整理。

# 参 考 文 献

［1］李兵，郭冬梅，刘思勤．城市规模、人口结构与不可贸易品多样性——基于"大众点评网"的大数据分析［J］.经济研究，2019，54（1）：150 - 164.

［2］杨开忠．乡村振兴以都市圈为主要依托［J］.理论导报，2018（6）：54 - 55.

# 第九章

# 乡村振兴都市圈化之路

空间一体化是区域协调发展的必由之路，实现城乡融合发展和乡村振兴，必须突破不平衡发展战略的窠臼，走空间一体化之路。乡村振兴的落脚点是都市圈，乡村振兴都市圈化之路就是空间一体化之路。具体而言，我们要打破传统的以行政区划为口径的城乡统计和管理工作，全面树立都市圈的理念、划分和统计标准。建立健全都市圈统一的市场，实现均等化的公共服务，建设高效衔接的基础设施，根据自身特色走品牌化道路。

## 一、乡村振兴都市圈化的内在逻辑

人口和经济的快速增长，以及地理分布的动态变化成为世界版图变迁的动力，经济地理作为人口和经济的空间分布状态呈现出显著的地区发展不平衡性（胡鞍钢等，2015），而这种不平衡在我国城市地域和乡村地域之间体现得尤为明显。《2009 年世界发展报告：重塑世界经济地理》，从密度（density）、距离（distance）、分割（division）三个方面来解释世界经济地理格局的变迁。密度是指特定地区人口和经济的集中度，由于集聚经济的存在，往往密度越高的地区发展得越好；距离是指商品、服务、劳动力、资本、信息和观念穿越空间的难易程度，也更直观地体现为与经济发达地区的经济距离，距离经济发达地区越远越难以分享集聚经济的溢出效应，而基础设施的改善有助于减小落户地区和发达地区之间由于距离产生的障碍；分割是指商品、劳动力、资本和技术等要素在不同国家和地区之间流动的限制，如行政壁垒或制度原因造成的地区分割，地区分割会使某些地区长期处于孤立地位，无法享受全球化和经济一体化带来的外溢性（胡鞍钢等，2015）。在 3D 分析框架之外，杨开忠（2001）进一步强调了异质（Difference）在塑造经济地理格局中的作用，形成了 4D 分享框架。

4D 分析框架为我们分析中国城乡地域不平衡问题提供了借鉴。一是密度。在我国城市偏向的政策导向下，大量的要素和资源从乡村流出，集聚在城市尤其是沿海城市地区，这就导致城乡密度差异，城市从集聚经济中获得快速的发展，而乡村却难以分享这一收益。二是距离。城市和沿海地区的先发优势使他们处于经济增长的中心地带，而大部分乡村地区距离中心城市较远，同时交通基础设施也不完善，尤其是中西部地区和贫困地区交通发展短板明显，因此，距离大城市越远的乡村地区发展越落后。三是分割。为了促进工业和城市的发展，我国形成了城乡二元结构，严格限制劳动力、土地、资本等要素在城乡间的流动，导致乡村居民无法分享城市地区的发展收益。四是异质。城市和乡村在功能特色上存在差异，乡村有其独特的自然生态属性和历史文化特征，而这些在以往发展过程中都未被挖掘出来。

如何降低地区之间的发展不平衡，《2009 年世界发展报告：重塑世界经济地理》也给出了引导，该报告强调：要通过空间一体化来实现区域协调发展，并将空间一体化内容细分为共同制度、相互衔接的基础设施和差别化的政府干预。自 20 世纪 90 年代中叶，我国提出空间一体化战略以来，空间一体化逐步成为我国区域协调发展的基本内涵，并从最初单纯的无差别空间一体化扩展到差别化空间一体化（杨开忠，2016）。党的十八大以来空间一体化战略更是成为完善中国特色社会主义制度、推进国家治理体系和治理能力现代化的重要内容。然而，我国空间一体化整体水平显著落后于先进国家，尤其是城乡要素市场和公共服务一体化严重滞后，城乡生活水平差距悬殊，不利于实现高效、包容、可持续的区域协调发展。因此，深入推进空间一体化是新时代下我国乡村振兴和城乡融合发展的必由之路。

乡村振兴的落脚点是都市圈，乡村振兴都市圈化之路就是空间一体化之路。随着我们进入都市圈化时代，无论是政府、企业、家庭还是个人，无论城镇、乡村还是区域发展都要树立都市圈思维，走都市圈化之路。以都市圈空间一体化推动城乡融合发展和乡村振兴，是我国区域协调发展的必由之路。具体而言，我们要打破传统的以行政区划为口径的城乡统计和管理工作，全面树立都市圈的理念、划分和统计标准。建立健全都市圈统一的市场，实现均等化的公共服务，建设高效衔接的基础设施，根据自身特色走品牌化道路。

# 二、以都市圈一体化推动乡村振兴

乡村振兴的关键在于城乡融合，而城乡融合的本质是产品和服务市场的一体化、生产要素的双向无障碍流动，以及公共服务和社会保障的均等化。长期以来，我国由于制度体制等原因，导致城乡市场分割、城乡公共服务失衡等问题。乡村振兴的关键就是破除导致城乡发展失衡的障碍因素，通过市场一体化、公共服务一体化和基础设施一体化全面推进城乡一体化，进而实现城乡的共同繁荣。

## （一）以都市圈市场一体化推动乡村振兴

城乡二元制度及形成的城乡二元要素市场是导致我国城乡发展不平衡的重要因素。改革开放以来，我国产品市场快速发育，但要素市场改革却相对滞后，导致劳动力、土地和资本等要素无法在城乡之间的自由流动，要素价格扭曲和城乡市场分割问题突出。中共中央、国务院《关于构建更加完善的要素市场化配置体制机制的意见》也强调："深化要素市场化改革，促进要素自主有序流动，提高要素配置效率"。通过产权制度改革，构建城乡统一的要素市场和商品市场，推动要素在城乡之间的优化配置和自由流动，是促进乡村振兴的重要之举。

### 1. 建立都市圈统一的就业市场

很多国家和地区在工业化初期阶段也曾采取限制农村劳动力流动的政策，但随着经济和社会一体化的发展，这一政策越来越受到挑战，一些国家和地区在促进城乡就业市场一体化方面进行了有益的尝试，可归纳为以下四方面的经验：一是制定相关法律法规，允许劳动力在城乡之间自由迁移。如日本、德国、瑞典和意大利等国家都在本国宪法中赋予公民自由迁徙权；英国修改《定居法》和《贫民迁移法》，扩大贫民的居住范围；德国制定《职业自由法》和《迁徙自由法》为劳动力自由流动择业提供法律保障。二是建立完善的覆盖城乡的社会保障制度，妥善解决进城农民的融入问题，让农民进得来、留得住、住得下。如日本在战后提出"全民皆保险"的口号，将社会保障推广到所有劳动者及家庭；英国、法国、德国等国家都建立了统一完善的社会保险制度，覆盖所有城乡劳动者，消除了农村劳动者迁移的后顾之忧。三是出台市场化、社会化的职业培训政策，提高农村劳动力就业技能。如日本战后在农村推行职业培训制度，鼓励企业和社会团体为农村劳动力提供岗前培训，提高农村转移劳动力就业的能力。四是建立统一开放的劳动力市场信息网络，发挥市场配置劳动力资源的基础作用。如英国每所职业介绍机构的求职、用工信息都和全国的劳动力市场信息网络相连接，并通过电话、网络、电视、自助终端等多种途径为劳动力供求双方提供职业中介服务。

乡村振兴要建立健全都市圈统一的就业市场，需破除造成城乡劳动力市场分割的制度性障碍，具体而言包括以下四点：一是深化户籍管理制度改革，放开除个别超大城市以外的城市落户限制，加快消除城乡区域间户籍壁垒，促进城乡劳动力要素的自由流动。二是建立健全都市圈统一的劳动就业制度，平等对待进城就业的各类劳动者并提供相同的公共就业服务，努力推进都市圈居民同工同酬同保障。三是加强职业培训和创业培训，构建城乡统一的职业技能培训机制，形成以区县就业培训中心为主体、社会各类培训机构为补充、覆盖城乡的市场化和社会化职业技能培训体系。四是建立完善全国联网的城乡一体化公共就业服务平台，推动人力资源信息共享，降低城乡劳动力跨区域转移就业成本。

### 2. 建立都市圈统一的土地市场

我国实行的是城乡分治的土地制度，城市土地和农村土地适用于不同的法律约束、不同的市场和权利体系，以及不同的管理机构。同时，政府垄断了城市土地一级市场，政府是农地转建设用地的唯一仲裁者，由此也形成了我国土地市场城乡分割、政府主导的独特格局（刘守英，2008）。破除城乡二元土地市场分割、建立都市圈统一的土地市场，是推动城乡融合和乡村振兴的重要路径。

首先，建立城乡统一的建设用地市场，实现城乡建设用地同地、同权、同价、同责。一是加快推进农村集体经营性建设用地入市，完善其在出让、租赁、抵押等方面的权能，并逐渐实现农村集体经营性建设用地与城市土地政策一致。二是加快土地征收制度的改革，科学界定公共利益，明确利益相关群体和公众的参与权，探索利益相关方对土地增值收益的分享机制，保障农民公平共享土地增值收益，同时探索维持失地农民可持续生计的保障机制。三是加快推进宅基地所有权、资格权、使用权"三权分置"改革，探索盘活利用农村闲置农房和宅基地增加农民财产性收入的办法，鼓励具有资格权的农民与下乡人才和资本合作建房。

其次，以都市圈为单元，实现都市圈内城乡建设用地增减挂钩节余指标的跨区域调剂。通过实施城乡建设用地增减挂钩项目，可以进一步盘活农村的存量建设用地，缓解城市建设用地的供给不足的矛盾，为乡村振兴和城乡融合发展提供土地要素保障。国家发展和改革委《关于培育发展现代化都市圈的指导意见》中也指出，允许都市圈内城乡建设用地增减挂钩节余指标跨地区调剂。

最后，建立健全都市圈统一的房地产市场，强化城市间房地产市场调控政策的协同。健全都市圈商品房供应体系，改革现行按行政区调控房地产市场的做法，转向按都市圈进行房地产市场调控。

## （二）以公共服务一体化推动乡村都市圈化

公共服务水平是影响城乡居民福利水平和获得感的重要因素，长期以来我国城乡公共服务供给水平差距较大，城乡公共服务均等化是乡村振兴和城乡融合发展的必然要求。目前，我国城乡公共服务的现状是：乡村公共服务水平远远落后于城市公共服务水平，同时，随着城镇化进程的推进，城市也需要提供更多更优质的公共服务，满足新进城人口的需求。因此，我国的基本公共服务均等化应在城乡同时发力。

首先，加强乡村基本公共服务建设，推动城市公共服务向乡村延伸，促进城乡公共服务的有效对接，逐渐缩小城市和乡村公共服务水平的差距。同时，进一步增强城市公共服务供给能力，确保农业转移人口市民化过程中需要的均等化公共服务，缓解公共服务的供需矛盾。

其次，在都市圈范围内统筹布局公共服务。现代化都市圈的培育发展需要重点关注公共服务的规划与配置，充分考虑公共服务设施的空间分布与功能优化，为人口流动、产业重构等创造条件，以优质公共服务打造特色磁极。要突破公共服务设施在规划建设上城乡分割、各自为战的格局，努力避免不合理的布局和重复建设，在尺度合理的区域范围内统筹提供公共服务和基础设施，努力形成都市圈统一、高效、公平、可持续的地方服务体系。

最后，构建以政府为主体，企业、社会团体和居民共同参与的多元投入机制，为公共服务均等化提供资金保障。随着城市化进程的推进和生活水平的提高，居民对公共服务的需求数量和质量均会不断提高，仅靠财政收入难以满足快速增长的公共服务需求，应探索利用市场机制，如政府购买服务等方式，提供城乡公共服务。

## （三）以基础设施一体化推动乡村都市圈化

高效互联互通的基础设施是实现区域经济一体化的核心支撑。发达的基础设施大大压缩了时空距离，使城乡要素流动成本不断降低，中心城区的辐射和带动作用增强。乡村振兴的关键是城乡融合，实现"工农互促、城乡互补、全面融合、共同繁荣"的目标。为实现此目标，要通过基础设施一体化推动城乡要素的优化配置和自由流动，促进乡村融入都市圈经济，实现发展模式的转型升级。

### 1. 基础设施一体化是乡村振兴与都市圈经济的必要保障

基础设施是连接都市圈核心城市与外部圈层节点城市和功能组团的发展轴线，也是都市圈发展的主动脉。全面推动都市圈基础设施一体化建设，为乡村振兴和融入都市圈经济提供了新的契机。首先，基础设施一体化大大压缩了时空距离。乡村地域一般都远离都市圈的中心城市，距离导致乡村地区与中心城市的要素流动和贸易需承担高昂的交易成本。交通和信息基础设施的一体化，降低了中心城市和周边地区的贸易成本，加快促进地域间劳动力、资本、技术、信息等生产要素和产品服务的空间流动，进而影响资源配置和分工合作，推动生产力的空间重构。其次，基础设施一体化建设还有助于增强都市圈的"极化效应"和"扩散效应"，促进乡村融入都市圈经济。由于空间扩散规律的存在，中心城市的经济辐射和带动能力会随距离增长而降低，交通等基础设施一体化的发展极大地增强了中心城市的辐射范围和影响能力，将

163

都市圈之外的乡村地域纳入都市圈经济的影响范围，中心城市的辐射作用进一步凸显。最后，基础设施一体化可以突破行政区划界限，通过基础设施建设对经济活动进行引导，破除区域行政壁垒，推动要素、产业的跨区域流动，促进都市圈城乡融合。

### 2. 都市圈基础设施一体化的国际借鉴

纵观国际大都市圈发展历程，无一不是通过高效便捷的交通推动都市圈空间一体化进程的。总结起来，都市圈交通发展大致有以下几方面特点：一是都市圈以轨道交通为主体形成"多制式"的层次化交通线网。如纽约都市圈形成"通勤铁路＋地铁＋纽新捷运"的轨道网络，东京都市圈形成"市郊铁路＋城市轨道＋中运量轨道"网络，伦敦都市圈形成了"市郊铁路＋地铁"的轨道网络。二是都市圈交通系统在各圈层呈现出差异化布局。由于都市圈各个圈层的功能定位和客流特征不同，为了满足不同区域、不同功能和不同人群的交通出行需求，适应都市圈空间结构的融合发展，都市圈多形成多圈层的交通线网，中心城区或近郊区多采用地铁等大运量城市轨道交通系统解决市中心内部高密度运输，外围圈层多采用区域快线、市郊铁路和城际快速铁路等连接，解决市中心与郊区的外部运输。三是都市圈交通出行目的逐步向通勤、通学和生活出行特征转变。都市圈本质上是 1 日通勤圈、生活圈、购物圈和日常活动圈，因此，都市圈交通需求是每天都发生的频繁性的通勤、通学和生活出行需求，存在明显的峰值特征和高频度特性。都市圈融合发展导致大量城际交通或城乡交通出行需求，并呈现由生活、商务出行向通勤出行转变的特征（刘子长，2018）。这一变化要求尽可能缩短通勤时间，通勤快线的功能也逐步由典型的中心放射型线路转变为主次中心之间的快速联络线路。四是都市圈出行时间距离大多集中在 1 小时内。与城市群相比，都市圈更强调中心城区与周边地区的关系，无论从生理还是心理上，1 小时左右是通勤者普遍能接受的尺度，因此，都市圈交通需要快速化的交通工具，纽约、伦敦和东京等都市圈的单向时间距离都为 1 小时左右，也通常称作"1 小时都市圈"。五是都市圈交通对票价的承受能力十分有限。由于都市圈交通具有高频度特性，因此，只有把通勤成本控制在居民能普遍接受的范围内，才能有效缩短都市圈城乡之间的时空距离，使乡村居民与城市居民在生活质量和心理感受上大致相同，形成"同城效应"。纵观上述特征，都市圈交通更接近城市交通。

### 3. 以都市圈基础设施一体化促进乡村振兴、融入都市圈经济

都市圈基础设施一体化就是通过建设满足都市圈社会经济一体化发展的基础设施系统，实现各种运输方式的协调发展和紧密衔接，将郊区或乡村地域与中心城区更紧密地联系在一起。

首先，都市圈基础设施规划要站在都市圈一体化发展的高度，统一制定都市圈范

围内交通发展专项规划，做好与都市圈各节点内部交通规划的衔接，并保障各种运输方式之间的有效衔接，统一规划标准、运营机制。

其次，以通勤圈公共交通建设推动都市圈的融合。通勤圈是指以都市圈核心区为中心、以持有定期票证使用公共交通工具往返居住地与工作地的通勤者的最大通勤距离为半径，所形成的不规则圆形地域。国家发展和改革委关于《培育发展现代化都市圈的指导意见》指出以 1 小时通勤圈为基本范围的城镇化空间形态。

再次，以"市郊铁路＋地铁"的轨道网络建设推动都市圈协同发展。轨道交通因其大运量和高效率成为连接都市圈各地域的理想交通方式，地铁解决市中心内部高密度运输，市郊铁路解决市中心与郊区的外部运输。2017 年 7 月，国家发展和改革委出台《关于促进市域（郊）铁路发展的指导意见》，也提出建设市域（郊）铁路，满足城市中心城区与周边城镇组团及其城镇组团之间的通勤化、快速度、大运量的交通。

最后，扩大公共交通服务范围，通过城市公共汽车线路的延伸和长途汽车的公共汽车改造，推动市郊、市际公共汽车建设，满足都市圈居民的通勤需求。传统的城市公共交通一般仅覆盖中心城区，市郊之间多通过点对点的长途汽车。2013 年，《交通运输部关于贯彻落实〈国务院关于城市优先发展公共交通的指导意见〉的实施意见》从三个尺度强调扩大公共交通服务范围，其中之一就是推进毗邻城市之间距离适中、客流量大的道路客运班线公共汽车改造，加强与城市公共汽车的接驳换乘。

# 三、以差异化发展推动乡村振兴

乡村都市圈化之路是空间一体化之路，空间一体化是否意味着所有区域一刀切，形成千城一面、万村一貌？答案显然是否定的。我国各区域要素禀赋存在巨大的差异。由于区域经济与其地理区位、自然条件、资源禀赋、发展基础、历史风貌和人文特征等因素密切相关，因此，各区域具有非常鲜明的地方特色。从自然环境看，有的区域是高原山区，有的区域是丘陵，有的区域是平原，也有的区域是海岛；从资源禀赋看，有煤炭、石油、天然气、金属矿藏等资源丰富的区域，有劳动力资源密集的区域，有生态环境优美的区域，也有一穷二白的贫困区域；从产业方面看，有以农业为主导的区域，有以工业为主导的区域，有以贸易为主导的区域，也有以旅游为主导的区域；从发展基础来看，有的是生产水平较高的富裕地区，有的是较为落后的贫困地区；根据城乡关系远近和联系密切程度，有城市主导型区域、城乡协调型区域、城镇带动型区域和乡村主导型区域等。2018 年《关于实施乡村振兴战略的意见》提出，乡村振兴要"坚持因地制宜、循序渐进""不搞一刀切，不搞形式主义"，这是在总结历史经验的基础上，为乡村振兴指明的正确方向。因此，乡村都市圈化之路要根据各区域的特色，概括出多样化的乡村振兴路径，走出各具特色的乡村振兴道路。

## （一）以区域品牌化促进特色乡村都市圈化之路

乡村振兴必须坚持质量兴农、绿色兴农，在当前信息化和区域经济一体化的时代，"品牌"是我国实现由农业大国转向农业强国的重要旗帜。区域营销理论认为，区域品牌可以影响该区域的投资、办厂、移民、旅游、就业，以及对该区域产品的购买态度和行为。因此，通过区域形象的战略管理可以促进区域的发展（陶刚，2014）。如何培育区域品牌，提高区域的形象和知名度，进而推动区域内产品向外扩散并吸引外部资源流入该区域，成为乡村振兴中区域发展需要讨论的问题。以美国营销专家菲利普·科特勒为代表的市场管理学派认为，区域可以看作一个企业，区域发展前景可以看作一个可经营的产品，通过对区域进行整体性包装和营销，可以强化区域的竞争力，推动区域从困境步入健康发展的道路。

区域品牌化主要包含三方面的特性：一是区域性，它强调国家、城市或集群等不同空间尺度下的地域范围；二是品牌性，它体现了某个地区的主体形象；三是特色性，它反映了某个地区产品、企业或产业的比较优势。区域品牌包含不同的维度，不同学者从不同角度对区域品牌进行划分。从宏观环境视角可以将区域品牌划分为区域经济（财产、声誉和人才等）、社会（历史、语言和信任等）、政治（领导者、机构和愿景等）、文化（信仰、价值观、传统等）、生态（环境、唯一性等）和地理（区位和历史等）六个维度（Pasquinelli，2010）。从微观视角看，区域品牌包括名称、标志、包装和声望等（Shimp，2000）。结合宏观、中观和微观，区域品牌的构成要素包括区域特性、产业基础和品牌内涵（胡大立等，2005）。与产品和公司品牌不同，区域品牌的打造和传播不仅要考虑到本地居民、投资者和旅游者等相关主体对区域内产品和企业的认知，还包括他们对区域政治、经济、文化、社会等宏观因素的认知。

在区域发展过程中，根据各地的地域特色、产品结构和风俗文化等因素，因地制宜地实施品牌战略。第一，突出区域的特色产品或特有服务，打造区域产品品牌。通过挖掘区域特有的自然资源、文化资源、特色产品、历史人物、特色工艺、重大事件等特色资源，发现区域的比较优势，形成具有区域特色的产品品牌。第二，大力支持区域内优势企业的发展，对在市场范围内形成较大影响力，或者技术、服务上具有突出优势的企业给予支持，帮助其引进人才、完善管理、投资开发等，促进企业高速发展。第三，以区域内某项产业为依托形成产业集群，并逐渐演化出大量知名企业品牌。对区域内已有一定规模的产业集群，政府通过有意识地规划和扶持，使区域经济向该产业附加值更高的方向转移，形成强势集群品牌。第四，创建区域整体性品牌。

提炼区域的核心价值并进行鲜明的定位，通过改进区域基础设施、完善公共环境，重塑区域品牌形象，为区域经济发展指明方向，促进区域经济协调发展。

## （二）以特色小镇等为载体推进特色乡村都市圈化之路

特色小镇作为城乡联系最为紧密、在空间上分布最为广泛、城乡发展不平衡问题最为突出的地域单元，是乡村振兴的战略支点。在乡村都市圈化面前，特色小镇必定扮演重要角色。乡村振兴要以特色小镇作为突破口，立足都市圈，规划、建设、运营、管理特色小镇。

### 1. 特色小镇是乡村振兴战略的重要支点

特色小镇作为城市体系的重要组成部分，是连接中心城市和乡村地区的重要枢纽，是实现城市和乡村双向渗透、双向发力的最具活力的社会单元，是承接大城市的辐射和带动作用、吸纳农村劳动力、促进农村现代化的重要地域依托。尤其是随着新时代乡村振兴战略的实施，中小城市作为城乡沟通融合的纽带，决定了在乡村都市圈化面前，特色小镇不仅不能例外，还要发挥更重要的作用。

首先，小城镇在国民经济中扮演着重要角色。中国中小城市科学发展指数研究课题组的报告显示，截至 2018 年底，我国广义的中小城市达到 2809 个[①]，其直接影响和辐射的面积达到 934 万平方千米，占国土面积的 97.3%；总人口达到 11.81 亿人，占总人口的 84.66%，影响和辐射区域的经济总量达到 76.43 亿元，占全国经济总量的 84.89%。可见，中小城市在国民经济中的重要性逐步提高。

其次，我国城乡发展不平衡不充分的问题在小城镇最为突出。改革开放以来，我国经济发展偏向于沿海地区和大城市，这种非平衡的区域发展战略使我国城镇化水平总体滞后于经济发展水平，而这又更多地体现在小城镇上，如基础设施建设不完善、公共服务配置效率低下、城乡发展严重不均衡等，这导致小城镇发展整体缺乏活力，进而对吸纳农业剩余人口、集聚产业和为农业现代化提供服务等方面的作用难以得到有效发挥。只有小城镇发展得好，各项支农、惠农的政策才能落到实地，也才能提供更多就业增收的机会，"工农互促、城乡互补、全面融合、共同繁荣"方针才能得到贯彻。因此，小城镇是优化城乡空间资源布局、缩小城乡差距、实现城乡融合发展的有效载体，也是协调城乡关系、实现乡村振兴的重要地域依托。

---

① 中国中小城市科学发展指数研究课题组界定的中小城市不是建制市的概念，不仅包含常住人口 100 万人以下的建制市市区，也包括未成为建制市的县及县级以上行政区划的中心城镇。2809 个中小城市包括 190 个地级建制市，40 个非建制市的地级行政区划中心城镇、375 个县级建制市，1506 个非建制市的县级行政区划中心城镇，以及 698 个相对独立发展的市辖区。

最后，小城镇是推动农民市民化、吸纳农村富余劳动力转移的主要阵地。本地城镇化发展模式是以中小城镇为主要载体，吸纳农村富余劳动力转移的就地就近城镇化（王玉虎、张娟，2018）。相较于长距离流动的"异地城镇化"模式，就近就地城镇化既有利于降低农村人口融入城镇的成本和障碍，又有利于城乡一体化发展和社会关系网络的延续（李强等，2015）。就近就地城镇化可以通过季节性投入、家庭分工和代际分工等方式实现农业的可持续发展，推动农村转移人口实现"完整家庭城镇化"的适宜层级（张娟等，2016），也是减少"农村空心化""半城市化"，以及"三农"问题的重要地域。以中小城镇为核心的就近就地城镇化也是农民理性选择的结果，符合城镇化人口流动规律和农民工城镇化意愿。随着交通的发展，以及农村家庭团聚安置需求的提高，中短途流动务工和"工农兼业、城乡双栖"现象越来越多，务工人员在城镇就业岗位和乡村住所之间日常通勤的现象越来越普遍，就近就地城镇化已经成为趋势。《2012年农民工检测调查报告》显示，当年我国2.6亿名农民工中，在县级单元就业的超过50%，这从侧面反映了小城镇在吸纳农业剩余劳动力方面有着不可替代的作用。可见，小城镇是我国推进城镇化、实现农业转移人口市民化的重要空间阵地。

### 2. 以特色小镇建设推动城乡融合发展和乡村振兴

特色小镇的发展应立足"特色"二字。小镇的规划、设计和运营应根据小镇所处区位条件，立足自然禀赋和发展基础。根据地域空间的差异，特色小镇可以划分为两大类：一类是发达地区的特色小镇，如都市圈边缘地区、东部城镇密集地区或传统制造业集中地区；另一类是在中西部相对偏远地区的特色城镇。对于第一类特色小镇，由于在空间地域上接近大城市，可以承接都市区的功能外溢，实现产业转型升级；对于第二类特色小镇，则要挖掘其独特的资源禀赋，如在自然环境、历史文化、农业产品等方面的突出优势，并在此基础上量身打造成具有鲜明特色和独特竞争力的小镇。

以品质建设推动特色小镇发展。居民日益增长的美好生活需要对国土空间提出新的要求，高品质的特色小镇应具备四方面基本特征：城乡融合的劳动力、土地、住宅等共同地方市场；数量充足、多样性齐全、质量上乘、分工高效的私人消费和公共服务体系；优美的生态环境；覆盖城乡居民高效通勤的交通网络和集成个性、人性的数字化生活环境。特色小镇建设要以品质提升为中心，以功能转型升级为重点，推动其发展。

## （三）以差异化干预推进各类村庄的振兴

《乡村振兴战略规划（2018－2022年）》将村庄划分为集聚提升类、城郊融合类、特色保护类和搬迁撤并类四大类。《乡村振兴战略规划（2018－2022年）》指出，要按照不同村庄的禀赋条件、发展现状和比较优势，分类推进乡村振兴。

从空间地域来看，村庄可以划分为两大类，一是处于都市圈以内的村庄，二是处于都市圈以外的村庄。由于都市圈以内的村庄可以获得都市圈发展所带来的规模经济，共享中心城市的市场和技术、信息溢出。因此，都市圈内的村庄更容易获得经济发展动力。而处于都市圈以外的村庄，无论是自身发展基础薄弱的村庄，还是具有一定发展基础的村庄，相较于处于都市圈内部的同类村庄而言，其发展速度都相对滞后。因此，要结合各类村庄的特点，将村庄与都市圈发展紧密地结合在一起。对于处于生态环境脆弱、自然灾害频发、生存条件恶劣地区的村庄，要通过市场化机制或者行政动员能力进行搬迁撤并，搬迁的时候要直接搬迁到都市圈范围以内，这样既有利于这些村庄实现脱贫致富，也有利于生态环境的保护。对于城郊型和集聚型村庄，要根据自身发展条件和发展需要，通过城乡产业融合发展、城乡基础设施互联互通、城乡公共服务共建共享等方式，加快与中心城区的融合发展。

# 参 考 文 献

[1] 胡鞍钢. 重塑中国经济地理和世界经济地理 [J]. 政治经济学评论，2015，6（4）：10－15.

[2] 胡大立，谌飞龙，吴群. 区域品牌机理与构建分析 [J]. 经济前沿，2005（4）：29－32.

[3] 李强，陈振华，张莹. 就近城镇化与就地城镇化 [J]. 广东社会科学，2015（1）：186－199.

[4] 刘守英. 中国的二元土地权利制度与土地市场残缺——对现行政策、法律与地方创新的回顾与评论 [J]. 经济研究参考，2008（31）：2－12.

[5] 刘子长. 国际大都市圈城市空间结构形态与轨道交通系统研究 [J]. 交通与运输（学术版），2018（2）：96－99＋106.

[6] 陶刚. 略论营销在树立区域形象中的作用及其发挥 [J]. 理论导刊，2014（10）：92－94＋108.

[7] 王玉虎，张娟. 乡村振兴战略下的县域城镇化发展再认识 [J]. 城市发展研究，2018，25（5）：1－6.

[8] 杨开忠. 中国西部大开发战略 [M]. 广州：广东教育出版社，2001.

[9] 杨开忠. 区域协调发展新格局的基本特征 [J]. 中国国情国力，2016（5）：6－8＋5.

[10] 张涵. 以都市圈推进区域协调发展和乡村振兴——访中国区域科学协会会长、首都经济贸易大学副校长杨开忠 [J]. 中国国情国力，2018（5）：6－9＋5.

[11] 张娟，王玉虎，刘航. 对平原地区县域城镇化的若干思考——基于山东、河北的县域城镇化调研 [J]. 城市发展研究，2016，23 (9)：1-6.

[12] Pasquinelli, C. . The Limits of Place Branding for Local Development：The Case of Tuscany and the Arnovalley Brand [J]. Local Economy, 2010, 25 (7)：558-572.

[13] Shimp, T. A. . Advertising, Promotion, and other aspects of Integrated Marketing Communications [M]. 5th ed. Hinsdale, IL：Dryden Press, 2006.

# 第十章

# 土地制度改革创新

　　《中共中央　国务院关于实施乡村振兴战略的意见》中提出："实施乡村振兴战略，必须把制度建设贯穿其中。要以完善产权制度和要素市场化配置为重点，激活主体、激活要素、激活市场，着力增强改革的系统性、整体性、协同性"。深化农村土地制度改革是推进乡村振兴体制机制创新、强化乡村振兴制度性供给的重要内容。通过总结农村土地征收、集体经营性建设用地入市、宅基地制度改革试点经验，形成有效制度供给。中共中央、国务院印发的《乡村振兴战略规划（2018—2022年）》专章对加强乡村振兴用地保障做了战略性、指导性的谋划。土地不仅是重要的自然资源，也是自然资产，是人类赖以生存的物质基础和空间载体。土地作为生产要素，为社会经济发展提供基础要素保障，为人类提供生产空间、生活空间和生态空间。在深入推进乡村振兴战略实施过程中，如何充分发挥土地要素的支撑和保障作用，如何激活土地要素推动乡村振兴，则需要通过制度性供给来完善农村资源要素市场体系，引导资源高效配置，与时俱进深化农村土地制度改革，推进土地制度创新。

## 一、乡村土地要素

　　乡村振兴战略提出了"产业兴旺、生态宜居、乡风文明、治理有效、生活富裕"的总体要求，乡村土地资源不仅是农业发展的基础，同时也是产业发展的载体，是构成乡村生态系统的重要组成部分。乡村土地资源承载着我们共同的乡韵乡愁，孕育着中华文明的基因和根脉，在乡村的大地上形成的正式制度和非正式制度，都为实现乡村的有效治理奠定了坚实的基础。保护农民对土地的合法权益，显化乡村土地资源的资产价值，实现乡村生活富裕是乡村振兴的根本。

### （一）集体建设用地高效利用是乡村产业兴旺的基础和支撑

　　产业兴旺是乡村振兴的经济基础，从产业体系来看，培育多元化的产业体系，整合资源构建现代化的生产体系和经营体系是乡村产业发展的方向。作为产业用地的载体——集体建设用地是乡村产业发展需要考虑的关键要素之一。依据《中华人民共和国土地管理法》，我国集体土地可以分为集体农用地、集体建设用地和集体未利用地三大类。集体建设用地是指乡（镇）村集体经济组织和农民个人投资或集资，开展各项非农建设所使用的土地。农村集体建设用地分为三类：一是宅基地，是指村民建设住宅经依法批准使用本集体经济组织农民集体所有的土地。二是集体公益性建设用地，是指为乡（镇）村公共设施和公益事业建设而依法依规批准使用农民集体所有的土地；三是集体经营性建设用地，是指土地利用总体规划和城乡规划确定为工矿仓储、商服等经营性用途的存量农村建设用地（徐刚，2016）。乡（镇）村企业、集体经济组织和农民居民，经依法申请、审批、使用集体土地进行建设并对取得集体土地使用权进行确权登记，对其使用的土地享有占有、使用和收益的权利。

乡村振兴政策需要从建设用地供应和流转上为产业发展提供新的空间，具体可借鉴广东的用地政策：一是在用地指标上，省级每年安排一定比例的新增建设用地计划指标，专项用于农村新产业新业态发展。市县根据实际情况，每年安排不少于一定的用地指标，主要用于保障农业产业园、科技园、创业园、县域助农服务综合平台和镇村助农服务中心等建设需求。二是在建设用地总量控制和永久基本农田保护红线控制下，县市在编制和实施国土空间规划时，可预留不超过一定比例的建设用地规模，满足农村新产业新业态发展的用地需求。服务于乡村旅游的配套停车场、旅游驿站及民间资本举办的非营利性养老机构与政府主办的养老机构可依法使用农村集体建设用地。三是为乡村旅游提供用地保障和优惠措施，未改变农用地（基本农田除外）和未利用地用地性质、用途、功能及未固化地面、耕作层未受到破坏的生态景观和栈道用地，可据实按实际地类管理；对于农村厕所、旅游驿站、景观平台、停车场等零散休闲农业和乡村旅游建设项目，按政策要求使用预留城乡建设用地指标；四是坚持"一户一宅"的宅基地管理原则，在保障农民利益、不改变用途的前提下，对农村宅基地审批程序适当简化。符合规划且为村内原有建设用地的，探索由县级政府委托镇政府审批宅基地。

## （二）生态用地保育和整治是乡村生态宜居的重要保障

生态宜居是乡村振兴的环境要求，核心是要优化乡村环境、美化乡村景观、发展绿色生态产业、创新生态环境保护机制，在为乡村居民营造宜居的生态环境的同时，也为城市居民提供"后花园"。乡村生态环境要关注生态用地保育和土地整治修复治理两个方面。构建包含生态保育为核心的乡村地域多维功能评价指标体系，以县级尺度识别乡村地域生态功能的空间格局和用地类型，在此基础上探索乡村振兴的生态保育途径（乔伟峰等，2019）。生态用地保育要加强区域生态园区保护，为生态园区生态服务功能的拓展与扩散提供用地保障；科学组织源区之间的生态链接，损化自然生态廊道的通畅运行，维护和建设控制物质、能量和生态信息交流的重要通道；保留和维护主要河道，以及海岸的自然形态；着力拓展河流空间，维护河流的生命活力；通过对连续山体、大河干道等主要自然生态廊道建立完善的防护体系，并将各生态园区或汇区连接为一个稳固的生态网架；精心保护各生态通道的交叉点、脆弱点，以保持生态通道的畅通和健康。而通过实施生态型土地综合整治，可有效促进土地生态保育或恢复重建，实现乡村生态文明建设目标。乡村土地综合整治首先要在整治适宜性评价基础上，确定整治区域，划分整治重点分区，明确整治目标，调配空间自然、非自然要素比重，优化布局项目区生产、生活、生态空间布局。落实城乡建设用地增减挂钩和耕地占补平衡政策要求；实施退耕还林还草还湿，退养还海；大力推进低效建设用地再开发，盘活城中村、棚户区、搬迁低效工业用地；通过科学合理布局耕地、永久基本农田、生态用地和建设用地，最终优化国土空间功能，提升国土空间适宜性，最终实现舒适生产生活空间和优美生态环境空间（王威等，2019）。

## （三）传统农耕文化与现代文明相结合是乡风文明的重要标志

乡风文明是乡村振兴和农村现代化的重要内涵之一。乡村是人类的精神家园和食物的重要来源区域。乡村文明不仅要保留和传承特色的、优秀的乡村文化，还要将传统农耕文化与现代文明相结合，构建现代乡村文明体系，增强发展软实力。随着城镇化和工业化的快速推进，人口老龄化、空心化和文化遗产空间的丧失，时刻威胁着乡村文化的传承和发展。诗人孟浩然笔下的"故人具鸡黍，邀我至田家。绿树村边合，青山郭外斜。开轩面场圃，把酒话桑麻。待到重阳日，还来就菊花。"既写出了美好田园的诗情画意，使我们领略到强烈的农村风味和劳动生产的气息。而农耕文明是乡村的魂、城市的根，是中华文明延绵不绝的内在根脉。农耕文化是美丽乡村建设的重要基础，也是建设美丽乡村的内在动力。农业的发展、农村的进步、农民的富裕离不开农耕文化的影响。在乡村振兴的大背景下，要发扬和继承乡村本土的优良传统，培育具有时代特色和本地特色的农耕文化，让人们真实地感受到乡愁和乡思。习近平总书记曾指出，耕读文明是农业发展的软实力；农耕文化是我国农业的宝贵财富，是中华文化的重要组成部分，需要不断发扬光大[①]。乡村振兴需积极开展农耕文化保护与传承工作，在保护中发展，在发展中保护，有条件的地区要积极创建农耕文化示范区。加强工业文明与农耕文明的有机融合和协调发展，以及农耕文化与传统节庆的衔接、基

---

于农耕文化保护的美丽乡村建设结合、强化乡村文旅产业发展。切实加大投入力度，针对濒危农耕文化要科学合理地开展抢救和保护。通过农耕文化基础设施和农耕文化保护与传承示范工程建设，落实示范保护；通过传统村落保护工程、乡村记忆工程、特色农耕文化产业发展工程、农耕文化艺术精品创作工程建设，有效推进农村基层文化建设工作。

## （四）明晰的土地产权是乡村治理有效的内在要求

产权作为人与人之间因财产而建立的经济权利关系，具有排他性、有限性、可交易性、可分解性、行为性等特点。只有具备这些性质和特点，才是产权。《中华人民共和国土地管理法》第九条规定，城市市区的土地属于国家所有。农村和城市郊区的土地，除由法律规定属于国家所有的以外，属于农民集体所有；宅基地和自留地、自留山，属于农民集体所有。第十条规定，国有土地和农民集体所有的土地，可以依法确定给单位或者个人使用。使用土地的单位和个人，有保护、管理和合理利用土地的义务。党的十八届三中全会明确了农村土地制度改革的方向和任务。中央全面深化改革领导小组第七次会议审议的《关于农村土地征收、集体经营性建设用地入市、宅基地制度改革试点工作的意见》指出，坚持土地公有制性质不改变、耕地红线不突破、农民利益不受损三条底线，在试点基础上有序推进。2015年1月，中共中央办公厅和国务院办公厅联合印发的《关于农村土地征收、集体经营性建设用地入市、宅基地制度改革试点工作的意见》提出四大任务，一是完善土地征收制度。缩小土地征收范围，探索制定土地征收目录，严格界定公共利益用地范围；规范土地征收程序，建立社会稳定风险评估制度，健全矛盾纠纷调处机制，全面公开土地征收信息；完善对被征地农民合理、规范、多元保障机制。二是建立农村集体经营性建设用地入市制度。完善农村集体经营性建设用地产权制度，赋予农村集体经营性建设用地出让、租赁、入股权能；明确农村集体经营性建设用地入市范围和途径；建立健全市场交易规则和服务监管制度。三是改革完善农村宅基地制度。要求完善宅基地权益保障和取得方式，探索农民住房保障在不同区域户有所居的多种实现形式；对因历史原因形成超标准占用宅基地和一户多宅等情况，探索实行有偿使用；探索进城落户农民在本集体经济组织内部自愿有偿退出或转让宅基地；改革宅基地审批制度，发挥村民自治组织的民主管理作用。四是建立兼顾国家、集体、个人的土地增值收益分配机制，合理提高个人收益。

农村土地制度改革既是农业、农村发展的客观需求，也是我国农业建立市场经济体制中必须要解决的关键问题。产权清晰、治理有效是乡村振兴的必要保障，也是国家治理体系现代化的重要内容。

## （五）土地财产性收益是乡村生活富裕的重要来源

生活富裕是乡村振兴的根本目标，关键是要消除乡村贫困、促进农民持续增收、缩小城乡居民生活差距，共享现代化成果。目前，土地的占有数量和区位直接影响财富的分配（张文明等，2013）。制约当前农民土地财产性收入增长的最主要因素是，以财产权制度和市场化制度为代表的制度性障碍（丁琳琳等，2015）。城市土地已经实现了由资源向资源、资产、资本转变，由重数量向数量与价值量并重转变。农用地因用途管制而实际价值低估，集体非经营性建设用地流转受限，使农民土地财产化程度低于城市。逐步消除土地的社会保障功能，建立完善的农村社会保障和公共服务体系，彻底解除各方参与主体对土地完全自由流转的思想顾虑，实现土地与农民身份分离，提高农民的财产化程度，不仅有利于农民市民化，还可以提高城镇化质量（赵淑芹等，2014）。在乡村振兴政策制定中，既要考虑土地在农民生活中的基础保障功能，也要有效盘活土地资产，制定规范的流转程序，构建公平的市场平台。让农民拥有完整的土地财产权法律地位，拥有对土地的自主交易权等处置权，使农民通过家庭承包而形成的土地使用权与城市通过出让形成的土地使用权具有同等权能（张合林，2008）。在坚持土地公有制下，依靠城乡统一的土地市场机制，通过土地财产交易，拓宽农村居民财产性收入，建立农民分享工业化、城市化成果的内生、长效机制。诺贝尔经济学奖得主阿马蒂亚·森说，"贫困必须被视为是一种对基本能力的剥夺，而不仅仅是收入低下"，为促进农民财产性收入增加，应从强化农民土地产权主体地位、加快推进农村征地制度改革、扩大经营性土地开发范围、搭建农村建设用地交易平台、扩大农民土地抵押贷款试点、规范城乡建设用地增减平衡机制等方面采取有力措施（张传华，2016）。因此，实现农民土地财产权利的市场化、资本化、物权化、法治化是实现农民富裕的根本保障，尊重农民主体地位、保障农民更多的土地财产性收益，是制度设计和政策制定的基本方向。

# 二、农村土地制度创新驱动

农村土地制度是我国农村最基本的制度，需要进一步适应新的形势变化并进行改革和完善，这也是乡村振兴战略的必然选择。通过盘活存量，用好流量，辅以增量，激活农村土地资源资产，构建科学合理的农村土地利用管理政策体系。换句话说，乡村振兴需要土地制度改革创新。

党的十八届三中全会对土地制度改革提出了新的要求，在征地制度改革方面，提出"缩小征地范围，规范征地程序，完善对被征地农民合理、规范、多元保障机制"；在农村集体经营性建设用地方面，提出"建立城乡统一的建设用地市场。在符合规划和用途管制前提下，允许农村集体经营性建设用地出让、租赁、入股，实行与国有土地同等入市、同权同价"；在宅基地制度改革方面，提出"赋予农民更多财产权利。保障农户宅基地用益物权，改革完善农村宅基地制度，选择若干试点，慎重稳妥推进农民住房财产权抵押、担保、转让，探索农民增加财产性收入渠道。建立农村产权流转交易市场，推动农村产权流转交易公开、公正、规范运行"。2014年12月2日，习近平总书记主持召开中央全面深化改革领导小组第七次会议，审议通过了《关于农村土地征收、集体经营性建设用地入市、宅基地制度改革试点工作的意见》，这标志着土地制度改革的启动。

## （一）构建城乡统一要素市场

### 1. 我国城乡二元结构现状及问题

城乡二元体制是包含城乡之间的户籍壁垒和城乡两种不同的资源配置制度在内的涵盖经济、社会等多个领域的二元社会结构。我国城乡二元结构的现状首先体现在城乡之间的贫富差距较大：我国目前地区发展安排是从东部地区、中部地区到西部地区呈现由富到贫、由发达到落后的"梯度"状态。在较发达的东部沿海地区，城乡间关系呈现良好的协调发展态势，城乡收入差距相对较小，生产要素和劳动力流通渠道畅通，产业间互相补充促进，城乡协调进程较为顺利。而中西部欠发达和落后地区的城乡之间协调较差，城乡间融合壁垒和限制较多，融合程度低，产业布局及组织结构之间的差异进一步加剧了其落后状态（白琳等，2007）。总体上，城镇居民的收入增长较快，农民收入增长相对缓慢，相对于城市工业化、现代化快速发展，农业发展严重滞后，整个社会的财富分配出现了一种"马太效应"——城市及其郊区的价值激增，而偏远农村的价值却依然无法获得有效实现。

我国城乡二元结构的现状还体现在由制度型城乡二元结构转化为市场型城乡二元结构。我国社会的二元结构是我国特殊的国情与所处的特定历史环境合力的结果。在中华人民共和国成立后，为了实现最大限度地从农民手中获得低价农产品，维持限定的城市人口低工资和低消费，以得到更多的剩余价值来获得工业化积累，国家颁布了一系列的政策、法规，通过户口制度、粮油供应制度、劳动用工制度和社会保障制度等，将城乡人口和城乡经济与社会生活人为地分割为两个互相隔离的部分，形成人为的制度壁垒（李明宇等，2005）。但改革开放以来，随着经济的发展和社会的进步，我国在原料、粮食方面的对外依赖程度有不同程度的增加，市场一体化和经济全球化使城市与农村之间的直接经济联系进一步疏远，城市流回农村的资金也在不断减少，城市对农村的依赖关系逐渐减轻。城市与农村之间出现了一定断裂，这种断裂不再是制度造成的，而是市场经济发展的结果。这种由市场造成的社会断裂而形成的城乡二元结构，可以称之为"市场型城乡二元结构"。这是当前我国城乡二元结构的主要形式。

受城乡二元体制的影响，当前在土地层面我国实行的也是城乡不同的土地制度，即城乡二元土地制度。城乡二元的土地权利体系是这一制度的基本特征，城乡土地适用不同的管理方式，即城市的土地属于国家所有，农村的土地属于集体所有。城市建设用地市场已基本建立起来并形成了相应的价格体系，建设用地使用权在市场上可以自由流转，转让的价格主要由市场来决定，农村土地市场价格体系还未形成。政府征地成为农村土地变为城市建设用地的唯一合法途径，因此也形成了中国土地城乡分割的独特格局（贾艳慧，2010）。城乡二元土地制度成为影响城乡平等发展的重要一环，土地增值收益在城乡之间分配严重不公，由此带来一系列严重问题。

土地市场的城乡二元结构导致了土地市场不统一、土地增值收益城乡之间分配严重不公、损害农民合理权益等一系列问题。一是城乡土地市场未统一。农村和城市的二元结构，城市土地归国家所有，农村土地归集体所有，相应形成农村土地市场和城市土地市场。由于农村土地需征地才能进入一级市场，不能参与分配土地在一级土地市场所产生的增值收益，占用农村土地补偿远远低于农用地被作为城市建设用地和商业用地的土地价值，城市土地价值要高出农村土地价值几倍甚至几十倍。因此，人们也就更多关注城市土地市场建设，把重点放在加强城市土地市场的管理上（林艳，2010），目前，城市土地市场发展较为规范，农村土地市场当前仍处于探索和试验阶段，表现在农村土地市场理论研究相对滞后，有关政策和法规也不够明确和规范，农村土地产权不清晰，农村土地市场体系不太健全。二是城乡之间的土地增值收益分配严重不公。在城乡土地二元体制之下，城市国有土地有相对完善的转让市场，进行转让时自由空间较大。而集体土地现有规定是不能直接进入市场进行转让，必须通过政府征地，经由政府进行出让开发。在征地过程中，土地征收价格和出让价格相差较大，政府从中获取因城乡土地制度产生的福利，政府获取了较大的增值牟利机会。随着城镇化进程的不断加剧，土地价值日益显化，土地增值收益不断上升，现行征地制度下，被征地农民虽然获得了土地的补偿和安置款项，有的地方也建立了被征地农民社会保障制度，但一定程度上，被征地农民并没有分享到城市化带来的利益，如若存在干部在征地过程中违反程序，克扣征地款项等行为，将进一步使多数农民无法分享土地增值收益（刘守英，2014）。土地增值收益的主要部分由城市获得和使用，农村得到的补偿款远远低于实际土地价值的补偿，城乡之间的增值收益分配严重不公。三是农民权益受到损害。基于城乡二元土地制度和现行征地模式，随着城镇化进程加快，农民集体土地通过被征收变成国有，城乡土地的自由合理流转被阻隔。近年来，随着经济快速发展，城乡一体化的实施，农村土地通过征收变成国有土地的数量持续增长。而农村土地对于农民来说，不仅是重要的生产与生活资料，还承担着社会保障性和社会福利的功能。农民得到的土地补偿安置费只是"保命钱"，由于不具有完备的农村社会保障体系，导致失地农民生活水平不断下降。随着经济发展，土地呈现升值态势，但征地补偿标准偏低，被征地农民不能分享到土地增值收益，利益受到了一定损害。

### 2. 农村集体经营性建设用地改革

改革开放以来，通过制定交易规则和搭建市场平台，我国逐步建立了相对完善的劳动力市场、资本市场和技术市场，唯独土地市场由于土地本身的异质性、空间固定性和利用的外部性，一直处于城镇建设用地市场相对健全而集体建设用地市场始终缺位的非均衡状态（文兰娇等，2017）。自 20 世纪 90 年代后期，政府开始重视集体建设用地自发、无序流转的不良局面，改革农村土地市场，建立城乡统一建设用地市场的思路和决心愈发清晰。党的十八届三中全会首次提出，"建立城乡统一的建设用地市场"的新要求，党的十九大报告明确提出，"实施乡村振兴战略，建立健全城乡融合发展体制机制和政策体系，加快推进农业农村现代化"。推动集体建设用地的流转，构建城乡统一建设用地市场是打破城乡二元体制、激活土地价值、发展农村要素市场的重要环节。在构建城乡统一的建设用地市场方面，各地结合地方实际探索出了不同模式，取得了一定的改革经验。

（1）重庆"地票"模式

作为全国统筹城乡改革试验区的重庆市，以推动农村改革发展、实现城乡一体化为工作重心，在全国推进建立城乡统一建设用地市场的政策背景下，结合本地实际，创建与实施了一系列农村建设用地管理新举措，取得了较好的经验和成果。

重庆市于 2008 年成立了全国第一个土地交易所，交易所的承担的主要职责包括：一是负责建设用地挂钩指标的交易工作，二是开展集体土地流转的交易，三是维护交易者合法权益，四是为交易提供场所，以及各种信息咨询等服务。在土地交易中心平台上，可以进行两类交易，一是实物交易，是指农村集体土地使用权与农村土地承包经营权流转，以及林权交易等。二是地票交易。"地票"是指通过对农村宅基地及其附属设施用地、乡镇企业用地、农村公共设施和农村公益事业用地等开展土地整治，将这些集体建设用地复垦为耕地后，再通过相关部门验收合格后而形成的与建设用地挂钩的用地指标。地票模式做法首先是通过土地整治，将农村闲置浪费的宅基地、土地等复垦，经审核认定后，交易所将复垦合格的土地以地票形式纳入指标信息库，交易所再以公开竞购地票的形式进行地票交易，竞标单位竞得地票后，由政府审批后转为建设用地，最后再通过"招、拍、挂"的方式公开出售使用（朱艳丽，2014）。在地票交易模式下，农村土地所有权与使用权流转所获收益如何分配是政策核心内容，重庆市规定了收益的分配比例，85%的价款收益（最低每公顷0.64万元）归宅基地复垦的农民所有，剩下15%价款为集体经济组织所得。

地票制度为探索城乡统一土地市场提供了很好的案例，在空间上，通过建设用地指标实现了城乡远距离、大范围的空间置换，改善了建设用地结构不平衡状况，在化解保护耕地和保发展矛盾的同时，有效地实现了复垦区农村建设用地使用权的增值，打通城乡土地要素流通环节，提高了土地综合利用价值，推进了集约型城市化发展模式的实践探索（冉茂盛等，2013）。

（2）德清县集体经营性建设用地入市改革

浙江省德清县也是我国集体经营性建设用地入市改革的试点地区之一。在被确定为试点地区后，德清县在明确入市指标范围和主体、建立健全交易制度、规范土地流转收益分配等方面，形成了一套完整的体系。

在入市范围方面，先进行土地确权、制定规划等基础工作。通过实地勘察、无人机航拍等手段确定集体产业用地存量，结合各种图件资料梳理集体产业用地地块的坐落、权属、四至等基本情况，然后进行登记并公示。通过多规合一，将土地利用总体规划、城乡建设规划等规划进行系统的比较，确定可以进行入市流转的土地类型和条件。

在入市主体方面，德清县实行三种不同的入市方式：自主入市、委托入市、合作入市。对属于乡镇集体的集体产业用地，可以委托资产管理公司进行入市；对属于村集体的集体产业用地，可以由村股份合作社作为入市的主体；对属于未取得入市主体资格的村民小组的集体产业用地，可以委托村股份合作社进行入市。鼓励通过建立股份合作社，使偏远地区的集体经济组织和集中入市地区的集体经济组织合作入市。并且将选择权、决策权交给农民集体。

在收益分配方面，首先，德清县制定了合理的调节金征收比例。根据县城规划区内、县城规划区外乡镇规划区内和乡镇规划区外三种不同的情况，制定了不同的调节金征收方式。对工业用地按24%、20%和16%征收，对商服用地按48%、40%和32%征收。其次，德清县还制定了三种不同的入市收益分配方式：实物、股权、现金。具体来讲，就是乡镇一级的收益以基础设施等实物形态作为入市收益，由所有集体经济组织共享，村集体的收益以股权的形式分配给农民；村民小组的收益扣除10%作为集体提留收缴外，剩余部分可以以现金的形式分配给农民。

在交易制度方面，德清县建立了统一的交易平台，将全县的集体产业用地与国有土地统一纳入公共资源交易中心。德清县还制定了统一的建设用地基准地价和租金体系，将德清县划分为七个区片，同一区片实行统一的区片地价。德清县鼓励引导从事国有土地调查、评估工作的机构，为集体经营性建设用地入市提供服务。

## （二）盘活农村闲置土地资产

### 1. 宅基地"三权分置"

区分所有权、资格权和使用权是宅基地"三权分置"的核心内容。具体而言，将宅基地的取得资格从使用权中分离出来单独设立资格权，构成宅基地所有权、资格权和使用权的"三权分置"。宅基地所有权、资格权、使用权的"三权分置"完善了宅基地用益物权制度，解决了当前农民财产权利难以有效流转的实际问题。从政治意义看，强化了集体所有和个人资格权，而弱化了国家土地管理权。从法律意义看，"三权分置"是立法和司法对现实交易的确认（潘德勇，2019）。从所有权来看，目前的"两权分离"和"三权分置"关于宅基地所有权并没有差异，都是集体经济组织作为所有者依法享有对宅基地享有的占有、使用、收益和处分的排他性完全权利。对于如何分离宅基地的农户资格权和使用权并清晰界定，才是宅基地"三权分置"政策的关键。

### 2. 资格权和使用权内涵界定

当前，在界定宅基地农户资格权和使用权的权利内涵时，学术界有不同的意见。明确二者的权利性质是关键，明确宅基地农户资格权和使用权的权利性质，基于承包地"三权分置"研究可得出一些启示，目前的主流观点大致分为两种：一种观点根据权能分离理论，把承包权和经营权归为物权。农户凭借集体成员资格获得的承包权是一种单独物权性质的财产权，经营权源起承包权，并承担着促进农业发展、农民增收的功能，也可以说是一种物权（郜永昌，2013）。一种观点认为承包权只作为一种资格，并不是一种真正意义上的财产权，还认为承包权是成员权的一种，而经营权才具有物权属性（方婷婷等，2017）。定义具有成员权属性的宅基地农户资格权和具有物权属性的宅基地使用权，可在"一物一权"的原则下，将宅基地所有权、资格权和使用权集于一物。"所有权（集体）—农户资格权（成员）—使用权（使用者）"的物权分离是这种产权制度的基本逻辑（陈振等，2018）。

### 3. 资格权和使用权权能范围

界定了宅基地资格权和使用权后，需明确其权能范围。一些学者将土地承包权权能直接概括为占有和处分权（张红宇，2014），也有一些学者在此基础上，将土地承包权的处分权能细化为收益权、继承权、退出权等权能（潘俊，2014）。对土地经营权权能的界定相对较为一致，土地经营权包含占有权、使用权和收益权这三项权能。土地经营权通过流转，由获得者享有对承包土地的占有权、在承包土地上开展农业生产的使用权，以及利用承包土地获得一定利润的收益权（陈金涛等，2016）。获得的土地经营权享有一定限度的处分权，或者认为处分权就是"抵押和入股的权利"（宋宗宇等，2015）。总体来看，农户资格权权能范围具体包括：①占有权，体现在获取宅基地、到期收回和监督利用的权利；②收益权，体现为有偿退出、征收补偿和有限流转等权能；③处分权，具体可以分为转让权、继承权和退出权（陈振等，2018）。

### 4. 宅基地"三权分置"改革实践

#### （1）义乌市"三权分置"改革

义乌市是全国农村土地制度改革试点地区，宅基地改革过程中，坚守土地公有制性质不改变、耕地红线不突破、农民利益不受损三条底线，从"取得置换、抵押担保、产权明晰、入市转让、有偿使用、自愿退出及民主管理"七个方面探索建立农村宅基地制度（钱泓澎等，2019）。依据城镇规划红线范围和农村更新改造范围，建立宅基地运行的三种模式：①在城镇规划红线范围内的，采用权益置换上市交易模式；②在城镇规划红线范围外，尚未完成农村更新改造的，采用集体内部转让或退出模式；③在城镇规划红线范围外，但已完成农村更新改造的，采用有条件跨集体转让模式。

权益置换上市交易模式是指每个行政村集体经济组织成员按照一定建筑面积的标准确定置换权益面积，置换的权益面积可以为高层公寓、产业用房、商务楼房、货币等；集体内部转让或退出模式是指持有宅基地及房屋不动产权证书的转让方，将宅基地及房屋转给本村集体经济组织成员，受让方取得宅基地后符合宅基地面积控制标准。根据《义乌市"集地券"管理暂行办法》的规定，自愿退出并复垦为耕地的宅基地使用权人享有复垦产生的"集地券"；有条件跨集体转让模式是在实施农村更新改造后仍然是集体土地所有权下的宅基地使用权，其土地性质并未改变。《义乌市农村宅基地使用权流转暂行办法》规定，对于农村更新改造完成的村庄，获得村民代表大会同意，经由镇人民政府审核，报相关部门备案后，满足一定的条件后，在本市行政区域范围内允许农村宅基地使用权跨集体经济组织流转（叶剑锋等，2018）。

#### （2）德清县"三权分置"实践

德清县是农村土地制度改革试点地区，德清县在总结以往宅基地改革经验的基础上，将探索视角放在宅基地的住房保障功能和物权性财产权功能的分离与优化上，尝试将宅基地使用权的身份性居住保障权与物权性财产权分离，对宅基地"三权分置"开展了探索和实践。

德清县首先着眼于夯实宅基地"三权分置"改革的基础，从公法规制和私法规则两个层次进行了探索。在公法规制方面，提出坚持宅基地"三权分置"改革以优化宅基地空间用途管制为前提，适度拓展宅基地用途。农村电商、餐饮、创意文化产业和符合条件的小型加工业等农村新产业新业态可以使用经批准后的农村宅基地，以促进农村产业融合发展。在完善私法规则方面，根据全县农村集体经济组织股份制改革的现状，明确由村股份经济合作社代表村农民集体行使宅基地集体所有权，细化了村股份经济合作社对宅基地管理重要事项决策的范围及程序。

德清县提出宅基地农户资格权在法律性质上属于集体成员权的具体类型，是集体成员以户为单位所直接支配的专属性的身份利益。德清县将宅基地农户资格权配置和确认的权限纳入村民自治的范畴；探索了以"村股份经济合作社宅基地资格权登记簿""宅基地资格权登记卡"等方法，对宅基地农户资格权进行公示和确认；明确了宅基地农户资格权的多样化实现方式，资格权人可以申请分配宅基地，也可以申请享受城镇住房保障政策，还可以申领居住补贴，实现了以宅基地农户资格权为载体，确保农村集体经济组织成员住房保障全覆盖。

此外，德清县将身份性居住保障功能从宅基地使用权中剥离。推动宅基地使用权向典型用益物权转型和发展，是宅基地"三权分置"改革的重心所在。纯化为典型用益物权后的宅基地使用权是集体成员依法行使宅基地农户资格权的结果，宅基地使用权一经设立，便独立于宅基地农户资格权。纯化为地方实践型用益物权后的宅基地使用权可以出租、出让和抵押。宅基地使用权出租、出让的，应当向村股份经济合作社缴纳土地收益调节金，使宅基地集体所有权落到实处。土地收益调节金按合同价款的1%～3%的比例交纳，具体由村股份经济合作社在民主决策的基础上自行确定（邱芳荣等，2019）。

## （三）创新农村土地征收制度

### 1. 现行征地制度及存在的问题

由于城乡二元土地制度，我国农村土地非农化的唯一合法途径是土地征收或征用，变为国有土地后方能进入土地市场，土地市场结构呈现政府垄断一级土地市场状态。因此，土地征收的特点如下：一是强制性的特征。国家根据公共利益的需要，可以对集体所有的土地进行征用，将集体的土地变为国有土地，再进行开发利用。在具体征地过程中，只有公共利益才可以进行征地，征地的决定权由国家掌握，农村集体组织虽然具有土地所有权，但并没有实质性参与权，这就体现了征地制度的强制性。二是相当补偿原则也是征地制度的特征之一。1998年我国开始实行对失地农民的相当补偿原则，补偿费和安置补助费总和不得超过被征用土地前3年平均年产值的30

倍，相当补偿原则是考虑了在征地过程等中政府的交易成本和交易费用，这种补偿价格很难与市场价格相当。三是征地制度强调政府安置责任。失地农民的安置问题一直受到政府重视，政府也承担了相应的安置责任。国土资源部《关于完善征地补偿安置制度的指导意见》提出了土地入股安置、农业就业安置、社会保障安置和移民安置等多项办法，主要是保障失地农民的生活水平不降低（李振京等，2010）。

现行征地制度安排在国家财力有限的情况下，能够快速聚集国家工业化和城市化发展所必需的资金，缓解政府财力不足问题（周其仁，2004）。但也存在政府征地行为不尽规范后严重侵犯农民土地权益、城市土地利用集约化程度偏低等问题。首先，征地补偿标准偏低，造成土地巨额增值收益分配不公平。近年来，我国农村土地征用存在着改变土地用途所产生的高额收益与农民所得补偿不平衡的矛盾。这是由于绝大部分地区是按照农业用途的平均产值补偿农村土地，农民获得的补偿仅相当于全国农户六七年的人均纯收入水平。农村土地改变用途成为建设用地后价值会迅速升高。对征用土地进行补偿时，是按照年平均产值确定补偿价格，在二级市场出让时，却按照市场价格和土地建设用途确定补偿价格，这种补偿方式严重损害了农民的权益（李平等，2004）。其次，征地范围过宽。根据我国相关法律，为了满足国家公共利益的建设用地需要而征用农村土地，并且依据法定程序变更土地所有权，由集体所有转为国家所有。但我国现行的《中华人民共和国宪法》，以及颁布的《中华人民共和国土地管理法》，皆缺乏对公共利益的清晰界定。而征用农村土地作为新增国家建设用地满足各种项目用地需要的唯一途径，不论是国家公共利益需要，还是个人和企业需要，都通过征地的方式征收农村集体土地，大大超过国家公共利益的界限，导致了征地范围过于宽泛。最后，目前征地程序不规范，司法救助体系不完备。我国现行征地程序仅规定了实施征地的地方政府应该在征地补偿安置方案确立后公告，并接受失地农户及所在村集体意见。但在土地利用规划制定、公共利益审查和征地补偿标准确定环节缺少公开听证的步骤，缺少独立的价值评估机构协助进行征地补偿标准的确定；缺少相应的司法救助设计解决征地过程中产生的纠纷，从制度上很难保障地方政府行为的公信力及执法的公平性（李中，2013）。

### 2. 征地制度改革实践

#### （1）河北省定州市征地制度改革

关于缩小土地征收范围：第一，同时采用列举法与原则法的模式，制定了《公共利益用地目录划定方案》。确定"公共利益用地的公共受益性、合理合法性、公开参与、基于用途"的四条原则。此外，列举公共利益用地的目录，生成《公共利益用地暨土地征收建议目录》和《公益性和非公益性用地界定表》两项主要成果。第二，审查征地项目的公益性。依照当前经济社会发展和新型城镇化要求，审查试点中所有征地项目的公益性，对于非公益性用地，提出"近期退出、远期退出征地范围"的方案，既可以缩小土地征收范围又可以保障项目用地需要，进一步解决"征地过宽"问题。第三，制定公共利益断定争议解决机制。对未列入目录的拟建项目的公益性存在争议的，由市政府组织召开听证会。听证会做出不属于公共利益的结论，不再征地；做出属于公共利益的结论，进行被征地群众认可的征地，仍有异议的可向本级人民法院或以上级国土资源部门提出行政复议，行政复议结果为最终裁决。

在土地征收程序方面，制定《关于推进土地征收制度改革试点工作规范征地程序的意见》。将批后实施步骤的征地协商、补偿安置工作拿到批前来做。重新构建原有征地程序，提高了征地及审批速度，土地征收程序和路径更加顺畅。探寻构建了包含社会稳定风险评估；征地协议与补偿安置标准协商；征地预公告、补偿安置公告及批后公告；国土资源部门代表市政府、乡镇政府与被征地村集体、农户签订协议的工作程序。

在征地补偿安置方面，单一的安置方式越来越难以保障农民当前和长远利益的需要，多元化的安置方式是改革土地征收安置的主要方向。结合定州市实际，推行补偿标准动态化、补偿方式多元化，创建了货币补偿、养老保险、粮食补贴三重保障。对照试点前后，定州市被征地农民补偿受益普遍提高了约 1 倍，确立对被征地农民规范、合理、多元保障机制。给予被征地农民更多的自主选择权，探索了多址选征和五步协商法。①多址选征。项目用地一般备选 2 ~ 3 个址，可以化解政府与农民在一个地块上的博弈，客观上避免批而未征、批而未供等问题的出现。②五步协商法。分别组织村党支部会、村委委员会、党员大会、村民代表会 4 次会议协商，以及乡村干部入户逐户协商，做到农民不签协议不征地。由此保障被征地农民的知情权、参与权和监督权，从源头上减少了矛盾纠纷。通过项目"多址选征"和征前"五步协商法"，提升农民的自主选择权，提高被征地农民的参与感与获得感。

在土地增值收益分配方面，创立兼顾国家、集体、个人的土地增值收益的分配机制。依照各种用途土地（城市开发、工业用地、公益事业等）供应后市政府的总体收益情况、分类收益情况，以及具体地块收益情况，定州市明确国家、集体及个人的占比分别为 55%、15%、30%。同时也规定，一次性征收 100 亩以上土地的，要将其中 5% 的征收土地留给村集体使用。根据留地比例，在周边规划相应面积的商业用地，配建安置商业用房，作为土地增值收益分配给被征地村集体或被征地农民，实现了农民长期收益（吴靖瑶等，2018）。

（2）和林格尔县征地制度改革实践

在征地范围方面，第一，深化"红线"规划管制、控制，做好征收范围顶层设计。强化规划管制，制定征收范围控制在耕地保护红线、生态保护红线和城市发展边界线"三线"以内，激励使用未利用地，反推土地节约集约。第二，强化行政管理，及时更新公共利益认定机制。依据《划拨用地目录》等法规文件并联系本县实际，采用列举法和专家征询意见法制定了县《土地征收目录（试行）》，严格界定公益性和经营性建设用地，经认定不属于公益性建设项目，严禁动用征收权。第三，发挥市场作用，创立非公益性项目用地途径。准许退出征地范围的非农建设用地通过入市流转，采用协议转让、出租、联营、入股等方式使用集体建设用地，交由市场解决。第四，采取法律手段，探求公共利益争议解决机制。对没有列入征收目录的拟建项目，由县政府组织召开听证会予以认定是否属于公益性。

在征收程序方面，一是新增公共利益认定环节。在征收审批阶段审查建设项目的公益性是否属实，断定不是公益性的停止启动征收程序，将征地权严格控制在公共利益之内。二是新增备案程序。土地征收之前，县国土局对被征地农民家庭及收入等情况进行摸底调查，详细建档，登记造册，并上报人社局备案，实现"一户一档、一人一卡"。三是创建社会稳定风险评估制度。创设了县土地征收社会稳定风险评估委员会，制定《风险评估实施办法（试行）》。在征收前吸取村民意见，实行风险评估，规定风险等级，提出化解风险措施，生成评估报告，作为是否进行土地征收的重要依据。四是摸索民主协商机制。实行"两公告、一评估、一听证、一协议、一登记"程序（土地征收方案批复前与批复后两次公告、土地征收社会稳定风险评估、土地征收方案听证会、征地补偿安置协议、征地补偿登记），用法制保证民主协商，以农民全程参与体现征收决策及执行的透明公正性。五是完善矛盾调处机制。成立县土地征收补偿安置争议调解裁决委员会，制定《协调裁决办法（试行）》，转换政府"运动员""裁判员"双重角色，拓宽了农民诉求表达渠道。六是优化信息公开机制。遵守"公开为原则、不公开为例外"原则，在县门户网站设立了"征地信息"专栏，主动公示土地征收转用方案等信息，并在报刊、广播、电视等媒体发表公告，满足群众信息多样化需要，保证被征地农民的知情权。

在征耕地补偿方面，一是勇于突破，完善土地征收补偿标准。综合考量征地统一年产值标准、人均可支配收入、土地用途和区位，以及农用地生产收益等情况，采取多种测算结果加权叠加，打破了以往统一年产值补偿倍数限制，上涨幅度10%～21%，每公顷最高增加471.93元，并逐渐完善征地补偿与收入上涨、物价增长指数等相协调的动态调整机制。二是规范制度，加强养老保险社会保障。制定了《被征地农民参加社会养老保险办法（试行）》，以村或户为单位，累计征地达到60%和50%以上的被征地农民，均参与城镇职工养老保险或城乡居民养老保险，一次性缴纳的社会养老保险费由被征地农民本人和政府按30%和70%的比例承担。财政部门成立社会养老保险资金专户，现行的社会养老保险费不落实，不得上报征收土地。三是长远激励，帮扶再就业再创业。制定了《被征地农民创业就业扶持援助实施办法（试行）》，县政府主动搭建平台，创办了云谷物业服务有限公司和云谷保安服务有限公司，组织展开就业创业培训合格后，推荐农民从事园区绿化、保安、物业管理等工作。并且主动协调入区企业和建设单位优先安置当地村民。激励自主创业，对从事种养殖、交通运输、购买商业用房的失地农民赋予创业补贴。

在土地增值收益分配方面，一是建立制度，创建土地增值收益核算办法。制定了《征收转用农村集体土地增值收益核算办法》《农村集体土地征收转用增值收益核算与分配方法研究报告》，制定了核算公式，依照不同收益获得主体，采取征地和出让两个环节的土地增值收益之和的办法计算确定了收益核算标准。二是制定标准，建立集体建设用地基准地价体系。对各乡镇进行土地定级、全用途城镇建设用地基准地价进行评估，创建了覆盖城镇用地二级类的全用途修正体系，为土地征收及集体建设用地出让、租赁、入股等增值收益分配机制提供参照，寻求城乡一体化土地供应标准。三是明确依据，寻求增值收益分配的合理比例。中央政府、地方政府、农村集体经济组织、农民土地增值收益分配比例为 15.54%、25.90%、9.81%、48.74%。四是实践检验，保证各方土地增值收益分享权。选择不同经营模式的试点项目，寻求联营、土地股份合作、留地、留物业等多种方式，并将收益纳入农村集体资产统一管理，实行土地增值收益核算与收益分配实践，制定农村集体内部土地增值收益分配办法。

# 三、农村土地要素供给保障

随着改革的不断深入和实践的不断发展，在总结土地制度改革试点经验的基础上，新《土地管理法》颁布实施，新法在集体经营性建设用地入市、土地征收、农村宅基地改革等方面有了新的突破。改革只有进行时没有完成时，甘谷县虽然没有纳入国家土地制度改革试点，但也在不断探索完善农村土地管理工作，在确权登记、整治修复、统筹规划和保护农地等方面进行了有益探索，为供给乡村振兴用地提供了基础保障。

## （一）确权登记保障资源资产权益

2010 年，《中共中央 国务院关于加大统筹城乡发展力度进一步夯实农业农村发展基础的若干意见》提出，加快农村集体土地所有权、宅基地使用权、集体建设用地使用权等确权登记颁证工作，推进农村集体土地确权登记发证工作是夯实农业农村发展基础、促进城乡统筹发展和农村社会和谐稳定的重要工作，涉及广大农民切身利益，对保护农民权益具有深远意义。

确定土地权属，简称土地确权。狭义的确定土地权属，仅指依法确定土地所有权、使用权和土地他项权利的归属，即土地所有权、使用权和土地他项权利归谁所有。广义的确定土地权属，是指依法确定土地所有权、使用权和土地他项权利，不仅包括确定土地所有权、使用权和土地他项权利的主体，而且包括确定土地所有权、使用权和土地他项权利的客体和内容。由于具体的土地所有权、使用权和土地他项权利总是主体、客体、内容三者的统一体，所以确定土地权属更多地使用广义上的概念，即确定土地权属就是指确定土地所有权、使用权和土地他项权利。

农村集体土地确权登记发证是土地登记的重点内容之一。自20世纪80年代后期，大概经历了三个阶段：第一阶段是20世纪80年代后期到1993年，试点和起步阶段。原国家土地管理局依据第一次全国土地调查工作，通过试点在全国范围内启动了农村集体土地的初始登记工作。主要内容是宅基地使用权和集体建设用地使用权确权登记发证，个别省份开展了集体土地所有权登记发证工作。第二阶段是1993~1999年，中止和徘徊阶段。1993年，国务院为减轻农民负担，取消了包括农村土地登记在内的一系列收费，由于断了经费来源，农村集体土地登记工作几乎陷入停滞。第三阶段是1999年至今，再次部署和推进阶段。1999年，国土资源部地籍司组织实行了农村集体土地产权制度建设调研，提出在坚持土地集体所有的条件下，尽力探索集体土地所有制的多种实现方式，系统确认土地所有权，规范土地使用权，保证土地所有者收益权，夯实土地用途管制权的思路。2000年、2001年进一步实施了扩大农村集体土地所有权登记发证覆盖面的调研。在此基础上，2001年11月，国土资源部下发《关于依法加快集体土地所有权登记发证工作的通知》和《集体土地所有权调查技术规定》，在全国全面部署加快集体土地所有权登记工作。2008年，国土资源部下发《关于进一步加快宅基地使用权登记发证工作的通知》，要求各地加快实施农村宅基地确权登记发证工作。尤其是在第二次全国土地调查期间，各地依据二次调查及年度遥感监测变更调查成果推动工作上升到了新高度。2014年国土资源部等五部委《关于进一步加快推进宅基地和集体建设用地使用权确权登记发证工作的通知》指出，为落实党的十八届三中全会关于"赋予农民更多财产权利，保障农户宅基地用益物权，改革完善农村宅基地制度；建立城乡统一的建设用地市场，在符合规划和用途管制条件下，允许集体经营性建设用地实行与国有土地同等入市、同权同价"的改革精神，联合国家建立和实施不动产统一登记制度的有关要求，对进一步加快推进宅基地和集体建设用地使用权确权登记发证工作提出了新的要求。

土地是乡村振兴之本，是农村经济发展的基石。农村土地确权对于明确土地产权关系，保证农民根本权益具有重大意义。明晰土地产权关系是保护农民合法权益的前提和基础，通过土地确权工作可以保障群众的利益不受损害，保障农村群众的土地财产权利。农村承包土地确权后，土地流转可在农民享有土地权利与义务相统一的原则下进行，即农民享有长久稳定的土地承包权和获取合法合规的土地流转租金与履行耕地保护义务，遵照土地流转的法律法规，而农村土地科学、规范、有序流转，是推动现代农业发展和实现乡村振兴的重要抓手（罗玉辉等，2019）。宅基地和集体建设用地依法确权后，可以有效地处理土地权属纠纷，调和农村社会矛盾，使农民享有的宅基地和集体建设用地使用权依法得到法律的确认和保护，是改革完善宅基地制度，实行集体经营性建设用地与国有土地同等入市、同权同价，建立城乡统一的建设用地市场等农村改革的前提和基础，也为下一步赋予农民更多财产权利，推动城乡统筹发展提供了产权基础和法律依据。

　　土地确权是建立健全产权明晰、用途管制、节约集约的农村土地使用制度，依法保护农村集体土地所有权和使用权人的合法权益，有效推进全县农村经济社会发展的重要工作，甘谷县农村集体土地确权和登记发证工作按照统一部署、分步实施方式开展。按照试点先行，全面推进的确权部署下，针对确权工作形成甘谷县经验：一是宣传动员。为保证农村土地确权登记发证工作的顺利进行，要采用多层次、多渠道、多形式展开广泛宣传活动，重点宣传集体土地登记发证工作的目的和意义，通过广泛宣传，使群众深刻认识到土地登记发证对维护其土地合法权益的重要性及必要性，进一步了解登记发证的具体内容、方法和要求，提升各级政府主动支持农村土地确权登记发证意识和人民群众积极配合农村土地确权登记工作的自觉性。二是组织培训。采用集中培训的方式进行，由作业单位和县国土资源局组织对参与农村土地确权、登记、发证人员进行培训。重点学习技术规程、地籍调查的方法，详细掌握地籍调查、勘测的相关知识、方法运用等实际操作能力。三是权属调查与勘测。根据国土资源部颁发的《集体土地所有权调查技术规定》《日常地籍管理办法（农村部分）》规定的方法和规程，对集体土地所有权、集体建设用地使用权分组组织调查，以"二次土地调查"成果为基础，根据农村集体土地登记规程要求，实行补缺测量，对原有的集体建设用地和宅基地已测量并发证的宗地，经过核查无误后，直接应用，对检查发现的问题要逐宗补充完善。根据二次土地调查成果，制作"三证"使用权地籍图，以土地登记作为切入点，动态、实时更新地籍调查成果资料，确保调查成果的现势性，保证土地登记结果的准确性。四是权属审核。土地登记人员对各集体土地所有权、建设用地使用权、宅基地使用权申报的资料和地籍调查成果，根据相关规定对土地权属、土地面积、用途（地类）等逐宗进行全面审核，对符合登记条件的，由县国土资源局进行公告。公告期满，当事人对土地审核结果无异议的或异议不成立的，由县国土资源局填写土地登记审批表，签署初审和审核意见后，报县政府审批。①凡是依法进入市场流转的经营性集体建设用地使用权，必须经过确权登记，做到产权明晰、四至清晰、无纠纷，没有经过确权登记的集体建设用地使用权一律禁止流转。②单位公有住房出售的情形，机关、企事业单位的家属院。对于已参加房改的家属院（楼），进行确权登记并颁发证书。没有参加房改的，根据财政部、国土资源部、建设部《关于已购公有住房和经济适用住房上市出售土地出让金和收益分配管理的若干规定》，应补缴土地出让金，出让金按标定地价的10%补缴。③农村宅基地的管理，遵照《天水市农村宅基地管理办法》等文件，认真贯彻执行。对于灾后重建和异地搬迁的宅基地，应复耕原宅基地，收回《集体土地使用权证》，并予以注销，重新颁发新的集体土地使用证。④乡镇企业中属乡集体企业和村集体企业，对于乡集体企业完成改制的应确权登记颁发证书，没有改制按乡属企业进行确权登记，村级企业应由村集体统一管理进行确权登记，严禁私自转让和改变土地用途。⑤小产权房一律不得确权登记。⑥权属不清、四至不明或有争议的宗地，待争议解决后进行确权登记。⑦违法用地户不确权登记，如需登记待土地清理清查处理后再按有关规定确权登记。⑧拆迁安置户根据安置协议和安置卡进行登记颁证。五是登记发证。根据《土地登记办法》的相关规定经批准后，由土地登记人员填写土地登记簿和归户卡，并依照土地登记簿填写《集体土地所有证》《集体建设用地使用证》，由县国土资源局颁发土地证书。禁止以统一保管等名义扣留、延缓发放土地权利证书。登记簿、卡、土地使用证填写内容要统一、规范、精准，所有确权发证材料要及时归档，分类保存，录入电子信息库保管。六是考核验收。根据国家、省、市关于农村集体土地确权登记发证工作，"凡是到2012年底未完成农村集体土地所有权登记发证工作的，农转用、土地征收审批暂停，农村土地整治项目不予立项"等要求和验收标准，在认真组织自验后及时向上级申报验收。

## （二）整治修复提升资源资产价值

土地综合整治是指在一定区域内，按照土地利用总体规划，在一定资金技术支持下，采取一系列生物工程措施对未利用、低效利用和不合理利用的土地进行整治，以达到调整土地利用结构及空间组织关系，提高土地利用率，实现土地资源合理配置的目标，进而改善生产、生活和生态环境（郧文聚等，2008）。土地整治包括土地整理、土地复垦和土地开发三种形式。土地整理是指通过采用工程、生物等措施，对田、水、路、林、村进行综合整治，增加有效耕地面积，提升土地质量和利用效率，改良生产、生活条件和生态环境的活动；土地复垦是指通过采用工程、生物等措施，对在生产建设过程中因挖损、压占、塌陷，造成破坏、废弃的土地和自然灾害造成破坏、废弃的土地进行整治、复原利用的活动；土地开发是指在保护和改善生态环境、防止水土流失和土地荒漠化的前提下，通过工程、生物等措施，开发利用未利用土地资源的活动。土地综合整治的具体内容涉及高标准基本农田建设、耕地修复养护、农村建设用地整理、城镇工矿建设用地整理、土地复垦和生态建设等。《全国土地整治规划（2016—2020年）》将推进新农村建设作为"十三五"土地综合整治的任务内容，提出要加强农村人居环境整治和优化农村生产生活条件。目前，我国农村居民点布局散、乱、空现象较普遍，农田细碎化现象严重，全国农村居民点共 270 万个，占地面积为 0.19 亿公顷，农村人口人均居民点用地达到 317 平方米，农村地区教育、医疗卫生等公共服务设施及基础设施十分单薄。党的十八届五中全会提出，要实行农村人居环境整治，夯实农村基础设施建设，推进城乡公共资源均衡配置；到 2020 年，我国现行标准下农村贫困人口实现脱贫。必须复合新农村建设要求，大力开展农村土地综合整治，着力优化农业生产条件和农村人居环境，推进美丽宜居乡村建设；根据精准扶贫、精准脱贫的要求，实施超常规政策措施，全力助推脱贫攻坚。土地综合整治要坚守耕地红线、加强生态建设、促进城乡统筹，在实施过程中要坚持农民的主体地位，尊重农民意愿，保证农民的知情权、参与权、监督权和受益权，切实维护农村集体经济组织和农民合法权益；坚决工业反哺农业、城市支持农村，增大新增建设用地土地有偿使用费、耕地开垦费和增减挂钩收益对农村的投入，鼓舞社会资本投向农村，优化农民生产生活条件，保证农民共享工业化、城镇化发展成果。

《中国农村扶贫开发纲要（2011—2020 年）》中多次提到要加强土地整治，将土地整治工程作为我国扶贫开发工作的重要举措。土地整治是助推精准扶贫，实现脱贫解困的重要途径。通过土地整治促进农村地区减贫增收，形成区域间土地资源优化配置和区域间有偿帮扶机制，带动或推动贫困地区脱贫。土地整治助推精准扶贫的典型模式可以划分为四种：一是单项土地整理模式。通过开发利用低效未利用地，建设高标准农田，提高农业生产条件，促进农业规模化经营。二是"三生"空间优化模式。使农村宅基地复垦和易地扶贫搬迁相结合，提升人居环境，恢复生态，完善乡村"三生"空间。三是土地资产显化模式。实行补充耕地指标有偿异地调剂，积累扶贫开发资金，促进城乡要素双向流动，兼顾城乡发展。四是土地资本流动模式。将土地整治与土地流转及作价入股相结合，整合贫困地区劳动力、资本等要素资源，促进农业现代化和乡村振兴（臧玉珠等，2019）。

土地整治作为乡村振兴的重要抓手，从社会和经济效益来看，农村居民点整理改善了农村人居环境，提升了基础设施和公共服务设施水平，形成了环境优美、交通便捷、乡风文明、村容整洁的农村宜居环境，为推进农业和农村现代化，建设美丽乡村提供了基础环境。通过农地整理和耕地后备资源开发，中低产田生产能力得到提高，提高了项目区生产条件，进一步提高二三产业发展，从而增加农民的就业机会和增收渠道，提高农民收入，也在一定程度上缓解了耕地占补平衡的紧张情况。从生态效益来看，通过农村居民点整治，垃圾、废水及固体废弃物得到了全面处理，实现了村容村貌的整洁。经农地整治后形成的田成方、渠相连、路相通、林成网的农田格局，重塑了农村田园景观，有利于提高生物多样性，减少地表径流，美化和保护了农村生态环境。

土地整治作为促进资源高效利用的主要抓手，甘谷县根据规划确定的土地利用总体目标和任务，密切结合土地整治专项规划，快速推进高标准基本农田建设、全面提高耕地数量质量保护、有序进行城乡建设用地整治、加大实行损毁土地复垦，保证土地利用总体规划确定的土地利用目标、任务顺利完成。甘谷县土地整治根据总体规划，调整完善下达甘谷县 2015～2020 年土地整治补充耕地任务量为 489 公顷，到 2020 年需要土地整治补充耕地 877 公顷，并提出以下整治任务：

（1）大力推动高标准农田建设

通过整治促进建设、通过建设促进保护，在严格保护生态环境的前提下，高效进行农用地整治。逐步形成优质、集中连片、基地化的基本农田保护体系。按照耕地分等定级技术规范标准和补充耕地质量建设与管理规定，根据耕地质量等级监测结果，严格土地整治新增耕地质量的评价和验收，有针对性地采取保护性耕作、培肥地力等措施，稳步提升耕地产能，整治后的耕地要划定为基本农田，进行永久保护。到 2020 年，甘谷县共安排实施 21 个高标准农田建设项目，建设规模 12867 公顷，预计可补充耕地 1008 公顷。

（2）大力推进农用地提质改造项目的实施

根据全县土地利用总体规划，依据土地整治项目程序的要求，提升耕地质量，提高有效耕地面积，推进耕地布局优化，优化农业生产条件，稳固农业现代化发展基础。对达到提升改造标准的旱地进行田、水、路综合整治，以实现"田成块、路相通、渠相连、旱能灌、涝能排"的标准。通过提升改造农用地，使项目区的农业基础配套设施、生产条件得到明显改善，农业综合生产能力显著提高，耕地水田面积得到有效增加。

（3）规范有序推进农村建设用地整治

坚持群众自愿、因地制宜、依法推动、量力而行的准则，稳妥有序地推进村庄土地整治，优化居民点布局，改善农村基础设施，完善农村生产生活条件，提升农村公共服务水平，提高城乡一体化发展。分步推进分散农村居民点的适度集中归并，重点发展中心村，稳妥合并自然村，适当拆除空心村，逐步建立协调有序的等级职能结构、布局合理的农村居民点体系。鼓励农民退出宅基地，实行农村居民点社区化建设，推进城乡一体化进展。增强基础设施和公共服务设施配套建设。合理安排建新、拆旧项目区，统筹实施农民新居、城镇发展等建新、拆旧和复垦等活动，杜绝增减挂钩试点中重建新轻拆旧、重城镇轻农村的现象。到 2020 年，甘谷县农村建设用地整治 35 公顷，预计可补充耕地 21 公顷。

（4）有序推进城镇低效用地再开发

全面开展旧城镇、工矿，以及"城中村"改造，拓宽城镇发展空间，增强土地节约集约利用，提升土地价值，优化人居环境，保障城镇化健康发展。改善城镇用地结构，提升生态用地比例，增强绿化、林网的建设，提高城市系统自我循环和净化能力。提高绿色发展，低碳发展、循环发展，营造宜居环境，提升城市生活质量。严格执行土地利用总体规划，以及城市总体规划，严格新增建设用地审批和供应管理，控制"城中村"现象的扩大。将"城中村"各项管理纳入城市统一管理体系中，促进规划区内土地市场和土地管理的一体化，促进现有"城中村"的改造，提高土地集约利用水平。甘谷县城镇低效用地的面积20公顷，规划节地面积12公顷，共2个项目。

（5）加快土地复垦

在考查评价损毁土地复垦潜力的基础上，综合考量土地损毁前的特点和损毁类型、程度和复垦的可行性等因素，遵循自然规律，立足农业发展及生态改善，进行统一规划，并确定复垦的重点区域，合理安排复垦土地的具体利用方向、规模和时间顺序，组织实施土地复垦重点工程。加大政府对土地复垦的资金投入，吸纳社会投资，鼓励土地权利人自发进行复垦。规划期内，待复垦土地为87公顷，通过复垦预计新增耕地42公顷。

## （三）统筹规划提高资源开发效率

根据主体功能定位，对国土空间的开发、保护，以及整治实行全面安排和总体布局，推动"多规合一"，促进城乡融合发展的空间格局的形成，夯实国土空间规划对各专项规划的指导及约束作用，统筹自然资源的开发利用、保护及修复。当前，县域乡村建设规划作为一种全新的规划门类，面向长期被忽视的乡村地区，在宏观层面关注乡村的发展、建设和管理问题。县域乡村建设规划的广度与村庄规划有所区别，深度又超出村镇体系规划的要求。《甘谷县县域乡村建设规划》（以下简称《规划》）的制定，明确其地位，并在法治化和城乡一体化的背景中，以建设管理实施为导向，提炼出适应地方乡村地区的规划内容和技术路线，为乡村地区的可持续发展提供规划保障。在《规划》指导下，使甘谷县村庄建设及管理有据可循、有章可依，至2020年实现全县农房建设有规划管理、行政村有基本的村庄整治安排，进而使甘谷县乡村建设有序化、规范化、特色化。《规划》提出了分阶段制定乡村建设发展目标、分片区引导居民点体系构建、分类别控制村庄发展方向、分等级配套重要基础及公共服务设施、分形态优化村庄空间品质和分时序进行有重点的村庄归并整理与引导的规划方法，将县域居民点建设用地分为四个空间区域进行用地管制，分别为禁止建设区、允许建设区、有条件建设区、限制建设区。按照不同分区的生态适宜性、主要生态服务功能特点、资源环境承载能力、现有开发密度和发展潜力，提出空间管制对策与措施。依据主体功能定位，调整并完善区域政策，形成合理的空间开发结构。①禁止建设区。禁止建设用地边界包括具有重要资源、生态、环境和历史文化价值的空间范围，因此必须禁止各类建设开发。该区域内土地主导用途为生态与环境保护空间，严禁进行与主导功能不相符的各类建设。②允许建设区。指城乡建设用地规模边界，包含规划期内新增城镇、村庄建设用地规划选址的区域，也是规划确定的城乡建设用地指标落实到空间上的预期用地区。允许建设区内土地主导用途为城、镇、村建设发展空间的，具体的土地利用安排应该与依法批准的相关规划相协调；新增城乡建设用地受规划指标和年度计划指标的约束，应兼顾增量与存量建设用地，促进土地节约集约利用；规划实施过程中，在允许建设区面积不改变的前提下，其空间布局形态可依照程序进行调节，但不能突破建设用地扩展边界；允许建设区边界（规模边界）的调节，须报规划审批机关同级国土资源管理部门审查批准。③有条件建设区。城乡建设用地规模边界以外、扩展边界以内的区域，在不突破规划建设用地规模控制指标的前提下，区域内土地能够用于规划建设用地区的布局调节。该区域内符合规定的土地，可依照程序办理建设用地审批手续，同时相应审核减少允许建设区用地规模；土地利用总体规划确定的农村土地整治规模已完成、经评估后确认拆旧建设用地复垦到位、存量建设用地达到集约用地需求的，区域内土地可以安排新增城乡建设用地增减挂钩项目；原则上规划期内建设用地扩展边界不得调整，如需调整，应按照规划修改处理，并经严格论证后报批规划审批机关。④限制建设区。除允许建设区、禁止建设区、有条件建设区外的建设区域，土地主导用途是农业生产空间的，应是发展农业生产、开展基本农田建设，以及土地整治的主要区域。区域内禁止城镇及大型工矿建设，限制村庄和其余独立建设，控制基础设施建设，以农业发展为主的空间区域。

## （四）保护农地实现资源永续利用

乡村振兴指的是农村的全面振兴，作为乡村重要的自然资源，农地资源的合理保护和有效利用是重要内容。当前，我国已经形成最严格的耕地保护制度体系，包括土地利用规划、基本农田保护制度、耕地占补平衡制度、土地用途管制制度、土地开发整理复垦制度等内容，但全国耕地面积不断减少，以及局部地区耕地质量持续恶化的态势仍未遏止，耕地持续非农化、非粮化和粗放利用的问题日趋严重（刘彦随等，2014）。耕地保护工作制度化、科学化和信息化管理水平自党的十八大以来得到明显提升，形成了以用途管制为核心，以永久基本农田特殊保护、土地整治、农用地转用和土地征收、高标准农田建设为主要内容的耕地保护制度体系。2012年，国土资源部发布的《关于提升耕地保护水平全面加强耕地质量建设与管理的通知》中提出数量管控、质量管理和生态管护"三位一体"的耕地保护目标。为保护优质耕地资源，《关于全面实行永久基本农田特殊保护的通知》中提出，划定永久基本农田保护红线，建立健全"划、建、管、补、护"长效机制，全国永久基本农田保护面积到2020年时不少于1.03亿公顷，基本形成"保护有力、建设有效、管理有序"的永久基本农田特殊保护格局。《关于改进管理方式切实落实耕地占补平衡的通知》中提出，建立以数量为基础、产能为核心的耕地占补平衡新机制。《跨省域补充耕地国家统筹管理办法》中规定，耕地资源严重缺乏的直辖市，或资源环境条件严重限制、补充耕地能力不足的省份可以申请国家统筹补充。这一系列提高耕地质量、提升耕地产能和改善生态环境的新举措，为实施乡村振兴、落实农地保护提供了工作指引和行动标准。

在乡村振兴推进过程中，要防止农地非农化。农地非农化是指农用地改变用途成为居住、交通、工业、商业服务业等建设用地的过程（张宏斌等，2001）。《中华人民共和国宪法》和《中华人民共和国土地管理法》中明确规定，城市地区的土地属于国家所有；农村和城市郊区的土地除由法律规定属于国家所有的以外，属于集体所有；宅基地、自留地、自留山地属于集体所有。这表明我国的农地除法律有特殊规定外，产权均属于集体；在城市地区的建设用地属于国家所有，在农村和郊区的除法律有规定外则属于集体所有。我国农地非农化形式有两种：一是因公共利益需要，国家通过征收农村集体农用地，根据法律规定的程序办理农用地转用审批手续，用于城市建设的农地非农化流转。其本质是所有权的转移，即集体和国家之间发生产权转移。二是集体内部因村民宅基地、公共服务设施建设，或集体经营性建设而发生的农地非农化流转，其本质并不发生所有权的转移。两种形式农地非农化流转主要包括耕地、林地、草地、园地等农用地地类转为建设用地地类，其中耕地非农化是农地非农化的主要类型。农地非农化是农地和建设用地经济利益比较的选择结果，农地非农化具有多重影响因素，其中，政府选择是影响农地非农化速度的关键。1978年，党的十一届三中全会确定了以经济建设为中心的总体战略，农地非农化受城市化、工业化的影响，呈现出不断加剧的趋势。尤其是从"十五"时期开始，由于我国经济持续高速发展，经济技术开发区、高新技术园区的各种开发区如雨后春笋迅猛增长，房地产开发迅速增加，这一时期农地非农化数量持续增长。从农地非农化的运转机制上看，农地征用价格、出让价格与市场价格三者之间的差异，导致土地需求量增加，加速了农地的非农化，而以政府利益为主导的分配关系促进了农地非农化进程（曲福田等，2001）。而人为加速的流转机制和内在的自发流转机制共同作用于农地非农化。自发流转包含城市的离心机制、向心力机制和乡村的梯度克服、区位替代机制和环境竞争机制；人为加速流转包含利益驱动机制、制度诱导机制、价格激励机制和投机分割机制，并且峰期与城市人口增长高峰具有高度同步性（张安录等，1998）。从农地非农化的动力来看，经济发展和城市化日益加速，农地非农化现象频发，土地非农化是经济发展和城市化进程的客观要求和必然结果，由于土地资源的有限性，导致农用地和建设用地之间存在着资源竞争关系（夏炎等，2007）。

《甘谷县土地利用总体规划》确定了 2020 年全县耕地保有量不低于 8.16 万公顷，基本农田保护面积不低于 6.77 万公顷。按照地域分异、生态平衡、公众参与的原则划定基本农田保护区和一般农地区，并制定管制规则。基本农田保护区是指基本农田分布聚集的区域，规划期内对该区域内基本农田进行重点建设和保护。基本农田涉及全县所有乡镇，其中，安远镇、金山镇、礼辛镇和八里湾镇面积最大，古坡镇和大像山镇面积最小；按农业区划，主要分布北前山粮、林、果、药区；北后山林、粮、畜、油区。调整后全县基本保护区面积 7.89 万公顷，占全县土地总面积的 49.89%。一般农地区指没有划入基本农田保护区的耕地、园地和其他农业地、主要用于农业生产或直接为农业生产服务使用的土地。调整后一般农地区土地面积为 2.28 万公顷，占全县土地总面积的 14.42%。

## 参 考 文 献

［1］白琳，白瑛．我国城乡二元结构：演化、现状及协调路径选择［J］．生产力研究，2007（7）：81－83．

［2］陈金涛，刘文君．农村土地"三权分置"的制度设计与实现路径探析［J］．求实，2016（1）：81－89．

［3］陈振，罗遥，欧名豪．宅基地"三权分置"：基本内涵、功能价值与实现路径［J］．农村经济，2018（11）：40－46．

［4］丁琳琳，吴群，詹旭．农民土地财产性收入影响因素分析［J］．西北农林科技大学学报（社会科学版），2015，15（4）：64－70．

［5］方婷婷，吴次芳，周翼虎．农村土地"三权分置"的法律制度构造［J］．农村经济，2017（10）：30－36．

［6］郜永昌．分离与重构：土地承包经营权流转新论［J］．经济视角（下），2013（5）：137－139．

［7］贾艳慧．城乡二元土地制度存在的问题及对策研究［J］．中国城市经济，2010（7）：248＋239．

［8］李明宇，金丽馥．我国城乡二元结构现状解析及路径选择［J］．农业经济，2005（4）：3－4．

［9］李平，徐孝白．征地制度改革：实地调查与改革建议［J］．中国农村观察，2004（6）：40－45．

［10］李振京，冯冰，郭冠男．我国征地制度特点、问题及改革建议［J］．宏观经济管理，2010（9）：24－26．

［11］李中．我国征地制度：问题、成因及改革路径［J］．理论探索，2013

（2）：105 – 108.

[12] 林艳. 中国土地市场存在的问题与对策 [J]. 台湾农业探索，2010 (2)：62 – 64.

[13] 刘守英. 中国城乡二元土地制度的特征、问题与改革 [J]. 国际经济评论，2014 (3)：4 +9 – 25.

[14] 刘彦随，乔陆印. 中国新型城镇化背景下耕地保护制度与政策创新 [J]. 经济地理，2014，34 (4)：1 – 6.

[15] 罗玉辉，张晖. 土地确权与农民土地权益保护的理论思考 [J]. 河南大学学报（社会科学版），2019，59 (3)：18 – 24.

[16] 潘德勇. 宅基地"三权分置"的意蕴和实现 [J]. 西部法学评论，2019 (1)：1 – 13.

[17] 潘俊. 农村土地"三权分置"：权利内容与风险防范 [J]. 中州学刊，2014 (11)：67 – 73.

[18] 钱泓澎，易龙飞. 宅基地使用权流转市场：形成、发展与交易成本 [J]. 中国国土资源经济，2019，32 (7)：70 – 78.

[19] 乔伟峰，戈大专，高金龙，等. 江苏省乡村地域功能与振兴路径选择研究 [J]. 地理研究，2019，38 (3)：522 – 534.

[20] 邱芳荣，冯晓红，靳相木. 浙江德清：探索宅基地"三权分置"实现路径 [J]. 中国土地，2019 (4)：53 – 54.

[21] 曲福田，等. 土地价格及分配关系与农地非农化经济机制研究 [J]. 中国农村经济，2001 (12)：55 – 57.

[22] 冉茂盛，黄正莉. 城乡统筹下农村建设用地管理制度创新研究——以重庆为案例 [J]. 重庆大学学报（社会科学版），2013，19 (4)：18 – 23.

[23] 宋宗宇，何贞斌，陈丹. 农村土地经营权的确定化及其制度构建 [J]. 农村经济，2015 (7)：19 – 24.

[24] 王威，贾文涛. 生态文明理念下的国土综合整治与生态保护修复 [J]. 中国土地，2019 (5)：29 – 31.

[25] 文兰娇，张安录. 论我国城乡建设用地市场发展、困境和整合思路 [J]. 华中科技大学学报（社会科学版），2017，31 (6)：74 – 81.

[26] 吴靖瑶，吴克宁，李晨曦. 从"定州试点"看农村土地征收制度改革 [J]. 中国土地，2018 (2)：49 – 50.

[27] 夏炎，郭春华. 农地非农化问题研究述评 [J]. 资源开发与市场，2007 (9)：828 – 832.

[28] 徐刚. 为建立健全同权同价的用地制度提供动力——《农村集体经营性建

设用地使用权抵押贷款管理暂行办法》解读 [J]. 农村经营管理，2016（7）：27 -
28.

[29] 叶剑锋，吴宇哲. 宅基地制度改革的风险与规避——义乌市"三权分置"
的实践 [J]. 浙江工商大学学报，2018（6）：88 -99.

[30] 郧文聚，杨晓燕，等. 土地整理概念的科学界定 [J]. 资源与产业，2008
（5）：1 -2.

[31] 臧玉珠，刘彦随，杨园园，王永生. 中国精准扶贫土地整治的典型模式
[J]. 地理研究，2019，38（4）：856 -868.

[32] 张安录，等. 美国城市化过程中农地城市流转与农地保护 [J]. 中国农村
经济，1998（11）：74 -76.

[33] 张传华. 农民土地财产性收入增长的障碍与破解路径 [J]. 农业经济，
2016（10）：107 -109.

[34] 张合林. 实现农民的土地财产权益是增加农村居民财产性收入的根本途径
[J]. 城市发展研究，2008（5）：72 -76.

[35] 张红宇. 我国农业生产关系变化的新趋势 [J]. 人民日报，2014（7）.

[36] 张宏斌，等. 土地非农化调控机制分析 [J]. 经济研究，2001（12）：
50 -51.

[37] 张文明，滕艳华. 新型城镇化：农村内生发展的理论解读 [J]. 华东师范
大学学报（哲学社会科学版），2013（6）：86 -92.

[38] 赵淑芹，王国岩. 农户土地财产收入类型及其趋势分析 [J]. 东北师大学
报（哲学社会科学版），2014（6）：31 -35.

[39] 周其仁. 农地产权与征地制度——中国城市化面临的重大选择 [J]. 经济
学（季刊），2004，2（4）：193 -210.

[40] 朱艳丽. 吉林省构建城乡统一的建设用地市场探析 [J]. 行政与法，2014
（5）：80 -83.

# 第四篇
# 乡村生态宜居建设战略

# 第十一章

# 美丽乡村建设之路

中国美丽乡村建设顺应了着力解决"三农"问题、全面建设小康社会、满足人民群众日益增长的对美好生活需求的时代要求，是中国社会经济发展的客观必然。2015年，《中共中央 国务院关于加大改革创新力度加大农业现代化建设的若干意见》也提出："中国要美，农村必须美"，2017年，《中共中央 国务院关于深入推进农业供给侧结构性改革加快培育农业农村发展新动能的若干意见》进一步把美丽乡村建设提升到夯实农村共享发展基础的高度，并加以规划推行，党的十九大报告提出："坚定走生产发展、生活富裕、生态良好的文明发展道路，建设美丽中国"。建设美丽中国，既要建设中国特色的美丽城市，也要建设生态宜居的美丽乡村。我国农村土地面积广，农村人口占比近半，美丽乡村是美丽中国的底色。我国农村发展相对严重滞后，"三农"问题形势严峻，美丽乡村建设任务十分艰巨。

## 一、美丽乡村内涵及建设任务

我国在新农村建设基础上，2013年，《中共中央 国务院关于加快发展现代农业进一步增强农村发展活力的若干意见》提出了"加强农村生态建设、环境保护和综合整治，努力建设美丽乡村"的目标。2015年，国家质量监督检验检疫总局、中国国家标准化管理委员会发布了《美丽乡村建设指南》（GB/T 32000—2015），2019年发布了《美丽乡村建设评价》（GB/T 37072—2018），对如何建设美丽乡村的具体内涵、工作任务以及目标作出标准化的指导。

### （一）内涵

在社会主义现代化建设过程中，"美丽"作为国家建设目标，在党的十九大报告中提出，美丽的中国和乡村是当前人民的美好向往，也是发展生态文明的新时代要求。美丽乡村建设应在美丽中国建设宏观部署下因地制宜推进实施，是美丽中国建设的重要任务，美丽中国需要美丽乡村奠基。

## 1. 美丽中国内涵

党的十九大提出建设美丽中国，为人民创造良好生产生活环境，为全球生态安全作出贡献的具体要求。针对当前日渐恶劣的气候变化、资源的浪费和破坏、环境恶化，以及生态退化等我国生态环境问题，应该在尊重自然的基础上顺应自然进而保护自然，运用该理念建设生态文明。尤其要在建设生态文明的同时，结合新时代中华民族伟大复兴的具体要求，让美丽中国成为建设支点，以早日全面建成小康社会。

（1）习近平"美丽中国"思想

习近平"美丽中国"思想是在马克思主义生态文明思想的基础上提出的，不仅传承了中华民族的优秀传统文化，而且进一步发扬了生态文明思想，客观描述了当前中国新时代社会矛盾的转变，并做出相应的实践解决方案，为中华民族永续发展的长远大计提供了具体遵循。从习近平一系列重要讲话也具有体现"美丽中国"思想和要义的相关论述。

在2013年习近平参加全国人大会议代表团审议时指出，"扎实推进生态文明建设，实施'碧水蓝天'工程，让生态环境越来越好，努力建设美丽中国"[①]，强调"碧水蓝天"的美。在《习近平关于社会主义生态文明建设论述摘编》中可以看到，"把生态文明建设融入经济建设、政治建设、文化建设、社会建设各方面和全过程，形成节约资源、保护环境的空间格局、产业结构、生产方式、生活方式，为子孙后代留下天蓝、地绿、水清的生产生活环境"，强调了天、地、水的自然纯净之美；"真正下决心把环境污染治理好、把生态环境建设好，为人民创造良好生产生活环境"，强调了以人民为中心的宜居环境之美；把"坚持人与自然和谐共生"作为新时代坚持和发展中国特色社会主义的基本方略之一，把"山水林田湖草是生命共同体"作为生态文明建设的基本原则，"人与自然是生命共同体，人类必须尊重自然、顺应自然、保护自然""我们要建设的现代化是人与自然和谐共生的现代化"，强调了人与自然和谐之美。在《习近平谈治国理政》中，"不断完善中国特色社会主义社会治理体系，确保人民安居乐业、社会安定有序、国家长治久安"，而"良好的秩序是一切美好事物的基础，是'美'的前提和保障"（李建华，2013）。可见社会稳定和谐之美是习近平的强调重点。党的十九大报告提出"坚持推动构建人类命运共同体""构筑尊崇自然、绿色发展的生态体系，始终做世界和平的建设者、全球发展的贡献者、国际秩序的维护者"，突出了世界和平之美。

---

① 人民网－人民日报. 习近平张德江刘云山王岐山张高丽分别参加全国人大会议代表团审议［EB/OL］. http：//politics. people. com. cn/n/2013/0309/c10241 - 20730008. html. 2013 - 3 - 9.

（2）"美丽中国"理论阐释

美丽中国建设彰显了"人与自然生命共同体"的新思想，充分发挥马克思主义生态美学思想的理论引领作用，辩证地看待"自然—人—社会"的命运共同体关系，构建美丽中国的自然生态美、塑造美丽中国的人文生态美、建设美丽中国的社会生态美（李淑文等，2018）。习近平美丽中国思想包括生态文明美、社会和合美、美丽强国美和全球共赢美四个层面的美（陆树程等，2018）。生态环境的自然之美是美丽中国的基本前提，人与自然的和谐之美是美丽中国的本质要求，战略目标是要建成天蓝、地绿、水清的美丽中国，建成人与自然和谐共生的美丽中国（秦书生等，2018）。生态之美体现在人与自然和谐共生，其中蕴含绿色发展的科学发展为建设美丽中国提供了基本保障，建设美丽中国的最终目的是生活之美，主要体现在满足人民当前日益增长的对优美生态环境的需要（王越芬等，2018）。全方位、多角度地来透视美丽中国，包含了五个维度：以尊重顺应保持自然本色之美，以审美实践构造自然人化之美，以生态伦理滋养人类德性之美，以绿水青山守护人类健康之美，以互利共生彰显"天人"和谐之美（金瑶梅，2018）。

方创琳等（2019）分析认为，从广义内涵分析，美丽中国是指在特定时期内，遵循国家经济社会可持续发展规律、自然资源永续利用规律和生态环境保护规律，将国家经济建设、政治建设、文化建设、社会建设和生态建设"五位一体"的总体布局并发挥国土不同主体功能，形成山清水秀、强大富裕、人地和谐、文化传承、政体稳定的建设新格局，成为到2035年国家基本实现现代化的核心目标之一，成为实现"两个一百年"奋斗目标和走向中华民族伟大复兴中国梦的必由之路；从狭义内涵分析，美丽中国是指在特定时期内，遵循国家经济社会可持续发展规律、自然资源永续利用规律和生态环境保护规律，将国家经济建设、社会建设和生态建设落实到具有不同主体功能的国土空间上，实现生态环境有效保护、自然资源永续利用、经济社会绿色发展、人与自然和谐共处的可持续发展目标，形成天蓝地绿、山清水秀、强大富裕、人地和谐的可持续发展新格局。理论基础是人地和谐共生，理论框架生态环境、绿色发展、社会和谐、文化传承、体制完善五者之美的一体美丽论。

## 2. 美丽乡村内涵

"美丽乡村"于中国共产党的十六届五中全会提出，会议上指出当前建设社会主义新农村的具体要求是"生产发展、生活宽裕、乡风文明、村容整洁、管理民主"。要实现农村繁荣，必须继续建设社会主义新农村，让农村成为农民安居乐业的美丽家园[①]。

---

① 中国共产党中央国务院. 中共中央 国务院关于加快发展现代农业进一步增强农村发展活力的若干意见[M]. 北京：人民出版社，2013.

韩喜平（2016）综合认为，建设美丽乡村应该坚持生态文明战略，"美丽乡村"结合了农村生态系统和环境系统，该复合生态环境系统的建设目标是实现乡村发展、农业增产和农民富裕，涉及人与自然还有社会等多个维度，是农村场域中的人、社会、文化、经济等各个方面的"美丽"。美丽乡村体现在乡村景观建设，以及乡村中蕴含的生态文明智慧方面（李建军，2018）。向富华（2017）基于内容分析法研究发现，"美丽乡村"指生态环境及人居环境优美、经济繁荣且具备可持续性的社会和谐文明乡村。也有学者从乡建的大系统层面探讨构建乡村建设系统理论框架，为美丽乡村及美丽中国建设提供了理论指导（叶强，2017）。

按照《美丽乡村建设指南（GB/T 32000—2015）》，"美丽乡村"是指经济、政治、文化、社会、生态文明建设协调发展，规划科学、生产发展、生活富裕、乡风文明、村容整洁、管理民主，宜居、宜业的可持续发展乡村（包括建制村和自然村）。按照《美丽乡村建设评价（GB/T 37072—2018）》，"美丽乡村"是指经济、政治、文化、社会、生态文明建设协调发展，规划科学、产业兴旺、生态宜居、乡风文明、治理有效、生活富裕的可持续发展乡村（包括建制村和自然村）。按照《乡村振兴战略规划（2018—2022）》，要将乡村建成生活环境整洁优美、生态系统稳定健康、人与自然和谐共生的美丽宜居乡村。从战略上看，美丽乡村应包括生态宜居、绿色发展、和谐共生（王夏晖等，2019），也有学者基于实践调查如基于5省20村调研探讨生态宜居美丽乡村的内涵及模式（孔祥智等，2019），从区域融入视角探讨美丽乡村的重构与实践要义（高悦尔，2017）。

从乡村振兴战略、生态文明建设、美丽中国建设综合分析来看，美丽乡村直接内涵包括农村环境美、农业发展美、农民人文美的"三农"之美；目标内涵包括乡村生态环境之美、乡村产业绿色之美、乡村居民人文之美、乡村社会和谐之美"四美"。乡村生态环境之美，主要体现在：山、水、林、田、湖、草系统有机形成生命共同体，乡村生态系统良性循环；天蓝、地绿、水清，青山绿水、蓝天白云，田园风光、鸟语花香，乡村生态环境质量好；乡村居民点布局有序，住房质量良好，垃圾污水处理设施健全，厕所干净整洁，饮水食品安全。乡村宜居环境好。乡村产业绿色之美，主要体现在：乡村产业发展融入绿色发展理念，践行"绿水青山就是金山银山"理念；乡村产业生态化和生态产业化，为满足人民群众日益增长的美好生活需要而提供更好更多的生态产品和生态服务；乡村一二三产业"三产融合"促进生产、生活、生态"三生融合"，提供更广阔的绿色生态空间。乡村居民人文之美，主要体现在于：农民生活富裕，文化素养高，权益得到保护，享受城乡均等的公共服务，表现乡村居民的尊严美；乡村居民有能力有追求，积极、主动、创造地投入到乡村现代化建设之中，表现出劳动美；乡村历史文化与现代气息相辉映，看得见山，望得见水，留得住乡愁，乡风乡情美。乡村社会和谐之美，主要体现在于：乡村发展遵循"尊重自然、顺应自然、保护自然"，形成了资源节约集约、环境友好发展方式，人与自然和谐之美；建成自治、法治、德治相结合的乡村治理体系，乡村现代化，水平不断提高，乡村基层政府部门、农村社区、社会组织，以及农民个体协同共建，乡村社会安全稳定，乡村"善治"之美；城乡等值、共存、共荣、共建、共享，人才、土地、资本等要素在城乡之间的双向流动、平等交换，城乡和谐之美。

## （二）建设任务与问题

中国农耕文明历史悠久，美丽乡村建设历史渊源深厚。改革开放以来，中国不断致力于"三农"建设。在 2005 年提出的扎实推进社会主义新农村建设的基础上，2013 年提出了"努力建设美丽乡村"的目标，2017 年进一步提升美丽乡村建设战略定位。不断的实践探索和经验总结，美丽乡村建设任务日益清晰，所面临的困境也凸显。当前，在乡村振兴的新时代，审视美丽乡村建设任务与问题具有重要意义。

### 1. 美丽乡村建设任务

按照《美丽乡村建设指南（GB/T 32000—2015）》，村庄规划要求因地制宜、村民参与、合理布局、节约用地，从村庄建设、生态环境、经济发展、公共服务、乡风文明、基层组织、长效管理几个方面予以指南。村庄建设除满足基本要求外，重点包括生活设施、农业生产设施建设；生态环境重点包括污染防治、生态保护与治理、村容整治；公共服务重点包括医疗卫生、公共教育、文化体育、社会保障、劳动就业、公共安全及便民服务。根据《乡村振兴战略规划（2018 - 2022 年）》中"建设生态宜居的美丽乡村"，包括推进农业绿色发展、持续改善农村人居环境、加强乡村生态保护与修复三大任务。以《美丽乡村建设评价（GB/T 37072—2018）》，美丽乡村评价重点对村庄建设、生态环境、经济发展、公共服务、群众满意度等方面进行评价。具体见表 11 - 1。

### 2. 美丽乡村建设问题

自新农村建设以来，乡村建设问题就备受关注。2013 年实施美丽乡村建设以来，美丽乡村建设战略地位不断提升，各地依据自然资源禀赋、社会经济发展水平、产业发展特点，以及民俗文化传承等条件开展了各样的建设策略，形成了具有推广意义的模式。农业部 2014 年归纳总结发布了十大美丽乡村建设模式，即产业发展型、生态保护型、城郊集约型、社会综治型、文化传承型、渔业开发型、草原牧场型、环境整治型、休闲旅游型、高效农业型①，涵盖了美丽乡村建设"环境美""生活美""产业美""人文美"的基本内涵。但是，美丽乡村建设在实践中不断探索、推进过程中，也存在一些主客观问题，这是今后乡村振兴、美丽乡村建设推进中必须面对和解决的。

表 11 – 1                                     美丽乡村建设任务一览

| 文件 | 建设事项 | 具体任务 | 主要指标 |
|---|---|---|---|
| 《美丽乡村建设指南（GB/T 32000—2015）》 | 村庄建设 | 生活设施 | 村道路面硬化率，广电、通信、饮用水设施及安全覆盖率，供电设施，土地整治与保护，水利设施及防灾基础设施、人行道及街巷建筑材料、照明路灯等 |
|  |  | 农业生产设施 |  |
|  | 生态环境 | 污染防治 | 环境质量，病虫害防治，农业生产废弃物处理/回收/综合利用率，养殖业/工业企业污染防治，垃圾污水收集/分类/处理率，清洁能源农户使用率，林草覆盖率，公共厕所/户用厕所，生态治理/村容维护等 |
|  |  | 生态保护与治理 |  |
|  |  | 村容整治 |  |
|  | 经济发展 | 产业发展 | 村集体收入，特色产业/产业融合，农村电商，产业社会化服务，农产品绿色有机认证，农民专业合作社等 |
|  | 公共服务 | 医疗卫生 | 村卫生室及人员，学校、幼儿园建设，九年义务教育覆盖率，文体活动设施及活动参与率，乡村文化保护，城乡居民基本养老服务/医疗保险覆盖率，便民服务机构，公共交通，商贸服务，养老服务，公共安全，治安管理等 |
|  |  | 公共教育 |  |
|  |  | 文化体育 |  |
|  |  | 社会保障 |  |
|  |  | 劳动就业 |  |
|  |  | 公共安全 |  |
|  |  | 便民服务 |  |
|  | 乡风文明 | 宣传教育 | 文明宣传教育形式、频率，社会文明程度，各级各项表彰等 |
|  |  | 村规民约 |  |
|  |  | 移风易俗 |  |
|  | 基层组织 | 组织建设 | 规章制度，领导班子，治理效果，基层组织荣誉等 |
|  | 长效管理 | 公众参与 | 村民满意度 |
|  |  | 保障与监督 |  |
| 《乡村振兴战略规划（2018 – 2022 年）》 | 农业绿色发展 | 农业清洁生产 |  |
|  |  | 治理农业环境突出问题 |  |
|  | 改善农村人居环境 | 补齐突出短板 |  |
|  |  | 提升村容村貌 |  |
|  | 乡村生态保护与修复 | 生态系统保护和修复 |  |
|  |  | 发挥自然资源多重效益 |  |

资料来源：笔者根据《美丽乡村建设评价（GB/T 37072—2018）》整理。

---

① 农业部. 中国"美丽乡村"十大创建模式［J］. 中国乡镇企业，2014（3）：45 – 46.

（1）美丽乡村建设规划问题

美丽乡村建设是一项系统工程，需要科学规划、统筹布局。在实践中，一是普遍强调"规划先行"，导致不规划就不建设，而规划并不是美丽乡村建设的先决条件，按理每个乡村都应建设美丽乡村（韩喜平，2016）。二是美丽乡村建设规划，重视学习他区他国的先进经验，但有的规划者不太了解乡村实情，往往忽视所在乡村的优秀传统和独特魅力，规划千篇一律，缺乏辨识度，甚至造成历史村落的破坏、村庄历史传承的断割。三是美丽乡村规划强调乡镇级基层组织，重视"一村一品"，结果导致规划漫天飞，而村落之间缺乏统筹，缺乏城乡融合、都市生活圈的体系化安排，在地域空间上也往往呈现无序格局。此外，从规划层面看，公众参与度很低，公开征求居民意见的时间过短，造成有的规划不符合民情民意的现象。

（2）模式推广造成的禁锢问题

国家农业部以及一些试点地域示范性推出美丽乡村的建设模式，为其他地域提供了基本的学习借鉴的实践样板。但是，乡村管理者及居民相对文化素质不高，而规划者往往又不太了解乡风乡情，造成现实中一味模仿效仿，"一窝蜂"上马大建乡村项目，甚至生搬硬套出一些"资源""特色"，浪费资金、浪费资源，有的乡村已经不是实际意义上的"乡村"了，已经看不见"乡村"的影子。

（3）过分偏重"外在美"问题

受思想理念等制约影响，美丽乡村建设较多地重视乡村的"外在美"，比如，房屋粉饰，亭台楼阁妆点，田间景观美化等。而忽视美丽乡村的"内在美"问题，比如，产业发展、农民致富等问题没有得到足够重视。从浙、皖、川农民问卷调查数据分析可见，农民对村庄产业发展现状都最不满意，农民的致富梦还没能完全实现（陈秋红，2017）。此外，在生态环境品质提升方面，加强了对林草湖水等维护维育的重视，但对于生态环境本质上的改善重视不够。通过农户调查访问，垃圾和污水处理设施短缺，垃圾和污水处置水平低，无害化卫生厕所普及率低（杨园争，2019），大多数村庄没有污水管网设施。

（4）城乡融合理解偏差问题

美丽乡村建设要为城乡居民提供美好的乡村空间。要将乡村作为与城市具有同等地位的有机整体，实现经济社会文化共存共荣。城乡融合是"逐步实现城乡居民基本权益平等化、城乡公共服务均等化、城乡居民收入均衡化、城乡要素配置合理化，以及城乡产业发展融合化"①。"乡村"是有别于"城市"的，乡村应是发展依托第一产

---

① 新华社. 习近平：健全城乡发展一体化体制机制 让广大农民共享改革发展成果［EB/OL］. http：//www. xinhuanet. com/politics/2015 - 05/01/c_1115153876. htm. 2015 - 5 - 1.

业的"三产融合"的绿色生态产业，是构建依托村落和农业生产空间的"三生融合"的绿色生态空间，是拥有依托乡风乡俗的乡土文化与城市文明交融的绿色田园文化。然而，在乡村建设中，存在误解、误导城乡融合问题，把乡村等同于城市来建设。比如，乡村建高楼，村庄合并不考虑村庄合理规模、农业生产半径等问题，造成"城市病"向乡村蔓延，破坏村落历史文脉。

# 二、新时代美丽乡村建设逻辑路径

党的十九大开启了建设美丽中国的新篇章，从国家视角突出了建设生态文明美丽中国的基本要求及建设目标。"到本世纪中叶，物质文明、政治文明、精神文明、社会文明、生态文明全面提升，绿色发展方式和生活方式全面形成，人与自然和谐共生，生态环境领域国家治理体系和治理能力现代化全面实现，建成美丽中国"[①]。"努力建设美丽乡村"的战略布局已经实施多年，新时代美丽中国建设背景下赋予了美丽乡村建设新理念新内涵，从理论和实践上探索新逻辑新路径具有重要意义。

## （一）美丽乡村建设理论框架

美丽乡村建设是一项长期性的、系统性的战略工程，应深入落实新时代美丽中国建设、生态文明建设、国家可持续发展及全面建设小康社会的战略部署和顶层设计，充分把握"三农"建设目标与任务，努力实现乡村生态环境美、产业绿色美、居民人文美、社会和谐美。在新时代，美丽中国建设、乡村振兴赋予了美丽乡村新理念新逻辑，给予了总的指导思想和原则，在规划观、区域观、质量观、文化观、和谐观层面有新思路新逻辑，要素系统融合生态文明、政治、经济、文化、社会五大系统，生产、生活、生态"三生融合"，建设成效由规划科学、产业兴旺、生态宜居、乡风文明、治理有效、生活富裕、村民满意七大方面来进行评价，目标功能体现全国全面实现小康社会、农业现代化、乡村治理现代化、生态现代化，助力中国实现社会主义现代化、建成美丽中国。框架如图 11-1 所示。

---

① 新华社．习近平：生态文明建设是关系中华民族永续发展的根本大计［N/OL］．https：//baijiahao. baidu. com/s? id = 160089223459711086/&wfr = spider&for = pc. 2018 - 5 - 19.

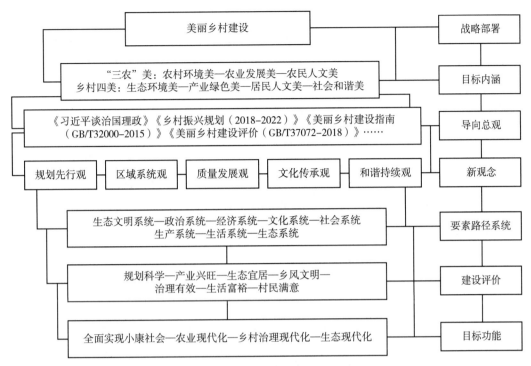

图 11－1　美丽乡村建设思路框架

资料来源：笔者根据资料整理所得。

## （二）美丽乡村建设规划先行观

《美丽乡村建设指南（GB/T 32000—2015）》要求"规划先行"，而"规划科学"是《美丽乡村建设评价（GB/T 37072—2018）》的第一项内容。美丽乡村建设是涵盖了农村经济建设、政治建设、文化建设、社会建设、生态文明建设和党的建设的一项系统工程，还需要坚持城乡融合。因此，美丽乡村建设规划应加强全国顶层设计，并在一定地域范围内统筹谋划，注重区域之间、城乡之间、社会经济各领域之间的协同性、关联性，科学地规划整体部署和协调推进。

"规划先行"是指根据区域自然、经济、社会及历史文化资源条件对发展预测预判和统筹部署，在特定区域形成系统的整体的谋划设计，合理设置近期目标和长期目标，科学制定规划，并让规划引领开发建设。近几年来，全国分层分级编制规划，某种程度上有规划就有项目，有规划就能得到资金补贴，而规划的合理性、规划之间的系统性等问题往往被忽略，甚至盲目耗巨资追求"高水平"规划，投入产出不对称，农民满意度不高。当前，要正确对待"规划先行"，不要盲目为规划而规划，更不要搞千篇一律、僵化教条的规划。所有的乡村都是美丽中国的底色，乡村建设应纳入区域系统、行政体系建设中，重视产业发展、公共服务设施建设，按照城乡融合、城乡均等、美好生活需要进行统一建设部署。

政府是美丽乡村建设的政策、资金的重要提供者，是美丽乡村规划编制的组织者，满足城乡居民日益增长的美好生活需要是美丽乡村建设的原则，为村民提供安居乐业的乡村环境是美丽乡村建设最为根本的目标。因此，美丽乡村规划应"坚持政府引导、村民主体"，要充分保障农民的主体地位。为了尊重和发挥村民主体作用、调动村民积极性，财政部发布了《关于发挥一事一议财政奖补作用推动美丽乡村建设试点的通知》。在美丽中国建设新时代背景下，加强宣传培训，强化村民在美丽乡村建设中的主体地位和作用，深入落实规划的每一个环节，并使村民参与到美丽乡村建设中，不仅让村民持续受益乡村建设，还要尽可能让村民持续为乡村建设而努力，保障规划建设村民满意的美丽乡村。

## （三）美丽乡村建设区域系统观

美丽中国建设和美丽乡村建设均体现出特定的区域概念，是在中国或一定区域内内部因素和外部条件相互作用而形成的美丽的生态文明、经济发展、社会和谐、人文道德等。区域发展是一个集合概念，内部包含自然、经济、政治、社会、文化及生态多个方面的条件和集合水平，外延涉及政策支持、城镇化和工业化，以及科技人才、社会团体及工商资本的介入等；纵向上体现各级地方区域及政府协作，横向上体现无行政隶属关系的区域联系、自然地理单元的区域生态关系、历史传承的区域文脉结构等。在新时代背景下，美丽乡村建设应有新的区域系统观，打破碎片化、多点断裂、整体系统不足的乡村建设局面。

### 1. 纳入美丽中国建设

在新时代，建设美丽中国有新要求和新目标，客观上要把新时代中国特色社会主义思想作为行动指南，以解决当前社会主要矛盾、满足人民日益增长的美好生活需要为目标导向，以把我国全面建成小康社会及把我国建设成为富强、民主、文明、和谐、美丽的社会主义现代化强国为奋斗方向。美丽乡村是美丽中国的基本面，美丽中国建设应根据全国生态环境、社会经济发展、城市化格局等进行系统规划，点、线、面综合设计和区域建设指导，将美丽乡村建设纳入其中，统一编制建设指南、建设评价、技术评估标准等，科学合理地推动美丽乡村建设。

### 2. 纳入城镇化建设

城市化有两个方面的作用过程，一方面，指城镇和城市吸引人口，城镇用地拓展，城市生产生活方式、社会文化向乡村的扩散；另一方面，指乡村人口向城镇和城市转化，乡村农用地转化为城镇用地，乡村生产生活方式、乡村文化转化的过程。较长时期以来，我国城市化建设局限在城市、城镇范围内，城市与乡村分割，而新型城市化不仅考虑"人"的城镇化，更是城乡融合下的基本公共服务、社会保障的城乡均等化。在乡村振兴和新型城镇化的发展新时代，美丽乡村和城镇化建设应该相互契合发展，城乡在整体规划基础上实现发展设计美丽乡村，城乡产业带动乡村产业，城乡生态共建促使乡村环境生态宜居，城乡科技教育文化及治理完善促进乡风文明和治理有效，真正实现建成城乡融合的美丽乡村。

### 3. 纳入都市圈域规划建设

都市圈拥有城市经济功能较强的核心城市和多个大城市，并包含一系列中小城市，这些城市是乡村发展、城乡融合的重要依托，都市圈城市化水平高，其核心城市和大城市有能力反哺乡村，带领乡村推进现代化建设。因此，当前美丽乡村建设规划不能停留在一个城市地区谋划城乡融合，要将规划纳入都市圈规划中，在都市圈范围内的结点、轴线、域面积网络格局层面形成区域一盘棋格局，在都市圈范围内谋划每一个美丽乡村建设的城乡融合、"三产融合""三生融合"，构建分层复合的美好生活圈。并促使单点乡村到都市圈整体资源、资金、技术、人才等要素互动，形成点、线、面的美丽都市圈综合格局，以此作为主体构建支撑美丽中国。

## （四）美丽乡村建设质量发展观

我国经济已由高速增长阶段转向高质量发展阶段，新时代必须坚持质量第一。在保证质量的同时，提升效益展质量和效益，将我国建设成为质量强国。我国的乡村振兴战略近5年"既要在农村实现全面小康，又要为基本实现农业农村现代化开好局、起好步、打好基础"，要加快补齐农业农村短板基础上全面振兴乡村。因此，坚持新时代的质量发展是美丽乡村建设的重要原则。

### 1. "外在美"与"内在美"兼存

美丽乡村建设要凸显都市圈美好生活，具有点、线、面构成的符合人民群众审美的美丽格局，表现出"外在美"的有序景观。这需要将生产、生活、生态"三生"空间融合后，对景观进行规划设计，使城市形象、自然风光、乡间田野、建筑农舍及乡风乡情交相辉映，满足人民群众日益增长的美的享受。同时，美丽乡村建设更要注重"内在美"，重视乡村的生态质量、环境品质、居住及公共服务水平，着力解决贫困问题、厕所问题、垃圾污水处理问题、医疗教育和社会保障的城乡均等问题等影响乡村发展质量的突出问题，加强乡村精神文化建设，普及科技知识和法律法规，推广健康的文化娱乐活动，提高乡村居民文化水平和文明素养。美丽乡村建设不搞"一窝蜂"的"政绩工程""形象工程"，努力打造"外在与内在"兼美的乡村。

### 2. 激发乡村建设内生动力

坚持农民主体地位、增进农民福祉是农村工作的出发点和落脚点。美丽乡村建设要发挥乡村居民的主体作用，充分激发调动广大村民的积极性、能动性，持续为美丽乡村建设注入内生动力。这需要加强宣传和培训，改变农民的"依赖"惯性，培育掌握农业科技知识、了解国家政策和法律法规及具有权益意识、责任主体担当的新时代农民，让农民主动参与到美丽乡村建设中。培育乡村建设人才队伍，培养职业农民，对于返乡创业、城市人才科技资金下乡、应届毕业生下乡等给予政策支持，保障有一支稳定的乡村建设队伍带领广大村民勇于探索符合实际情况的美丽乡村建设方式、路径，持续保有乡村建设活力。

### 3. 建设"美丽乡村经济"

产业兴旺、生活富裕是美丽乡村的重要内涵。首先，乡村产业兴旺是乡村建设的经济基础；其次，有了经济基础的乡村才能真正实现乡村之美，村民生活才能得到基本保障，进而实现生活富裕。美丽乡村建设要设法将"绿水青山"转变为"金山银山"，注重产业发展质量，建设"美丽乡村经济"。这需要首先做强农业，利用新技术延伸农业产业链条，依托本地农业推进一二三产业融合，创新农工结合、农旅结合、互联网+农业、农业+教育科普/养生养老等多种方式，增强乡村经济发展活力，改变贫穷落后的乡村气象。

### 4. 着力提高生态宜居质量

生态宜居是乡村振兴、美丽乡村建设的关键。美丽乡村建设要注重生态和宜居的质量，生态质量建设不是简单的植树造林，而是要以乡村生态环境综合整治为重点，推进村庄山、水、林、湖、田、草系统综合治理，推动自然要素与乡村活动高度复合的乡村生态系统的修复、维护、保育，加大保护农村资源环境，尽快使乡村生态系统良性循环发展。宜居质量建设也不是简单地拆旧翻新和设施建设，而是要在乡村生活设施、环境设施、公共服务设施的短板配套建设基础上，加强设施标准质量和运行维护维修水平建设，形成设施建设、运行维护管理长效机制，让乡村居民享受现代化的美好的生态宜居环境。

## （五）美丽乡村建设文化传承观

党的十九大指出，"文化是一个国家、一个民族的灵魂。文化兴国运兴，文化强民族强"。乡村文化是自然环境和历史人文综合而形成的具有审美、教育、传承及娱乐价值的文化集合体。随着工业化、城市化的发展，乡村在传统文化积淀、保留、传承、发扬方面的作用和意义日益凸显重要。在美丽乡村建设中，应加强培育和践行社会主义核心价值观，深入挖掘中华乡村发展过程中流传的优秀传统文化，弘扬优秀的乡村思想观念、人文精神、道德规范，保护地域文化差异性、独特性，并推动乡村文化事业和乡村文化产业发展，建设美丽乡村文化。

### 1. 重视乡村历史文脉时空连续

美丽乡村文化建设要保护传统乡村地域文化，在都市圈尺度系统深入挖掘乡村历史文化，盘活特色文化资源，强调传统文化空间地域的边界识别、地域关系、组织结构、城乡关联，合理整合和适当分离乡村地域文化，在较大地域范围内规划美丽乡村文化内涵、文化名片、文化符号，合理有效地将城市文明、现代文化元素注入乡村文化中，乡村文化保护和更新发展有机结合，既维护都市圈、城乡的传统乡村肌理文脉，保持乡村历史文脉时空连续，又凸显乡村地域文化的多样性，打造特色乡村文化名片和符号，发挥乡村文化的景观魅力和文化价值。

### 2. 正确对待"一村一品"

自 2005 年以来，我国推动了"一村一品"的乡村建设，要求每个村结合实际情况开发优势特色资源，因地制宜打造特色产品和优质品牌，并在改变旧村风貌、优化居住环境的基础上，传承历史文化、人文景观，塑造村落名片符号，目的是防止"千篇一律""盲目跟从"。《农业部关于认定第七批全国一村一品示范村镇的通知》中关于落实"打造'一村一品'升级版"的精神，开展认定第七批全国"一村一品"示范村镇工作，"一村一品"成为乡村建设的重要原则。但是，从实际成效来看，过分追求"一村一品"，为了保证每个村的特色、品牌而生硬造设，存在刻意回避邻村特色和品牌，忽略地域系统的文脉连续、特色品牌的比较规模，造成产品及品牌"不成气候"，难以形成"品牌"营销。因此，在乡村振兴背景下的美丽乡村建设，应正确对待"一村一品"，重视地域特色与营销，促使美丽乡村建设帮助农民致富。

## （六）美丽乡村建设和谐持续观

"和谐"是我国社会主义现代化国家的建设目标之一。美丽乡村建设要紧紧围绕统筹推进"五位一体"的总体布局，按照"四个全面"战略布局协调推进，大力促进乡村社会和谐、乡村生态和谐、乡村地区和谐，保障乡村社会经济和生态环境可持续发展。

## 1. 人与自然和谐

党的十九大及《乡村振兴规划（2018—2022）》提出要"坚持人与自然和谐共生"，这要求一方面，乡村居民应在良好优美的自然环境中享受美好现代的生活；另一方面，现代化发展促使生态和环境治理现代化，从而使生态价值得到更大发挥，生态容量更大，环境更优美，且更好地满足人民日益增长的美好生活需要。对此，不是简单的各个村落的生态建设和环境保护，需要统筹生产、生活、生态，要从乡村建设系统、地域系统层面考虑人与自然的整体性、自然性、协调性、现代性，不能把乡村当作"小城""小镇"来建设，尽可能地保留乡村气息。

## 2. 乡村社会和谐

美丽乡村建设要坚持党管农村工作，着力构建乡村治理新体系，夯实基层党建，强化乡村基层组织建设，确保党在美丽乡村建设中始终总揽全局、协调各方。创新乡村社会治理体系，加强村民自治组织规范化、制度化建设，发展规范和充分发挥乡村各类社会组织作用，持续推进乡风文明建设，着力解决乡村基层组织弱、村集体经济增收难、村民贫困、纠纷矛盾，以及乡村基础设施和公益事业投入少、人才和资金"两难"等问题，建立健全美丽乡村建设长效机制，实现美丽乡村社会和谐稳定。

## 3. 区域协调和谐

党的十九大报告着重提出了区域协调发展、生态文明建设、乡村振兴战略，美丽乡村建设在乡村振兴战略框架下，不仅要做好生态文明建设，也要体现区域协调和谐。从国家战略层面看，应将美丽乡村建设纳入"一带一路"倡议，以及京津冀协同发展、长江经济带发展等区域协调发展战略中，在支持革命老区、民族地区、边疆地区、贫困地区加快发展中，落实美丽乡村建设。从区域发展层面看，应将美丽乡村建设纳入城市群发展战略、都市圈发展战略中，立足自然条件、历史文化地域系统，进而规划筹谋美丽乡村，促使村落之间、乡镇之间、市县之间、地市及省域之间，以及其纵横向地域层级之间的协调和谐，形成美丽乡村在区域体系中的区域整体性、协调性、关联性、差异性，形成空间有序的美好都市圈，有力支撑美丽中国。

## 4. 乡村发展可持续

美丽乡村建设投入力度较大，在科学规划、村庄建设、产业发展、乡风文明、生态宜居、社会和谐层面均取得了卓著成效，但是，从新时代、新要求、新理念的方面看还存在一些问题，尤其乡村发展的可持续问题凸显。美丽乡村建设较多依赖于项目投入，而项目投入往往单一，且投入倾向于硬件设施建设，建设后的运营维护投入较少，致使乡村有些设施"建后不用""用而不维"，设施运营可持续性较差。此外，乡村内生动力不足，较多乡村吸附接纳能力有限，缺乏规模效益，美丽乡村发展可持续力较低。在新时代美丽乡村建设中，要创新可持续发展模式，要更加注重质量发展，加强产业规划，加强业态引导和引进，保持美丽乡村建设可持续活力。

# 三、"美丽甘谷"建设

良好生态环境是乡村振兴的重要支撑，贯彻落实习近平关于实施乡村振兴战略的精神，必须扎实做好乡村生态保护和环境治理工作。提升甘谷县环境品质，推动"美丽甘谷"建设，顺应了新时代要求，体现了甘谷县人民日益增长的美好生活需求，是经济发展壮大的重要基础，是甘谷县永续发展的长远大计。

## （一）甘谷县基础优势与制约因素

甘谷县在我国西北生态屏障区中具有重要的生态地位，但深居内陆，水资源紧缺，山区面积广，生态系统脆弱。尽管不断加强生态屏障建设，加大环境保护力度，生态系统稳定性和环境质量逐步上升，但是，生态系统脆弱性、环境问题仍然凸显，生态环境与人民日益增长的美好生活需求的矛盾还比较尖锐。客观认识甘谷县环境品质提升基础优势与制约因素对于甘谷县乡村振兴、"美丽甘谷"建设具有重要意义。

### 1. 基础优势

甘谷县位于甘肃省东南部，天水市西北部，渭河的中上游地段，属黄土高原地区，渭河蜿蜒流经于黄土丘陵之中，河谷一般较窄并呈现谷与盆地相间的河谷地形，两岸为陡坡或峭壁地形，与峡谷相间而形成完整的河谷盆地——甘谷盆地。甘谷县是古丝绸之路上的商旅重镇，宋朝时有"茶马大市"之名，明朝享"商旅之家"美誉，新丝绸之路经济带上的三级节点城市。独特的自然地理和人文历史，造就了较为显现的生态环境特色及生态文明建设基础优势。

（1）地处黄河上游生态屏障区，能够融入大西北生态建设格局

甘谷县地处黄河上游生态屏障区的陇东、陇中黄土高原区域，以黄河重要水源补给生态功能区，以渭河流域为主体，具有《甘肃省加快转型发展建设国家生态安全屏障综合实验区总体方案》支撑，利于融入我国大西北生态建设格局，利于争取渭河流域生态保护与生态建设项目，快速促进县域生态优化。

（2）地势地貌多样，利于打造绿水青山立体生态景观

甘谷县处于秦岭褶皱带的西延部位，北部处于祁连山地槽中央，相对高差1488

米，梁、峁、沟、壑起伏纵横，湾、坪、川、滩交错。境内渭河及其他三条主要河流为散渡河、古坡河和西小河，守护青山绿水，可以打造集高山、峡谷、丘陵、川地等多种地貌形态的生态景观，形成"立体山水甘谷"，如表11-2所示。

表11-2                                甘谷县海拔分级面积

| 海拔（米） | 面积（平方千米） | 占比（%） |
|---|---|---|
| 1200～1500 | 322.21 | 20.49 |
| 1500～1800 | 809.18 | 51.46 |
| 1800～2100 | 300.27 | 19.09 |
| 2100～2400 | 98.55 | 6.27 |
| 2400～2650 | 42.35 | 2.69 |
| 总面积 | 1572.56 | 100 |

资料来源：笔者依据地形之家提取数据。

截至2017年底，全县累计完成水土流失综合治理面积902.26平方千米，治理程度达63.75%。其中，新修梯田5.41万公顷，适宜区梯田化率达85%以上；植树造林2.85万公顷，荒坡种草0.27万公顷，封育治理0.49万公顷，修筑谷坊5868道，涝池611个，沟头防护221道，骨干坝2座，中型坝4座，小型淤地坝17座。林草植被覆盖明显扩大，水土保持成效明显，渭河甘谷段水质达到国家Ⅲ类标准，为实现绿水青山奠定了基础。

（3）气候条件相对优越，有益生态休闲养生

甘谷县位于大陆腹地，大陆季风气候，四季分明，夏热无酷暑，冬冷无严寒。结合历史文化资源挖掘、特色农业优势发挥，辐射兰州市、宝鸡市、西安市、成都市等周边地区，具备一定的发展生态休闲养生产业的条件，建设"甘甜养生谷地"。

近年强力推进城区分散式燃煤锅炉治理，完成了南滨河路、康庄路供热站煤改气工程；建成煤炭一级交易市场2处，完成"三改一补"工程2000户，城区天然气用户超过12000户，90%以上的出租车完成新能源改造，80%以上的餐饮门店更换使用清洁能源并安装油烟净化设施；从严落实河长制，拆除非法砂场93家，治理城市黑臭水体3.4千米。全年空气优良天数超过260天，打造"甘甜养生谷地"已有较好基础。

（4）生态系统类型比较齐全，有条件生态多样性保护

甘谷县境内有林地生态系统、草地生态系统、湿地生态系统、农业生态系统，既有高山草甸、河流湿地，又有冲积平原，生态系统类型比较齐全。生态环境独特、多样，有利于维护生态系统的稳定性和生物多样性，有条件塑造多元化的生态景观，建立多类型的生态功能区，既可满足生态系统良性发展，又可满足人们多元化的生态需

求，形成"生态多元化甘谷"。

（5）特色农业优势显现，有助于生态农业振兴美丽乡村

渭河贯穿甘谷县，两岸冲积平原达 263 平方千米，土层深厚，相对较利于农业发展。如表 11 - 3 所示，甘谷县农用地结构不断优化，林草地面积明显增加，耕地面积保持稳定，已形成了特色种植业基地 18 处 1.23 万公顷，形成了"种植、养殖、深加工"相结合的生态养殖循环发展模式。特色农业优势显现，已经初步探索出生态农业发展道路，如无公害蔬菜种植、中药栽培，生态养殖循环发展模式，生态有机果业，基本形成了川区、浅山、高山有序的特色农业生态景观格局，为脱贫攻坚奠定了"造血"基础，为生态农业振兴美丽乡村提供了条件。

表 11 - 3　　　　　　2008 年和 2015 年甘谷县农用地结构变化　　　　　单位：公顷

| 年份 | 耕地 | 园地 | 林地 | 牧草地 | 其他农用地 |
|------|------|------|------|--------|------------|
| 2008 | 84176 | 7531 | 20526 | 6025 | 14721 |
| 2015 | 81526 | 9422 | 23211 | 8306 | 13555 |

资料来源：①甘谷县地方志办公室. 甘谷县年鉴 2008 ［M］. 天水：甘肃文化出版社，2008.
②甘谷县地方志办公室. 甘谷县年鉴 2015 ［M］. 天水：甘肃文化出版社，2015.

（6）原生态明显，有利筑就特色生态

甘谷县地处我国西北地区，深居内陆，社会经济发展相对欠发达，城市化水平不高。境内有 1.59 万公顷天然林，建设有南部山区的尖山寺森林公园和林草混合型古坡风景区，人文资源十分丰富，涉及伏羲文化、秦源文化、两汉文化、石窟文化、三国文化、民俗文化，有"华夏第一县"之称。甘谷县原生态文化相对丰富，实施原生态环境保护，实施文化遗产"历史再现"工程，有条件筑就特色生态，建设"华夏第一县，原生态甘甜之谷"。

## 2. 制约因素[①]

甘谷县地处西部山区，生态宜居建设、美丽乡村塑造受山区固有因素的制约，也面临社会经济发展、基础设施建设及政策制度落实等发展制约因素。客观认识其制约因素，对于加快解决短板问题、制定美丽乡村建设持续性政策具有重要意义。

（1）生态系统比较脆弱，生态建设任务艰巨

《甘肃省主体功能区划前期研究报告》对生态环境的评价中指出，甘谷县生态系统脆弱性为中等，生态系统比较脆弱。甘谷县多年平均降水量为 474 毫米，森林覆盖

---

① 本部分资料主要来源于：历年《甘肃发展年鉴》《甘肃年鉴》《甘肃统计年鉴》，以及 2017 年全国和甘肃省、甘谷县政府工作报告和统计公报中的数据整理所得。

率为 19.5%，森林资源总量不足，分布不均，质量不高；生态灾害多发，泥石流、滑坡、洪涝、冰雹等自然灾害频发；全县水土流失面积 1415.3 平方千米，占土地总面积的 90%，年水土流失总量达 773.34 万吨，年平均侵蚀模数 5450 吨/平方千米，治理程度为 63.7%；长期的水土流失，耕地保水性能逐渐降低，造成耕地质量下降，抵御自然灾害的能力降低，农田生态面临诸多威胁，中低产田面积占耕地总面积的 89.03%，农田生态系统稳定性较差；草原超载率仍然偏高，退化的草原面积有上升趋势。水资源严重不足，植被覆盖率低下，水土流失严重，甘谷县生态系统维护难度较大，"生态美"目标实现所面临的形势严峻。

（2）环境质量水平较低，与人民日益增长的美好生活需求差距较大

2017 年，甘谷县优良天数比率为 74%；渭河甘谷段水质总氮超标，散渡河小河口跨境断面水质为Ⅳ类水标准，散渡河入渭河口断面水质为Ⅳ类水标准；城区集中式饮用水源地水质为Ⅲ类，超标指标为总硬度、硫酸盐、硝酸盐氮，为硬度较高的"苦咸水"。城市绿化覆盖率 28.2%，中心城区人均公园绿地 1.8 平方米，人均绿地和广场用地 2.18 平方米（2013 年），2016 年，全国人均公园绿地 13.7 平方米，城市绿化水平低下。地下水严重超采，渭河河道采砂造成河床破坏，城区黑臭水体较多，水源地水质未达到地下水Ⅲ类考核目标要求。农村环境缺乏体系化治理，畜禽粪便到处堆放，生活垃圾随处乱扔、未设统一的排水沟渠和污水处理设施，大部分村庄生活污水仍随处泼洒或就势排入低洼处，未采取任何措施，农村"脏、乱、差"问题较为突出。环境质量水平与人民日益增长的美好生活需求相差甚远，严重影响甘谷县的"环境美"。

（3）人口与资源环境矛盾比较尖锐，人与自然和谐共生要求高

甘谷县人均耕地 0.13 公顷，略高于全国平均水平 0.10 公顷，森林覆盖率为 19.5%；人均水资源占有量 803 立方米，其中，自产水资源人均占有量仅为 141 立方米，为全国人均水资源占有量 2185 立方米的 36.8%，为全省人均水资源占有量 1100 立方米的 75%；水浇地仅占耕地面积的 10.6%，旱地比例高达 89.4%，灌溉水源严重不足；地形地貌复杂，河流泥砂含量大，水资源的调蓄能力差，水资源开发难度大。对于一个山区的农业大县来说，人口与资源环境矛盾比较尖锐，人与自然和谐共生需要更大的经济技术来支撑。

（4）环卫设施建设水平低，对"美丽甘谷"的支撑严重不足

甘谷县现有垃圾处理厂位于县城东北方向约 5 千米，垃圾处理厂总容量 70 万立方米，处理能力较低；仅大像山镇、磐安镇、安远镇、新兴镇和六峰镇建设了垃圾处理场，其余乡镇未开展生活垃圾无害化处理；生活垃圾实行分类收集成效不明显，无特殊垃圾处理设施；存在生活垃圾、建筑垃圾乱堆乱倒现象。城区污水管网设施不配套，乡镇一级污水处理没有项目支持，处理为 0。城区共建成并投入使用公益性公厕

5座，农村地区基本为旱厕，公共厕所设备简陋。道路清扫保洁机械化程度低，清洁工人劳动强度大、效率低。环卫工程设施和机械设备落后，远远落后于城市发展的需要，严重制约"美丽甘谷"建设。

（5）传统发展方式惯性强，构建资源节约型和环境友好型社会的压力大

甘谷县刚步入工业化初期，城镇化水平较低，农业产业化程度低，工业经济集聚优势不够明显，商贸流通体系尚不完善。农林牧渔业服务水平很低，旱涝保收面积仅占耕地面积的4.67%；全县工业大多属于小、散企业；建筑业完成增加值占生产总值增加值的18.72%，占第二产业增加值的59.54%，说明第二产业层次水平较低，发展很大程度属于投资、建材行业拉动；信息传输、软件和信息技术服务业，科学研究和技术服务业完成增加值分别仅占第三产业增加值的1.47%、0.29%，第三产业以政府公共服务、传统批发零售业为主。传统发展方式惯性强，创新创业活力不足，绿色转型压力大，"美丽甘谷"建设的经济支撑力较弱。

（6）政策制度落实不够到位，生态管控难度较大

2016年9月，中共中央办公厅、国务院办公厅印发了《关于省以下环保机构监测监察执法垂直管理制度改革试点工作的指导意见》，甘肃省环保厅和天水市级环保部门都没有出台相关具体的实施方案。环保机构没有延伸到乡镇一级，县级层面只是按照省市统一部署，县级垂管的实操性、实际意义均不大。2016年10月，国家发展改革委印发《重点生态功能区产业准入负面清单编制实施办法》，但甘肃省级部门和天水市属部门的负面清单还尚未出台。《甘谷县生态环境保护规划》和《甘谷县生态红线划定方案》还处于征求意见当中。已有的政策制度向县级层面落实不到位，还没有健全的政策制度体系，严重影响到生态文明建设、国土空间开发格局优化，"美丽甘谷"建设的政策制度保障基础还比较薄弱。

## （二）"美丽甘谷"建设指导思想与目标

建设"美丽甘谷"应该以保护生态环境为底线，树立"绿水青山就是金山银山"的思想理念，以突出环境问题为突破点、遵循资源环境政策指导，始终把绿色发展、循环发展、低碳发展作为基本途径，强调人口资源环境与经济社会生态效益和谐统一，加强全县生态系统修复，尽快补齐生态和环卫设施建设短板，实施品质提升、品牌驱动、区域共建共享战略，努力体现自然之美、和谐之美，着力构建资源节约型和环境友好型社会，塑造"绿水青山，天蓝地绿，空间优美，环境友好"的享誉中外的"华夏第一县·甘甜之谷"。

### 1. 指导思想

以"美好甘谷"战略为指针，围绕"大地增绿、生态增效、群众增收、科学发

展"的目标，把生态文明建设放在突出的战略位置上，融入经济建设、政治建设、文化建设、社会建设各方面和全过程，协同推进新型工业化、信息化、城镇化、农业现代化和绿色化，以"美丽甘谷"建设为主线，优化国土空间开发格局，全面促进资源节约利用，加大自然生态系统和环境保护力度，大力推进绿色发展、循环发展、低碳发展，弘扬生态文化，倡导绿色生活，为甘谷县社会经济发展提供良好的生态环境，为甘谷县人民创造美好的生产生活环境。

## 2. 建设目标

紧密围绕"美丽甘谷"建设内涵，以塑造"华夏第一县·甘甜之谷"品牌为核心，以生态保护修复、生产生活环境优化、绿色发展作为主攻方向，突出城市生态美化和品质提升、水土资源保护、农村环境改善、绿色生产和绿色生活、生态旅游景观打造等建设重点，积极主动融入黄河上游生态安全屏障建设，修复重建生态系统，从根本上解决生态环境问题，实现生态系统良性循环，建成"绿水青山，天蓝地绿，空间优美，环境友好"驰名中外的"华夏第一县·甘甜之谷"，为全面建成小康社会奠定良好的生态环境基础。

（1）近期目标（2018～2020年）

初步形成"美丽甘谷"格局，营造"华夏第一县·甘甜之谷"。初步建立包含自然资源资产产权制度、国土空间开发保护制度、自然生态空间用途管制、资源总量管理和全面节约制度、资源有偿使用和生态补偿制度、环境治理和生态保护的市场体系、生态文明绩效评价考核和责任追究制度的"美丽甘谷"建设制度体系。基本解决突出的生态环境问题，有效控制环境污染和环境破坏，初步建立起产业结构协调、空间布局合理、生产高效的生态产业体系，基本实现绿色转型发展，生态环境明显改善，初步形成"美丽甘谷"格局，打造"华夏第一县·甘甜之谷"的品牌。全县森林覆盖率达到16.6%，城镇人均公共绿地大于9.0平方米/人；草原植被覆盖度稳定提升，草原生态退化趋势得到基本遏制；生物多样性保护程度达到90%，生物多样性指数保持稳定；保护和重点建设饮用水源地、自然保护区、风景名胜区、森林公园、重点生态公益林等基础性生态用地，形成占全县土地面积近35%的永久性生态保护区。重点城镇集中式饮用水源地水质达标率达到100%，有效保障人民的饮水安全；县城空气质量实现340天以上优于二级标准，城镇对生活污水和生活垃圾的无害化处理率都达到80%以上；有力提升农村的生活环境，农村生活垃圾和生活污水都达到60%以上的收集处理率，有效控制面源污染；主要污染物排放总量得到有效控制；重点行业污染物排放强度明显下降，工业用水重复利用率和污水处理厂中水利用率达到80%以上，工业固体废物综合利用率90%以上，工业废水排放达标率、工业烟尘排放达标率100%，重点污染源在线监控率达到100%，辐射工作单位安全许可证发放率 100% ；环境监管能力明显提高，公众对环境的满意率达到 80% 。

（2）中期目标（2020～2025年）

初步实现"美丽甘谷"，基本形成"华夏第一县·甘甜之谷"品牌。进一步优化生态环境，环境质量实现大幅度提高，环境污染基本得到解决，产业结构更加完善、生产布局日趋合理，基于生态文明的历史文化资源得到保护，自然资源更加合理开发；优化国家生态文明体制，基本形成可靠的生态文明体系，环境保护制度、法律、法规更加健全。生态环境和谐优美，生态文化长足发展，人民生活水平全面提高，初步形成良好的生态环境安全格局，初步实现"美丽甘谷"，基本形成"华夏第一县·甘甜之谷"品牌。全县森林覆盖率达到 20% ，城镇人均公用绿地达到 15 平方米，林业资源得到有效保护；草原植被覆盖率稳定在 80% 以上，基本实现草畜平衡，草原生态逐步步入良性循环；城镇生活污水处理率、生活垃圾无害化处理率均达到 95% 以上；农村环境质量保持稳定，农村生活环境得到全面改善，生活垃圾处理率达到 80% 以上，生活污水收集处理率达到 80% ，面源污染得到有效控制；工业污染全面得到控制，工业用水重复利用率和污水处理厂中水利用率达到 95% 以上，工业固体废物综合利用率 95% 以上，环境得到有效地改善治理。

（3）远期目标（2026～2035年）

基本实现"美丽甘谷""华夏第一县·甘甜之谷"享誉中外。生态文明建设体制和制度体系日益完善，实现生态文明领域治理体系化和治理能力现代化；全县森林覆盖率达到 30% 以上，森林生态系统功能显著提高；城镇人均公共绿地大于 18 平方米/人；草原植被盖度稳定在 85% 以上，全面实现草畜平衡，草原生态步入良性循环；森林、草地、湿地、农业、城市五大生态系统趋于稳定，生态服务功能进一步加强；城镇和农村地区生活污水处理率、生活垃圾处理率均达到 100% 以上，农村生活污水收集处理率达到 100% ，面源污染得到有效控制；水资源节约重复利用、工业固体废物综合利用进一步稳定提升，生态环境根本好转。生态质量稳定提高，环境和谐优美，生态特色和环境品牌凸显；形成资源节约、环境友好型的经济社会发展方式和民众生活方式；生态资源、自然资源、历史文化资源得到有效保护和高效利用，形成稳定良好的生态环境安全格局；生态文明水平与经济社会发展相一致，基本实现"美丽甘谷""华夏第一县·甘甜之谷"享誉中外。

## （三）"美丽甘谷"行动计划

紧密围绕全面建设小康社会，着重补齐短板，解决最受关注、最突出的资源环境及生态问题，缓解制约因素，破解水资源难题，绿色转型发展，树立"华夏第一县·甘甜之谷"品牌，为实现生态宜居的"美好甘谷"奠定良好的生态环境基础，提供良好的生态文化氛围。

## 1. 实施"三生"空间融合优化行动计划，构建"甘谷十字绣"空间体系

通过控制开发强度，对生产、生活、生态"三生"空间结构进行优化，加强生态廊道建设，注重景区风貌保护与功能提升，形成生产空间集约高效、生活空间宜居适度、生态空间绿水青山的和谐美丽的空间格局。通过空间优化，逐步形成的绿色通道交错，农田防护林网相连，自然景区、历史文化交融的"八道八区·甘谷十字绣"的优美空间格局。

加快实施主体功能区战略，将县域空间划分为禁止建设区、限制建设区、适宜建设区3类，按照主体功能定位进行空间管制，规范空间开发秩序，形成合理的空间开发构架。以"华夏第一县·甘甜之谷"为总体目标，塑造"甘谷十字绣"空间美化体系。"十字绣"是指以渭河为骨干的东西向生态美化带，以景礼高速为纵向联通南北向生态美化带。

在十字绣景观框架下，着力建设"八道"生态景观廊道，即景礼高速甘谷北段生态廊道，景礼高速甘谷南段生态廊道；东部链接麦积区的甘麦甘谷段省级公路生态廊道，链接秦安县的S304甘谷段生态廊道（新兴镇—金山镇—秦安县），链接秦州区的天定高速甘谷段生态廊道；西部链接武山县的天定高速甘谷西段生态廊道，链接武山县的新武县道生态廊道（新兴镇—谢家湾乡—武山县），链接通渭县的通甘公路甘谷段生态廊道（安远县—大石镇—礼辛镇—通渭县）。

在"八道"生态景观廊道格局下，塑造"八个景观风貌区"，即以姜维墓（将军岭）—天门山—大像山为主线，包括县城中心、六峰镇、新兴镇、白家湾乡，将其塑造成为"华夏文化生态旅游区"；以尖山寺省级森林公园旅游风景区、古坡草原沿线及周边森林旅游风景区为主体，包括武家河镇、古坡镇，塑造成为原生态旅游区；以安远镇为核心的天水古关民间文化生态区；以礼辛镇、大石镇为依托的中药养生谷生态区；以磐安镇为核心的蔬菜果品田园风光区；以金山镇为核心的花椒玉米田园风光区；以八里湾乡、西坪乡、大庄镇为主的种养田园风光区；以新兴镇、谢家湾乡为主的特色农业创意田园风光区。

同时，要重视城区景观系统塑造，凸显"一核一廊"的"华夏第一县·甘甜之谷"的美景。围绕以"悬崖大像"为核心的大像山文化核心景观建设，以渭河、散渡为主的水体生态景观廊道建设，加强南北两山的山体景观背景建造，推进老城景观风貌区、新城景观风貌区、商贸物流景观风貌区、现代工业景观风貌区"四个景观风貌区"的打造，构筑主城区优美的区域轮廓线和生态开放空间。

## 2. 实施山青地绿行动计划，提高林草覆盖率

立足甘谷县生态条件和资源环境禀赋，以"全域绿化"理念，全面加强林草建造

和维护，提高林草覆盖率，提升森林、草原生态系统质量水平。

（1）主抓生态林业建设，提高森林覆盖率

全面调查分析县域生态工程区三荒地、撂荒地、阳坡地、陡坡地、硬土地，因地制宜，合理规划，适地适树，采用抗旱性较强的侧柏、刺槐等乡土树种，推进完善以渭河、西小河、散渡河、清溪河、耤河流域为主的五大生态屏障建设，到2035年全县林木绿化率达到35%，森林覆盖率达到30%。加强生态公益林和人工造林建设，以农田林网、公路绿化、荒山造林为主，大力发展针阔混交林，持续实施三北防护林建设，退化林修复；继续实施退耕还林，加强退耕还林工程配套建设，巩固退耕还林成果，推进退耕还林补植补造，对于低缓坡地支持发展核桃、花椒林果产业；加强林业生态保护，划定林业生态保护红线，在重点区域实施封山育林，持续进行渭河以南的古坡乡、武家河镇、磐安镇及渭河以北的西坪乡、大庄镇等乡镇的森林抚育，加大林业有害生物防治，加强全县野生动植物保护。

（2）着力推进草场维护保育，提高草地植被覆盖率

甘谷县有2.96万公顷基本草原，可利用的天然草地1.81万公顷，人工草地1.14万公顷，坐拥1.33多万公顷的古坡天然草场、1.33万公顷的九墩牧场。加强草地生态系统维护养育，提升草地植被覆盖率。加强草场维护保育，继续巩固草原承包面积有2.96万公顷，持续维持禁牧面积1.81万公顷，全面提升草场质量，草原植被盖度稳定在85%以上；重点维护古坡草原等成规模草原，规划道路交通设施，配置集雨水窖，修建护坡设施；支持山区建设现代畜牧业园区，养殖场基础设施改扩建，配套建设粪污无害化处理设施。

（3）实施开源节流行动计划，破解水资源难题

水资源短缺是甘谷县经济社会发展最大的限制性因子。甘谷县全面建设小康社会，必须要大力推行水资源节约，广开水源，破解水资源难题。加强水源地保护，保障饮用水安全。尽快划定包含各乡镇在内的集中式饮用水源地保护区，加快落实《甘谷县水源地安全保障规划》，积极推进饮水安全工程，确保城乡饮用水水源地水质安全。推广水资源节约行动，降低生产、生活水资源消耗。继续在农业、工业生产、生活用水领域推广节水技术改造；改造供水、污水排放管网，新建小区建设中水管网系统，提高水资源重复利用率；开展节约水资源行动，提高居民爱水、惜水、节水的意识，推行阶梯水价。降低生产、生活水资源消耗，降低地区万元国内生产总值用水量（2017年为79立方米），提高农田灌溉水有效利用系数（2017年平均值0.52）。推进引调水工程，缓解水资源不足问题。跨区域引调水是缓解甘谷县水资源不足的重要措施。根据省市规划、区域自然地理条件，主要推进实施甘肃省引洮供水二期配套甘谷县城乡供水工程，适量取用渭河水，解决谋划白龙江调水工程，增强向县域南部供水。同时，修缮和维护现有9处引水枢纽设施，改进渠道

及渠系建筑物，保证供水质量。建设集雨水窖，普及小型农田水利。全面勘查县域地势地貌及水文特征，普查现有的防洪减灾、中型灌区、高效节水灌溉，小型提灌、泵站设施，以及城区绿化灌溉设施等，以流域地形、城乡居民点等为对象进行集雨设施分区分类；分区分类，因势利导，在干旱山区新建一批大型集雨场，沿着道路交通、田间道路、沟头沟尾等，建设雨水收集水窖和渠道设施，推进小型农田水利建设，保证灌溉及生态用水。

（4）实施绿水蓝天行动计划，提升环境保护能力

甘谷县要着重以居民最关心、最突出的环境问题为抓手，加强环境保护，保证持续的蓝天，改善水生态环境，为生态宜居甘谷县保驾护航。

第一，重点防治自然灾害，保持水土。加快小流域内生态环境的综合治理，加快推进和维持退耕还林、还草，防治坡耕地水土流失等重大灾害，建设综合治理工程。重点加强坡耕地水土流失综合整治项目、磐安镇南山寺水土保持生态示范园（二期）项目、磐安上南河流域综合治理工程、谢家川子等中型以上淤地坝除险加固工程、菜籽山鸦儿沟淤地坝建设工程、姚家沟堡沟来塘坝建设工程、赵家窑淤地坝维修加固工程。水土流失治理程度达到80%以上，适宜区基本全面实现梯田化。建成3~5个市级、省级小流域综合治理工程示范区。

第二，持续推进大气污染治理工程，提高空气质量。重点完成城区集中供热管网铺设工程，拆除现有小型供热锅炉，规划区管网基本达到全部覆盖；推进工业园区大气污染治理工程，建设集中供热站，拆除企业自建小型供热锅炉；坚决禁止销售使用劣质燃煤，落实城市扬尘管控、烟花爆竹禁燃禁放、餐饮油烟治理措施，打赢蓝天保卫战。

第三，加快推进水污染综合防治工程，改善水生态环境。重点包括城区生活污水处理厂改造工程、乡镇污水收集处理工程、工业园区污水处理工程、散渡河及城区臭水综合治理项目，以及渭河流域甘谷段综合治理项目。主要改造城区污水处理厂，扩大污水处理能力；每个乡镇镇区建设污水处理站1座，配套建设收集管网；在六峰工业园区内建污水处理站及配套附属设施；完成散渡河流域排污处理，改造城区污水管网及附属设施；综合治理散渡河流域及甘谷县城区臭水；对渭河流域甘谷段环境进行综合治理，改善渭河水质。严格落实河长制，加强限定可采区采砂管理，严厉打击非法采砂、非法排污、侵占河道等违法行为，努力实现"河畅、堤固、水清、岸绿、景美"目标。

第四，加快推进固体废弃物处理处置工程，提高资源化利用率。建设医疗垃圾无害化集中处置中心1处，建设乡镇生活垃圾填埋场14个，对医疗垃圾进行无害化集中处置和乡镇生活垃圾集中处置工程。将全县餐饮业厨余垃圾纳入治理，在县城建设厨余垃圾处理再利用中心，实现对垃圾的无害化处理和资源化利用。

第五，防控农业的面源污染风险，加快实现农业的清洁生产。建设种养殖废弃物的资源化利用项目过程中，争取实现 10 家以上种养殖废弃物资源化利用项目，均建成 1 条有机肥生产线，早日实现养殖户的周边废弃物的污染源头治理。对病死畜禽无害化集中处理，建设病死畜禽专业无害化处理场 15 个。针对种植业产生的废旧农膜，重点建设 3 家综合利用加工企业和 80 家废旧农膜回收网点，快速提升农业清洁生产能力。

（5）实施提升生态环境品质行动计划，推进生态人居环境建设工程

甘谷县经济社会欠发达，基础设施建设滞后，提高人居环境质量水平、构建生态人居环境是近期一项艰巨任务。具体如下：

其一，加快推进城镇绿化基础设施建设，加强公园绿地建设，形成以"城市级综合公园—居住区级公园—街头绿地"三级体系为重点、专类公园为补充的城市公园系统，建设"5 分钟居民绿色健身圈"。在铁路、高速公路、排洪沟、高压走廊两侧，以及工业用地与其他用地之间建设防护绿地，城市绿化覆盖率达 35%，人均公园绿地面积达 10 平方米以上。加强旅游景区环境污染治理设施及基础设施建设。加大境内大像山景区、姜维故里三国文化园景区、毛家坪先秦文化遗址景区、古坡草原景区和尖山寺森林公园景区旅游开发和设施建设，重点抓好景区的道路、电力、通信和安全设施等基础设施的建设，改善景区基础条件；各景区配置生活垃圾、生活污水等环境污染治理设施建设。

其二，推广低碳交通与绿色建筑工程，推进老旧小区改造。完善道路交通网络，解决"断头路"问题；大力发展公共交通，加强交通污染控制，鼓励使用清洁能源的交通工具，加强道路两侧的绿化建设；开展建筑节能和绿色建筑示范区建设，鼓励开展智慧社区建设工程。加快改造老旧的城镇小区，进而提升城镇环境综合管理水平。对城郊接合部、城中村、棚户区、老旧小区、背街小巷、城市河道、低洼易淹易涝片区、建设工地、农贸市场等进行综合整治，规范占道经营、交通秩序、户外广告等。

其三，加快推进城镇地区公厕布局优化和改造升级，推进"三生空间"融合建设。尽快编制公共厕所空间布局规划图，优先对中心城、重点镇、主要景区进行公厕布局优化和改造升级，使其与经济社会发展水平相一致。践行乡村振兴战略，结合全域旅游打造，加大农村污水、垃圾治理力度，积极推进城乡环卫一体化建设，全面推行"户分类、组收集、村转运、乡处理"垃圾处置模式，绿化美化乡村人居环境；在美丽甘谷空间格局基础上，挖掘乡镇、村自然生态资源、人文历史、产业优势要素，按照"一镇一景""一村一品"规划、创建国家级、省、市、县特色乡镇、美丽乡村，促进"美丽甘谷"。生态景观风貌特色建议如表 11 - 4 所示。

表 11 - 4 甘谷县生态景观风貌特色"一镇一景"建设建议

| 序号 | 镇 | 特色建议 |
|---|---|---|
| 1 | 大像山镇 | 大像山文化景观,现代城市建设风貌 |
| 2 | 新兴镇 | 甘谷"旱码头",历史文化保护,现代城市建设风貌 |
| 3 | 磐安镇 | 商贸"旱码头",古遗址保护与开发,蔬菜果品田园风光 |
| 4 | 六峰镇 | 全国文明镇,依托天水经济技术开发区扩区增容和姜维故里资源,工业与文化融合风貌 |
| 5 | 安远镇 | 商贸"旱码头",天水古关民间文化生态风貌区 |
| 6 | 大石镇 | 中药材、水果、草编为主的农业商贸景观风貌区 |
| 7 | 礼辛镇 | 甘肃十大古镇,礼辛镇遗址保护与开发,中药养生为主的生态农业体验观光区 |
| 8 | 大庄镇 | 田园风光,农家乐景观 |
| 9 | 武家河镇 | 天然林保护,原生态风貌 |
| 10 | 金山镇 | 秀金山文化旅游景区,花椒、玉米为主的田园风光区 |
| 11 | 西坪乡 | 国家一级文物人面鲵鱼瓶,华夏文明再现景观区 |
| 12 | 八里湾乡 | 果椒、药材为主的田园风光区 |
| 13 | 谢家湾乡 | 田园风光,农家乐景观 |
| 14 | 白家湾乡 | 优质苹果,文化保护,苹果观光区 |
| 15 | 古坡乡 | 天然草原、牧场,原生态风貌区 |

资料来源:笔者根据资料整理所得。

继续开展以村容优美、生态秀美、庭院净美、生活甜美、乡风和美为重点的"示范村"工程建设。每年创建美丽乡村省级示范村 2~3 个,市级示范村 4~6 个,县级示范村 10~15 个,到 2020 年,全县创建示范村达到 150 个以上;到 2025 年,示范村达 200 个,创建美丽乡村国家级示范村 1 个;到 2030 年,三级示范村达 250 个,实现村村有风景,村村有特色,村村有旅游,美丽乡村连成农村旅游风景线。

(6)实施绿色生产行动计划,加快推进产业生态化

深刻领会和落实习近平总书记的"付出生态代价的发展没有意义"[1] 精神,将"生态优先,绿色发展"[2] 作为基本的生产生活自觉行为理念,坚持绿色发展、循环发展、低碳发展的基本原则,制订绿色生产计划和责任制,大力推行绿色生产,着力打造绿色发展的"甘甜之谷"。

其一,加快产业转型升级,提高产业发展质量。以创新驱动、重大项目带动,积

---

① 刘乐. 习近平:付出生态代价的发展没有意义 [N/OL]. http://china. cnr. cn/gdgg/20170421/t20170421_523718349. shtml. 2017 - 4 - 21.

② 经济日报. 生态优先,绿色发展 [N/OL]. http://www. xinhuanet. com/energy/2020 - 09/18/c_1126508282. htm. 2020 - 9 - 18.

极对接国家产业政策，突出天水市装备制造业协作配套基地的发展定位，培育科技含量高、附加值高的优势骨干企业，实现腾笼换鸟，全面提升产业发展质量。

其二，促进产业生态化，推进清洁生产，打造循环经济产业链。着力推动电力能源、建筑建材、化工颜料、农副产品加工业及陇药制造等主要产业的转型升级，探索建立以"循环型农业、循环型工业、循环型服务业、循环型社会建设"为主的"四位一体"综合服务体系，全力打造循环经济产业链和示范企业。

其三，推进园区生态化，建设产业生态园。对接产业园区建设，对开发园区进行生态化改造，构筑循环链接的产业体系，建立园区物资和废物交换中心，对提高能源效率、节约资源、废物最小化、清洁生产技术和应急反应等给予技术指导和政策配套，促进产业废弃物综合利用和再制造产业化。同时，以政府为主导，进行市场化运作，加强各类工业园区环境基础设施建设，推进集中供热，强化污染集中控制，设置合理的安全防护距离，引导企业向依法批准设立、符合产业功能定位、环境基础设施较为完善的园区集中。加快冀城工业园生态化改造，建设成为省级示范产业生态园。

（7）实施生态产业化行动计划，重视生态资产价值转化

深入践行"绿水青山就是金山银山"的理念，落实保护生态者受益，占用资源者付费，破坏生态者遭罚，促进生态资产价值的经济转化，确保生态惠民。一是，组织清算全县的自然资源资产，将自然资源的资产和负债数据编制成报表；尤其推进土地、水域、森林、矿产等重要资源的产权登记和确权管理工作，相应地全面建立全市的自然资源资产产权制度。控制污染物排放的前提下完善生态补偿制度，合理分配负担环境保护成本和建立污染减排管理机制和激励约束机制，建立排污权的有偿使用管理制度和交易试点。试行碳排放交易，重点企（事）业单位温室气体排放报告制度。试点推行自然资源金融化，将自然资源资产负债表所反映的自然资源净资产的数量、价值及变动情况与各乡镇贷款投放规模挂钩，争取市级层面的优先创新信贷产品、优先审批信贷业务等；积极鼓励天水市将自然资源的资产评估价值作为贷款额度的支撑依据，让自然资源资产以金融形式进入市场货币化流转，并且自然资源资产可以用来抵押贷款。二是，加快生态文化旅游深度融合，支持开发生态旅游产品。秉承"华夏第一县"文化，坚持文化与生态旅游相融合，突出生态旅游特色，打造古坡草原生态、尖山寺森林公园、姜维墓生态文化等生态旅游品牌，乡村民俗旅游，促进生态资源的经济价值转化。三是，强化节能环保产业支撑，促进生态环保产业化发展。在政府主导下，将污染防治、固体废弃物处理与资源化利用、环境监测等实行产业化运作，并大力发展合同能源管理、技术咨询和信息服务、设施运营、工程设计和承包、环境监理等节能环保服务业，加快公共服务平台建设，促进环境保护产业和节能环保服务业互动发展。

（8）实施"华夏第一县·甘甜之谷"品牌塑造行动计划，推进生态文化教育

甘谷县素有"华夏第一县"之称，历史悠久，文化底蕴深厚，人文景观与自然风

光交相辉映。在"美丽甘谷"建设中，充分利用历史文化及自然资源独特条件，将生态文明理念融入"华夏第一县"，树立幸福美好的"甘甜之谷"品牌。

其一，开发并保护生态文化资源。详细调查甘谷县历史文化的基础上，合理制定甘谷县生态文化资源保护和开发规划。重视甘谷县传统非物质文化遗产的保护和发扬，建设甘谷县非物质文化遗产博物馆和一批专题馆，建立一批非物质文化遗产保护、展示、传承、教育基地，建设民间艺术博物馆，举办民间艺术文化节。

其二，打造特色生态文化品牌。充分利用"一带一路"倡议，围绕"华夏第一县·甘甜之谷"历史文化品牌，融入绿色、生态、创新理念，大力实施文化遗产"历史再现"工程，打造"伏羲文化旅游长廊、百里石窟文化旅游长廊、民间民俗文化旅游发展长廊、三国文化旅游长廊和以渭河风情线、尖山寺森林公园及古坡风景区为主的避暑休闲生态旅游长廊"，形成"一带一路"河西走廊的有影响的生态文化节点。

其三，加强生态文化宣传教育，增强人民的"爱美"意识。以甘谷县历史文化为依托，以绿水青山的城市特色为背景，培育特色生态文化，并不断地推广和创新。开展各种保护甘谷县历史文化的群众性活动，提高公众对甘谷县历史文化的保护意识和参与程度；通过举办生态建设主题教育等活动，大力倡导和树立以"尊重自然、保护自然，科学发展、和谐发展，当代公平、后代公平，全民参与、全球参与"的现代生态理念，引导公众节约水资源，自觉爱护生态环境。制定《甘谷生态文明道德规范》，出台《美丽甘谷人民行为准则》，提高公民生态道德素质，使珍惜资源、保护生态成为全县人民的主流价值观。

## 参 考 文 献

［1］陈秋红.美丽乡村建设的困境摆脱：三省例证［J］.改革，2017，285（11）：100－113.

［2］方创琳，王振波，刘海猛.美丽中国建设的理论基础与评估方案探索［J］.地理学报，2019，74（4）：619－632.

［3］高悦尔，涂哲智，邬晓锋，杨春.区域融入视角下美丽乡村的重构与实践——以厦门市翔安区溪美村为例［J］.城市发展研究，2017，24（6）：5－8.

［4］韩喜平，孙贺.美丽乡村建设的定位、误区及推进思路［J］.经济纵横，2016（1）：87－90.

［5］金瑶梅.论美丽中国的五重维度［J］.思想理论研究，2018，7：41－45.

［6］孔祥智，卢洋啸.建设生态宜居美丽乡村的五大模式及对策建议——来自5省20村调研的启示［J］.经济纵横，2019，1：19－28.

［7］李建华，蔡尚伟."美丽中国"的科学内涵及其战略意义［J］.四川大学学

报（哲学社会科学版），2013（5）.

［8］李建军，任继周．美丽乡村建设的伦理基础和新道德［J］．兰州大学学报（社会科学版），2018，46（4）：8－14.

［9］李淑文，刘婷．当代马克思主义生态美学及其对美丽中国建设的启示［J］．环境保护，2018，46（19）：34－37.

［10］陆树程，李佳娟．试析习近平美丽中国思想的提出语境、主要内容和基本要求［J］．思想理论教育导刊，2018，237（9）：29－34.

［11］秦书生，胡楠．美丽中国建设的内涵分析与实践要求——关于习近平美丽中国建设重要论述的思辨［J］．环境保护，2018，146（10）：9－12.

［12］王夏晖，王波，何军．基于生态系统观的美丽宜居乡村建设［J］．环境保护，2019，47（2）：11－13.

［13］王越芬，孙健．建设美丽中国视域下生态文化自觉的生成逻辑［J］．学习与探索，2018，273（4）：24－29.

［14］习近平谈治国理政，第2卷［M］．北京：外文出版社，2017.

［15］向富华．基于内容分析法的美丽乡村概念研究［J］．中国农业资源与区划，2017，38（10）：25－30.

［16］杨园争．乡村振兴视角下美丽乡村建设的困境与突围——以H省为例［J］．西北师大学报（社会科学版），2019，56（3）：137－144.

［17］叶强，钟炽兴．乡建，我们准备好了吗——乡村建设系统理论框架研究［J］．地理研究，2017，36（10）：1843－1858.

# 第十二章

# 生态宜居建设之路

生态宜居，是实现社会主义现代化奋斗目标"富强、民主、文明、和谐、美丽"的重要支撑，乡村生态宜居在党的十九大提出的乡村振兴战略二十字方针中最为关键，是乡村最大的优势和资源，是人民群众对美好生活的追求。《乡村振兴战略规划（2018—2022年）》及2019年中央"一号文件"均对生态宜居高度重视，并做出相关实施部署。在实施乡村振兴战略、大力推进乡村生态宜居建设之际，有必要系统梳理和科学阐释生态宜居建设战略内涵，为提出推进生态宜居的美丽乡村建设、生态建设、人居环境建设政策奠定了理论基础。

## 一、乡村生态宜居内涵

良好生态环境作为乡村巨大财富和潜在优势，可以促进乡村发展和提升生活水平（冯海发，2018）。随着我国当前主要矛盾的转变，把占全国土地面积将近90%的乡村建设成生态宜居的美丽乡村，符合人民对美好生活的追求和意愿，是美丽中国建设的关键（张军，2018）。从新农村建设到实施乡村振兴战略，社会各界非常关注乡村生态宜居建设内容、评价方法及内涵任务，新时代已赋予了乡村生态宜居新理念和新内涵。

### （一）乡村生态宜居内涵综述

人类生产生活活动对自然地理环境进行改造后的空间形态成为人居环境，伴随着经济发展和社会形态的演化而不断变化（吴良镛，2001），生态宜居是对适宜人居环境的综合评价，反映了良好的居住空间环境、人文社会环境、生态与自然环境和清洁高效的生产环境（李松睿，2019）。生态是人类与自然环境共生共融的耦合，体现为区域社会经济与自然环境的协调性，多侧重于生态环境保护；宜居是人类生存与居住幸福感的有机统一，更强调人居的舒适性与便捷性，较为全面地涵盖了基础设施、文化教育和社会保障方面，生态是宜居的基础，宜居是生态的目标（张雪花，2012；孔祥智、卢洋啸，2019）。在新型城镇化过程中，引发了对生态宜居的广泛思考和重点研究，党的十九大将建设生态文明提升为"千年大计"，提出实施乡村振兴战略，使乡村生态宜居成为研究热点之一（姬卿，2019）。乡村生态注重从生态环境角度促进人与自然和谐相处，应着力培育绿色发展和乡村生态文化等推进农村生态现代化转型（邓玲、王芳，2019），乡村宜居是从村民自身角度出发，要有好的居住生活环境和基础设施配套，满足不同诉求，让村民有获得感和幸福感，既要通过生态保护和生态修复改善自然生态环境，又要加强乡村地区配套服务设施建设，让生态和宜居相辅相成、互相促进，不仅要创建乡村人民的宜居环境，也要创建城市人民向往的乡村宜居生活环境（黄祖辉，2018）。

乡村生态宜居过去主要受农业生产活动的影响，随着城乡一体化、区域可持续发展，乡村生态宜居原则、标准及目标内容相应的不断深化拓展。在新农村建设时期，乡村人居环境建设主要以改善村庄卫生环境为重要目标，注重村庄面貌改善和基础设施建设。在乡村振兴战略要求下，乡村生态宜居的内涵由新农村建设时期的静态内容转变为动态要素，赋予了乡村生态宜居更深的内涵，已将生态建设、环境治理、人居需求相结合，把建设内容扩大到乡村地区的整体生态、生产和生活环境中，且更加重视农民群体的主体感受（廖彩荣、陈美球，2017）。乡村生态宜居理想上应是"三生空间"高度融合的城镇聚落形态，既有发展动力支撑的特色产业，又具备适合人居的宜居生态，还能满足人们美好生活品质的追求，是基于城市品质集聚力量和市场机制"自组织"产生的，是生态、人才和职能共同推动作用下的产物（王振坡、张安琪、王丽艳，2019）。乡村生态宜居建设要关注乡村农民居住生活的幸福感和居住舒适度，从注重村容整洁等外在环境转变为更加注重农民内在生活质量（叶敬忠，2018），大力保护乡村资源环境，通过治理水土污染，解决农业生产过程中产生的污染问题，加强基础设施建设，建成干净整洁的美丽田园乡村（郭晓鸣，2018）。

## （二）乡村生态宜居评价综述

乡村是否具备生态宜居的环境，存在哪些短板问题，不少学者开展了调查分析，建立评价体系和评价方法。普遍将生态宜居分为自然系统和环境品质两个维度，自然系统维度强调保护好乡村生态系统，良好的自然环境是乡村生态宜居的外部基础；环境品质维度包含村容村貌整洁卫生，基础设施完备和乡村道路的通达性等方面，是乡村生态宜居的内部基础。在指标体系构建上主要包含自然生态、村庄卫生、公共服务、农业面源污染和乡村景观建设等方面（闫周府、吴方卫，2019；

刘泉、陈宇，2018）。

在新农村建设到实施乡村振兴战略的过程中，不少学者针对全国各地的特殊性开展了乡村生态环境和宜居环境的定性定量研究。比如，从宜业、宜居两个角度进行指标构建，并运用多层次评价以及熵权法对2005~2015年期间的长三角城市群的4省域的26个城市的生态宜居和宜业时空动态变化进行了研究，并提出适应性的生态宜居宜业发展建议（张欢、江芬、王永卿、成金华、钱程，2018）；利用统计分析方法对江苏省部分地区和浙江省进行了乡村生态环境建设调查研究，发现存在政府管控缺失、村民环保意识不强和制度缺陷等问题，并指出要在宏观、中观和微观层面上，全面建设生态宜居的美丽乡村（张萌、郑华伟、高春雨、罗其友，2018；曹桢、顾展豪，2019）；通过构建乡村人居环境质量综合评价指标体系，以重庆市37个区县为研究单元，利用熵值法分析各研究单元乡村人居环境质量与空间分异特征（唐宁、王成、杜相佐，2018）；将人地和谐发展的乡村生态环境作为目标层，以湖北省利川市为例，构建重点生态功能区乡村生态环境评价指标体系，运用专家调查法（Delphi）和层次分析法（AHP），揭示乡村生态环境时序演变规律及其问题（曾菊新、杨晴青、刘亚晶、赵纯凤、李伯华，2016）；以生态价值、居住条件、美学价值、社会价值为评价要素，揭示出川西林盘的生态宜居性问题主要有植物多样性、森林覆盖率、生活垃圾处理、景观破碎化程度问题（李松睿、曹迎，2019）。总之，从生态系统、农村基础设施、人居环境整治视角来看，我国乡村生态宜居主要存在农业生产污染、村庄环境差、乡风文明建设不足、乡村建设规划不到位等问题，在基础设施建设和公共服务方面与城镇地区差距较为明显（王夏晖、王波、何军，2019；曾福生、蔡保忠，2018），生态宜居建设资金投入、治理模式和政策落实方面也存在一定问题（于法稳，2019）。农民是乡村生态宜居建设的主体，通过调查西南山区发现，村级实施人居环境整治促进了农户参与厕所改造、污水垃圾处理，但农户人口及经济收入、村庄交通状况等影响农户参与和认知程度（闵师、王晓兵、侯玲玲、黄季焜，2019）。

在实施乡村振兴战略的新时代，要从多维度推动乡村生态宜居建设，发挥农民在乡村建设中的主体地位（纪志耿，2017），在生产、生活和生态三个层面协同联动，加快提升乡村生态宜居水平（李周，2019）。新时代、新理念、新内涵，乡村居民有新需求、新追求，为村民谋幸福是乡村振兴生态宜居建设的初心和使命。

## （三）新时代乡村生态宜居内涵

乡村生态宜居是以人民为核心、以满足乡村居民日益增长的美好生活需要为目的，在乡村经济建设、政治建设、文化建设、社会建设、生态建设"五位一体"中，尊重自然、顺应自然、保护自然，加快转变乡村生产生活方式，以不断满足乡村居民生存需要和精神追求为内容，统筹山水林田湖草系统建设，实现生活环境整洁优美、生态系统稳定健康、人与自然和谐共生，建设绿色生态、和谐宜业、舒适宜居、美丽怡情的生态宜居美丽乡村（见图12－1）。

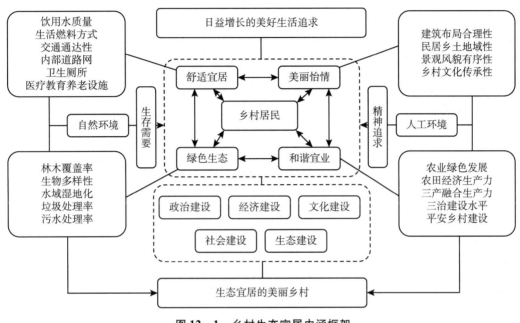

**图 12－1 乡村生态宜居内涵框架**

资料来源：笔者根据资料整理所得。

（1）乡村绿色生态

生态系统稳定健康、环境清洁绿色是衡量生态宜居的首要内容。自然生态系统主要由水、植被、动物等构成，乡村地区林木覆盖率、生物多样性、河湖水系湿地是其重要表征，其中，包含自然生态系统要素，也包含人工植树造林种草，以及农田种植和园艺等。垃圾分类及其收运处理、生产生活产生的污水集中处理等是环境清洁绿色的重要表征，生活环境整洁有序是乡村生态宜居建设的第一要务。

（2）舒适宜居

乡村居民所需基础设施条件、舒适的居住环境是衡量生态宜居的核心内容。乡村饮用水质量、厕所问题一直备受关注；外部交通通达性、村庄内部道路代表了乡村居民进出便利程度，也是村庄开放程度的重要表征；生活燃料方式包括了秸秆、煤、电力、天然气、罐装液化气、沼气等，不仅反映了村民生活质量，也反映了造成的污染情况；医疗、教育、养老设施反映了城乡均等化程度，与村民生活质量息息相关。

（3）和谐宜业

乡村社会和谐、宜业稳定、居民收入满意是生态宜居的关键目标。这要求推动农

233

业绿色发展、一二三产业融合，增强农业生产率和农业经济收益稳定性，提高村民乡村自治、乡村法治与德治能力水平，建设平安乡村，保障乡村社会生态系统、经济生态系统的稳定健康，形成留得住人才、能吸引人才的和谐宜业乡村。

（4）美丽怡情

乡村地区具有不一样城市的独特乡风、民风及景观风貌，对于乡村内部应符合乡村生产、村民生活所需的建筑布局和景观格局，村民能享受优秀的传统文化和良好的公共文化服务，乡村外部能展示出与自然地理、人文历史相一致的民居乡土地域特色，统筹山、水、林、田、湖、草、宅的特色有序的田园风光，物质、非物质文化遗产传承的美好体验，形成符合美学追求、陶冶情操的美丽乡村。

# 二、乡村生态宜居满意性及关键问题

乡村生态宜居建设是"以人民为中心"，是否符合生态宜居标准应是村民说了算。因此，立足村民满意性及认知，围绕日益增长的美好生活需要，针对发展不平衡不充分问题，通过实地考察和农户调查，客观认识村民生态宜居认知和揭示乡村生态宜居突出问题，对于实施乡村振兴战略、乡村生态宜居建设具有重要意义。

## （一）研究思路与方法

本章研究力图揭示我国西部山区县域乡村生态宜居突出问题，一方面，通过实地考察定性认知生态环境现状、人居环境条件，从乡村产业、村庄居民点环境秩序、卫生环境、垃圾污水收集处理，以及林草覆盖率、水资源条件、耕地资源等层面考察现实问题；另一方面，通过农户问卷调查，定量分析反映村民最为关心的乡村生态宜居问题，并结合甘谷县实际情况，对问题成因进行分析和政策思考，揭示西部山区乡村生态宜居短板问题。

为了全方位了解村民对乡村振兴战略及乡村生态宜居的认知和诉求，本章研究在充分参考《乡村振兴战略规划》"建设生态宜居的美丽乡村"内容和《美丽乡村建设指南》相关标准基础上，根据研究目标和甘谷县现实情况，拟从 3 个维度进行问卷调查分析：第一维度为农户对本乡镇（村）生态环境和宜居的满意程度评价，选择乡村自然环境宜人性、社会人文环境、公共服务方便性、对外交通便捷度、乡村环境污染和乡村区域安全评价 6 大部分，采用客观选择题形式，每部分下设有 5～6 个细分指标，结合小样本测试结果，设置了非常满意、满意、一般、不满意、非常不满意和不了解 6 个选项，探讨农户生态宜居满意性；第二维度为引导式重要性排序，即农户对乡村生态宜居的影响因素重要性给予排序，揭示影响乡村生态宜居的重要因素；第三维度为无引导式认知调查，农户对乡村生态宜居建设最关心的问题、最需要的投入等进行自主填空，揭示村民最关心最迫切的生态宜居建设问题。研究分析框架如图 12 - 2 所示。

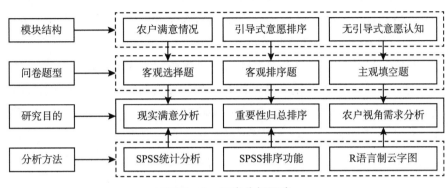

图 12 - 2　研究分析思路

资料来源：笔者根据资料整理所得。

## （二）案例选择及数据来源

### 1. 案例选择[①]

西部山区是我国发展不平衡、不充分表现十分突出的地区，其乡村地区农业农村经济发展相对滞后，农业生产和农村生活基础设施建设水平低，全面建成小康社会的任务艰巨。因此，研究选择位于西部山区的甘肃省甘谷县作为研究案例，具体理由如下：

其一，甘谷县为国家扶贫开发工作重点县。全县辖 13 镇 2 乡 9 个社区 405 个行政村 1553 个自然村，总人口 63. 92 万人，其中，农村人口 12. 77 万户，51. 1 万人，城镇化水平低。2013 年，全县建档立卡的贫困村有 195 个，贫困户 3. 57 万户，贫困人口 16. 62 万人，贫困发生率 29. 5%。2016 年，全县贫困发生率仍然高达 9. 93%；2017 年，农村居民人均可支配收入达到 7036. 8 元，截至 2017 年底，仍有 2. 996 万贫困人口没有解决基本温饱，脱贫任务、巩固脱贫攻坚成效任务艰巨。

其二，甘谷县为典型的山区县，典型的大陆性季风气候，全年降水量 365. 6 毫米，四季较为分明，气候比较宜人。全县地表形态主要为山地、丘陵、河谷，山地占

---

① 甘谷县人民政府. 甘谷县概况 ［EB/OL］. http：www. gangu. gov. cn/html/2018/gggk_0317/7050. html. 2018 - 3 - 17.

全县总面积的 70%；人均耕地 0.13 公顷，中部河谷地势平坦，主要种植区集中在渭河两岸；水资源短缺，人均水资源量 333.18 立方米；森林和植被覆盖率较低，森林覆盖率 19.5%，山区水土流失现象较为严重，干旱、冻害、冰雹等自然灾害频繁，生态系统比较脆弱。

其三，宜居设施建设成效显著，但相比较发达地区严重滞后。现今发展形成了"五纵九横"路网骨架，距天水机场、天水高铁南站 70 千米；饮水安全率达到 90% 以上；整村整治和小流域治理力度较大，全县梯田化率达到 63.9%；水土流失治理率达到 57.91%。但是，县城向南部山区的交通联系较为薄弱，尚无高等级公路，村内道路等级低，未形成完善的城乡路网体系；农村住房条件较差，有线宽带网络实际接入率为 50.76%，4G 覆盖率为 50.26%，医疗、养老等公共服务设施水平低。

其四，历史文化悠久，甘肃省是著名的文风之地。甘谷县是丝绸古道上的商贾重镇，宋朝有"茶马大市"之名，明朝享有"商旅之家"的美誉。拥有新石器文化、伏羲文化、石窟文化、先秦文化、三国文化、红军长征文化和农耕文化等，全县共有各级文物保护单位 46 处，全国重点文物保护单位、4A 级旅游景区 1 个，3A 级旅游景区 1 个，2A 级旅游景区 5 个，省级森林公园 1 个。旅游专业村 4 个，农家乐接待点 100 余户，乡村旅游示范点 6 个，文旅资源开发及休闲娱乐发展已有一定基础。

其五，环境污染及环境治理问题比较突出。2017 年，优良天数比率为 74%，渭河甘谷段水质总氮超标，城市绿化覆盖率 28.2%。全县垃圾处理厂总容量 70 万立方米，处理能力较低；有 6 个乡镇建设了垃圾处理场，其余 9 个乡镇未开展生活垃圾无害化处理，无特殊垃圾处理设施，存在生活垃圾、建筑垃圾乱堆乱倒现象；农村卫生厕所普及率为 75%，乡镇一级污水处理水平极低，大部分村庄生活污水仍随处泼洒或就势排入低洼处。鉴于我国实施乡村振兴战略，在新时代推进西部大开发形成新格局的重要时期，本章选择甘肃省甘谷县为案例进行实地调查分析西部山区乡村生态宜居问题具有典型意义。

### 2. 数据来源与处理

本研究调研小组于 2017 年 11 月对甘谷县进行实地考察，2018 年收集整理县域资料并设置调查问卷，2019 年 4 月开展农户问卷调查。为保证问卷设计的科学合理性，在设计过程中遵循"小样本测试—相关专家讨论—完善问卷选项"的流程，在进行小规模样本问卷测试后，对问卷内容进行了调整，在甘谷县政府等有关部门的配合下开展了问卷发放与调研工作，在甘谷县安远镇、白家湾乡、金山镇、八里湾乡进行问卷调查。共收回 1010 份问卷，后经筛选得到有效问卷 889 份，问卷有效率为 88.02%。问卷数据运用统计产品与服务解决方案（SPSS）软件对问卷选择、选项排序进行处理分析，用 R 语言的 wordcloud 功能对问卷主观回答题的文本数据进行分析，简单整理后依据相关词语的出现频率进行云字图制作，后运用电子表格对词频进行排序归纳和整理分类。信度即测量的可靠性，主要应用于分析调查问卷的可靠性和稳定性。本次调查问卷检验了信度检验中的阿尔法（Alpha）系数，得到系数为 0.944（见表 12-1）。根据其衡量标准，信度较高，可见本次问卷调查可信度较高。

表 12-1　　　　　　　　　　　　　　问卷信度检验结果

| Cronbach's Alpha | 基于标准化项的 Cronbachs Alpha | 项数 |
|:---:|:---:|:---:|
| 0.944 | 0.964 | 41 |

资料来源：笔者根据调查数据计算所得。

问卷填写主要为农户户主，样本中男性所占比例为 71.2%，女性为 28.8%；按年龄分布来看，被调查者主要分布在 31~40 岁和 41~50 岁，共占总人数的 64.7%；按职业类型分布，农业从业人员和自由职业者最多，其中，农业从业人员占 50.2%，自由职业者占 32.0%；按家庭最高学历分布，大部分被调查者家庭中最高学历为高中学历以下，占 79.3%，其中，小学及以下学历占比 15.7%，说明甘谷县文化教育水平较低，部分地区甚至还未完成九年义务教育；从家庭收入来看，年收入在 2 万~4 万元的农户占比为 56.3%，可见甘谷县农户收入不高，34.5% 的农户认为可以家庭收支平衡。

## （三）农户生态宜居满意性

农户对本乡镇（村）的生态满意情况按照问卷设置 1~6 分，分别表示非常满意、满意、一般、不满意、非常不满意和不了解，数值越高，代表农户对该评价指标满意程度越低。经 SPSS 软件分析，各项指标均值为 2.16，高于均值代表农户对该指标较为不满意。根据分值对各个二级指标进行排序，得到农户对生态宜居各项指标的满意情况，其分布如图 12-3 所示。

### 1. 农户相对比较满意的生态宜居情况

由图 12-3 可见，农户对甘谷县生态宜居各项指标最满意由高到低主要是：气候舒适度、村庄清洁度、社会治安、教育环境和学校数量、村庄绿化环境、交通安全、乡村文化水平等，具体可以总结在以下四个方面：

（1）农户对气候条件最为满意

甘谷县地处渭河流域中上游，是甘肃省著名的避暑胜地，全年气候均较为舒适。甘谷县在《甘肃省生态保护与建设规划（2014—2020 年）》中归为陇东陇中黄河上游生态屏障区，近年来，以推进渭河源区生态保护建设为重点，推行了退耕还林、坡地改造等生态保护建设，空气质量不断提升，有力优化了当地自然生态环境。

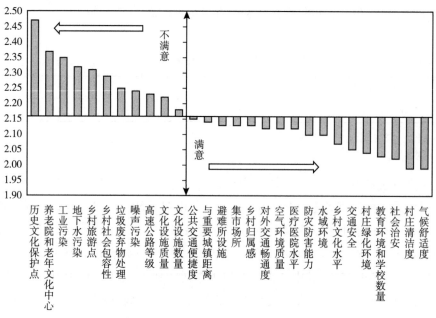

**图 12 – 3　农户生态宜居满意情况分布**

资料来源：笔者根据调查问卷整理所得。

（2）农户对村庄清洁、绿化的满意程度高

甘谷县进行了农村环境连片整治项目、农村清洁工程和低碳型循环农业示范基地建设工程等一系列提升村容村貌的工程活动，村庄安装了路灯，修建了硬化路面，配备垃圾集中回收站点和清运车辆、清洁工具和清洁员工，为农户配发垃圾桶，提高村庄绿化率，在农村地区定期举行村庄整洁宣传培训活动，在示范村庄建设沼气池，解决规模化家禽养殖的污染问题，进行粪便无害化处理。目前，全县已有多个乡镇获得省级和市级生态卫生方面荣誉。

（3）农户对教育文化医疗的满意程度较高

近年来，甘谷县全力发展教育，大力改善校园办学条件和教育水平，以建成全省教育强县为目标，2017 年，甘谷县通过了国家义务教育发展基本均衡县评估认定；全县卫生医疗事业持续发展进步，新农合参与率在 95% 以上，疾病预防控制工作已实现全县城乡全覆盖，乡村基层卫生医疗服务能力不断提高，标准化村卫生室建设力度不断加大，农村地区医疗卫生队伍数量较为充实和人才素质较高。

（4）农户对社会治安、交通安全、防灾害能力、水域环境等区域安全有较高满意

甘谷县创新社会治理方式，尤其是在信息化管理和信息平台建设方面处于全省领

先地位，在街面道路巡逻、重要地区管控和行业安全整治方面取得了较好成效，有效维护了社会治安；在乡村地区开展惩治村霸和宗族恶势力工作，全面排查影响乡村社会秩序的问题和矛盾，乡村社会治理水平不断提升；已初步建立起气象灾害预防防御机制，建立了防灾防害多部门应急联动和信息共享机制，基层乡村地区防灾减灾队伍能力和数量不断提升；交通道路日益完善，基本形成了乡村道路为支点的乡村公路网络体系，铁路和机场建设稳步推进，对交通安全问题持续从严治理，成效明显。

### 2. 农户相对不太满意的生态宜居情况

农户对于生态宜居不满意主要包括历史文化、养老设施、环境污染、乡村公共服务设施等方面。

（1）农户对历史遗迹保护和文旅设施建设方面极不满意

甘谷县有着悠久的历史，但在历史遗迹保护工作方面存在明显不足，文物保护的基础设施落后，景区保护与开发不到位，乡村旅游点不足。历史遗迹保护与开发是长期持续的系统工程，投资规模大，效益回报慢，加之地方政府往往更为注重短期经济利益，对文物遗迹保护与开发意识也不强，导致历史遗迹被搁置破坏甚至于消失。

（2）农户对环境污染问题不满意非常集中

甘谷县较长时期以来依赖于发电厂、水泥制造、制药、制鞋等传统工业，工业经济正处在由资源粗放型经济向生态园区型经济转变的过程，工业技术含量偏低，三废排放量大，且工厂企业多毗邻乡镇农村；农村种植业、养殖业所造成的水土污染问题仍然严重，个体农户小规模养殖家畜较为普遍，牲畜排泄物等处理还比较原始；甘谷县乡村地区虽然实施了一系列提高村庄整洁度和垃圾处理的项目措施，但并没有做到全域覆盖，生活垃圾随意堆砌和就地掩埋现象较为普遍，污水也未做到集中排放处理，这些问题导致环境污染和景观破坏。

（3）农户对养老院和老年活动中心非常不满意

甘谷县是典型的农业县，虽然在公共服务设施建设方面取得了一定成效，但各乡镇发展很不平衡，在南部山区和森林边缘区等贫困偏远地区的村庄极度缺乏质量较好的文化活动室、文化站和互助老人幸福院等文化养老设施。避暑、养老是甘谷县发展拟做强的项目，村民对此也有诉求和愿景，对此类公共服务设施的要求也较高。

（4）农户对社会包容性问题较为不满意

甘谷县分布有回族、藏族、维吾尔族等少数民族，不同民族文化和宗教文化交织，加之地形地貌等因素，有些村庄对外交通不畅，村落之间沟通联系较少，导致在一些少数民族较为聚集的乡村，其社会包容性较低，有较强的排外性。在调研中发现，有的比较排斥外来人口和工厂企业进村，在高端人才引进、吸纳专业技术人员和大学生返乡就业方面的吸引力较低，基层乡村留不住人才现象也极为严重。

## （四）农户生态宜居主观认知

为了进一步认识村民对生态宜居最迫切的需求，本研究农户问卷调查还设置了引导式选择和无引导填空，前者主要是对生态宜居影响因素重要性的认知，后者主要是反映农户对生态宜居关键词的自主认知，旨在为生态宜居建设规划安排提供依据。

### 1. 乡村生态宜居影响因素排序

农户生态宜居重要性排序由高到低是自然环境状况、公共服务方便性、社会人文环境、对外交通便捷度、环境污染治理、区域安全，如图 12 - 4 所示。甘谷县山区面积广，地形破碎，泥石流、滑坡、水土流失等灾害比较频繁，加之当今对绿水青山的认知，较多农户认为自然环境状况严重影响生态宜居水平；公共服务是城乡发展均衡与否的重要体现，农民对教育、医疗、社会保障及养老、就业等公共服务已有一定认知，是乡村建设和吸引人才、留住人才的重要抓手，所以农户认为公共服务方便性对于乡村生态宜居影响非常大。良好的社会人文环境体现了社会稳定性，提供了利于发展的市场环境，展示了淳朴的乡风民风，这是生态宜居的重要内容；对外交通是实施乡村振兴战略的先行保障，是人和物"出得去、进得来"的重要基础，也表现了区域的"闭塞"或"开放"，农民对此认知程度高；环境污染治理直接关系农民身心健康，甘谷县工业污染、生活垃圾污水污染问题依然较为严重，农民对此要求比较迫切。此外，农民也比较重视区域安全问题，认为乡村公共安全、生产安全、危房违建等问题也是影响生态宜居的重要因素，关系到舒适宜居性，影响着村民的生活质量。

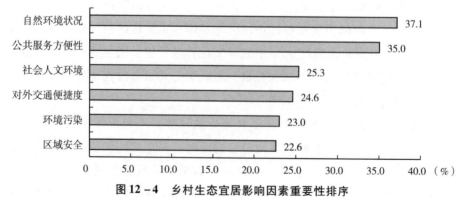

**图 12 - 4　乡村生态宜居影响因素重要性排序**

资料来源：笔者根据调查问卷整理所得。

#### 2. 乡村生态宜居突出关键词

利用 R 语言软件对问卷无引导式填空词语进行抓取制作成云字图，如图 12 – 5 所示。并结合《美丽乡村建设指南（GB/T 32000—2015）》进行分类分析。图 12 – 5（a）反映了农户对乡村振兴战略最关心的内容关键词，可以看出乡村振兴二十字方针内容均有涉及，产业发展、环境卫生、基础设施、住房安全为最突出的关键词，填写的关键词中，30% 与经济有关，27.3% 与生态环境有关，13.8% 与村庄建设有关，8.4% 与公共服务有关。值得注意的是还有不少农户填写了"不了解"，说明乡村振兴战略宣传还不够普及。图 12 – 5（b）反映了乡村的生态宜居需要加强建设的内容，农户填写频率最高的词首先，是环境、道路、绿化、交通、基础设施；其次，是产业、卫生及环境污染、环境治理、人文环境等，这说明农户对居住区域软硬环境均比较重视。填写的关键词中，32% 与村庄建设有关，31.8% 与生态环境有关，13.2% 与公共服务有关，7.8% 与乡风文明有关，7.1% 与经济有关。图 12 – 5（c）反映了乡村文化建设需求，填写频率最高的词是种养殖技术，其次是宣传政策、农村法律法规及其宣传、乡村图书馆建设等，对于文化下乡、公共活动娱乐场所等也有一定的需求。

（a）乡村振兴最关心问题　　　　（b）乡村生态宜居建设需求　　　　（c）乡村文化建设需求

**图 12 – 5　农户乡村生态宜居关键词认知云字图**

资料来源：笔者利用软件对调查问卷进行抓取所得。

综上分析可以看出，农户对于乡村振兴最为关心的是经济发展，对于生态宜居建设最为重视村庄建设和生态环境，对于文化建设最为关注农业技术及政策法规宣传。农户希望发展经济和改善居住环境，也希望通过各种培训提高自身技术水平，提升种养殖生产力，促进增收。

# 三、乡村生态宜居建设战略思路

生态宜居是实施乡村振兴战略的关键任务。通过分析乡村振兴战略生态宜居的内涵和要求，选择发展相对滞后的西部山区为考察调研对象，开展了客观选择、引导式选择排序、无引导式填空三个部分的农户问卷调查，揭示出以村民为核心的乡村生态宜居突出问题，主要体现以下几个方面：一是农户生态宜居现状相对不满意之处主要有乡村环境污染及环境卫生问题、历史文化保护及文化设施问题、养老等公共服务水平问题；二是农户认为自然环境状况、公共服务方便可及性是影响生态宜居的重要因素；三是农户最希望在乡村振兴战略中大力促进产业发展和提高经济收入水平，在乡村生态宜居建设中优先加强环境、道路、交通及绿化建设，在乡村文化建设中对种养殖技术培训有很高的期望，希望通过提升自身技术水平来促进农业增收。对此，针对西部山区的诸多类似问题，生态宜居的建设应该注重乡村生态和环境卫生工作、提升乡村公共服务能力、完善村庄规划以及乡村基础设施、深入挖掘自然历史文化资源、促进乡村产业发展几个方面，努力建成生态宜居的美丽乡村。

## （一）加强乡村生态建设和环境卫生工作

山区生态宜居建设要坚持和落实山、水、林、田、湖、草综合治理，加强开展农业生产造成的土壤水体污染治理，推动以自然恢复为主的生态修复，制订乡村环境整治提升行动方案，完善生态环境监管制度，提高山区乡村生态系统质量及土地绿色生产能力。依据乡村振兴战略和美丽乡村建设具体要求，加大乡村环卫设施投入，加强乡村产业污染及生活垃圾污水污染治理，推动垃圾污水集中处理，推进乡村厕所革命，促进秸秆、人畜粪便转为饲料肥料，实施保护性耕作，尽快实现"零污染"。同时，加强村庄整体景观和庭院景观设计，村、镇、县整体推进，突出村庄内部绿化、庭院绿化及农地美化，可以推广甘谷县在美丽乡村建设中的经验模式，开展美丽乡村评比活动，建设一批示范村和重点村，形成示范带动作用，探索建立各具特色的乡村生态宜居模式。

## （二）加快提升乡村公共服务能力

首先，西部部分贫困山区辍学率高，农村人口学历文化水平低，要加快推进以公立学校为依托补充建设民营教育机构，着力改善办学条件，保证适龄儿童和学生能全部入学，保证顺利完成九年义务教育；其次，在城镇化快速发展过程中，乡村青年、中年人口进城比例非常高，大多数老年人口留守乡村，乡村老龄化及养老问题形势也十分严峻，加强专业养老机构设施和适合老龄人口的文化活动设施，以及农户方便可及的公立医院、医疗卫生设施等建设具有重要意义；最后，生态宜居的乡村需要有好的乡风和文化氛围，有成效地定期开展法律政策下乡、农业技术培训和文娱活动，提高农民基本素质和农业技术水平，培育懂农业、爱农村的新型农民，提升乡村内生发展动力。

## （三）加强村庄规划及乡村基础设施建设

西部山区村庄建设较为落后，在乡村振兴战略机遇支持下，加强规划的引导作用，保证村庄建设的整体性和合理性，有序开展乡村住房改造工程，推动易地搬迁村庄的搬迁安置，正视部分村庄不可避免的消失或合并，强化废旧宅基地退出与盘活利用；推进山区乡村道路交通建设，加强村内道路、巷道改进工作，配套建设符合数量的村庄路灯照明，开展专项整治解决乡村公路网络连接、断头路问题，提升乡村对外交通通畅性和便捷性；建设村庄信息服务网点，增强山区通信信号强度，加快光纤、宽带等的村庄接入工作。此外，针对山区水资源短缺、饮用水质量等问题，要加强建设农田水利设施，增加灌溉水渠长度，提高灌溉用水利用率，条件允许的地区可以实施引调水工程，保证生产用水供应和饮用水供给。

## （四）充分利用自然历史文化资源，促进乡村产业发展

西部山区山、水、林、田、湖、草资源禀赋独特，不同地区历史文化发展不尽相同，应加强组织专家下乡和文化下乡，比对国务院扶贫办的贫困村创业致富带头人、就业扶贫等计划，在村集体领导组织下，组建乡村产业发展的农民互助合作社、扶贫车间等，突出农民的主体地位，系统深入挖掘乡村资源多功能，通过土地整治来整合美化农地，建设具有一定产业规模的生产区，如蔬菜、中药等符合山区特色的农业产品，发展特色种养殖业；在都市圈域层面加强历史文物遗迹保护和开发工作，系统设计包含山水林田湖草、历史文化、农业生产、农产品加工、农业体验等元素的乡村景观，开辟形成省、地市、县市、乡镇、村庄层面联通互补的休闲旅游网络，促进乡村多功能发展，广开渠道促进农民增收，尽快实现农民富裕。

## 参 考 文 献

[1] 曹桢，顾展豪. 乡村振兴背景下农村生态宜居建设探讨——基于浙江的调查研究 [J]. 中国青年社会科学，2019，38（4）：100-107.

[2] 曾福生，蔡保忠. 农村基础设施是实现乡村振兴战略的基础 [J]. 农业经济问题，2018（7）：88-95.

［3］曾菊新，杨晴青，刘亚晶，赵纯凤，李伯华. 国家重点生态功能区乡村人居环境演变及影响机制——以湖北省利川市为例［J］. 人文地理，2016，31（1）：81－88.

［4］邓玲，王芳. 乡村振兴背景下农村生态的现代化转型［J］. 甘肃社会科学，2019（3）：101－108.

［5］冯海发. 推动乡村振兴应把握好的几个关系［J］. 农业经济问题，2018（5）：4－7.

［6］郭晓鸣. 乡村振兴战略的若干维度观察［J］. 改革，2018（3）：54－61.

［7］黄祖辉. 准确把握中国乡村振兴战略［J］. 中国农村经济，2018（4）：2－12.

［8］姬卿，黄武，闵义，傅国华. 基于文献计量的生态宜居研究热点和趋势分析［J］. 生态学报，2019，39（9）：3392－3399.

［9］纪志耿. 当前美丽宜居乡村建设应坚持的"六个取向"［J］. 农村经济，2017（5）：79－83.

［10］孔祥智，卢洋啸. 建设生态宜居美丽乡村的五大模式及对策建议——来自5省20村调研的启示［J］. 经济纵横，2019（1）：19－28.

［11］李松睿，曹迎. "乡村振兴"视角下生态宜居评价及其对农村经济转型发展的启发——以川西林盘四川都江堰精华灌区为例［J］. 农村经济，2017（6）：66－74.

［12］李周. 乡村生态宜居水平提升策略研究［J］. 学习与探索，2019（7）：115－120.

［13］廖彩荣，陈美球. 乡村振兴战略的理论逻辑、科学内涵与实现路径［J］. 农林经济管理学报，2017，16（6）：795－802.

［14］刘泉，陈宇. 我国农村人居环境建设的标准体系研究［J］. 城市发展研究，2018，25（11）：30－36.

［15］闵师，王晓兵，侯玲玲，黄季焜. 农户参与人居环境整治的影响因素——基于西南山区的调查数据［J］. 中国农村观察，2019（4）：94－110.

［16］唐宁，王成，杜相佐. 重庆市乡村人居环境质量评价及其差异化优化调控［J］. 经济地理，2018，38（1）：160－165＋173.

［17］王夏晖，王波，何军. 基于生态系统观的美丽宜居乡村建设［J］. 环境保护，2019，47（2）：11－13.

［18］王振坡，张安琪，王丽艳. 生态宜居特色小镇：概念、内涵与评价体系［J］. 管理学刊，2019，32（2）：45－53.

［19］吴良镛. 人居环境科学导论［M］. 北京：中国建筑工业出版社，2001.

［20］闫周府，吴方卫. 从二元分割走向融合发展——乡村振兴评价指标体系研

究 [J]. 经济学家，2019 (6)：90 – 103.

[21] 叶敬忠. 乡村振兴战略：历史沿循、总体布局与路径省思 [J]. 华南师范大学学报 (社会科学版)，2018 (2)：64 – 69 + 191.

[22] 于法稳. 乡村振兴战略下农村人居环境整治 [J]. 中国特色社会主义研究，2019 (2)：80 – 85.

[23] 张欢，江芬，王永卿，成金华，钱程. 长三角城市群生态宜居宜业水平的时空差异与分布特征 [J]. 中国人口·资源与环境，2018，28 (11)：73 – 82.

[24] 张军. 乡村价值定位与乡村振兴 [J]. 中国农村经济，2018 (1)：2 – 10.

[25] 张萌，郑华伟，高春雨，罗其友. 基于农民主体视角的村庄环境整治满意度研究——以江苏省 4 个地区的调查为例 [J]. 中国农业资源与区划，2018，39 (4)：145 – 151.

[26] 张雪花，雷喆，张宏伟. 生态宜居城市建设指标与评价方法——以天津市为例 [J]. 城市环境与城市生态，2012，25 (1)：18 – 21.

# 第十三章

# 乡村生态建设之路

党的十九大报告指出，要提供更多的优质生态产品以满足人民日益增长的优美生态环境需要。生态文明理论的完善和实践的推进，显著提升了我国的生态环境，但是生态建设和环境保护任务任重而道远。乡村地区生态系统退化、环境污染等问题依然突出，乡村生态环境建设是建设美丽中国的关键，是我国生态环境建设的主战场。新时代乡村振兴要坚持优先解决突出环境问题和加强生态系统保护，为人民群众提供绿色生态的美丽乡村。

## 一、乡村生态系统问题

习近平总书记在全国生态环境保护大会上强调，要加快构建生态文明体系，建立以生态系统良性循环和环境风险有效防控为重点的生态安全体系①。生态系统指在一定地域空间内，生物和环境构成的整体，其中生物与生物、生物与环境之间相互制约和影响，在一定时期内处于相对稳定的动态平衡状态（Tansley AG，1935）。生态动态平衡的基本特征是生态系统的良性循环，是生态安全的重要标志，是人与自然和谐共生的象征。当前，我国长期积累的生态破坏对生产生活造成的影响依然严重，乡村生态系统问题日益受到关注。

生态系统受到自然和人为等因素的多重干扰，特别是不合理的开发方式使得相关生态要素发生剧烈变动，超出生态系统的最大承受力，引起环境结构性破坏，导致生态系统功能退化，从而威胁生物生长和人类生存。乡村地区受工业化、城镇化的影响，土地资源过度开发利用，自然生物资源快速减少，生态系统的防风固沙、保持水土等服务功能失效，生态安全面临威胁。

---

① 习近平．推动我国生态文明建设迈上新台阶［J］．资源与人居环境，2019（3）：6－9．

## （一）生物多样性面临威胁

生物多样性指所有活的生物体中的变异性，包括遗传基因多样性、物种多样性和生态系统多样性三个层次（柏成寿，2015）。生物多样性不仅仅是人类的食物来源，也是人类生存的基础，在保护生态环境、防治自然灾害等领域具有相关生态功能。人类活动作用于自然环境的广度不断扩展、深度不断增强，生物栖息地被严重干扰破坏，造成大量生物因为生存环境的改变而数量锐减，甚至灭绝，加速了生态系统的退化，导致生物多样性减少。一旦生物多样性锐减到某一警戒线以下，则会造成生物链的消失，进而造成生态系统的崩溃。

根据《2018 中国生态环境状况公报》显示，我国已知物种及种下单元数 98317 种，列入国家重点保护野生植物名录的珍稀濒危陆生野生动物 406 种；需要重点关注和保护的高等植物 10102 种，其中受威胁的 3767 种、近危等级（NT）的 2723 种；需要重点关注和保护的脊椎动物 2471 种，其中受威胁的 932 种、近危等级的 598 种；需要重点关注和保护的大型真菌 6538 种，其中受威胁的 97 种、近危等级的 101 种。我国除了青海省和西藏自治区两地，其他所有省（区、市）已呈现生态赤字，生物多样性面临着严峻的挑战（刘磊，2016）。我国生物多样性正在不断减少，濒危物种名录已经占到了世界濒危物种名录的 1/4，其中，对人类生存息息相关的农作物种类就有将近 20 种（王韬钦，2014）。

## （二）林草生态系统质量较低

我国乡村地区，除了受工业化、城镇化的挤占外，过度垦殖、乱砍滥伐等不合理的农业生产方式，以及病虫害和火灾等，导致森林生态系统、草原生态系统退化，土壤水源保持功能被不断弱化，引发严重的水土流失问题。

根据《2018 中国生态环境状况公报》，第八次全国森林资源清查（2009～2013年）中显示全国当前的森林面积为 2.08 亿公顷，森林覆盖率 21.63%，远低于全球 31% 的水平，人均森林面积仅为世界平均水平的 1/4，人均森林蓄积仅为世界平均的 1/7。森林资源总量不足、质量不高、分布不均问题依然存在。2004 年，全国林业有害生物发生总面积 946 万公顷；2015 年，全国主要林业有害生物发生总面积 1200.51 万公顷。2015 年，我国草原面积近 4 亿公顷，约占国土总面积的 41.7%，其中，可利用草原面积占 84.3%；人均占有草原面积为 0.33 公顷，仅为世界平均水平的一半，且国内各省区分布不均衡，除西藏自治区、青海省、新疆维吾尔自治区和内蒙古自治区外，其他各省人均占有草原面积在 0.5 公顷以下。由于过度放牧、不合理开垦、工业污染及鼠害和虫害、乱采滥挖等破坏，90%的可利用天然草原不同程度地退化，每年以200万公顷的速度递增。尽管我国森林、草原资源进入了数量增长、质量提升的稳步发展时期，但林草质量、人均占有面积、地域分布不均等问题依然突出，森林、草原生态系统质量还需要大力提升。

## （三）水生态系统问题突出

水生态系统作为地球表面水域生态系统的总称，其中包括湖泊、河流、水库和海洋等多个子系统，健康的水域生态系统可以维系物质资源循环、能量传导、净化污染物等，并且可以保持生物多样性、维持生态平衡（尚文绣，2016）。我国水生态问题堪忧，水资源人均占有量低，污染严重。根据《中国统计年鉴》，2018年我国人均水资源量1971.8立方米/人，比2000年下降了222.1立方米/人，仅占世界人均水资源量的1/4。根据《2018中国生态环境状况公报》，2018年，全国地表水监测，Ⅳ类及以下比例占29%，其中，劣Ⅴ类比例占6.7%。西北诸河和西南诸河水质为优，长江、珠江流域和浙闽片河流水质良好，黄河、松花江和淮河流域为轻度污染，海河和辽河流域为中度污染。水质Ⅳ类及以下的湖泊占监测总量的33.3%，其中，劣Ⅴ类占8.1%。地下水监测，Ⅳ类占70.7%，Ⅴ类占15.5%；处浅层地下水监测井水质总体较差，Ⅳ类占29.2%，Ⅴ类占46.9%。临近湖泊和河流地区的乡村，为了增加经济收入，围湖造田，填河造田，过分追求经济效益，导致水域面积减少，破坏了当地生态系统的稳定性。

我国较多地区依赖于地下水供给，地下水过度开采，机井越打越深，造成地下水位不断下降，导致土壤沉降、海水倒灌、泉水断流等生态问题。地下水供给占供水总量的比例，河北省为58.16%，河南省为49.44%，内蒙古自治区为46.17%，北京市为41.47%，陕西省为33.83%，甘肃省为22.08%。据水利部2019年3月《地下水动态月报》，全国多地地下水平均埋深减少区均在增加，其中，松辽平原地下水平均埋深减少区较上年同期增加17%，黄淮海平原减少区增加了23%。比如，华北平原太行山前平原区的浅层地下水水位连续多年降低，南以石家庄石德铁路为界、北以邢台市为界、东部至宁晋泊—大陆泽地带的地下水水位埋深一般为30.0米左右，部分区域大于40.0米，第一含水组已基本处于疏干状态。深层地下水水头变化受开采影响很大，华北平原在开采强烈的中部和东部平原区下降幅度较大，许多区域含水层已经不再含水①。

---

① 谢伟明. 我给地球作"体检"［N］. 中国矿业报，2018-4-21（6）.

## （四） 土地生态脆弱性问题显著

土地生态是以陆地和相应的生物群落组成的复杂系统，受人类活动影响大，水土流失、土地荒漠化和盐碱化，以及滑坡、泥石流等地质灾害是主要问题。我国幅员辽阔，地形地貌类型多样，人口众多，人类活动对土地生态系统干扰破坏严重，土地生态十分脆弱。

中国的土壤侵蚀相当严重，依据第一次全国水利普查的结果显示当前全国土壤侵蚀总面积达 294.9 万平方千米，占普查总面积的 31.1%。其中，水力侵蚀面积 129.3 万平方千米，风力侵蚀面积 165.6 万平方千米。几乎所有的省、自治区、直辖市都不同程度地存在水土流失。黄土高原是我国农业向牧业过渡的重要地带，但长期的资源不合理利用使得植被退化，土地生产力下降，沟壑纵横、地形复杂破碎，土壤侵蚀尤为严重，堪称世界上水土流失最严重的地区（李裕瑞，2019）。近年来，黄土高原地区虽然经过一系列生态治理工程，对土壤侵蚀和生态建设起到了良好的作用，可在局部如陡坡耕地等地段，水土流失和土壤侵蚀现象仍较为严重，生态环境仍较为脆弱（刘国彬，2017）。在占全国土地总面积 21% 的南方红壤丘陵区，是我国重要的农林业产地，在山区坡度变化大、多暴雨等自然环境和强烈的人为干扰的共同作用下，该地区土壤侵蚀严重，已成为我国仅次于黄土高原地区的第二大土壤侵蚀区。严重的土壤侵蚀导致大量有机养分的流失，造成土地退化，严重影响到区域生态环境安全（刘丹，2019）。山区主要以林果业为主，较长时期开发矿产资源，产业结构较为单一，过去往往忽视山区土地资源保护，带来严重的水土流失。土壤侵蚀加剧地表崎岖、景观破碎、沟壑纵横、土壤贫瘠，致使土地生态系统脆弱，土地自然生产力严重受损，流失泥沙和细土颗粒含有大量养分和重金属污染物，已成为我国河流湖泊氮（N）、磷（P）、钾（Ka）污染的主要来源途径之一。

地表沙化即风蚀荒漠化，是土地退化的一种主要表现形式，它是指人类不合理的经济活动，叠加以空气动力为主的自然因素所造成的土地退化过程（王涛，2003），是当今世界共同面临的生态经济社会难题，直接威胁着人类的生存发展空间，恶化生态环境。根据第五次全国荒漠化和沙化监测、岩溶地区第三次石漠化监测结果，全国荒漠化土地面积 261.16 万平方千米，沙化土地面积 172.12 万平方千米，岩溶地区现有石漠化土地面积 10.07 万平方千米。草地过度放牧、过度挖采、沙化耕地的加速扩张、大量开采地下水、流动沙地侵蚀扩展等是增加沙化土地的主要原因，破坏生态平衡、土地资源、生产生活设施，以及造成大气污染是地表沙化的重要危害。

地球的演化发展过程中的地质作用会引发地质灾害，即具有灾害性的地质事件，狭义上的地质灾害指自然灾害导致的，例如，泥石流、滑坡和崩坍等灾害（陈悦丽，

2019）。同时，我国具有多种特殊的地质、地貌以及自然气候，使我国的地质灾害成为世界上最严重的国家之一。根据全国地质灾害通报，2018年，全国共发生地质灾害2966起，其中，三大主要灾害滑坡、崩塌和泥石流共占地质灾害总数的95.3%，造成了105人死亡，直接经济损失近15亿元。我国地质灾害主要集中在我国西南地区、西北地区、南方丘陵地区，且发生地多为乡村和山区。乡村山区人类活动对自然生态破坏影响较为严重，而基础设施建设、土地综合整治措施不足，乡村村民在地质灾害方面的防范意识不强，地质灾害多发，造成的损失较为严重。

# 二、乡村环境污染问题

党的十八大以来，我国环境治理力度明显加强，环境状况得到改善。但是，长期快速发展中累积的环境污染问题依然严重，对人民群众健康的损害不容忽视。生产、生活、生态构成的"三生"系统有别于城市地区，生态环境污染不仅造成水资源、土壤资源、大气的污染破坏，而且会造成农作物减产甚至绝收，污染农产品还会危害人民群众身体，最终严重威胁全面小康社会建设。

## （一）农业面源污染形势严峻

农业的面源污染和工业生产造成的点状污染是有区别的，因此，又被称为非点源污染，因为在农业生产中会出现大量的有机和无机污染物，这些污染物通过地表的径流、地下渗透，以及表面挥发等方式污染环境。农业面源污染物主要指农作物种植、动物养殖过程中的各种残留生产资料、残余作物，以及畜禽尸体等，主要包括土壤泥沙颗粒、氮磷等营养物质、农药化肥激素等有害物质、畜禽养殖粪便污水、饲料药物，以及秸秆农膜等固体废弃物等。根据《全国土壤污染状况调查公报》，我国耕地土壤点位超标率为19.1%，其中，轻微、轻度、中度和重度污染点位比例分别为13.2%、2.8%、1.8%、1.1%。由于其具有随机性强、污染排放点不固定、污染负荷大等特点，使面源污染的监测控制与管理变得更加复杂和困难（武淑霞，2018），这是农村环境治理的最大难题。

### 1. 农药化肥和薄膜残留残余污染

较长时期以来，我国农村普遍存在通过过量施用农药、化肥和使用农用薄膜等生产资料来提高土地生产能力和生产效率。由于农村土地的碎片化和分散式分布，农民的耕作方式缺乏科学性和合理性，为了片面追求农作物的高产，农民往往采用过量施用化肥农药的方式，这种粗放型生产方式加剧了污染源增量（马骥，2017）。

根据《中国农村统计年鉴》，我国农村地区农药、化肥和农用薄膜等用量呈增长态势。2008 年和 2015 年，农药施用量由 167.2 万吨增长到 178.3 万吨；化肥施用量由 5239 万吨增长到 6022.6 万吨；农用薄膜使用量由 200.1 万吨增长到 260.4 万吨。2015 年农业部发布了《农业部关于印发〈到 2020 年化肥使用量零增长行动方案〉和〈到 2020 年农药使用量零增长行动方案〉的通知》之后，其使用量开始下降，但总体强度依然较高。与同期农用化肥增加量相比，1978～2016 年，农作物面积增加了 11.02%，但化肥施用强度从 1978 年的 58.89 千克/公顷增加到 2016 年的 359.08 千克/公顷，增幅达 5.1 倍，2016 年化肥施用强度达到了国际公认的安全施用量上限的 1.60 倍（杨宾键，2018）。但是，农业生产所用农药、农膜和化肥的利用率偏低，2017 年的《中国生态环境公报》显示，我国目前三大粮食作物水稻、玉米和小麦的化肥利用率仅为 37.8%，农药利用率为 38.8%，部分地区的农膜残留率高达 40%。

过度使用农药化肥，这些残余物质会通过挥发、渗透等途径污染空气和水体、侵蚀土壤，进而导致土壤养分流失、肥力下降，对农产品中有机物大代谢产生不利影响，轻则破坏营养品质，重则通过食物链最终转移到人类和动物体内产生毒性，威胁人民群众身体健康。

### 2. 地表扬尘污染

乡村地区由于轮耕或闲置等往往存在较广的裸露农用地，大部分乡村道路毗邻耕地，路面常常覆盖大量尘土，同时，还存在一定比例的路面未硬化乡村道路，在风力作用下，地表浮土会飘至空气中，造成扬尘污染。我国乡村面积广，尤其是北方地区，季节性干旱严重，扬尘排放是我国北方城市空气中大气颗粒物最主要的来源之一（胡敏等，2011）。据环保部门发布的大气颗粒物源解析结果，北京市、天津市、石家庄市的 $PM_{2.5}$ 来源中，扬尘源占本地排放的比例分别为 14.3%、18.2%、22.5%，对 $PM_{10}$ 的贡献可高达 40%[1][2][3]。从刘奥博等（2018）的监测来看，北京市平原区的年均裸露地面积约为 3587 平方千米，以气候因子的年均值计算，平原区的土壤扬尘 $PM_{10}$ 排放量为 7591 吨/年，$PM_{2.5}$ 排放量为 1265 吨/年。

---

[1] 北京市环境保护局. 北京市 $PM_{2.5}$ 来源解析正式发布 [EB/OL]. http：//www. bjepb. gov. cn/bjhrb/xxgk/jg-zn/jgsz/jjgjgszjzz/xcjyc/xwfb/607219/index. html. 2014－4－16.

[2] 天津市环境保护局. 天津发布颗粒物源解析结果 [EB/OL]. http：//www. tjhb. gov. cn/news/news_headti-tle/201410/t20141009_570. html. 2017－9－22.

[3] 中国环境监测总站. 石家庄市大气污染源解析结果 [EB/OL]. http：//www. cnemc. cn/publish/total Web Site/news/news_42659. html. 2014－9－18.

### 3. 秸秆焚烧空气污染

我国是世界第一秸秆大国，秸秆作为畜牧业饲料的比例越来越小，较长时期以来我国农村地区近 80% 的生活能量来源于秸秆，10% 来源于煤炭（彭彬，2018）。目前，大部分粮食主产区会将秸秆进行露天焚烧（钟方潜，2017），根据《中国生态环境公报》，2018 年，卫星遥感共监测到全国秸秆焚烧火点 7647 个（不包括云覆盖下的火点信息），主要分布在黑龙江省、吉林省、内蒙古自治区、山西省、河北省、辽宁省等省份。

秸秆露天焚烧所产生的二氧化碳和氮氧化合物等多种气态污染物将造成严重的空气污染（ZHANG T，2015），降低了大气质量，加重了雾霾问题，并对臭氧和酸雨的形成有一定的促进作用。研究结果发现安徽省北部的大面积秸秆焚烧形成了大量污染气团，并且在偏东北气流输送的影响下，导致湖北省中东部地区在 2014 年 6 月 12 ~ 13 日发生了一次重度霾天气（周悦，2016）；京津冀地区污染时期与秸秆焚烧火点数量之间也有密切相关性，人为秸秆焚烧是导致京津冀地区大气污染的重要原因之一（程良晓，2017）；2006 ~ 2015 年黑龙江省秸秆露天焚烧总量 18944.49 万吨，$PM_{2.5}$ 排放总量 163 万吨，当地及周边农业种植区秸秆焚烧是造成哈尔滨市重污染天气的主要原因（霍耀强，2018）。

## （二）乡镇企业及养殖业污染

乡镇企业指的是乡镇地区创办的各类企业的统称，以农民单人和集体投资为主，具有支援农业的义务并且该组织由农村集体经营（王喆琦，2015）。改革开放后的 30 多年里，在乡村经济和国民经济发展过程中乡镇企业具有不可或缺的作用。但是，由于乡镇企业及乡村养殖业等产业的经营管理、科技能力等水平较低，企业投资门槛较低，以及受经济利益驱使等原因，乡镇企业成为乡村环境污染重要的点源污染源头。

### 1. 乡镇企业"三废"污染

随着我国经济和城镇化的快速发展，在国家政策的支持下，乡镇企业迅速发展。一方面，乡村发展了较多小规模、分散式布局的乡镇本地企业，因这些企业造成的农业工业污染使耕地被破坏面积占全国耕地总量的 17.5%（唐江桥，2018）。另一方面，伴随城市化发展，许多污染较为严重的工业企业如造纸、化工、冶炼等开始向乡镇农村转移，这些企业的"三废"（废水、废气、废弃物）排放给农村环境带来了巨大的负担。根据全国乡镇工业污染源调查公报，我国工业"三废"排放占比中，乡镇工业的废水排放量占全国废水排放总量的 21.0%，废弃物排放量占比高达 88.7%，工业废气排放量占比为67%。许多乡镇企业的污染物未经及时有效处理便直接排放，成为影响乡村环境的突出问题，且乡镇企业在生产过程中消耗了过量的能源和生产原料，由于企业资本并不充足，技术条件落后，导致生产资料利用率极低，浪费了大量自然资源。

### 2. 养殖业环境污染

随着农业经济发展，养殖畜牧业成为我国农林渔牧行业中增长最为迅速的行业。养殖畜牧业污染物也已成为造成农村环境污染的重要源头之一。经过调查显示，畜禽排泄量远高于人类，一头牛在整个养殖过程中产生排放的污水等同于22个成年人产生的生活污水数量；一头猪产生排放的污水等同于7个成年人产生的生活污水数量（张雪绸，2004）。粪便等排泄物如果处理不当会造成土壤和水体的污染，同时由于水产养殖面积和产量的增加，向周围水体排放大量饲料，水产品的排泄物和残余饲料，以及各类化学药品抗生素造成水体污染和水体富营养化。

我国目前畜禽的规模化养殖发展较快，由于养种分离和养殖场的配套处理设施不够完善，大量排泄废物已经远远超出环境自净限度，截至2017年底，我国畜禽粪污综合利用率为64%（贾小梅，2019），其中，只有少量能及时还田，剩余大部分会就近堆积在养殖场和农村周围，甚至直接排放进土壤和河流河道中，对土壤和水源造成极大危害。根据相关数据分析，全国24个省份的畜禽养殖场和相关养殖户的化学需氧量排放量占到本地农业面源排放总量的90%以上。近年来，我国畜禽养殖总量不断增多，每年约产生38亿吨畜禽粪便，有效处理率却不到50%[1]。根据《2015中国生态环境状况公报》，全国31个省（区、市）及新疆生产建设兵团共311个地级以上城市的1029个畜禽养殖场周边5048个土壤监测点位开展监测结果显示，轻微、轻度、中度和重度污染的点位比例分别为11.0%、3.0%、1.8%和0.7%。

# 三、生态建设战略措施

乡村生态系统是生态系统的重要类型之一，由山、水、林、田、湖、草、村组成的以自然生态系统为主要特征的复合生态系统。习近平总书记提出："生态兴则文明兴，生态衰则文明衰"[2]，生态振兴是乡村振兴五个振兴目标任务之一，乡村生态安

---

[1] 科技传媒网，科技新闻，经济日报. 我国养殖污染现状及治理方法分析［N/OL］. http：//www.itmsc.cn/archives/view-116323-1.html. 2016-08-18.

[2] 人民日报. 习近平在全国生态环境保护大会上强调坚决打好污染防治攻坚战推动生态文明建设迈上新台阶［N］. 人民日报，2018-5-20.

全在构建生态安全体系中占有极其重要的地位和作用。当前，我国西部山区乡村生态问题突出，生态系统保护和修复任务艰巨，加强西部山区乡村生态建设对于我国全面乡村振兴目标的实现及构建乡村生态安全体系具有重要意义。

## （一）乡村生态建设原则

甘谷县地处黄河上游生态屏障区的陇东、陇中黄土高原区域，境内山脉纵横，地形复杂，山峦跌宕起伏，自然条件较差。《甘肃省主体功能区划前期研究报告》对生态环境的评价，甘谷县生态系统脆弱性为中等，生态系统比较脆弱。甘谷县在乡村振兴中应积极实施"生态立县"战略，优化国土空间开发格局，节约资源，保护自然生态系统、保护环境。生态建设应该坚守以下原则：

### 1. 坚持人与自然和谐共生，系统性原则

坚守生态文明思想理念，遵循正确的发展观和政绩观，在经济社会发展过程中纳入生态文明建设。坚持经济社会发展要尊重自然、顺应自然、保护自然，树立和践行绿水青山就是金山银山的理念，统筹山、水、林、田、湖、草系统治理。坚持节约优先、保护优先、自然恢复为主的方针，形成节约资源和保护环境的空间格局、产业结构、生产生活方式。

### 2. 坚持因地制宜，彰显特色的原则

立足甘谷县生态建设的优势条件、制约因素，生态建设与县域生态环境、资源禀赋、人文特征、经济基础紧密结合，依托区域宏观环境，突出地域特色，植树种草、流域治理等过程中的设计生态产品，充分彰显甘谷县历史文化、地域风情特色，打造生态宜居"甘甜之谷"品牌，推动"美丽甘谷""生态甘谷""美好甘谷"建设。

### 3. 坚持自然修复为主，保护原生态原则

生态建设首先要尊重自然发展规律，顺应自然循环过程、保护生态环境，坚持以自然修复为主。生态建设必须遵循自然生态系统内在机理和规律，尽量减少人为干扰，用最小的投入获取最大的生态恢复效益。同时，加强区域生态系统空间格局、生态资源禀赋的科学认识，对于未利用未干扰的生态空间，比如甘谷县原始草原，要优先保护原生态，与原生态文化保护相呼应，挖掘伏羲文化、石窟文化和民间民俗文化，打造原生态的"华夏第一县"黄金品牌，展现独有的自然生态文化价值和人文气息。

#### 4. 坚持改善民生，生态优先和产业为本原则

坚持以人为本，以改善和维护区域生态环境质量为根本出发点，优先解决人民群众最关心的生态环境问题，将生态文明建设与经济发展"并重"和"同步"，将生态保护建设与农牧业增产、农民增收、农村产业结构调整、发展循环经济相结合，不断提高农牧民生产生活水平。将生态建设与城镇化、农业现代化、新农村建设、区域环境治理相结合，推进绿色发展、循环发展、低碳发展，形成生态和产业良性互动的新格局，积极改善人居环境和发展环境。

#### 5. 坚持分区分类，重点突破和整体推进

坚持从实际出发，根据不同区域自然条件和社会经济状况，合理布局，分区分类施策。立足当前环境状态，以经济社会可持续发展作为着力点，重点解决群众反映的问题，既要立足实际，又要着力在重点区域和领域，以及重点项目上，争取早日取得新突破；要着眼长远，设计和加强长期发展战略，同时，鼓励集合全社会的各方力量，探索基于国家县域实际状况的生态建设有效机制，坚持不懈地积极推进生态建设，努力实现和保持生态系统的良性循环。

### （二）实施生态空间管控

生态空间作为生态服务系统的核心组成部分，是保障人类与自然和谐共生的重要生态屏障，对土地利用分类和国土空间格局的构建具有重要意义，在改善环境品质中发挥着重要作用，因此，需要把生态空间的保护与优化置于经济社会发展中的优先地位，保障其合理的发展，推进生态系统更加精细化管理，从而实现美丽中国的发展目标。

#### 1. 生态功能区划分

甘谷全县以山区为主，南部山区为秦岭山脉西延，北部山区为六盘山余脉，渭河东西贯穿全县中部地区，在两侧形成完整的甘谷盆地。在土地利用总体规划中，甘谷县主要落实四大生态功能区：生态环境安全控制区、自然与文化遗产保护区、林业用地区和牧业用地区。全县主要地表水有贯穿东西的渭河、中北部南北流向的散渡河和主要流经南部古坡镇的古坡河三大河流。植被资源以温带落叶、阔叶林和温带落叶灌丛为主，主要分布在南部古坡镇和磐安镇南部，北部集中分布在大庄镇西北部，这是主要林业用地区和牧业用地区。旱作和落叶果树林主要分布在北部山区和中部渭河流域外侧。耕地等资源主要分布在中部渭河流域两侧和散渡河、古泊河流域。生态环境

安全控制区主要为渭河河流、水源地保护区、地质灾害危险区、店子林场和城市周边的生态保护区。自然与文化遗产保护区主要用于保护具有特殊价值的自然和文化遗产，主要分布在安远镇、磐安镇、西坪镇和大庄镇，渭河两岸地势平坦，土层深厚，灌溉便利，宜于耕种，是全县主要的农业耕种区。

## 2. 空间管控

根据 2015 年《全国生态功能区划（修编版）》中全国生态功能区划方案，甘谷县属于"陇中—宁南农产品提供功能区"（Ⅱ-0.1-37）。该类型区生态保护主要方向是严格保护基本农田，培养土壤肥力；加强农田基本建设，增强抗自然灾害的能力；建设水利设施并鼓励发展节水农业种植；种植和养养结合，科学合理施肥；生产无公害的绿色农产品和有机食品；合理协调农业产业结构，促进农村经济结构调整，农业生产要合理化布局，从而使农村经济活动更加有序；在草地畜牧业区，要科学确定草场载畜量，实行季节畜牧业，实现草畜平衡；草地封育改良相结合，实施大范围轮封轮牧制度。

甘谷县按照"一带、两山、多廊多点"网络状的城市绿化空间格局，"一水中流、两山相望、水脉林网交错、城市绿地穿插"的空间意向进行空间管控。"一带"指渭河景观绿化带，结合渭河两岸的组团功能，形成多元化的城市绿色开敞空间，兼有生态、防护、景观、游憩休闲、运动健身功能；"两山"指南北两侧山体生态绿化；"多廊"指纵贯县城、连通两侧山体和渭河的多条山水生态绿廊；"一水"指渭河。甘谷县空间管控格局如下：

（1）甘谷县禁建区

县域内生态敏感度高、关系生态安全的城市周边空间，主要包括南北两山面坡地带、基本农田保护区、城市水源保护区及城市周边需保护的地区，按照禁建区进行生态管控。合理开发和控制城市的建设用地，将自然生态保护作为建设原则，减少人为干预，在建设过程中融合生态元素，适当布置城市郊区风景区性质的旅游项目，同时要严厉禁止绿化用地被挪作他用。

（2）甘谷县限建区

县域内建设条件相对较好，部分地区邻近城市建成区，现状村镇相对集中，部分为村镇耕地，主要包括磐安镇周边渭河河谷地带，按照限建区进行生态管控。该区可作为城市部分功能建设用地的补充，不宜高强度开发。对该区域内的城市开发应进行合理引导，在该区域周围可划定部分用地作为生态安全区，并严格控制，以防止建设区用地过度开发或开发范围过大而破坏区域生态环境。

（3）甘谷县试建区

县域内建设条件较好、生态敏感度低，以及城市发展急需的空间，主要包括现状新兴镇、大像山镇及六峰镇渭河两侧用地，按照试建区进行管控。考虑到城市发展强调空间扩展的可持续性，应加强对城市空间容量研究。在优先开发过程中需强调生态补偿及环境美化，特别是对沿河生态廊道的控制，城市建设必须与总体生态环境改善同步进行。

（4）甘谷县已建区

县域内已经成片开发建设区域，主要分布在新兴镇区、大像山镇区、六峰镇区，以及沿陇海铁路两侧用地，城市边缘和国道 316 沿线，分布着大量的农村居民点。老城区开发过于集中，而城市周边地区建设存在分散开发、功能混杂、土地资源浪费的现象。未来城市发展应释放旧城土地容量，疏解旧城人口和空间压力，整合周边地区村镇建设用地。

## （三）加强乡村生态系统保护与修复[①]

甘谷县自然生态系统脆弱，历经较长期的煤炭、山石等资源开采，以及过度垦殖等，生态系统受损严重。在实施乡村振兴战略、推进生态文明建设的重要时期，甘谷县应紧密围绕全面建设小康社会，着重补齐短板，解决最关心最突出的生态系统及资源环境问题，缓解社会经济发展的生态制约因素，为实现生态宜居的"甘甜之谷"奠定良好的生态基础。

### 1. 加强生态林业建设，提高森林生态系统品质

甘谷县森林覆盖率低、林木质量欠佳，应深入践行"绿水青山就是金山银山"的理念，全面调查分析县域业生态工程区三荒地、撂荒地，阳坡地、陡坡地、硬土地，调查分析坡耕地，因地制宜，合理规划，适地适树，采用抗旱性较强的侧柏、刺槐等乡土树种，针阔叶林木混交，按适宜比例栽植，推进完善以渭河、西小河、散渡河、清溪河、耤河流域为主的五大生态屏障，建立"一带两路三景区"林业生态体系，到 2035 年全县林木绿化率达到 35%，森林覆盖率达到 30%。

一是加强生态公益林和人工造林建设。以农田林网、公路绿化、荒山造林为主，大力发展针阔混交林，持续实施三北防护林建设，退化林修复。二是继续实施退耕还林，加强退耕还林工程配套建设，巩固退耕还林成果，推进退耕还林补植补造，对于低缓坡地支持发展核桃、花椒林果产业。三是加强林业生态保护，划定林业生态保护红线，在重点区域实施封山育林，持续进行渭南古坡乡、武家河镇、磐安镇及渭北西

---

① 资料来源：根据《2018 年中国统计年鉴》《甘肃发展年鉴》《甘肃年鉴》《甘肃统计年鉴》、2017 年全国和甘肃省、甘谷县政府工作报告及统计公报中数据整理计算。

坪乡、大庄等乡镇的森林抚育，加大林业有害生物防治，加强全县野生动植物保护。

### 2. 加强草场维护，提升草地生态系统质量

甘谷县有 2.96 万公顷基本草原，可利用的天然草地 1.81 万公顷，人工草地 1.14 万公顷，坐拥 1.33 多万公顷的古坡天然草场、1.33 万公顷的九墩牧场，古坡草原升级为国家 AAA 级旅游景区。由于自然地理条件及不合理土地利用方式等原因，天然草场退化明显，需要加强草地生态系统维护养育。

一是加强草场维护保育，继续巩固草原承包面积有 2.96 万公顷，持续维持禁牧面积 1.81 万公顷；二是对古坡草原等成规模草原进行道路交通设施规划，配置集雨水窖，修建护坡设施；三是支持山区建设现代畜牧业园区，养殖场基础设施改扩建，配套建设粪污无害化处理设施。全面提升草场质量，草原植被盖度稳定在 80% 以上。

### 3. 节水开源，积极开展水生态修复

水资源短缺是甘谷县经济社会发展最大的限制性因子。甘谷县全面建设小康社会，必须要大力推行水资源节约，广开水源，破解水资源难题。

（1）加强水源地保护，保障饮用水安全

甘谷县共有县自来水公司、西北、东北、磐安、六峰、崖湾、十里铺和南部 8 个地下水水源集中供水工程，年供水量 890 万立方米，担负着甘谷县城乡居民生活用水和工业生产供水任务。尽快划定包含各乡镇在内的集中式饮用水源地保护区，加快落实《甘谷县水源地安全保障规划》，并积极推进饮水安全工程，确保城乡饮用水水源地水质安全。

（2）推广水资源节约行动，降低生产、生活水资源消耗

继续在农业、工业生产、生活用水方面大力推广节水技术改造；改造供水、污水排放管网，新建小区建设中水管网系统，提高水资源重复利用率；开展节约水资源行动，提高老百姓爱水、惜水、节水的意识，推行阶梯水价。降低生产、生活水资源消耗，降低地区万元国内生产总值的用水量（2017 年为 79 立方米），提高农田灌溉水有效利用系数（2017 年平均值为 0.52）。

（3）推进引调水工程，缓解水资源不足问题

跨区域引调水是缓解甘谷县水资源不足的重要措施。根据省市规划、区域自然地理条件，推进实施甘肃省引洮供水二期配套甘谷县城乡供水工程。同时，修缮和维护现有 9 处引水枢纽设施，改进渠道及渠系建筑物，保证供水质量。

（4）建设集雨水窖，普及小型农田水利

全面勘查县域地势地貌及水文特征，普查现有的防洪减灾、中型灌区、高效节水灌溉，小型提灌、泵站设施，以及城区绿化灌溉设施等，以流域地形、城乡居民点等

为对象进行集雨设施分区分类；分区分类，因势利导，重点沿着道路交通、田间道路、沟头沟尾等建设雨水收集水窖和渠道设施，推进小型农田水利建设，保证灌溉、生态用水。

（5）推进水污染综合防治工程，改善水生态环境

水污染综合防治工程包括城区生活污水处理厂改造工程、乡镇污水收集处理工程、工业园区污水处理工程、散渡河及城区臭水综合治理项目，以及渭河流域甘谷段综合治理项目。主要项目有提标改造城区的污水处理厂，改造相关设备以提升污水处理能力；每个乡镇镇区都要建设污水处理站1座，以建成完备的配套建设收集网络；在六峰工业园区内建污水处理站及配套附属设施；完成散渡河流域排污处理，改造城区污水管网及附属设施；综合治理散渡河流域及甘谷县城区臭水，营造整洁干净的城区环境；对渭河流域甘谷段环境进行综合治理，改善渭河水质。

### 4. 加强耕地保护，维护农田生态系统

甘谷县地处黄土沟壑区，山多川少、耕地质量差，人均耕地面积少，中低产田面积占耕地总面积的80%以上，水土流失面积占土地总面积的80%以上，人地矛盾十分尖锐，保护土地资源、提高土地集约利用水平形势严峻。

（1）推进耕地和基本农田保护建设，提升耕地生态功能

严格保护耕地，实施"先补后占"；结合农田水利建设工程，加强农田基本建设，改善耕地生态系统；在河川地带，集中成规模的耕地和基本农田，全部实施节水灌溉，大力开展农田示范区建设，建设田园综合体。

（2）推进土地复垦，形成集约、高效、生态良好的土地利用格局

全面调查土地利用现状，对于废弃土地、灾毁土地、整村搬迁原址等进行调查登记，开展土地复垦研究与规划，合理划定土地复垦区域；分区分类、先易后难，优先复垦补充耕地，确保落实"先补后占"原则。

（3）推进水土流失治理，形成土地利用生态安全格局

在水土流失调查分析基础上，划定水土流失治理"小流域"；按照"山、水、田、林、果、路综合治理"的要求，开展小流域综合治理；制止陡坡地开荒，25度以上坡耕地全面退耕还林还草，全面治理水土流失。

（4）加强田间管理，推进畜禽养殖场环境综合治理

主动邀请吸引田间管理科学技术人员入住，科学指导农药化肥施用，有序开展田间休耕轮耕等耕地保育措施，并协同规划设计，对村、农田、果木及畜禽养殖场进行协同化管理，构建田园综合体、循环产业园，促进乡村产业生态化发展。在种养殖废弃物资源化利用项目中，争取实施10家以上种养殖废弃物资源化利用项目，各建成有机肥生产线1条，解决养殖户周边废弃物污染问题。对病死畜禽进行无害化集中处

理，建设病死畜禽专业无害化处理场 15 个。

## （四）乡村生态建设配套措施

乡村生态建设以公益项目为主，需要政府加大政策支持力度，以资金、实物、人才、技术等多种形式的投入，激发市场各类主体及乡村居民的参与活力，建立起生态惠民的决策机制，引导资源要素优化配置的资金保障机制，引导社会广泛参与机制，高效推动乡村生态系统良性循环发展。

### 1. 建立健全生态惠民的决策机制

牢固树立"以人民为中心""绿水青山就是金山银山"理念，采用多形态、多路径、多层次的综合引领办法，大力开展农民技能培训，普及生态文明教育，切实保护好甘谷县的山山水水，让人民享受"美丽甘谷"。首先，要建立完善的综合环保决策机制。建立环境保护委员会重大事项审议制度，完善专家论证、部门会审、群众参与、领导决策的环境与发展综合决策程序，实施系统科学的环境管理，提高环境管理效能，进一步提高环境保护决策工作的透明度，完善重大环保决策和重大项目环保听证、论证程序、规则和社会公示形式，广泛接受社会各界监督，充分发挥环境保护参与综合决策的作用。其次，是建立部门联席会议制度。按照《甘谷县环境保护责任分工规定》，强化各级党委、政府在环境保护中"党政同责"的工作职责，落实各部委相关部门的环境保护职责和任务，提升部门之间的协调能力，定期召开部门联席会议，建立联合执法机制，规范环境执法行为，积极探索政府主导，环保部门统一监管，有关部门各司其职、分工协作，建立全社会齐抓共管的环境保护工作机制。

### 2. 引导资源要素优化配置的资金保障机制

乡村生态建设的资金保障是重要前提和基础。一是积极采取多元化的资金投入保障措施。探索建立有效的财政环保投入机制，逐年加大重点流域区域污染防治、污染减排、大气污染防治和生态保护项目中的财政投入，确保水行动计划、大气污染防治行动计划、土壤污染行动计划所列任务得到落实；进一步建立和完善社会投资和融资管理机制，适当拓宽各类融资渠道，引入多样化的合作经营模式以吸引更多的社会资金投资到环保项目中；建立环境保护基金，用于城市污水、生活垃圾、危险废物集中处置及生态保护等环境基础能力投资，有效提升整体污染防治能力；积极争取国家省市资金支持，为开展重点区域、流域环境综合治理、农村环境综合整治、环保实用技术推广等重点环保项目建设提供资金保障。二是健全生态补偿机制。需要建立生态补偿和资源有偿使用两种制度，同时健全生态保护成效和资金分配挂钩的激励约束机制；实行政府购买生态产品及其服务，鼓励生态损益双方自主协商的补偿方式；按照谁受益、谁补偿的原则，推进甘谷县与流域上下游地区之间建立跨区域横向补偿和市场化补偿机制，引导生态受益地区与保护地区之间，通过资金补助、产业转移、人才培训、共建园区等方式实现创新补偿机制，流域生态保护共建共享机制；完善水资源有偿使用制度，统筹安排部分水权收益用于生态建设。

### 3. 引导社会广泛参与机制

引导社会广泛参与生态建设，一是要健全环境保护激励机制，运用价格杠杆，引导消费者使用节能、节水和废弃物再生利用产品；严格执行国家淘汰和限制类项目及高能耗企业差别电价政策，落实重污染企业退出补偿制度；成立专门促进污染减排的补助政策和专项资金支持，主要采用补助和奖励等帮扶方式，为污染减排的重点工程建设提供资金支持，以提升污染减排的效率，同时完善国家环境监管体系；从社会责任角度出发，督促企业主动进行污染防治，并设立相关奖项以对在污染减排、大气和水污染等专项防治工作中做出积极努力、取得突出贡献的单位或者个人予以奖励。二是推进生态文明宣传教育，以普及环保知识，弘扬保护环境、节约资源、美化环境的道德风尚、推行和倡导"绿色文明"为目的，积极开展形式多样、丰富多彩的环境文化、生态文明、循环经济、清洁生产、环境科技知识宣传教育活动；充分运用国家重大纪念日的效应，组织大型的知识宣传活动，将环保和生态保护制度和知识传播到学校、企业以及社区中去，尤其要积极组织农村活动以加大宣传力度。擅长运用新闻媒体的媒介作用并和相关部门合作，提升环保网络的宣传教育能力，开展环保警示教育和公益宣传，将党和国家的环保政策及时传播到群众中；继续在各级党校开展环保知识讲座，提高各级领导干部的环境保护意识，切实落实"一岗双责"，持续推进环境质量改善，实现经济、社会、环境的协调发展。三是健全公众主动参与环保的机制，主动对广大群众公开相关政务，运用网络平台发展电子政务处理，搭建环保服务平台，平台建设要纳入环境质量报告、环境管理状态信息，对相关企业的减排降污等环保信息及时公示。运用奖惩制度鼓励引导公众，以及社会团体积极参与到环境保护中。在监管上可以发挥 12369 环保举报热线的作用，顺应时代要求运用微信平台以拓宽和畅通群众举报投诉渠道，提高公众参与度。

## 参 考 文 献

［1］柏成寿，崔鹏. 我国生物多样性保护现状与发展方向［J］. 环境保护，2015，43（5）：17-20.

［2］陈悦丽，赵琳娜，王英，王成鑫. 降雨型地质灾害预报方法研究进展［J］. 应用气象学报，2019，30（2）：142-153.

[3] 程良晓，范萌，陈良富，等．秋季秸秆焚烧对京津冀地区霾污染过程的影响分析 [J]．中国环境科学，2017，37（8）：2801-2812．

[4] 胡敏，唐倩，彭剑飞，等．我国大气颗粒物来源及特征分析 [J]．环境与可持续发展，2011，36（5）：15-19．

[5] 霍耀强，李敏，滕泽栋，蒋美合．秸秆焚烧对哈尔滨空气质量的影响研究 [J]．环境污染与防治，2018，40（10）：1161-1166．

[6] 李裕瑞，李怡，范朋灿，刘彦随．黄土丘陵沟壑区沟道土地整治对乡村人地系统的影响 [J]．农业工程学报，2019，35（5）：241-250．

[7] 刘奥博，吴其重，陈雅婷，等．北京市平原区裸露地风蚀扬尘排放量 [J]．中国环境科学，2018，38（2）：471-477．

[8] 刘丹，丁明军，文超，张华敏．赣南红壤丘陵区137Cs示踪土壤侵蚀对土壤养分元素的影响 [J]．水土保持学报，2019，33（1）：62-67．

[9] 刘国彬，上官周平，姚文艺，杨勤科，赵敏娟，党小虎，郭明航，王国梁，王兵．黄土高原生态工程的生态成效 [J]．中国科学院院刊，2017，32（1）：11-19．

[10] 刘磊，张青萍．中国生物多样性面临严峻挑战 [J]．生态经济，2016，32（4）：6-9．

[11] 马骥．农村环境污染的根源与治理：基于产业经济学视角 [J]．新视野，2017（5）：42-46．

[12] 彭彬，苏玉红，杜伟，卓少杰，韵潇，刘伟健，陈源琛，沈国锋，陶澍．湖北农村燃柴和燃煤家庭大气多环芳烃污染特征和呼吸暴露风险 [J]．生态毒理学报，2018，13（5）：71-181．

[13] 尚文绣，王忠静，赵钟楠，邱冰，郑志磊．框架体系和划定方法研究 [J]．水利学报，2016，47（7）：934-941．

[14] 王涛，朱震达．我国沙漠化研究的若干问题——1．沙漠化的概念及其内涵 [J]．中国沙漠，2003（3）：3-8．

[15] 王韬钦．农作物多样性锐减威胁人类生存 [J]．生态经济，2014，30（5）：6-9．

[16] 王喆琦，刘烨．我国乡镇企业发展现状及对策研究，东南大学学报（哲学社会科学版），2015，17（12）：65-66．

[17] 武淑霞，刘宏斌，刘申，王耀生，谷保静，金书秦，雷秋良，翟丽梅，王洪媛．农业面源污染现状及防控技术 [J]．中国工程科学，2018，20（5）：23-30．

[18] 杨滨键，尚杰，于法稳．农业面源污染防治的难点、问题及对策 [J]．中国生态农业学报（中英文），2019，27（2）：236-245．

[19] 钟方潜，苏琪骅，周任君，易明建，吴其重，颜妍．秸秆焚烧对区域城市

空气质量影响的模拟分析 [J]. 气候与环境研究，2017，22（2）：149 - 161.

［20］周悦，岳岩裕，李兰，等. 秸秆焚烧导致湖北中东部一次严重霾天气过程的分析 [J]. 气候与环境研究，2016，21（2）：141 - 152.

［21］Tansley A. G. The use and abuse of vegetational concepts and terms. Ecology，1935，16（3）：284 - 307.

［22］Zhang T.，Wooster M. J.，Green D.，et al. New field-based agricultural biomass burning trace gas PM2. 5，and black carbon emission ratios and factors measured in situ，at cropresidue fires in Eastern China [J]. Atmospheric Environment，2015，121：22 - 34.

## ▎第十四章▎

# 乡村人居环境整治之路

21 世纪以来，我国对农村的基础设施做了进一步完善，城乡基本的公共服务水平更加均等化发展，尤其近年来，改善农村人民的居住环境成为社会主义新农村建设的重要内容，乡村振兴战略明确提出要进行农村人居环境的整治行动，并且发布了《农村人居环境整治三年行动方案》，以全面提升农村人居环境。在多方努力下，我国乡村人居环境水平取得显著提升，但是目前人居环境存在较大差异，发展不均衡，尤其是西部地区的乡村人居环境存在更加突出的问题，与全面建成小康社会的具体要求存在差距，人民群众愿望尚未实现，因此，当前更要加快乡村人居环境整治。

## 一、乡村人居环境及其主要问题

人居环境关系到每个人，其中，创建美好的乡村人居环境是乡村治理的重要目标之一，乡村人居环境是乡村生产、生活的重要场所，是乡村治理的重要内容和手段（吴唯佳、吴良镛，2017）。如何建设更加美好的乡村人居环境，需要科学认识乡村人居环境内涵及其特点，客观判断现状问题，在新型城镇化及乡村振兴战略规划实施过程中，有序高效推进乡村人居环境整治。

### （一）乡村人居环境内涵

希腊的学者道萨迪亚斯的著作《人类聚居学》中写道：人类聚居是地球上可供人类直接使用的、任何形式的、有形的实体环境。我国一些学者从多个维度探讨了乡村人居环境的内涵，其一以乡村地理作为研究背景，分析了人类居住、耕种、娱乐等活动对自然的利用和改造并创造了环境（胡伟，2006）；从乡村区域的系统结构分析，乡村人居环境是有机的和动态的，作为乡村居民集聚和生产生活所依存的生存环境，以及农户生产生活涉及到的物质和非物质共同构成一个动态复杂的有机结合体（李伯华，2008；任桐，2011），不仅包括生活居住配套设施、基础公共服务等硬环境，还包括居民的生活舒适度、信息交流便捷度、经济发展水平、社会服务水平等软环境（周侃，2011）。由此可以看出，乡村人居环境由硬环境和软环境构成，其中硬环境指人居住的物质环境，这些物质服务于农村的居民并且农村居民可以充分利用并发挥作用，硬环境构成农民生产生活的物质载体，是所有物质设施的总和，也是空间要素、人文要素、自然要素等由空间和实体构成的统一体，主要包括环境卫生质量、居住条件和农村基础设施；软环境是指农民在生产生活过程中能切身感受到的一切非物质形态事物的总和，是一种无形的环境，如生活便捷程度、经济水平、社会服务等（孙慧波，2018）。吴良镛（2018）提出，人居环境是包罗乡村、城镇，以及城市在内的"人类聚居生活的地方"，包含自然、居住、人类、社会和支撑五个子系统。

## （二）乡村人居环境问题

农村经济发展的同时出现农村人居环境问题，因为经济增长不注意环境保护，就会使得人民生活水平与农村整体环境日益不匹配。特别是传统村庄"空心化"、农村生活污水乱排放、农村生活垃圾乱堆放、农村房屋质量较差、农村基础设施不健全等问题困扰着农村的百姓。农村人居环境问题既是国家关注的问题，也是学界关注的重点，本章结合文献和统计年鉴数据从以下五个方面梳理乡村人居环境存在的问题。

### 1. 传统村庄衰败及"空心化"问题

我国城镇化水平的不断提升，使农村人口大量迁移到城市中，因此，传统的村庄中很多出现了"空心村"情况。在城镇化发展进程中，农村人口大量非农化，造成农地荒废，宅基地空置，旧宅基地上的房屋没有拆除，而新建的房屋又多向外扩建，最终导致乡村占地规模较大并且中心空置的状态，主要体现在农村土地空心化、农村产业空心化、农村人口空心化，以及农村基础设施空心化（刘彦随，2010）。从时间上来衡量，不少村庄存在一些闲置宅基地房屋和荒废土地时间达5年以上（庞珺，2017），或者村庄人口净流出比例过高，也在某种程度上造成村庄"空心化"（陈有川，2018）。

我国较多传统村庄的自然环境条件较差，抗灾能力很弱，极易受到泥石流、洪涝、地震、干旱等自然灾害的影响，村民放弃旧宅建新宅的现象较为普遍。加之受传统乡土文化影响，农村居民家族观念普遍强烈，即便已全家进城居住，仍不愿放弃农村里的祖宅，以及各种"讲究风水""祖宗基业"等，传统村庄荒废旧宅呈现衰败景象。当然，随着我国城镇化的不断推进，经济发展水平高的城市对于人口有着巨大的吸引力，而相对经济发展较差的农村地区则对人口有推力，农村人口大量进入城市求学、打工、居住，这是造成很多村庄荒废，出现"空心村"的重要原因。村庄衰败"空心村"问题，浪费土地、破坏环境，严重影响乡村景观。

通过国家统计局微观调查数据第三次全国农业普查的行政村普查抽样数据分析，全国共68906个行政村存在"空心化"，占全部行政村的12.3%。如果按照人口空心化率不低于5%的行政村定为人口空心村这一标准来评价，全国村庄人口净流出为1268.18万人，人口整体的空心化率为11.02%，调查样本中人口空心村数量为39622个，占比57.50%，平均的人口净流出为409人/村，空心化率为23.98%。空心村的地域分布主要集中在我国中西部经济不发达地区，重庆市、内蒙古自治区、黑龙江省、吉林省等地区的空心村占比在90%以上，而我国东部地区，如浙江省、江苏省等地空心村发生比例较低，低于全国79.01%的平均水平（李玉红，2020）。我国中西部地区，例如，甘肃省黄土高原地区，由于自然条件恶劣、少雨干旱、植被较少，种植农作物的收益不高，这些地区的农村每年有大量的外出务工人员，宅基地和耕地荒废，空心化程度日益严重。以甘肃省地区甘草店村镇为例，该地区2009~2015年村空心化率一直上升，空心化率均值达16.7%，空心化率主要在15.8%~23.2%之间，山区村庄空心化率要明显高于川区（高琼琼，2016）。

### 2. 乡村环境卫生问题

我国农村面积广，农村居民点多、分布广。长期以来，农村居民点建设严重滞后，居民点生活污水、垃圾乱排乱放问题，以及厕所问题备受关注，并已成为乡村宜居环境建设的突出问题，解决农村居民点环境卫生问题是乡村振兴的紧迫任务之一。

（1）农村生活污水、垃圾问题

我国乡村环境治理措施和投入一直持续增加，但因规模大、问题多等使农村垃圾、污水处理远未达标，城乡差异十分显著。根据《中国农村统计年鉴》，2018年全国有5.6401亿乡村人口，占全国总人口的40.4%；根据《中国城乡建设统计年鉴》，2017年全国近53万个行政村，分别只有20%和73.9%的行政村对生活污水和生活垃圾进行处理，而城市93.44%的生活污水和97.14%的生活垃圾已经实现无害化处理（贾小梅，2019）。甘谷县现有垃圾处理厂位于县城东北方向约5千米，垃圾处理厂总容量70万立方米，处理能力较低，只有少数几个乡镇进行了生活垃圾无害化处理，无特殊垃圾处理设施，乡镇一级污水基本全部未进行处理。

乡级及村级的生态环境建设资金在农村投资资金总量中所占比例极小，其中，乡级和村级用于污水处理的资金分别占总投资额的0.96%和1.14%，远低于城镇的3.50%（于法稳，2017）。农村由于处理设施不足、农民环保意识不足，垃圾污水随便倾倒排放，且农村环保技术较为缺乏，污水处理、固体废弃物处理和垃圾分类技术等在农村还没有普遍应用，还缺乏基本的环保技术投入（唐江桥，2018）。大量农村生活垃圾和污水处理还处于"污水靠蒸发，垃圾靠风刮"的状况。虽然许多村庄已有垃圾收集站和街道垃圾桶，但很多只是摆设，村民随意堆放垃圾现象十分普遍。乡村垃圾处理目前大部分靠填埋和焚烧处理，并没有真正实现无害化处理，村庄排水设施多数没有与城市污水管网相连，大部分污水未经处理直接排入地下和河流河道，对环境造成的二次污染问题十分严重。

（2）农村卫生厕所问题

党的十八大以来，习近平总书记在国内调研考察农村，非常关注农村厕所问题。"厕所革命"看似小事，却是老百姓生活中的大事。我国在 2015 年开始实施为期 3 年的"全国厕所革命"行动，取得了显著成效。根据《中国农村统计年鉴》，2017 年累计共有 21701 万户使用卫生厕所，累计共有 2997.7 万户使用卫生公厕，卫生厕所普及率已经达到 81.7%。通过对农村地区的调查，很大程度上农村居民使用的是简易卫生厕所，无害化卫生厕所普及率并不高。

经过近几年的厕所革命，经济基础较好地区、卫生环保意识较高的村民已基本建成了卫生厕所。但是，建设相对滞后的中西部地区改厕资金面临很大压力。以建设一座无害化卫生厕所为例，完成建造共需 3000 元左右，不包括建后维护等费用，政府通过专项财政资金补贴 20%，剩余大部分资金靠村庄和村民自筹，经济收入较差的村庄和农民还将存在不愿改厕的问题。甘谷县城区共建成并投入使用公益性公厕 5 座，农村地区基本为旱厕，公共厕所设备简陋。厕所问题严重影响村民生活质量，制约着乡村生态旅游发展和村容村貌品质，乡村环境卫生堪忧，是乡村环境恶臭的重要源头之一。

### 3. 村民住宅质量问题

村民居住房屋质量是最直接影响乡村人居环境的重要因素。依据 2017 年《中国城乡建设统计年鉴》中数据，整理统计出 1990～2017 年农村住宅的面积变化趋势，如图 14-1 所示。乡村数量逐年减少，住宅建筑总面积也逐年减少，人均住宅建筑面积呈现上升的趋势，从 1990 年的 19.09 平方米/人增长到 2017 年的 31.5 平方米/人。

但是，从质量上来看，农村房屋的建筑质量还有很大问题，很多农村依然采取自建房屋的方式，存在大量的砖混结构、砖木结构、石砌结构等混合结构的房屋，根据房屋结构类型的分类，这些混合结构的稳定性远远低于钢筋混凝土结构和钢结构，特别是农村目前使用比例较高的砖混结构，由于砖的力学性质差，承载力小，抗震性能不好，只能建造 7 层以下的房屋。根据 2017 年数据显示，全国农村地区的住宅建筑在混合结构以上的占 70.02%，并且存在很明显的地区差异。我国东南部经济较发达地区，以及一些直辖市所在地，混合结构以上的住宅建筑占比较高，北京地区高至 97.81%；在我国中西部一些经济不发达地区，混合结构以上的住宅建筑占比较低，在西藏自治区混合结构以上的建筑比例低至 23.99%，这在一定程度上说明，这些地区的农村住宅的房屋质量较差，很多不符合建筑规范。

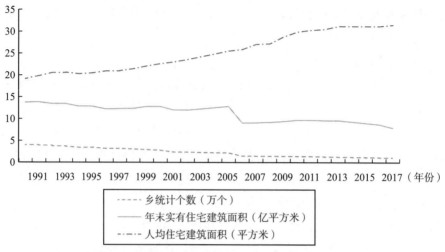

**图 14 - 1    1990 ~ 2017 年乡村住宅面积变化趋势**

资料来源：根据 2017 年《中国城乡建设统计年鉴》数据整理。

在乡村地区，村民自建房屋结构设计不合理、地基处理不当现象比较普遍。农村自建房屋多为户主整体负责，多会请当地的一些"土建筑师"，没有专业的指导，设计施工工匠、帮工人员的技术水平参差不齐，为房屋的质量问题埋下了很多隐患。在地基设计的时候，对选址区域的地质勘察不到位，对于不同土质的地基处理不重视，不设置地圈梁，从而造成后期地基的不均匀沉降，使得房屋墙面出现裂缝甚至歪斜的情况。此外，建筑和装修材料廉价，房屋管线设置水平较低，居家厕所建设水平较差，卫生厕所建设率还很低，乡村居住质量水平亟待提升。

**4. 乡村基础设施建管问题**

我国农村道路交通水平还较低。根据 2017 年《城乡建设统计年鉴》，到 2017 年末全国村庄内道路总长 285.31 万千米，全国村庄内硬化道路总长 118.93 万千米，全国村内硬化道路占全国村内道路总长为 41.69%。建制镇人均道路面积 13.81 平方米，乡人均道路面积 15.7 平方米。我国基本实现了村村通路的目标，但是，乡镇道路建设水平较低，村庄内硬化道路占比低，大多数村内道路仍然是"土路"或"石子路"。同时，对于道路的后期养护保养任务也十分艰巨，一些早期建成的道路质量要求较低、安全系数不够、抗灾耐磨性差，加上后期保养投资不足，路面破坏严重，甚至会出现"油返砂"现象。农村集中供水问题依然存在。根据 2017 年《中国城乡建设统计年鉴》，我国乡市政公用设施集中供水普及率从 1990 年的 35.66% 上升到

2017 年的 78.8%。到 2017 年末，全国集中供水的乡个数达到 8797 个，占全部乡总个数的 85.29%，全国的集中供水的行政村个数占全部行政村的比例为 71.95%。乡镇供水普及率也不高，乡供水普及率为 78.78%，镇供水普及率为 88.1%。我国依然存在没有集中供水的乡村，东南部和直辖市地区的乡村集中供水普及率高，西北部等经济欠发达地区的集中供水普及率较低，集中供水地区差异大，一些偏远山区还是存在用水难、用水安全等问题。乡镇市政公用设施建设水平较低，人均公园绿地面积 3.13 平方米，建制镇燃气普及率 52.11%，污水处理率 49.35%，生活垃圾处理率 87.19%；乡人均公园绿地面积 1.65 平方米，公共厕所仅 3.18 万个，燃气普及率为 25.02%，污水处理率为 17.19%，生活垃圾处理率为 72.99%。

此外，农村基础设施管理薄弱，重建轻管问题依然突出。到 2017 年末，我国共有 10314 个乡村，其中，设有村镇建设管理机构的乡村个数为 7662 个，占总体比例的 74.29%，全国村镇建设管理人员共有 19400 人，其中，专职人员有 12301 人；同时，有总体规划的乡个数为 7558 个，占总体比例的 73.28%。我国在农村基础建设方面往往强调建设而忽视了管理，后期管护机制不健全，使得农村基础建设工程的效益不能长期发挥作用，基础建设及设施的维护资金使用不到位，缺乏监督管理，农村基础设施建设长期运行和效益发挥缺乏足够保障。国务院 2017 年曾颁布《关于创新农村基础设施投融资体制机制的指导意见》，其中，重点是要完善建设管护机制，保障工程长期发挥作用。

### 5. 乡村公共服务问题

乡村公共服务指的是国家为满足乡村地区农民的生产生活需要，由当地政府与公共事业部门、社会团体和企业等相配合，共同提供公共服务，以及公共产品的过程。乡村公共服务主要包括基础教育建设、医疗卫生条件、社会保障制度、文化娱乐活动等几大方面，从出生的生育保险、婚姻登记及计划生育服务等，到教育阶段的基本公共教育资源的提供，再到劳动阶段的职业培训、劳动权益保护、工伤和失业保险等，最后到养老阶段的基本养老保险和基本养老服务，在乡村人居环境质量中具有重要作用。

在长期发展中，我国在社会保障、公共服务等方面存在明显的城乡发展差异，农村的基础教育设施、文化娱乐活动、医疗卫生条件、社会保障制度等公共事业方面和城市存在较大差距。根据 2019 年《中国农村统计年鉴》、2019 年《中国统计年鉴》，全国乡镇文化站 33858 个，乡地区高中 710 所、专任教师 6.1 万人，初中 14792 所、专任教师 56.3 万人；我国设有卫生室的村数占行政村比重为 94%，农村平均每千人村卫生室人员为 1.54 人；我国城市每千人医疗卫生机构床位数为 8.70 个，农村为 4.56 个；城市每千人卫生技术人员为 10.91 人，农村为 4.63 人；城市每千人执业助理医师 4.01 人，农村为 1.82 人；城市每千人注册护士 5.08 人，农村为 1.8 人。

# 二、乡村人居环境评价及建设行动

乡村人居环境是"三农"问题、城乡差异的重要体现，是乡村区域现代化的重要载体，关系到乡村居民生存质量和全面建成小康社会目标的实现。近年来，国内学者非常重视乡村人居环境研究，在全国各地开展了较为丰富的实地调研和分析评价，在理论体系与评价指标体系建构，以及村民认知和满意度等层面，积累了丰富的理论和实践成果，为实施乡村振兴战略及人居环境整治提供了理论依据。

## （一）乡村人居环境评价

人居环境评价是反映人居环境质量水平的重要措施，对于人居环境建设和治理标准、考核验收督导等具有重要指导意义。乡村人居环境评价主要集中在以下几个方面：

### 1. 村域空间结构评价

村域空间结构演化主要指乡村土地利用结构变化、村庄建筑结构及形态变化，问题集中体现在耕地撂荒、"空心村"等方面。刘彦随（2009）从地理学角度研究农村空心化的空间模式和形成动力机制，提出了空心村生命周期、代际演替空间形式和空心化调控空间、组织、产业"三整合"等理论。对此，有学者从"三生"空间视角探索乡村人居环境演变特征和发展机理，研究了其空间演变的过程、格局和机制（李伯华，2018），构建了空心村治理绩效评价体系和框架，包括空间结构优化（生活空间优化、生产空间优化、生态空间优化）和治理结构优化（政府引导、政府回应、农户参与、村庄治理、群众满意）指标，涵盖了空心村治理评价的 16 个三级指标，为绩效评价空心村治理工作提供了新的理论视角（刘建生，2018）。通过评价提出，应将村庄个性与乡村复兴相结合，大力挖掘村庄内生动力，促进乡村复兴，探索包括尊重乡村机理、重组乡村生产空间、改善乡村公共空间和构筑空间的本土性和现代性等在内的多元有机规划的空间策略，实现乡村精英、规划师、乡村政府和基层农民等多方共同努力提升人均环境质量的局面（冯健，2017）。

### 2. 乡村人居环境质量评价

人居环境质量涉及多个方面，影响因素甚多。传统的人居环境质量评价指标体系包括宜居性、居住空间、土地利用和居民行为等方面（杜岩，2020），近几年来评价内容与方法不断拓展完善。已有学者选取基础设施、公共服务、能源消费、居住条件与环境卫生5个一级指标，包含61个二级指标构建乡村人居环境质量评价指标体系，运用熵值法及空间分析方法对其乡村人居环境进行了质量评价（朱彬，2015）；将人地和谐发展的乡村人居环境作为目标层，以农户生活水平、村民出行环境、乡镇公共服务水平、农业生产条件、生态安全程度和生态产品供给能力为领域层，共选取了29个指标，构建了重点生态功能区乡村人居环境评价指标体系，运用Delphi和AHP法进行评价，划分乡村人居环境时序演变三个阶段，揭示乡村人居环境演变的影响机制（曾菊新，2016）；选取基础设施、乡村公共服务、环境卫生条件、居住条件、乡村经济发展水平5个一级指标，40个二级指标，构建乡村人居环境质量综合评价指标体系，利用熵值法测度各区县乡村人居环境质量，旨在剖析其空间分异特征（唐宁，2018）；将农村人居环境分为人居硬环境和人居软环境两部分，人居硬环境选取了农村环境卫生、农村住房条件和农村基础设施三大类共13个指标，人居软环境选取了农村经济发展和农村社会服务两大类共7个指标，运用基于信息熵改进的逼近理想解排序法（TOPSIS），对农村人居环境进行综合评价（孙慧波，2018）；通过国内外乡村人居环境建设经验和政策标准，提出了安全保障、生活设施、产业经济、公共服务、卫生环境、景观风貌和建设管理七大类别、35项指标的农村人居环境建设标准体系，并根据保障基本生活条件阶段、村庄环境整治阶段和宜居乡村环境阶段3个不同阶段的不同要求，提出了评价测度指标的目标取值（刘泉，2018）。

### 3. 乡村人居环境适宜性及系统优化

乡村人居环境是一个复杂的大系统，人是该系统的核心和主体，其评价应以人类适宜性为基本准则，乡村居民美好生活追求为评价目标。乡村人居环境体系建设应当和区域城镇化发展相结合，统筹城乡发展规划，构建综合乡村人居环境各因素可协调建设体系，发展有利于统筹城乡共同发展的农村人居环境发展模式（彭震伟，2009）。现有学者已经提出将生态观及乡土观等作为农村人居环境的建设原则，优化包含安全格局、村镇规划、社会经济、基础设施、环境卫生、公共服务设施等各个子系统的农村人居环境综合性优化系统，完善安全网格图及相关验收指标，构筑乡村宜居环境，创造舒适人居环境（胡伟，2006）；建立包含地形、气候和水文等在内的自然环境方面的人居环境质量评价综合模型，系统评估人居环境的适宜性与限制性（杨艳昭，2012）。

## （二）乡村人居环境建设行动

西部乡村建设在西部大开发及新农村建设的不断发展中取得了显著成就，通过乡村振兴战略的实施为西部乡村环境建设提供良好的契机。甘谷县实施《甘谷县县域乡村建设规划（2016－2020)》，使全县所有行政村基本实现了饮用水安全、通村道路硬化、危房改造的全覆盖，其中，村庄实现环境整治的比例达到60%，建成"美丽乡村"示范村的达50个以上。

（1）开展了生态人居建设行动

在生态人居建设过程中，为构建舒适宜居的农村生态人居体系开展的建设行动主要包括，大力推进中心村培育、综合整治农村土地，以及对农村住房进行改造，从根本上改善农民居住环境，提高农民幸福感。首先，促使乡村人口集中，大力推进中心村建设工作，为了实现村庄及农村人口的优化布局，进一步完善了农村建设规划，运用村庄整理、经济补偿、易地搬迁等手段，加快村庄整合及居民点减少的进程，逐步实现农村人口集聚。对农村中的闲置住宅、废弃住宅以及私搭乱建的住宅进行集中整治，大力开展农村住宅综合整治行动。推行"农村建设节地"工程，对于多层公寓住宅鼓励建设，对于联立式住宅推荐建设，对于独立式住宅限制建设。其次，建设美好生态家园，推进农村危旧房改造，保障农民有安全的居住环境。建立完善防灾体系，对于农村环境进行严格治理，对于易发生灾害地区综合整治，使农村尽快建成防灾体系。此外，注重乡风建设，发展农村地区乡土文化，促进人与自然和谐发展。最后，建立完善的设施配套体系，针对农民饮用水安全、农村道路硬化情况、农村电气化工程发展状况进行深入调查，根据实际情况制订计划，对农村配套设施进行完善，旨在加速实现城乡资源均等化目标。最终要达到的标准即使得具有建路条件的行政村公路通村率，以及通村公路硬化率均达到100%，行政村客运通达率达到100%。建设农村社区综合服务中心，使农村在文化、卫生、通信、体育、培训、托老等各方面的公共服务更加完善。

（2）开展了生态环境提升行动

加速推进"千村示范、万村整治"建设进程，提升农村的公路、饮用水、厕所、垃圾处理、污水治理，以及农村绿化等方面的建设水平，早日建成良好的农村生态环境体系。第一，加速农村环保设施建设，制定严密的规划保证建设的合理性，从地下到地上，按顺序依次进行的原则进行改造，确保对于农村的垃圾处理、污水治理及卫生改厕等环保设施的建设工作顺利实施。到2020年，达到以下目标：行政村中实现农村垃圾集中处理全覆盖，每个乡镇需配备一个以上垃圾处理点；行政村中开展农村污水治理的村落比例需高于70%；实现卫生改厕的农户占总农户的比例高于90%；实现农村减少垃圾排放量，对垃圾进行无害处理，有用垃圾进行回收再利用。第二，扩大农村节能节材理念的影响面，对农村大力实施污水净化沼气工程，使沼气利用技术推广到每个畜禽养殖场（户），早日实现农村沼气集中供气。持续推进农村"建筑节能"工程，将节能路灯如太阳能供电、太阳能热水器等节能太阳能设备引入乡村的各家各户。加速推广农村新建住宅的节能、节水技术普及，支持农户对于新型墙体建材及环保装修材料的使用。第三，大力推广农村环境连线成片综合整治行动，按照"多村统一规划、联合整治、城乡联动、区域一体化建设"的要求，结合中央"农村环境连片整治项目"的实施，加速建成农村区域性路网、管网、林网、河网、垃圾处理网相统一的格局，对沿路、沿河、沿线、沿景区开展综合环境整治行动，对于农村河道的水环境严加整治，建成完善的农村环境治理体系。在对农村环境进行综合整治基础上，加快推进生态村的建设工作。到 2020 年，达到市级生态村标准的行政村要在 50% 以上。第四，对村庄的绿化及美化情况进行完善，加快实施"兴林富民示范工程"，在多个区域如河道、屋前屋后、公园绿地、村庄周围形成不同类型的绿化景观，增加对于乔木、果树、休憩林、护村林等树木的种植。到 2020 年，对于川区、半山区、山区不同地区的村庄林木覆盖率分别达到高于 25%、20%、15% 的目标。第五，对于农村卫生实施长期管护机制，落实村庄环卫人员配备，加强对于村庄绿化、保洁、设施维护等工作的管理，以相关政策制度为保障，明确各部分人员责任，落实相关经费，保证农村垃圾处理、污水治理等相关设施的良好运行，增加垃圾分类试点，探索村庄综合保洁中心建设，加大保洁力度及范围，最终形成以政府为主，村集体与村民为辅的乡村卫生管护机制。

（3）开展了乡村文化培育行动

开展乡村文化培育行动主要为了使群众生态文明素质有所提高，建成农村生态文明新风尚。为加快生态文明建设，应当增加关于生态文明的知识教育宣传活动，鼓励广大村民改变传统的铺张浪费的不良习惯，养成保护环境，节约资源的生产、生活方式，树立健康的生活理念、低碳的农村生产模式，通过各项活动宣传以加强人民对于生态文明的理解，加深对可持续发展理念的认识，并结合具体的乡村实践地域特点构建适应性的生态文化体系。首先，重点对具有乡村特色的文化村落开展保护规划设计，以加快建成富有特色文化的村落。深入发掘富有历史感的古村落、古建筑、古树所富含的传统文化，积极维护包含民俗文化的历史遗迹，并在此基础上建设富含地域特色的文化村，有机结合具有悠久历史文化底蕴的传统文明和充满科技感的现代文明，以深入发掘特殊地域所具有的乡村文化中的生态思想，让生态文明建设融合在传统文化中传播，特色文化村成为传统文化，以及生态文明的交汇地。其次，生态文明宣传教育活动是必不可少的，充分运用网络等媒介加快宣传如何建设生态文明特色文化村，使生态文明思想更加切合乡村建设实际状况，以深入到群众内心，由此可以潜移默化地提高农民群众的生态文明素养。关于生态文明的知识宣传活动包括开展教育讨论主题周，知识技能培训和展览生态文明建设成果等，这些活动可以进一步传承乡村文化，树立健康和低碳生产生活、科学发展的生态文明新理念。再次，改变原有的生活方式，提倡农民绿色消费。加大力度开展生态文明建设活动，引导农民拥有正确的消费观。对于农村原有的殡葬文化进行改革，使生态葬法逐步推行。最后，积极推进制度建设保障建成和谐乡村。推行"村务监督委员会"制度，推进民主建设工作。最终建成以村党组织为核心的民主选举法治化，民主决策程序化，民主管理规范化，民主监督制度化的工作机制。听取农民的合理诉求，调节农村利益机制，化解农村矛盾纠纷，最终达到乡村和谐的目的。

# 三、乡村人居环境整治策略

实施乡村振兴战略是决胜全面建成小康社会的重大历史任务，改善乡村人居环境也是实施乡村振兴战略的重大任务。《乡村振兴战略（2018 - 2022 年）》中提到要持续改善农村人居环境，建设美丽宜居村庄，从农村垃圾、污水治理及村容村貌等方面采取行动，使农村人居环境质量得到全面提升。乡村人居环境好坏关乎乡村居民聚集程度及生产生活满意度的高低，这也直接关系到全面建成小康社会的进程。近年来，甘谷县已进行了一系列乡村人居环境建设行动，人居环境水平得到大幅度提升。但依旧存在一些突出问题，如基础设施不完备、污染防治工作不彻底、乡村人居环境保护意识不强等。因此，加大对村庄的整治力度，加强乡村人居环境污染防治工作及多渠道提高乡村人居环境保护意识刻不容缓。

## （一）着力解决乡村人居环境突出问题

近年来，国家相当重视乡村人居环境整治工作的推进，这对于乡村生产生活条件及村民民生福祉的提高有积极的促进作用，乡村人居环境整治取得巨大成效，一定程度上提升了农民生活的幸福感，但仍旧需要意识到新时代乡村人居环境整治提升工作依然存在许多突出问题，加大力度解决好垃圾治理、生活污水治理、厕所改造、乡村绿化等突出问题，才能进一步建成宜居宜业的美丽乡村。建设完善垃圾处理体系，可将乡村的垃圾统一运输至就近城镇进行无害化处理或各村庄分散处置。借鉴相关村庄垃圾处理先进经验，总结垃圾处理模式进一步推广。加大对乡村基础设施的投入力度，引入先进的设备等配套设施协助垃圾及污水处理工作的完成。对于厕所改造工作不能"一刀切"，要因地制宜结合村庄现状，采取相应措施解决农村改厕工程的推广，同时对厕所粪污进行统一处理，后期跟踪及维护服务须跟上，并赢得广大村民的理解与配合。

## （二）加大村庄综合整治力度

党的十八大以来，党中央始终坚持把解决好"三农"问题作为全党工作重中之重。加快从村容村貌、基础设施等方面推进农村人居环境整治提升行动，加大对乡村生态环境整治力度不仅能够解决"三农"问题，也是实现乡村振兴战略的重要任务。美丽乡村建设离不开村容村貌的整体提升改造，受历史原因及资源禀赋差异的影响，各个乡村都形成了独特的乡土特色和地域民族特点。加大力度在保留原始乡村风俗风貌基础上对农房进行统一设计改造，配合绿化景观，形成既美观又宜居的、具有乡村特色的科学村庄布局。加强对泥泞道路的硬化处理，合理设计道路通向，为村民出行提供便利。加强对乡村内公共区域的管理，严禁私搭乱建、杂物堆放等问题的出现，促进乡村环境卫生整治行动的顺利进行。完善村庄内照明设施，为村民提供良好的休憩娱乐环境，提升精神层面的满足感。

## （三）强化乡村环境污染防治工作

乡村环境关乎乡村振兴的进程，全面振兴乡村不光要经济繁荣，还要注重环境污染的防治工作。加强对乡村的污染防治工作，实地勘察发现农村中的黑臭水体，采用综合措施逐步消除"臭水沟、小水洼"。持续保障乡村居民饮水安全，划定饮用水保护区，将重要的饮用水水源进行严格保护，提升乡村水环境安全程度。减少塑料薄膜在田地的使用，减少化肥农药的用量，积极推广高效、低毒害、低残留的新型农药，大力推广科学合理的杂草、病虫综合防治技术，降低对土壤的污染程度。禁止秸秆焚烧或将秸秆直接推入河中等行为，以此降低对乡村生态环境造成的影响；加强绿化工作，减少地面扬尘给村民生活带来的影响。加强执法监督，以政策约束力、政府强制力、村民行动力为依托，逐步形成上下联动、协调配合的乡村环境污染防治工作格局。

## （四）提高乡村人居环境保护意识

随着社会的发展，社会主义进入新时代，现阶段我国社会的主要矛盾是人民日益增长的美好生活需要和不平衡不充分的发展之间的矛盾。乡村人居环境整治过程中也存在类似的问题，随着乡村振兴战略不断推广，建设社会主义新农村成为党中央统筹城乡发展，加快推进社会主义现代化进程的重大战略举措。建设新农村过程中离不开培养大批新型农民，新农民能够进一步加快新农村建设，新农村的建成能够更好地服务于新农民,满足新农民对美好生活的需要。但现阶段存在政府投入力度大,但村民参与程度不高的问题。为解决这一现状,进一步提高乡村人居环境保护意识,需进一步加强对乡村人居环境整治的宣传工作,例如,定期开展乡村人居环境整治培训工作,宣传乡村人居环境整治的重要性和必要性,在乡村张贴乡村人居环境整治海报、宣传标语等。必要时可增加激励政策,鼓励全体村民加入到乡村人居环境整治中来,提高村民的积极性。强化村委会的监督职能,以强制力对村民的行为起到规范作用,制定易于实施的村规,强化约束力。同时,还可以增设督察员、宣传员等职位,定期轮岗来促使更多的村民参与其中。这样一来,政府加大投入力度的同时,村民也能够积极响应,从而产生合力共同促进乡村人居环境整治工作的顺利开展。

# 参 考 文 献

[1] 陈有川,李鹏,马璇,杨婉婷. 基于乡镇地域单元的村庄人口空心化研究——以山东省六个乡镇为例 [J]. 现代城市研究,2018 (3):24-30.

[2] 杜岩,李世泰,秦伟山,胡宇娜. 基于乡村振兴战略的乡村人居环境质量评价与优化研究 [J]. 中国农业资源与区划,2021,1 (42):248-256.

[3] 冯健,叶竹. 空心村整治中的多元有机规划思路——河南邓州的实践探索 [J]. 城市发展研究,2017,24 (9):88-97.

[4] 高琼琼,张杰,王世金. 甘肃省黄土高原中部地区农村空心化问题实证研究——基于榆中县甘草店镇调查数据 [J]. 资源开发与市场,2016,32 (11):1357-1361+1371.

[5] 胡伟,冯长春,陈春. 农村人居环境优化系统研究 [J]. 城市发展研究,2006 (6):11-17.

[6] 贾小梅,董旭辉,于奇,王亚男. 我国农业农村污染治理与监管体系主要问题及对策建议 [J]. 中国环境管理,2019,11 (2):10-13+17.

[7] 李伯华,曾灿,窦银娣,刘沛林,陈驰. 基于"三生"空间的传统村落人居环境演变及驱动机制——以湖南江永县兰溪村为例 [J]. 地理科学进展,2018,37 (5):677-687.

[8] 李伯华,曾菊新,胡娟. 乡村人居环境研究进展与展望 [J]. 地理与地理信息科学,2008 (5):70-74.

[9] 李玉红,王皓. 中国人口空心村与实心村空间分布——来自第三次农业普查行政村抽样的证据 [J]. 中国农村经济,2020 (4):124-144.

[10] 刘建生,汪震,张韧,曹佳慧. 基于帕特南理论的空心村治理绩效评价——理论框架与指标体系构建 [J]. 中国土地科学,2018,32 (7):74-80.

[11] 刘泉,陈宇. 我国农村人居环境建设的标准体系研究 [J]. 城市发展研究,

2018, 25 (11): 30-36.

[12] 刘彦随, 刘玉, 翟荣新. 中国农村空心化的地理学研究与整治实践 [J]. 地理学报, 2009, 64 (10): 1193-1202.

[13] 刘彦随, 刘玉. 中国农村空心化问题研究的进展与展望 [J]. 地理研究, 2010, 29 (1): 35-42.

[14] 庞珺. 农村景观环境整治中的空心村问题 [J]. 山东农业大学学报 (自然科学版), 2017, 48 (6): 968-974.

[15] 彭震伟, 陆嘉. 基于城乡统筹的农村人居环境发展 [J]. 城市规划, 2009, 33 (5): 66-68.

[16] 任桐. 吉林省乡村人居环境建设困境与优化路径分析 [J]. 西北农林科技大学学报 (社会科学版), 2011, 11 (5): 67-70.

[17] 孙慧波, 赵霞. 中国农村人居环境质量评价及差异化治理策略 [J/OL]. 西安交通大学学报 (社会科学版), 2019: 1-11.

[18] 唐江桥, 尹峻. 改革开放40年来城镇化背景下农村生态环境问题探析 [J]. 现代经济探讨, 2018 (10): 104-109.

[19] 唐宁, 王成, 杜相佐. 重庆市乡村人居环境质量评价及其差异化优化调控 [J]. 经济地理, 2018, 38 (1): 160-165+173.

[20] 吴良镛. 人居环境科学导论 [M]. 北京: 中国建筑工业出版社, 2018.

[21] 吴唯佳, 吴良镛, 何兴华, 等. 人居科学与乡村治理 [J]. 城市规划, 2017, 41 (3): 103-108.

[22] 杨艳昭, 郭广猛. 基于GIS的内蒙古人居环境适宜性评价 [J]. 干旱区资源与环境, 2012, 26 (3): 9-16.

[23] 于法稳. 新型城镇化背景下农村生态治理的对策研究 [J]. 城市与环境研究, 2017 (2): 34-49.

[24] 周侃, 蔺雪芹, 申玉铭, 吴立军. 京郊新农村建设人居环境质量综合评价 [J]. 地理科学进展, 2011, 30 (3): 361-368.

[25] 朱彬, 张小林, 尹旭. 江苏省乡村人居环境质量评价及空间格局分析 [J]. 经济地理, 2015, 35 (3): 138-144.

[26] 曾菊新, 杨晴青, 刘亚晶, 赵纯凤, 李伯华. 国家重点生态功能区乡村人居环境演变及影响机制——以湖北省利川市为例 [J]. 人文地理, 2016, 31 (1): 81-88.

# 第五篇
# 乡村振兴差别化战略

# 第十五章

# 乡村振兴区划

我国乡村经济的发展基础、发展水平呈现较为明显的地带性和地区差异性，乡村发展的进程也呈现明显的阶段性、主体性差别，不同地区的乡村发展能力、潜力，以及未来发展路径也存在很大差异。农业区划是政府通过政策的手段促进农业发展的重要方式，可以有效弥补市场机制的不足，促进农村和农业科学高速和可持续发展。中华人民共和国成立以来，先后开展了 3 次大规模的全国农业区划工作，并取得了一定成效。以习近平同志为核心的党中央高度重视农业发展，实施乡村振兴战略应充分揭示我国乡村发展不平衡、不充分的区域规律特征，结合各地实际情况，因地制宜，分区分类施策，促进乡村现代化发展。

## 一、农 业 区 划

为了推动经济社会全面、科学和快速发展，我国在建立中长期发展规划的基础上，根据不同领域的需要和我国各区域的实际情况制定了农业区划、经济区划、都市圈区划及主体功能规划等规划和区划。这些规划和区划对促进地方经济发展起到了重要作用，对于优化城市布局、构建和谐优美的人居环境发挥了指导作用。

农业生产高度依赖于自然环境，是自然再生产和经济再生产两个过程相结合的结果，农业生产在地域空间上存在明显的区域分异规律，农业区划问题长期以来备受重视。农业区划是通过较为客观的自然、经济规律和地域的分异规律，以及当地的自然、经济和社会条件所进行的地域划分（张天佐，2008）。本质是在综合考虑不同地区农业生产条件和农产品生产消费、地区主体功能和地域特点，按照农业地域系统演化机制与分异规律进行分区的综合过程（刘彦随，2018）。农业区划基本内容包括农业自然条件区划、农业生产现状与社会经济条件的分析、农业各部门及各主要作物的专题调查和区划、农业技术改革的地区条件评价与区划、综合农业区划等（周立三，1981）。我国农业经济发展经历了自给自足的自然经济分工、半殖民地半封建时期的商品经济分工、建立在产品经济上的计划经济分工、社会主义市场经济分工几个阶段（周立三，1993），农业区划也相应发生变化。

## （一）农业区划的依据与理论基础

从农业的劳动对象和生产条件来看，光照、土地、水分等自然条件对农业发展有重要作用，农业区划首先要在掌握区域自然规律的前提下进行。有学者通过构建地貌形态、灌区类型、地表水与地下水水质、土壤类型、气象特征、农业种植结构、缺水程度及社会经济条件等组成的指标体系，进行节水农业区划（邓依萍，2008）；引入虚拟水的概念，把农产品生产所消耗的水资源数量作为农业区划的重要指标，并以我国黄淮海地区为例，进行了农业分区（靳雪，2011）。对农业区域布局和发展起决定作用的是经济规律、社会经济因素，以及人们的行为（肖俊城，1989），资源、制度和市场三重因素的约束阻碍了我国农业生产力布局由农业圈向地区专业化分工的方向发展，其中，农村土地制度变革又是根本原因（王朗玲，2003）；比较经济利益、技术变化对农业区域布局变迁有较大的影响，政策和规划要顺应相应条件的变化，进行农业空间结构的调整（黎泽林，2011）。在农业区划理论基础方面，主要包括农业地域分异规律、农业生产力配置理论、人地关系理论、农业生态经济理论和农业发展预测理论。其中，农业生产力配置理论对农业区划具有重要指导意义，包含劳动地域分工理论、农业区位论和社会主义有计划按比例发展规律（马忠玉，1991）；还有学者认为，区域经济理论和农业经济理论是区域农业规划的理论基石，可以构建以资源禀赋理论、产业结构理论、比较优势理论、农业调控理论为内容的"4R"链式理论框架来指导农业生产规划（李晓，2010）。总体来说，农业区划理论范围属于交叉学科，融合了地理、农业、经济等学科的理论。

## （二）农业区划研究

1936年著名的地理学家胡焕庸探讨了中国的农业区域，基于地区的气候、地形界线与农作物空间分布的关系机理，将全国划分为东北松辽区、黄河下游区、长江下游区、东南丘陵区、西南高原地区、黄土高原地区、漠南草原地区、蒙新宁干燥区、青藏高原区9个农业区（胡焕庸，1936）；基于农业生产地域特征，将全国分为北方区、南方区、西北区、青藏区4个一级区，并再分12个二级区、51个三级区、129个四级区（邓静中，1963）；从农业的多功能角度，以农业的农产品供给与就业、社会保障、文化、生态保障4个主要功能为分类依据进行农业区划研究（陶陶、罗其友，2004）；采用地图叠加法，依照区域功能组合和功能外部制约因素的相似性原则，根据农业的四大主要功能将全国划分为东、中、西和青藏 4 大农业功能区（罗其友等，2009）；针对已有农业区划目标、类型较为单一的问题，采用地理学综合区划方法，以土地、气候、生态规划等要素数据为依托提出 13 项多维指标体系，将宁夏划分为 7 大类一级区划和 24 个亚类。该方案是国家在明确提出主体功能区划后，首次实现了在省级单位以乡镇为基本单元进行区域划分（史文娇等，2015）。

从农业生态层面对农业生产空间布局、分区指导等进行了研究，从生态保障角度建立了包含农业资源、环境生态等 5 个支持系统的农业可持续发展的指标体系，运用资产负债评估法，将全国划分为 9 个一级农业发展地区和 22 个二级农业发展副区（许学工等，2002）；基于生态文明的视角，对农业资源和农业区划的实施提出建议，要优化农业生产空间、加强土地整理、改变粗放的农业生产方式、保护农村生态环境，创新农业区划的体制和机制（谷树忠，2013）；以生态农业区划为原则，利用层次分析法将东北地区分为 6 大生态农业区和 14 个二级生态区（陈晓红等，2012）。

立足实施乡村振兴战略，刘彦随（2018）从农业地域分异及现代农业区划层面，构建了"四化"协调发展背景下农业区划研究的理论框架，运用聚类分析和定性评判的研究方法，制定了全国现代农业区划方案，将全国分为 15 个农业一级区、53 个二级区，即东北山地丘陵区、东北平原区、京津冀鲁平原与山地丘陵区、黄淮平原区、长江中下游平原区、东南沿海丘陵区、江南丘陵区、内蒙古高原区、黄土高原区、四川盆地区、云贵高原区、华南热作区、甘新沙漠高原区、青藏高原区 15 个农业一级区。实施乡村振兴战略要做到分类推进、精准施策、规划先行，有学者以中国 99 个美丽乡村示范村为代表，分析指出生计资源、工业基础、区位交通、文化、生态环境及市场需求等资源要素是乡村发展的重要禀赋基础，通过构建乡村振兴诊断体系，将乡村发展类型分为优先振兴型、预备振兴型、保留维持型及衰落搬迁型（谢臻等，2019）；已有学者从"人口—土地—产业"视角构建城乡转型评价指标体系，根据城乡转型的发展轨迹进行功能分区，将乡村振兴划分为 4 种模式，即主导转型区的乡村振兴模式，包含城郊多功能农业发展模式、都市近郊乡村旅游拉动模式；核心转型区的乡村振兴模式，包含农村电商助力模式、土地整治带动模式、田园综合体发展模式；潜在转型区的乡村振兴模式，包含工业企业驱动模式、农业产业化带动模式、生态文化旅游发展模式；限制转型区的乡村振兴模式，包含"特色生态农业发展模式、易地搬迁 +"发展模式（杨园园等，2019）。

## （三）全国农业区划

在 1955 年，国家发布的《中国农业区划初步意见》将全国划分为 6 个大农业地带和 16 个农业区。1962 年，国家发布的《全国农业现状区划》将全国划分为 4 个一级区，12 个二级区，51 个三级区，129 个四级区，如表 15 - 1 所示。主要划分的依据包括土地利用和农业生产的现实特点，农业生产发展的自然经济条件，兼顾农业的发展方向。一级区和二级区代表我国领土上最基本的农业地域分异特征，各地区农业生产的总特征在较长的发展过程中具有较大的稳定性。三级、四级区主要反映农作物组合或者牲畜组合、种植方式或者放牧方式、生产水平，以及农林牧业生产中的关键问题等方面的共同性和差别性（邓静中，1963）。

表 15 - 1　　　　　　　　　　1962 年《全国农业现状区划》

| 一级区 | 二级区 |
| --- | --- |
| 北方旱地农业和养畜业区 | 东北一年一熟旱地农业和林业区 |
| | 内蒙古陇中一年一熟旱地农业和放牧业区 |
| | 华北二年三熟旱地农业区 |
| 南方水田农业和亚热带、热带经济林区 | 华东华中一年两熟水田农业和亚热带经济林区 |
| | 西南高地盆地一年两熟水田农业林业区 |
| | 华南滇南一年三熟水田农业与热带经济林区 |
| 西北旱地灌溉农业和放牧业区 | 内蒙古西部宁夏河西一年一熟灌溉农业及荒漠草原牧业区 |
| | 北疆天山一年一熟灌溉农及山地草原放牧业区 |
| | 南疆复种灌溉农业区 |
| 青藏高寒农业和放牧业区 | 藏北高寒放牧业区 |
| | 青藏高原农牧交错区 |
| | 西藏高原东南暖湿农林区 |

资料来源：根据"邓静中. 全国农业现状区划的初步探讨 [J]. 地理学报，1963，29（4）：265 - 280."整理所得。

20 世纪 80 年代编制的《中国综合农业区划》将我国划分为 10 个一级农业区（东北区、内蒙古长城沿线区、黄淮海区、黄土高原区、长江中下游区、西南区、华南区、甘新区、青藏区、海洋水产区）和 38 个二级农业区，其中一级农业区主要反映农业生产的最基本地域差异和各区地域特点，二级农业区反映农业生产方向、条件和问题等。该区划结合我国农业资源和结构布局、空间分布等特点，对我国农业区域进行了较为全面的划分，并为以后的区域划分打下了良好的基础，如表 15 - 2 所示。

表 15－2　　　　　　　　　　　　20 世纪 80 年代中国综合农业区划

| 一级农业区 | 概况 | 二级农业区 |
|---|---|---|
| 东北区 | 包括黑龙江省、吉林省、辽宁省（朝阳地区除外）3 省及内蒙古自治区东北部大兴安岭地区共 181 个县（市、旗）。土地辽阔，分布大量国营农场，是我国玉米、大豆、水稻等粮食生产基地，是人均粮食最多的地区，是我国最大的甜菜、亚麻、向日葵等经济作物产区，是国家天然林区，西部草原是国家畜牧业生产基地 | 大兴安岭林区<br>松嫩三江平原农业区<br>长白山地林业区<br>辽宁省平原丘陵农林区 |
| 内蒙古自治区及长城沿线区 | 包括蒙、辽、冀、晋、陕、宁长城沿线及北京市延庆的 130 个县（区、旗）。属半湿润向半干旱及干旱地区过渡的地带，是农业向畜牧业过渡的农牧交错地带；主要种植各种旱杂粮、耐寒油料及甜菜；是全国生态平衡严重失调地区之一 | 内蒙古自治区北部牧区<br>内蒙古自治区中南部牧农区<br>长城沿线农牧林区 |
| 黄淮海区 | 包括京、津、冀、鲁、豫全部，皖北、苏北的 375 个县（市）。我国最大的冲积平原，春旱、夏涝常在年内交替出现，农业历史悠久，一年两熟到两年三熟，是全国的小麦、花生、芝麻生产基地，是国家粮、棉、经济作物生产基地和畜牧业生产基地 | 燕山太行山山麓平原农业区<br>冀鲁豫低洼平原农业区<br>黄淮平原农业区<br>山东丘陵农林区 |
| 黄土高原区 | 包括冀、晋、豫、陕、甘、青、宁的 227 个县（市）。春旱严重，夏雨集中，长期滥垦滥伐造成水土流失。长城以南、南盘山以东大部分地区农作物可以复种，山西省、陕西省的汾渭谷地中小麦、棉花的集中产区，大部分地区坡耕地种抗旱耐瘠的谷子等 | 晋东豫西丘陵山地农林牧区<br>汾渭谷地农业区<br>晋陕甘黄土丘陵沟谷农牧林区<br>陇中青东丘陵农牧区 |
| 长江中下游区 | 包括豫、苏、皖、鄂、湘、沪、浙、赣、闽、粤、桂的 544 个县（市）。平原约占 1/4，丘陵山地占 3/4，水网密布，湖泊众多，淡水水域面积占全国的一半，气候温暖湿润，农作物可以一年二熟或三熟，是我国粮、棉、油菜籽生产基地和经济林木的生产基地 | 长江中下游平原丘陵农牧水产区<br>鄂豫皖低山平原农林区<br>长江中游平原农业水产区<br>江南丘陵山地农林区<br>浙闽丘陵山地林农区<br>南岭丘陵山地林农区 |
| 西南区 | 包括陕、甘、川、云、贵、鄂、湘、桂的 432 个县（市）。丘陵、山地和高原面积占全区 95%，水热条件较好而光照条件较差，是粮、油、蔗、烟、茶、柑橘、蚕丝和猪、牛、羊生产基地 | 秦岭大巴山林农区<br>四川盆地农林区<br>川鄂湘黔边境山地林农区<br>黔桂高原山地林农牧区<br>川滇高原山地农林牧区 |
| 华南区 | 包括闽、粤、桂、滇的 191 个县（市），是我国唯一适宜发展热带作物的地区。高温多雨，水热资源为全国之冠，生物资源丰富，夏秋台风和冬季寒潮对水稻、橡胶等造成危害。近 90% 的面积为丘陵山地，宜农的平原盆地有限，森林覆盖率在 30% 以上。是橡胶的唯一产区，也是重要的水产品和蚕丝生产基地 | 闽南粤中农林水产区<br>粤西桂南农林区<br>滇南农林区<br>琼雷及海南诸岛区 |
| 甘新区 | 包括新、甘、宁、蒙的 131 个县（市、旗）。大部属干旱荒漠气候，光照资源丰富，温差大，年降水量不能满足农作物最低限度水分需求。绿洲小麦、棉花、蔬菜、果树品质优越，95% 以上是牧场，产草量不高，是绵羊、绒山羊和牦牛生产基地 | 宁蒙甘农牧区<br>北疆农牧林区<br>南疆农牧区 |

续表

| 一级农业区 | 概况 | 二级农业区 |
|---|---|---|
| 青藏区 | 包括青藏高原的青、藏、甘、川、滇的146个县（市）。大部分地区海拔高，热量不足，宜放牧，种植小麦、青稞、油菜和豌豆等作物，是我国重要的牧区和林区 | 藏南农牧区 |
| | | 川藏林农牧区 |
| | | 青甘牧农区 |
| | | 青藏高寒牧区 |
| 海洋水产区 | 渤海、黄海、东海、南海四大海域面积472.7万平方千米 | 浅海滩涂养殖渔业区 |
| | | 海洋捕捞渔业区 |

资料来源：全国农业资源区划办公室，等. 中国农业资源区划30年［M］. 北京：中国农业科学技术出版社，2011.

## （四）全国农村农业区域布局

我国地域辽阔，农村农业发展区域差异显著，尊重地域分异规律，因地制宜，分区分类早已成为农村农业发展布局的重要原则。改革开放以来，为了顺应开放态势，适应国际国内形势，满足城乡居民农产品需求，促进农业可持续发展，我国进行了粮食蔬菜、农业可持续发展、现代农业发展等规划和区域布局，为乡村振兴规划及区划奠定了基础。

### 1. 优势农产品区域布局

为适应加入世界贸易组织WTO的新状态、新形势，加快我国的农业区域布局调整，建设优势农产品产业带，增强农产品竞争力，以及农业增效和农民增收，农业部研究并组织编制了《优势农产品区域布局规划（2003—2007）》。规划以资源条件好、生产规模大、市场区位优、产业化基础强、环境质量佳为主要依据，确定了11种优势农产品及其优势区域布局（见表15-3）。

表15-3　　　　　　　全国优势农产品区域布局（2003~2007年）

| 优势农产品 | 优势区域 |
|---|---|
| 专用小麦 | 重点建设黄淮海、长江下游和大兴安岭沿麓等3个专用小麦带 |
| 专用玉米 | 重点建设东北—内蒙古专用玉米优势区和黄淮海专用玉米优势区 |
| 高油大豆 | 重点建设东北高油大豆带，主要抓好松嫩平原、三江平原、吉林省中部、辽河平原、内蒙古自治区东四盟市5个优势产区 |
| 棉花 | 在黄河流域棉区、长江流域棉区、西北内陆棉区重点建设120个棉花生产基地 |
| "双低"油菜 | 重点建设长江上游区、中游区和下游区3个"双低"油菜优势区 |

续表

| 优势农产品 | 优势区域 |
| --- | --- |
| "双高"甘蔗 | 重点建设桂中南、滇西南、粤西3个"双高"甘蔗优势产区 |
| 柑橘 | 重点建设长江上中游、赣南湘南桂北和浙南闽西粤东三大优势产区 |
| 苹果 | 重点扶持和发展渤海湾、西北黄土高原2个苹果优势区 |
| 肉牛肉羊 | 重点建设中原、东北2个肉牛优势产区，建设中原、内蒙古自治区中东部及河北省北部、西北和西南4个肉羊优势产区 |
| 牛奶 | 重点发展东北、华北及京津沪3个牛奶优势产区 |
| 水产品 | 优先发展东南沿海、黄渤海出口水产品优势养殖带和长江中下游出口河蟹优势养殖区 |

资料来源：①农业部．优势农产品区域布局规划（2003—2007）［EB/OL］．http：//www. moa. gov. cn/ztzl/ysncpqybjgh/200302/t20030212_54322. htm. 2003－2－12.

②农业部．关于印发《优势农产品区域布局规划（2003—2007年）》的通知［EB/OL］．http：//www. moa. gov. cn/nybgb/2003/dyq/201806/t20180624_6153079. htm. 2003－10－20.


### 2. 蔬菜产业发展规划

蔬菜是城乡居民生活必不可少的重要农产品，对于增加农村居民收入、促进城乡居民就业具有重要意义，保障蔬菜供给是重大的民生问题。《蔬菜产业发展规划（2011—2020）》在分析蔬菜产业发展现状的基础上，针对大中城市蔬菜需求，划定了产业优势区域，选定了产业发展重点县580个。

全国36个大城市（包括直辖市、计划单列市、省会城市等），发挥区位、技术和市场优势，合理进行生产布局，划定了六大优势区域。①华南与西南热区冬春蔬菜，包括7个省（区），分布在琼、粤、桂、闽和滇南、黔南以及川西地区，布局94个蔬菜产业重点县（市、区）；②长江流域的冬季和春季蔬菜，包括9个省（市），分布在川、渝、赣、湘、鄂、浙、沪和苏中南、皖南，共计149个蔬菜产业重点县（市、区）；③黄土高原夏秋蔬菜，包括7个省（区），分布在陕西省、甘肃省、宁夏回族自治区、青海省、西藏自治区、山西省及河北省北部地区，共有54个蔬菜产业重点县（市、区）；④云贵高原夏季和秋季蔬菜，包括5个省（市），分布在滇、黔和鄂西、湘西、渝东南与渝东北地区，共有38个蔬菜产业重点县（市、区）；⑤北部高纬度夏季和秋季蔬菜，包括4个省（区），分布在吉、黑、内蒙古、新和新疆生产建设兵团，共有41个蔬菜产业重点县（市、区）；⑥黄淮海与环渤海的设施蔬菜基地，包括8个省（市），分布在辽、京、津、冀、鲁、豫及皖中北部、苏北地区，共有204个蔬菜产业的重点县（市、区）。同时，还优化布局了"露地蔬菜产业重点县""设施蔬菜产业重点县""特殊地区蔬菜产业重点县"。

为促进设施蔬菜稳定发展，更好满足城乡居民蔬菜需求，促进农民增收，适应我国南北方气候差异，需要利用日光温室、塑料拱棚、遮阳棚等设施创造适宜蔬菜生长的环境条件，2015 年 1 月，农业部制定印发了《全国设施蔬菜重点区域发展规划（2015—2020 年）》，对黄淮海、环渤海、长江中下游、西北地区等重点区域适度扩展设施蔬菜生产进行规划，东北温带地区主要以当地市场为主，兼顾东欧和东北亚市场，主栽瓜果类、豆类及芹菜、韭菜等；黄淮海及环渤海暖温区主要以当地、三北地区及长江流域冬春淡季市场为主，主栽瓜果、豆类、油菜、番茄、辣椒及叶菜等；西北温带干旱及青藏高寒区主要以本区域市场为主，兼顾发展独联体国家市场，主栽瓜果、豆类、花椰菜、油菜及果菜、叶菜等；长江流域亚热带多雨区主要以当地及周边市场为主、适度出口东南亚市场，主栽瓜果、豆类及叶菜、喜温果菜等；华南热岛多雨区主要以当地市场为主，适当供应长江流域和三北地区市场，部分出口东南亚市场，主栽瓜果、豆类、叶菜等。

### 3. 全国农业可持续发展规划

为了充分推动农业的可持续发展，针对全国各地农业的可持续发展面临的问题，综合考虑各地农业资源的承载能力、环境容量、生态类型和发展基础等因素，重点围绕如何优化发展布局、保护耕地资源、节约高效用水、治理环境污染、修复农业生态任务，农业部联合国家发展和改革委等七大部委印发了《全国农业可持续发展规划（2015—2030 年）》。

《全国农业可持续发展规划（2015—2030 年）》将全国划分为优化发展地区、适度发展地区和保护发展地区，并按照因地制宜、梯次推进、分类施策的原则，确定不同地区区域的农业可持续发展方向和重点。优化发展区包括东北地区、黄淮海地区、长江中下游地区和华南地区，是我国大宗的农产品主产区，但存在过度利用和生态环境问题，在确保粮食等主要农产品的综合生产能力稳步提高前提下，保护好农业资源和生态环境；适度发展区包括西北及长城沿线区、西南地区，农业生产特色鲜明，但资源环境承载力有限，农业基础设施相对薄弱，要坚持保护与发展并重，适度挖掘潜力、集约节约、有序利用，提高资源利用率；保护发展区包括青藏区和海洋渔业区，特色农业资源丰富，但生态十分脆弱，要坚持保护优先、限制开发，适度发展生态产业和特色产业，促进生态系统良性循环，保障生态保护与建设的特殊重要的战略地位。

### 4. 全国现代农业发展规划

为贯彻落实全国"十三五"规划，大力推进农业现代化，国务院 2016 年 10 月印发了《全国农业现代化规划（2016—2020 年）》。规划提出协调农业发展优惠政策，不断推动促进农业的均衡发展，加快形成内部的协调、将经济社会发展水平和资源环境的承载力相适应，合理农业产业布局，促进农业现代化水平整体跃升。在促进区域农业统筹发展中，将我国分为优化发展地区、适度发展地区、保护发展地区三大区域。

优化发展地区包括东北区、华北区、长江中下游区、华南区，主要是水土资源匹配较好，要着力提升重要农产品生产能力，壮大区域特色产业，是率先实现农业现代化的主战场；适度发展地区包括西北区、北方农牧交错区、西南区，需要加大力度解决区域农业的资源环境突出问题，重点加快调整地区农业结构，发展资源消耗相对少的绿色有机农业，限制资源消耗较大的产业规模，稳步推进农业现代化；保护发展地区包括青藏区、海洋渔业区，区域生态脆弱、环境容量小，重点要保护生态系统，划定生态保护红线，明确禁止类产业，加大生态建设和环境设施建设力度，提升可持续发展水平。

### 5. 全国农业资源与生态环境保护规划

为贯彻加强生态文明建设、推动绿色发展的决策部署，切实加强农业资源与生态环境保护，针对我国部分区域耕地质量退化问题依然突出、草原生态环境依然脆弱、外来入侵生物蔓延的态势依然存在、渔业物种资源保护形势依然严峻、农业面源污染依然突出、农业湿地侵占破坏问题依然严重等问题，农业部2016年12月编制出台了《全国农业资源与生态环境保护规划（2016—2020年）》。

《全国农业资源与生态环境保护规划（2016—2020年）》将全国分为7个重点区域：①东北黑土区，包括黑龙江省、吉林省、辽宁省和内蒙古自治区东北部平原及周边部分丘陵漫岗区，耕地受到侵蚀、有机质含量下降、理化性状变差、农田生态功能退化，重点提高黑土地有机质含量和蓄水保墒能力。②南方耕地污染区，主要包括湖北省、湖南省、江西省、广西壮族自治区、云南省、贵州省、四川省、广东省等省区的相关县市，镉砷等重金属污染问题突出，污染范围广，治理难度大、成本高，重点是加强重金属污染源头防治，开展污染土壤治理。③京津冀地下水超采区，主要包括北京市、天津市、河北省及周边省份部分县市，人均水资源低，地下水超采问题严重，要严格执行最严格的水资源管理制度，提高水资源利用效率。④北方农牧交错带，主要包括河北省、山西省、内蒙古自治区、辽宁省、陕西省、甘肃省和宁夏回族自治区等省区部分县市，农进牧退、水资源过度开发，生态环境问题越来越突出，要构建农林牧复合、草果田契合、一二三产融合的产业新体系。⑤西北旱作农业区，主要包括内蒙古自治区、山西省、陕西省、甘肃省、青海省、宁夏回族自治区和新疆维吾尔自治区等省区，水资源供需矛盾日益凸显，资源型缺水和工程性缺水并存，生态系统依然脆弱，重点发展旱作节水农业和雨养农业。⑥西南石漠化区，主要包括湖南省、湖北省、广西壮族自治区、广东省、重庆市、四川省、云南省、贵州省等省区的部分县市，水土流失严重，地表呈现石质化的土地退化现象，生态系统脆弱，重点强化林草植被保护和恢复。⑦草原生态治理地区，主要包括冀、晋、内蒙古、辽、吉、黑、皖、赣、鄂、湘、粤、桂、渝、川、贵、滇、藏、陕、甘、青、宁、新等省区，草原保护与发展的矛盾较为突出，草畜之间不平衡，灾害不断发生，植被退化严重，生态系统脆弱，如何构建草原保护制度体系，加快生态保护建设成为工作重点。

## （五）全国主体功能区及国土规划

为了明确我国的未来国土空间开发的主要目标和战略格局，2010 年 12 月，国务院印发了《全国主体功能区规划》，2011 年，将主体功能区战略上升成为国家战略，分为城市化地区、农产品主产区和生态功能区三大部分。2017 年，国务院印发实施《全国国土规划纲要（2016—2030 年）》，提出要优化现代农业生产布局，进一步夯实农业基础地位。我国国土空间按开发方式分为优化开发区域、重点开发区域、限制开发区域和禁止开发区域，规划中按开发内容分为城市化地区、农产品主产区和重点生态功能区。其中，限制开发区、禁止开发区主要分布在农产品主产区和生态功能区，农产品主产区和重点生态功能区以农业生产为主体，提供农产品、生态产品和部分服务、工业产品，国家根据分区的不同，对农产品主产区主要支持其增强农业综合生产能力，对生态功能区主要支持其保护和修复生态环境。在推进形成主体功能区时，要处理好与农业发展的关系，切实保护耕地，集中各种资源发展现代农业，提高农业综合生产能力。

2017 年 1 月，国务院印发的《全国国土规划纲要（2016—2030 年）》中提出，要立足区域资源环境禀赋，发挥比较优势，确定不同区域发展定位、开发重点、保护内容和整治任务，推动重点地区加快发展，扶持老少边贫地区跨越发展，支持资源型地区转型发展，优化现代农业生产布局。要进一步夯实农业的基础地位，在确保谷类农作物基本自给、口粮绝对安全的前提下，大力发展本区域的优势农业，基本形成与市场需求相适应、与资源禀赋相匹配的现代农业生产结构和区域布局，保障农产品生产的空间，不断提升地区的优势农产品生产能力，全面提高农业现代化水平。一是大力建设粮食的主产区，全面提高粮食主产区的综合生产能力，优先支持粮食主产区农产品加工产业的发展，促进粮食就地转化，增强农业综合生产能力。主要包括：东北地区、黄淮海平原地区、长江经济带地区、西北地区、西南地区、东南沿海地区、华南地区。二是着力建设非粮农作物优势区，以内蒙古自治区中东部、京津冀和黄淮海平原、长三角地区、黄土高原、西南地区、西北地区及华南和东南沿海为主体，建设非粮作物优势区。三是巩固提升畜牧产品优势区，以东北及内蒙古自治区、华南地区、西北地区、西南地区、黄淮海平原及长江流域为主体，建设畜牧产品优势区。四是加快培育水产品优势区。以东南沿海、黄渤海、长江中下游等养殖优势区为中心，充分发挥区域水资源和水环境优势，建设形成产品优势明显、产业规模较大、国际竞争力显著的水产品优势区。

　　为促进全国国土空间可持续发展，将主体功能区规划、土地利用规划、城乡规划等空间规划融合为统一的国土空间规划，实现"多规合一"。2019 年 5 月国务院印发了《关于建立国土空间规划体系并监督实施的若干意见》，其中，强调以国土空间规划为主要依据，对所有国土空间分区分类实施用途管制。

## （六）乡村振兴发展分类

党的十九大提出，实施乡村振兴发展战略，深刻把握我国现代化建设规律和城乡关系变化特征，根据《中共中央、国务院关于实施乡村振兴战略的意见》，中共中央、国务院印发了《乡村振兴战略规划（2018—2022 年）》。

《乡村振兴战略规划（2018—2022 年）》明确了"坚持因地制宜、循序渐进"的基本原则，要科学把握乡村的差异性和发展走势分化特征，注重分类施策、突出重点，体现特色、丰富多彩。其中，按照主体功能定位，开展资源环境的承载能力和国土空间开发适宜性评价，科学划定生态、农业、城镇等空间，对国土空间进行科学的总体布局。合理划定粮食生产功能区、重要农产品生产保护区和特色农产品优势区，合理划定养殖业适养、限养、禁养区域，统筹推进农业产业园、科技园、创业园等各类园区建设。深入研究村庄发展规律和演变趋势，根据不同村庄的发展现状、区位条件、资源禀赋等进行乡村发展分类，按照集聚提升、融入城镇、特色保护、搬迁撤并的分类思路推进乡村振兴。

# 二、乡村发展能力空间格局

我国乡村的发展水平差距十分明显，不仅乡村经济发展基础与水平表现出明显的地带性和地区差异性，乡村发展进程也具有明显的阶段性、主体性差别，乡村的发展能力和潜力，以及各地乡村未来发展的路径也存在很大差异。建立一套科学有效的评价体系来综合衡量不同区域的乡村发展能力，并结合区域经济及地方特色进行乡村振兴分类，对于分类推进、精准施策实施乡村振兴战略具有重要意义。

## （一）乡村发展能力评价方法

基于我国乡村分布广泛，在地理位置方面跨度较大，以及发展情况存在较大差异的实际情况，为了更好地研究我国乡村发展的地域特点，必须构建一套合理的指标体系，通过具体的数据分析，对我国各省市乡村发展能力进行评价，同时综合考虑各地乡村的实际情况，才能得出科学有效、切实可行的乡村振兴路径。

### 1. 评价指标体系构建

构建评价指标体系、定量刻画发展能力有助于精细解读乡村发展能力结构、揭示乡村发展能力演化规律。乡村发展能力主要涉及外源驱动和内生响应两个层面，具体包括：城镇化驱动及响应、工业化驱动及响应、农业现代化驱动及响应三个方面。

在实施乡村振兴战略的新时代，按照产业兴旺、生态宜居、乡风文明、治理有效、生活富裕的总要求，加强城乡融合和产业融合发展，有效开发乡村的生产、生活、生态、文化等多种功能，提高乡村治理能力，推进农业农村现代化。从驱动力来看，城乡融合发展需要城镇化驱动、工业化驱动，乡村产业兴旺需要农业现代化驱动，城市支持乡村及乡村产业发展才能促进生态宜居、乡风文明和治理有效，也才能促进农民增收、实现生活富裕。对此，鉴于科学合理性、简单可操作性等原则，城镇化驱动选择城镇化率和农村居民家庭经营耕地面积指标反映，城镇化对乡村发展的正向作用主要表现为农业市场规模变化，乡村内生响应主要表现为人均耕地面积规模变化；工业化驱动及响应选择第二产业增加值占比和地均农业机械总动力指标反映，工业化对乡村发展的正向作用主要表现为农业技术条件变化，乡村内生响应主要表现为农业装备水平变化；农业现代化驱动及响应选择农林牧渔业从业人员及占比和农林牧渔服务业增加值占比指标反映，农业现代化对乡村发展的正向作用主要表现为农业市场水平变化，乡村内生响应主要表现为农村市场水平变化。乡村发展能力指标体系分为外源驱动能力、内生响应能力两个子系统层，遴选指标设置指标层，如表15-4所示。

表15-4 乡村发展能力指标选择及评价体系

| 系统层 | 系统层 | 指标层 | 指标性质 | 指标释义 |
|---|---|---|---|---|
| 乡村发展能力 | 外源驱动能力 | 城镇化率（%） | + | 城镇化率=城镇人口数/常住人口总数 |
| | | 第二产业增加值占比（%） | + | 第二产业增加值占比=第二产业增加值/地区生产总值 |
| | 内生响应能力 | 农林牧渔业从业人员占比（%） | + | 农林牧渔业人员占比=农林牧渔业人员数/乡村从业人员总数 |
| | | 农村人均耕地面积（亩/人） | + | 农村居民家庭经营耕地面积 |
| | | 地均农业机械动力（千瓦/公顷） | + | 地均农业机械动力=农业机械总动力/农村耕地面积 |
| | | 农林牧渔服务业增加值占比（%） | + | 农林牧渔服务业增加值占比=农林牧渔服务业增加值/第一产业增加值 |

资料来源：笔者根据资料整理所得。

### 2. 研究方法

本研究以省为基本评价单元,选取 2008～2017 年全国 31 个省(市、自治区)的 1860 个面板数据,运用熵权法确定各指标权重,计算综合得分进行乡村发展能力测度,分析全国各省(市、自治区)乡村发展能力分异,乡村发展能力指标体系如表 15-4 所示。熵权法兼具指标赋权客观和系统结构"透明"等优势,为乡村发展能力测度及分析提供了有效工具。本研究原始数据指标主要来源于《中国统计年鉴(2008—2017)》及国家统计局官网分地区数据库。具体步骤如下:

(1)数据标准化

采用线性比例法对 2008～2017 年全国各省市自治区 6 项指标进行标准化处理,公式为:

$$X'_{ijs} = \frac{X_{ijs}}{X_{\max}} \tag{15.1}$$

$Y_{ijs}$ 为第 $i$ 年省市 $s$ 的第 $j$ 个指标值,$X'_{ijs}$ 为 $X_{ijs}$ 标准化处理后的值。

$$Y_{ij} = \frac{X'_{ij}}{\sum_{i=1}^{m} X'_{ij}} \ (0 \leqslant Y_{ij} \leqslant 1) \tag{15.2}$$

$Y_{ij}$ 为第 $j$ 项指标下第 $i$ 年该省市指标值的比重。

(2)利用信息熵进行权重处理,主要包括以下几个步骤

计算第 $i$ 年第 $j$ 项指标的信息熵 $E_j$,其公式为:

$$E_j = -k \cdot \sum_{i=1}^{m} Y_{ij} \cdot \ln Y_{ij} \tag{15.3}$$

令 $k = 1/\ln m$,则 $0 \leqslant E_j \leqslant 1$。

计算第 $j$ 项指标差异系数 $H_j$,其公式为:

$$H_j = 1 - E_j \tag{15.4}$$

对指标差异系数 $H_j$ 进行归一化处理,得到各指标权重 $W_j$,其公式为:

$$W_j = \frac{H_j}{\sum_{j=1}^{n} H_j} \tag{15.5}$$

计算第 $s$ 个省市第 $i$ 年的乡村发展能力指数 $Z_i$,公式为:

$$Z_i = \sum_{j=1}^{6} Y_{ij} \cdot W_j \tag{15.6}$$

根据上述运算过程可测算出 2008～2017 年 31 个样本区域历年乡村发展能力指数(见表 15-5),通过该指数 $Z_i$ 将全国 31 个省(区、市)乡村发展能力进行时空分异比较。

表 15 – 5                                全国各省（区、市）乡村发展能力指数

| 省（区、市） | 2008 年 | 2009 年 | 2010 年 | 2011 年 | 2012 年 | 2013 年 | 2014 年 | 2015 年 | 2016 年 | 2017 年 |
|---|---|---|---|---|---|---|---|---|---|---|
| 北京市 | 0.07 | 0.07 | 0.09 | 0.09 | 0.10 | 0.11 | 0.12 | 0.12 | 0.12 | 0.12 |
| 天津市 | 0.09 | 0.09 | 0.02 | 0.10 | 0.11 | 0.11 | 0.11 | 0.12 | 0.12 | 0.12 |
| 河北省 | 0.09 | 0.09 | 0.10 | 0.10 | 0.10 | 0.10 | 0.10 | 0.10 | 0.10 | 0.10 |
| 山西省 | 0.07 | 0.07 | 0.11 | 0.11 | 0.11 | 0.11 | 0.11 | 0.10 | 0.10 | 0.10 |
| 内蒙古自治区 | 0.10 | 0.10 | 0.11 | 0.11 | 0.10 | 0.10 | 0.10 | 0.10 | 0.09 | 0.09 |
| 辽宁省 | 0.09 | 0.09 | 0.10 | 0.11 | 0.11 | 0.11 | 0.10 | 0.10 | 0.10 | 0.10 |
| 吉林省 | 0.12 | 0.11 | 0.12 | 0.11 | 0.10 | 0.10 | 0.09 | 0.09 | 0.08 | 0.08 |
| 黑龙江省 | 0.09 | 0.10 | 0.10 | 0.10 | 0.10 | 0.10 | 0.10 | 0.10 | 0.10 | 0.10 |
| 上海市 | 0.09 | 0.09 | 0.09 | 0.10 | 0.10 | 0.11 | 0.10 | 0.10 | 0.10 | 0.11 |
| 江苏省 | 0.11 | 0.10 | 0.10 | 0.10 | 0.10 | 0.10 | 0.10 | 0.10 | 0.09 | 0.09 |
| 浙江省 | 0.09 | 0.09 | 0.09 | 0.10 | 0.10 | 0.26 | 0.10 | 0.11 | 0.11 | 0.11 |
| 安徽省 | 0.11 | 0.11 | 0.11 | 0.10 | 0.10 | 0.10 | 0.10 | 0.09 | 0.09 | 0.09 |
| 福建省 | 0.10 | 0.10 | 0.10 | 0.10 | 0.10 | 0.10 | 0.10 | 0.11 | 0.10 | 0.10 |
| 江西省 | 0.08 | 0.08 | 0.08 | 0.08 | 0.08 | 0.12 | 0.14 | 0.13 | 0.11 | 0.10 |
| 山东省 | 0.09 | 0.09 | 0.10 | 0.10 | 0.10 | 0.10 | 0.10 | 0.10 | 0.10 | 0.10 |
| 河南省 | 0.10 | 0.10 | 0.10 | 0.10 | 0.10 | 0.10 | 0.10 | 0.10 | 0.10 | 0.09 |
| 湖北省 | 0.11 | 0.10 | 0.11 | 0.11 | 0.10 | 0.10 | 0.10 | 0.09 | 0.09 | 0.09 |
| 湖南省 | 0.11 | 0.11 | 0.11 | 0.11 | 0.10 | 0.10 | 0.10 | 0.09 | 0.09 | 0.08 |
| 广东省 | 0.10 | 0.10 | 0.10 | 0.10 | 0.10 | 0.10 | 0.10 | 0.11 | 0.10 | 0.09 |
| 广西壮族自治区 | 0.14 | 0.13 | 0.13 | 0.12 | 0.11 | 0.09 | 0.08 | 0.07 | 0.07 | 0.06 |
| 海南省 | 0.09 | 0.09 | 0.09 | 0.09 | 0.09 | 0.09 | 0.09 | 0.13 | 0.12 | 0.11 |
| 重庆市 | 0.11 | 0.10 | 0.10 | 0.10 | 0.10 | 0.10 | 0.10 | 0.10 | 0.09 | 0.09 |
| 四川省 | 0.11 | 0.11 | 0.11 | 0.11 | 0.11 | 0.10 | 0.10 | 0.09 | 0.09 | 0.08 |
| 贵州省 | 0.11 | 0.11 | 0.12 | 0.11 | 0.10 | 0.10 | 0.09 | 0.09 | 0.08 | 0.08 |
| 云南省 | 0.12 | 0.12 | 0.11 | 0.11 | 0.11 | 0.10 | 0.09 | 0.09 | 0.08 | 0.07 |
| 西藏自治区 | 0.11 | 0.12 | 0.12 | 0.11 | 0.10 | 0.10 | 0.09 | 0.08 | 0.08 | 0.08 |
| 陕西省 | 0.10 | 0.10 | 0.11 | 0.10 | 0.10 | 0.10 | 0.10 | 0.10 | 0.10 | 0.09 |
| 甘肃省 | 0.10 | 0.10 | 0.11 | 0.10 | 0.10 | 0.11 | 0.10 | 0.10 | 0.09 | 0.09 |
| 青海省 | 0.10 | 0.10 | 0.10 | 0.10 | 0.10 | 0.10 | 0.11 | 0.10 | 0.10 | 0.10 |
| 宁夏回族自治区 | 0.09 | 0.09 | 0.11 | 0.10 | 0.10 | 0.10 | 0.10 | 0.10 | 0.10 | 0.10 |
| 新疆维吾尔自治区 | 0.12 | 0.12 | 0.11 | 0.10 | 0.10 | 0.10 | 0.09 | 0.09 | 0.08 | 0.08 |
| 平均值 | 0.10 | 0.10 | 0.10 | 0.10 | 0.10 | 0.11 | 0.10 | 0.10 | 0.10 | 0.09 |

| 省（区、市） | 2008 年 | 2009 年 | 2010 年 | 2011 年 | 2012 年 | 2013 年 | 2014 年 | 2015 年 | 2016 年 | 2017 年 |
|---|---|---|---|---|---|---|---|---|---|---|
| 标准差 | 0.01 | 0.01 | 0.02 | 0.01 | 0.01 | 0.03 | 0.01 | 0.01 | 0.01 | 0.01 |
| 变异系数 | 0.14 | 0.13 | 0.17 | 0.07 | 0.06 | 0.26 | 0.09 | 0.12 | 0.13 | 0.14 |

资料来源：笔者根据资料整理所得。

## （二）中国乡村发展能力空间差异

按照已经建立的乡村发展能力指标体系，将通过对 2008～2017 年全国 31 个省（区、市）面板的乡村发展指标进行统计计算，得出对应的发展能力指数。并对各省份乡村发展能力指数进行横向和纵向分析比较，得出目前我国不同地域乡村在发展能力方面存在的一般规律，并结合发展能力高低和乡村实际，归纳总结我国乡村发展时空分异特点，进而分析我国乡村区域空间发展格局。

### 1. 全国乡村发展能力时间变化

全国各省（区、市）乡村发展能力计算结果如表 15－5 所示。2008～2017 年，一方面，全国乡村发展能力均值由 0.10 下降到 0.09，表明乡村发展能力基本稳定并有所降低；另一方面，全国乡村发展能力变异系数从 0.14 经历了不断增高再到逐步缩小，最终稳定到 0.14 的过程，意味着各省（区、市）间乡村发展能力差距从逐步扩大到逐步缩小，最终逐渐稳定。以全国乡村发展能力均值、[平均值＋年度 min（乡村发展能力）]/2、[年度 max（乡村发展能力）＋平均值]/2 为分界点（卓蓉蓉，2019），将全国各省（区、市）乡村发展能力分为低、较低、较高、高 4 个等级，考察省域乡村发展能力群组效应。

在全国乡村发展能力 4 个等级中，较高、较低两个组群规模保持相对稳定，高水平和低水平省市数量变化幅度较为明显；从等级结构及其变化趋势看，乡村发展能力位居较高水平及较低水平组群的省市数量占据主导地位，平均组群规模为 11.4 个和 12.5 个，平均占比为 40.65% 和 40.32%，说明全国乡村发展能力均值的提高主要源于各省市能力值的普遍提高。这一结果与 2000 年以来国家西部大开发战略、中部地区崛起战略及振兴东北战略等区域发展战略对区域社会经济发展进步的推动密切相关，且说明了中西部地区实施乡村振兴战略的必要性。

### 2. 全国乡村发展能力空间分异

全国乡村发展能力空间分布及变化具有明显东—西分异格局（见表 15－6、表 15－7、表 15－8）。在 31 个样本省（区、市）中，高值区（含高和较高两个等级）稳定维持在北京市、天津市、河北省、上海市、浙江省等东部地区及东部地区中靠近中部地区的省市，其中，北京市、天津市、上海市、浙江省4省市的乡村发展能力始终处于全国最高水平；低值区（含低和较低两个等级）则相应分布于中、西部地区。以2017年为例，乡村发展能力低值省市数量为15个，其中，中、西部地区占有14个。

表 15 – 6 　　　　　　　　　东部地区乡村发展能力分级

| 省（区、市） | 2008年 | 2009年 | 2010年 | 2011年 | 2012年 | 2013年 | 2014年 | 2015年 | 2016年 | 2017年 |
|---|---|---|---|---|---|---|---|---|---|---|
| 北京市 | 低 | 低 | 较低 | 较低 | 较低 | 较高 | 较高 | 高 | 高 | 高 |
| 天津市 | 较低 | 较低 | 低 | 较高 | 高 | 较高 | 较高 | 高 | 高 | 高 |
| 河北省 | 较低 | 较低 | 较高 | 较高 | 较高 | 较低 | 较高 | 较高 | 较高 | 较高 |
| 辽宁省 | 较低 | 较低 | 较高 | 较高 | 较高 | 较低 | 较高 | 较高 | 较高 | 较高 |
| 上海市 | 较低 | 较低 | 较低 | 较低 | 较高 | 较高 | 较高 | 较高 | 较高 | 高 |
| 江苏省 | 较高 | 较高 | 较高 | 较低 | 较低 | 较低 | 较低 | 较低 | 较低 | 较高 |
| 浙江省 | 较低 | 较低 | 较低 | 较低 | 较低 | 高 | 较高 | 较高 | 较高 | 高 |
| 福建省 | 较低 | 较低 | 较低 | 较低 | 较低 | 低 | 较低 | 较高 | 较高 | 较高 |
| 山东省 | 较低 | 较低 | 较高 | 较高 | 较高 | 较低 | 较高 | 较高 | 较高 | 较高 |
| 广东省 | 较低 | 较低 | 较低 | 较低 | 较低 | 较低 | 较低 | 较高 | 较高 | 较低 |
| 海南省 | 较低 | 较低 | 较低 | 较低 | 较低 | 低 | 低 | 高 | 高 | 高 |

资料来源：笔者根据资料整理所得。

表 15 – 7 　　　　　　　　　中部地区乡村发展能力分级

| 省（区、市） | 2008年 | 2009年 | 2010年 | 2011年 | 2012年 | 2013年 | 2014年 | 2015年 | 2016年 | 2017年 |
|---|---|---|---|---|---|---|---|---|---|---|
| 山西省 | 低 | 低 | 较高 | 高 | 高 | 较高 | 较高 | 较高 | 较高 | 较高 |
| 吉林省 | 高 | 较高 | 高 | 较高 | 较高 | 较低 | 较低 | 较低 | 低 | 低 |
| 黑龙江省 | 较低 | 较低 | 较低 | 较低 | 较低 | 较低 | 较低 | 较高 | 较高 | 较高 |
| 安徽省 | 较高 | 较高 | 较高 | 较高 | 较高 | 较低 | 较低 | 较低 | 较低 | 较低 |
| 江西省 | 较低 | 低 | 较低 | 低 | 低 | 较高 | 高 | 高 | 高 | 较高 |
| 河南省 | 较高 | 较高 | 较高 | 较低 | 较高 | 较低 | 较低 | 较低 | 较低 | 较低 |
| 湖北省 | 较高 | 较高 | 较高 | 较高 | 较高 | 较低 | 较低 | 较低 | 较低 | 较低 |
| 湖南省 | 较高 | 较高 | 较高 | 较高 | 较高 | 较低 | 较低 | 较低 | 较低 | 较低 |

资料来源：笔者根据资料整理所得。

表 15 – 8 西部地区乡村发展能力分级

| 省（区、市） | 2008 年 | 2009 年 | 2010 年 | 2011 年 | 2012 年 | 2013 年 | 2014 年 | 2015 年 | 2016 年 | 2017 年 |
|---|---|---|---|---|---|---|---|---|---|---|
| 内蒙古自治区 | 较低 | 较高 | 较高 | 较高 | 较高 | 较低 | 较高 | 较低 | 较低 | 较低 |
| 广西壮族自治区 | 高 | 高 | 高 | 高 | 较高 | 低 | 低 | 低 | 低 | 低 |
| 重庆市 | 较高 | 较高 | 较高 | 较低 | 较低 | 较低 | 较高 | 较低 | 较低 | 较低 |
| 四川省 | 较高 | 较高 | 较高 | 较高 | 较高 | 较低 | 较低 | 较低 | 较低 | 较低 |
| 贵州省 | 较高 | 较高 | 高 | 高 | 较高 | 较低 | 较低 | 较低 | 较低 | 较低 |
| 云南省 | 高 | 高 | 较高 | 较高 | 较高 | 较低 | 较高 | 较低 | 低 | 低 |
| 西藏自治区 | 较高 | 高 | 高 | 高 | 较高 | 低 | 低 | 低 | 低 | 低 |
| 陕西省 | 较高 | 较低 | 较高 | 较高 | 较高 | 较低 | 较低 | 较高 | 较高 | 较高 |
| 甘肃省 | 较低 | 较低 | 较高 | 较高 | 较低 | 较高 | 较低 | 较低 | 较高 | 较高 |
| 青海省 | 较低 | 较低 | 较低 | 较低 | 较低 | 较低 | 较高 | 较高 | 较高 | 较高 |
| 宁夏回族自治区 | 较低 | 较低 | 较高 | 较高 | 较高 | 较低 | 较低 | 较高 | 较高 | 较高 |
| 新疆维吾尔自治区 | 较高 | 高 | 较高 | 较高 | 较高 | 较低 | 较低 | 较低 | 低 | 低 |

资料来源：笔者根据资料整理所得。

（1）东中西部乡村发展能力差距较大

我国乡村发展能力东部优于中、西部，且两者差距逐步扩大，当前呈现东部地区处于高或较高水平、中部地区处于较高或较低水平、西部地区多处于较低或低水平的乡村发展能力格局。一方面，东部地区多属平原、丘陵地区，地势条件好，水热资源丰富，光照和气候条件适合农业发展；另一方面，东部地区工业化和城镇化水平高，经济发达，乡村发展迅速。位于东部地区的京津冀首都经济圈、长三角经济圈、珠三角经济圈，是全国重要经济增长极，社会经济发展水平显著高于中西部地区，对全国具有重要的辐射带动作用。

（2）乡村发展能力影响因子有明显的差异性

我国东部地区，如北京市、天津市、上海市、江苏省、浙江省、福建省、广东省等省市，城镇化率高，农林牧渔服务业增加值占比高，地均农业机械动力水平，但人口密度大，农村居民家庭经营耕地面积小，是影响乡村发展能力的主要因素；北方地区，如辽宁省、黑龙江省、山西省、陕西省等省份，自然资源丰富，人口密度较小，农林牧渔业从业人员占比高，农林牧渔服务业增加值占比是影响乡村发展能力的主要因素；西南地区，如广西壮族自治区、云南省、西藏自治区等省区，农林牧渔服务业增加值占比高，地均农业机械动力水平较低，是影响乡村发展能力的主要因素；西北地区，如内蒙古自治区、甘肃省、青海省、宁夏回族自治区、新疆维吾尔自治区等省区，自然资源丰富，人口密度较小，农林牧渔业从业人员占比高，但地均农业机械动力水平低，农林牧渔服务业增加值占比是影响乡村发展能力的主要因素。

# 三、实施乡村振兴战略分区

农业区划是优化国土空间利用的重要组成部分，在国家主体功能区规划的基础上，结合城乡发展一体化方针，科学合理地研究制定农业区划，构建现代农业区域发展的基础，可以有效推进乡村振兴战略的实施，促进乡村经济社会和自然生态的协调可持续发展。乡村振兴战略的提出，其目标的实现，可以以划定农业农村区划为重要基础，各区域内外部做到协调发展，逐步缩小城乡差距，分析研究各区域之间的问题。

## （一）分区原则

### 1. 综合性与主导因素相结合原则

农业既是多要素投入的大生产系统，也是多层次功能的生态系统，现代农业区划通过诊断区域主体功能，划定功能类型区。同时，甄别农业发展的保障性、动力性和约束性，建立主导指标体系与分区方案。

### 2. 发展现状与未来趋势相结合原则

由于受环境和地理位置的影响，农业发展相对于其他产业发展来说，具有很强的区域特征，不仅在产业类型方面，在生产方式方面也具有很强的继承性。近年来，我们一直在强调产业转型，农业生产方式也发生着巨大的变化，制定农业区划，不仅要充分考虑区域农业发展的现状，同时，要对当地农业发展进行趋势预判，得出区域农业发展的合理规划。

### 3. 定量评价与定性分析相结合原则

在充分考虑地理、环境、经济社会发展基础、未来发展趋势等多重因素的基础上，运用统计分析等定量分析方法，使区划更具科学性和客观性。

### 4. 连续性与一致性原则

不同的农业区间具有明显差别，但是区域内部具有显著的一致性，在进行农业区划过程中，对整体区域进行区分的同时，要尽量保持县级行政区界的完整性，保证农业区划的完整和连续。

## （二）分区实施建议

按照分区原则，结合乡村发展能力评价，参考全国乡村振兴规划、全国农业现代化规划、农业资源区划等，对标乡村振兴战略总目标和总要求，可以将我国实施乡村振兴战略划分为四个大区：乡村均衡优化振兴区、乡村转型升级振兴区、乡村优势开发振兴区、乡村保护发展振兴区。

### 1. 乡村均衡优化振兴区

该区域具体包括北京市、天津市、山东省、江苏省、上海市、浙江省、福建省、广东省、海南省，地处东部沿海地带，北部有黄淮海平原、山东丘陵，中部有长江中下游平原，南部为闽浙赣丘陵山地，包含了长三角地区、京津冀地区、珠三角地区三大国家战略区。该区是我国改革开放前沿阵地，开放型经济质量高，乡村发展能力基础好，是实施乡村振兴战略的排头兵。在实施乡村振兴战略中，应注重现代农业与工程技术的结合，积极培养现代农业经营主体，促进推进新型工业化、城镇化、信息化、农业现代化同步发展，夯实乡村发展能力；利用高水平的工业化、城镇化、信息化，大力促进一二三产业融合和城乡融合，产城融合促进乡村发展，发展优质特色农产品、高效园艺产业、现代水产养殖，扩大广东省、福建省、海南省热带农作物规模，壮大乡村产业；加强调查研究和区域分析，针对乡村发展相对较弱的短板问题、生态环境问题等，加快补齐短板问题，加强乡村生态环境优化，在全国率先实现全面乡村振兴。

### 2. 乡村转型升级振兴区

该区域包括黑龙江省、吉林省、辽宁省3个东北地区，河北省、河南省华北平原区，湖北省、湖南省、安徽省、江西省4个长江中下游地区，应进一步促进城镇化、工业化、信息化发展，优化农业种植模式和农业生产结构，增大优质生态产品供给，全面提升农业生产效率和产品竞争力，推动乡村产业转型升级。东北三省黑土资源分布广，土壤肥沃，是我国大型商品粮基地和优质奶源基地，应加快提高粮油、畜禽产品深加工能力；华北平原两省地势平坦，冲积平原土壤肥沃，是我国小麦、玉米主产区，应充分利用京津冀协同发展、郑州中原城市群发展优势，促进规模化、现代化农业发展，挖掘发展古都文化、中原文化，推动"三产融合""三生融合"，加强环京津及中原贫困地区乡村发展；长江中下游4省，提升水稻综合生产能力，大力发展名优水产品及林业产品，挖掘发展长江文化。

### 3. 乡村优势开发振兴区

该区域包括内蒙古自治区、甘肃省、宁夏回族自治区、陕西省、山西省、重庆市、四川省、贵州省、云南省、广西壮族自治区、新疆维吾尔自治区，北拥有内蒙古高原、黄土高原、新疆山地盆地，南拥有四川盆地、西南山区，是我国西部发展重阵地区。该区域土地面积广，自然资源禀赋及地理环境条件区域差异大，加之悠久的农业发展历史，已经凸显出具有显著区域特色的农业和乡村，但是在过去传统的资源开发的经济发展中，资源枯竭、环境污染、生态破坏问题比较突出。该区域实施乡村振兴战略，应充分抓住国家西部发展战略机遇，生态优先、绿色发展，加强生态修复和环境治理，加强乡村基础设施建设，大力发展优势产业和优势乡村，注重乡村发展与旅游业、服务业相结合，促进提高乡村居民收入。北方地区风沙、水土流失严重，生态系统修复与保护任务重，应大力促进农林、农牧结合，发展粮草兼顾型农业和草食畜牧业，挖掘发展草原文化、黄土高原红色文化；西南地区喀斯特地貌分布十分广泛，耕地资源少，土地贫瘠且石漠化问题突出，交通等基础设施不完善，乡村发展能力相对较弱，要优化布局和稳定发展水稻、天然橡胶、糖料蔗等农业生产，大力发展特色园艺产业、生态畜牧业和特色渔业，挖掘发展少数民族文化，打造具有浓郁民族风情的特色乡村。新疆维吾尔自治区地处我国西北内陆干旱区，沙漠面积广，水资源紧缺，是我国面积最大的省区，也是我国边境线最长、对外口岸最多的一个省区，应着力探索优势开发，促进乡村振兴。

### 4. 乡村保护发展振兴区

该区域包括青海省、西藏自治区，是我国生态脆弱地区，也是少数民族聚集区。青海省、西藏自治区地处青藏高原，海拔高气候寒冷，拥有我国三江源保护区及其他重要水源地保护区，是我国生态屏障建设的重要阵地。在实施乡村振兴战略中，坚持生态优先、保护优先，严守生态保护红线，大力推进生态系统修复与保护，有效防范生态环境风险，加强草原保护建设；提高优质棉花、小杂粮等特色农产品规模与质量，稳定发展牦牛、藏系绵羊、绒山羊等特色畜牧业；提升生态系统服务能力，增强生态产品供给，加快建设民生基础设施，充分挖掘地区的民族特色、文化特色，注重保护和传承民族文化，将乡村发展与生态旅游、文化旅游相结合，发展现代特色农业。

## 参 考 文 献

[1] 陈善沐. 关于农业区划学科若干理论问题探讨 [J]. 中国农业资源与区划, 1989 (2)：44-47.

[2] 陈晓红, 王玉娟, 万鲁河, 等. 基于层次聚类分析东北地区生态农业区划研究 [J]. 经济地理, 2012, 32 (1): 137-140.

[3] 邓静中. 全国农业现状区划的初步探讨 [J]. 地理学报, 1963, 29 (4): 265-280.

[4] 邓依萍, 刘涛. 新疆节水农业区划及分区对策研究 [J]. 节水灌溉, 2008, 10: 8-11.

[5] 谷树忠, 谢美娥. 基于生态文明建设视角的农业资源与区划创新思维 [J]. 中国农业资源与区划, 2013, 34 (1): 5-12.

[6] 胡焕庸. 中国之农业区域 [J]. 地理学报, 1936, 3 (1): 1-17.

[7] 靳雪, 胡继连. 虚拟水视角下的农业区划研究——以黄淮海地区为例 [J]. 中国农业资源与区划, 2011, 32 (2): 53-57.

[8] 黎泽林. 广东农业专业化与区域布局的变迁诱因: 基于典型案例的分析 [J]. 新经济, 2011 (3): 78-82.

[9] 李晓, 林正雨, 何鹏, 等. 区域现代农业规划理论与方法研究 [J]. 西南农业学报, 2010, 23 (3): 953-958.

[10] 刘彦随, 张紫雯, 王介勇. 中国农业地域分异与现代农业区划方案 [J]. 地理学报, 2018, 73 (2), 203-218.

[11] 罗其友, 唐华俊, 陶陶, 等. 我国农业功能的地域分异与区域统筹定位研究 [J]. 农业现代化研究, 2009, 30 (5): 519-523.

[12] 马忠玉, 高如嵩. 农业区划学科理论体系雏形探讨 [J]. 经济地理, 1991 (2): 34-39.

[13] 史文娇, 胡云锋, 石晓丽, 等. 宁夏农业综合开发战略转型区划研究 [J]. 地理学报, 2015, 70 (12): 1884-1896.

[14] 陶红军, 陈体珠. 农业区划理论和实践研究文献综述 [J]. 中国农业资源与区划, 2014, 35 (2): 59-66.

[15] 陶陶, 罗其友. 农业的多功能性与农业功能分区 [J]. 中国农业资源与区划, 2004, 25 (1): 45-49.

[16] 王朗玲, 魏枫. 中国农地制度变革对农业生产力及其布局的影响 [J]. 求是学刊, 2003, 30 (1): 53-60.

[17] 肖俊城. 对农业区划学客观依据与理论基础的初步认识 [J]. 中国农业资源与区划, 1989 (5): 19-21.

[18] 谢臻, 张凤荣, 陈松林, 等. 中国乡村振兴要素识别与发展类型诊断——基于 99 个美丽乡村示范村的信息挖掘分析 [J]. 资源科学, 2019, 41 (6): 1048-1058.

［19］许学工，后立胜，林辉平．基于比较优势的中国农业可持续发展区划［J］．地理学报，2002，57（4）：451－458.

［20］杨园园，臧玉珠，李进涛．基于城乡转型功能分区的京津冀乡村振兴模式探析［J］．地理研究，2019，38（3）：684－698.

［21］张天佐．在2008年全国农业资源区划工作会上的讲话［J］．中国农业资源与区划，2008（2）：1－7.

［22］周立三．农业区划问题的探讨［J］．地理科学，1981，1（1）：11－21.

［23］周立三．我国农业历史性转变与农业区划的深入发展［J］．中国农业资源与区划（原农业区划），1993（2）：1－4.

［24］卓蓉蓉，余斌，曾菊新，郭新伟，李瑞瑞．地域主体功能导向的江汉平原乡村发展能力时空变化［J］．经济地理，2019，39（5）：171－180.

# 第十六章

# 乡村振兴类型

2017 年，习近平总书记在党的十九大报告中提出实施"乡村振兴"战略。2018 年，中央出台《乡村振兴战略规划（2018—2022 年）》，为我国乡村振兴提供了发展指南。近年来，我国农业农村发展稳步推进，但各地乡村发展地域空间特色、发展水平差异性显著，因此，采取分区分类的方式对有序实施乡村振兴战略具有重要意义。2019 年，中央出台了《关于统筹推进村庄规划工作的意见》，科学合理地对村庄发展进行了分类。针对不同类型的村庄，只有深入探索符合地区实际的乡村振兴类型，才能提出具有操作性和指导性的差异化策略，推动实施乡村振兴战略更好地实施。

## 一、乡村振兴类型划分流程

国家顶层对实施乡村振兴战略作了顶层设计，因地制宜、循序渐进，分类施策、突出重点是乡村振兴战略的基本原则之一。《乡村振兴战略规划（2018—2022 年）》明确要分类推进乡村发展，并提出了集聚提升类、城郊融合类、特色保护类、搬迁撤并类 4 种村庄类型。乡村发展是自然、社会、经济等多要素相互影响、相互作用的结果，是城市与乡村相互关系、工农商交叉融合在乡村地域系统中的不断优化。因此，在国家顶层设计及规划部署基础上，建构乡村振兴评价体系，开展乡村振兴评价，因地制宜划分乡村振兴类型，对于提高乡村振兴战略实施成效具有重要意义。

### （一）划分依据

乡村是特殊的地域系统，具有一定的复杂性、动态性、综合性和开放性（刘彦随，2018）。随着区域社会经济发展及城乡融合的深化，乡村在地域形态、经济功能、社会文化、综合职能等层面不断演化而表现出不同发展水平和特色。在实施乡村振兴大背景下，面对城乡发展不平衡与乡村发展不充分问题，开展乡村发展差异性及类型识别研究，有助于有针对性地制定乡村振兴策略。乡村振兴类型的划分基于乡村振兴评价基础上，坚持科学性、实用性和全面与主导原则，依据不同的评价标准进行划分。

### 1. 原则

实施乡村振兴战略要坚持稳中求进的总基调，坚持解决好"三农"问题，坚持农业农村优先发展，按照产业兴旺、生态宜居、乡风文明、治理有效、生活富裕的总要求，分区分类有序推进乡村现代化。乡村振兴类型划分应对接国家城乡发展战略和乡村振兴战略，以乡村振兴20字方针为准则，有利于乡村农业农村现代化发展，并遵循以下原则：

（1）科学性原则

乡村振兴分类要顺应村庄发展客观规律和演变趋势，准确把握乡村振兴的科学内涵，运用科学思维和方法，科学揭示乡村发展优势劣势及制约因素，尊重客观事实，划分思路严谨，保证分类的客观公正性，利于实施乡村振兴战略的科学施策。

（2）全面与主导性原则

乡村振兴分类要全面统筹乡村经济建设、政治建设、文化建设、社会建设、生态文明建设和党的建设发展，同时，又要根据不同村庄的发展现状、区位条件、资源禀赋等，挖掘乡村多种功能和价值，客观判断乡村振兴的主导因素，利于乡村全面振兴和重点谋划。

（3）实用性原则

乡村振兴分类既要反映实施乡村振兴战略的现实成效，又要体现不同层级、地域系统的现实比较，评价体系及指标数据可获得性既要有权威性又要利于管理部门实际操作，分类结果具有现实指导意义。

### 2. 标准

我国学者广泛深入开展乡村发展类型研究，从不同角度，不同层面对乡村发展情况进行分析，提出差异化发展策略。较多学者基于综合发展水平评价来进行乡村发展类型划分，比如，文琦、郑殿元（2018）从乡村主体、产业发展、人居环境、资源禀赋4个维度构建乡村振兴村落类型识别体系，以西北贫困地区为例，划分为集聚提升类、三产融合类、城郊融合类、特色保护类、搬迁撤并类5种类别，针对不同类型提出了相应发展路径和对策建议；韩欣宇、闫凤英（2019）在乡村振兴背景下，采取"发展—重构"综合评价方法，选取与生产、生活和生态功能相关的数据指标，建构村庄发展度与重构度评价指标体系，以山东省淄博市昆仑镇进行实证评价，提出了4个等级的村庄发展度—重构度类型，从而识别出城镇集聚型、村庄集聚型、均衡稳定型、生产收缩型、生活收缩型、生产衰退型与生态衰退型7个二级发展类型；周游等（2019）从经济水平、资源利用方式、产业特征、人口聚落和乡村社会发展5个方面确定了19个评价因子，提出城市发展类、城乡结合类和乡村保育类3个大类，自主发展型、扶持发展型、提升完善型、改造建造型、农业发展型和生态发展型6个小类。

还有学者基于主导因子、多功能特征、地域空间分异、影响因素及其演化等视角进行乡村发展类型划分，为分类实施乡村振兴战略奠定了理论基础。比如，从乡村发展的主要驱动因素对福建省乡村进行分类，主要包括工商业导向型、农工业导向型、农工商导向型、农业主导型4个类型（陈文盛等，2016）；基于多功能视角，从经济条件、交通区位、资源禀赋和生态环境质量4个维度，以北京市密云区为例，划分出经济交通主导高水平区、交通生态主导高水平区、资源生态主导中高水平区等7大类（刘玉等，2019）；影响乡村发展的因子多元化，乡村类型演变呈现由低等级分异向着高等级分异的演变趋势，以广州市乡村发展演化模式为例，可以分为渐变模式、突变模式和惰性模式（李贵才等，2018）；以农村居民点合理规划管理为视角，以华北平原为例，比较农业主导型、工业主导型、第三产业主导型和均衡发展型的空间形态和演变特征，提出农村居民点分类管控施策、分类实现乡村振兴建议（董光龙等，2019）；以村（社区）为评价单元，构建乡村振兴评价指标体系，对137个评价单元的乡村振兴空间分异性进行评价，提出强乡村性—传统农业型、中等乡村性—现代农业型、中等乡村性—农工混合型、弱乡村性—非农主导型的乡村发展类型（魏耀华等，2019）。

本书根据乡村振兴20字方针为总的评价标准，即产业兴旺、生态宜居、乡风文明、治理有效、生活富裕5个层面的标准，在该标准基础上，设计每一环节的具体评价指标，并在评价标准测算基础上进行乡村振兴类型划分。

## （二）划分流程

乡村振兴类型划分的总流程主要包括5个层次，第一，确定乡村振兴的评价标准，在科学性、实用性、全面性和可操作性原则指导下，进行乡村振兴评价标准的选择；第二，在乡村振兴评价标准基础上，构建乡村振兴评价的指标体系；第三，进行乡村振兴评价；第四，在乡村振兴评价基础上确定分类的原则和标准；第五，进行乡村振兴类型的分类（见图16-1）。

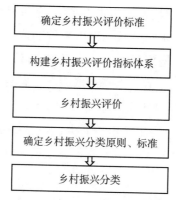

**图 16 - 1　乡村振兴类型划分流程**

资料来源：笔者整理所得。

# 二、乡村振兴评价

按照我国农村农业发展阶段性，近 20 年来可以将乡村发展评价分为新农村建设发展评价和乡村振兴评价。两个不同的发展阶段，乡村振兴评价的标准和指标体系不断完善，评价标准和评价指标体系的构建对乡村振兴评价的结果具有较大的影响，本书选择乡村振兴评价 20 字方针作为乡村振兴评价的标准，并构建了相应的评价指标体系。

## （一）乡村振兴评价研究

乡村发展评价是揭示乡村发展特征及差异性的重要方法，是探索乡村资源优化配置及差异化发展规划的重要基础。我国自 2002 年党的十六大提出，统筹城乡发展战略以来，社会各界高度关注"三农"问题，制定差异化发展策略已达成共识，开展乡村发展评价成为乡村问题研究的热点之一。

2006 年，《中共中央　国务院关于推进社会主义新农村建设的若干意见》正式将社会主义新农村建设纳入国家和各级政府的重要发展目标。《中共中央关于制定国民经济和社会发展第十一个五年计划的建议》由党的十六届五中全会审议通过，为社会主义新农村建设指明了方向，提供了重要的理论和道路支撑。伴随新农村建设的不断深入，如何构建规范科学、可量化的社会主义新农村建设评价体系，成为各级政府和研究机构的重要研究方向。

一是以新农村建设的 20 字方针，即以"生产发展、生活宽裕、乡风文明、村容整洁、管理民主"为指标体系框架，以全面系统性、实用操作性、可比性及最小可靠性等为原则，遴选二级指标及表征指标。比如，以小康社会评价指标体系为基础，研究构建全国新农村建设评价指标体系（张磊，2009）；以广东省新农村建设为例，探讨新农村建设评价理论与方法（汤惠君等，2009）；以吉林省市、县为评价单元，利用因子分析方法进行综合评价及排序（王晓丽等，2009）；以辽宁省45个乡镇为调研对象，建立和运用绩效评价模型来评价新农村建设绩效（张广胜等，2012）；以湖南省村庄为调查对象，采用专家咨询法和加权求和的方法建立新农村建设评价模型，评价1996～2006年建设水平，与本地4个村的比较，揭示新农村建设现状与问题。总之，按照新农村建设方针原则、目标要求等构建评价指标体系，以全国、省、市、县、乡镇、村为评价单元开展了调查分析和实证评价研究，为新农村建设战略的顺利实施奠定了有力基础。

二是以某特定理论和实践视角来进行乡村发展评价和分类。比如，以乡村转型发展及空间分异性进行评价分类，通过探讨"乡村性"而构建乡村转型发展评价指标体系，建立乡村性指数评价模型，从而划分乡村发展地域类型（龙花楼等，2012；孟欢欢等，2013）；对农村建设投入情况、政府作用实现情况，以及新农村建设绩效等方面进行评价（王学军等，2009）；以经济发展、人口素质、生活质量、社会发展、环境状况为主的评价体系（王富喜，2009）；以农民素质发展程度、农业发展程度和农村和谐程度为主的评价体系（金成晓等，2008），以新型农民、发达农业与和谐农村为主的评价体系（郭翔宇等，2008）；以环保为主要内容，将低碳型新农村发展作为评价目标，结合经济社会发展、农业生产低碳化、生活方式低碳化和环境低碳等为具体指标的评价指标（刘倩等，2013）。

乡村振兴战略正式成为国家战略实施后，依据乡村振兴战略目标要求及新时代乡村发展特征，为了能够从理论上和现实层面开展乡村振兴评价，揭示乡村发展现状问题，并为乡村振兴战略实施成效的量化评价提供方法，国内很多专家开展了大量针对乡村振兴评价的研究。

一是按照乡村振兴战略20字方针为评价依据和框架，在新农村建设评价基础上，考虑乡村振兴的共性特征和区域差异，由5个一级指标来构建乡村振兴评价指标体系。闫周府（2019）构建了21个二级指标和43个三级分项指标为基础的动态乡村振兴评价指标体系；陈秧分、黄修杰等（2018）引入多功能农业和乡村理论，构建了25个二级指标的乡村振兴评价体系，并对2015年全国各省市的乡村振兴水平进行了评价；张挺、李闽榕等（2018）筛选出15个二级指标和44个三级指标，运用该指标体系对11省份的35个乡村进行了实证评价；韦家华、连漪（2018）构建了28个二级指标的乡村振兴评价体系，以广西壮族自治区荔浦县荔城镇的乡村振兴进行检验评价指标的有效性。

二是在乡村振兴战略内涵基础上，立足于乡村"五大振兴"，结合其他乡村振兴要素进行评价。刘彦随（2018）建设国家乡村振兴评估分析与决策系统，为乡村振兴实施成效进行定量考评；李琳娜、璩路路（2019）以乡村振兴率（RRR）和居业协同度（RCD）为评价目标，乡村振兴率以县市为单元，评价乡村振兴目标实现程度，居业协同度以村域为单元，评估乡村振兴的"人—地—业"协同程度、集聚水平和耦合状态。

## （二）乡村振兴评价指标体系构建

乡村振兴评价是分类的基础，评价指标体系是分类的基础。在既有研究基础上，依据党的十九大报告精神、《乡村振兴战略规划（2018—2022年)》，紧紧围绕农村农业现代化发展，选择了5个一级指标，28个二级指标来构建乡村振兴的评价体系（见表16-1）。

表16-1　　　　　　　　　　　　　乡村振兴评价指标体系

| 一级指标 | 二级指标 | 量测指标 |
|---|---|---|
| 产业兴旺 | 经济总量 | GDP/人均GDP/地均GDP |
| | 经济质量 | 第二、第三产业比重 |
| | 科技水平 | 人均科技投入 |
| | 农业经济水平 | 农村人均第一产业产值 |
| | 农业现代化 | 农业机械化普及率/每公顷农机动力 |
| | 农村就业 | 农村非农产业就业人员比重 |
| | 固定资产投资水平 | 人均固定资产投资 |
| 生态宜居 | 水资源 | 降水量/地表水/水资源供给量 |
| | 饮用水质量 | 饮用水支出 |
| | 空气质量 | 空气质量达到及好于二级的天数 |
| | 森林覆盖 | 森林覆盖率 |
| | 基础设施水平 | 交通设施/通信设施 |
| | 公共服务水平 | 人均公共卫生支出 |
| 乡风文明 | 教育保障 | 人均教育支出 |
| | 文化体育 | 人均文化体育传媒支出 |
| | 环境保护 | 人均节能环保支出 |
| | 公共文化 | 人均公共图书馆藏书量* |
| | 公共安全 | 每千户公共安全支出 |
| | 农村文化 | 农村居民人均教育文化娱乐支出 |

续表

| 一级指标 | 二级指标 | 量测指标 |
|---|---|---|
| 治理有效 | 环境治理 | 工业固体废物处置率 |
| | 城镇生活保障 | 城镇居民最低生活保障人数占比 |
| | 农村生活保障 | 农村最低生活保障人数占比 |
| | 医疗保障 | 城镇基本医疗保险年末参保率 |
| | 养老保障 | 城乡居民基本养老保险参保率 |
| | 就业保障 | 城镇居民登记失业率 |
| 生活富裕 | 农民收入 | 农村人均可支配收入 |
| | 居民储蓄 | 城乡居民储蓄存款 |
| | 农村消费 | 农村居民人均消费支出 |
| | 农民生活质量 | 农村恩格尔系数 |

注：二级指标中带 * 的指标由于县域数据难以获取，使用地市级数据代替县域数据。
资料来源：笔者根据资料整理所得。

### 1. 产业兴旺

产业兴旺维度共设置了 7 个二级指标。经济发展水平由经济总量和经济质量来衡量，具体的测量指标可以结合评价区域进行选择，经济总量指标可以使用国内生产总值、人均国内生产总值或地均国内生产总值来衡量，经济质量使用第二、第三产业的比重来衡量，这两个指标体现了县域经济的发展基础。科技水平使用人均科技投入来衡量，农业经济水平、农业现代化和农村就业三个指标来衡量农业发展情况，可使用农村人均第一产业产值、农业机械化普及率和农村非农产业就业人员比重来衡量，其中乡村非从事工业、服务业的农产业人员在农村人口所占比例越高，说明农村的现代化程度就越高，农村产业更加多元化，农业规模化水平越高，说明农业对人力资源的依赖性越低，农业科技化水平和农业的生产效率越高，农业的现代化水平就越高。固定资产投资水平反映固定资产投资完成情况和经济发展增长情况，是拉动产业发展的主要动力。

### 2. 生态宜居

生态宜居维度共设置了 6 个二级指标。水资源、空气质量和森林覆盖率反映评价区域的生态环境状况，生活用水状况、基础设施水平和公共服务水平反映评价区域的宜居程度。水资源的数量可以通过降水量、地表水量、水资源供给量来衡量，空气质量选用空气质量达到及好于二级的天数来衡量，森林覆盖程度可通过森林覆盖率来衡量，基础设施水平可以通过交通发展或者通信设施的完善来衡量。公共卫生服务水平通过人均公共卫生支出来衡量，公共卫生支出包括疾病预防控制、卫生监督等公共卫生支出，人均支出越高，说明政府对生态环境和公共卫生问题投入越大，生态环境治理力度越大，生态环境越宜居。

### 3. 乡风文明

乡风文明维度共设置了6个二级指标。教育保障包括普通教育、职业教育、特殊教育，以及其他各个层面的教育支出，人均教育支出比重越高，说明居民受教育程度越高，乡风也更加文明。文化体育层面的投入可由人均文化体育传媒支出衡量，投入越高，农村居民生活品质越高，业余生活也更加文明多样化，同时提升了乡风文明程度。环境保护由人均节能环保支出来衡量，数值越大，则说明居民对生态环境的保护程度越高，能够更好地体现乡风文明。公共安全由每千户公共安全支出衡量，数值越大，说明当地对于公共安全的维护程度越高。农村文化发展由农村居民人均教育文化娱乐支出来衡量，数值越大，说明居民生活文明程度和文化素养水平越高，是乡风文明的一个很好展现。公共文化由人均公共图书馆藏书量来衡量，直接反映了地方的文化品质。节能环保支出包括环境监控、污染防治、生态保护、天然林保护、污染减排等支出。

### 4. 治理有效

治理有效维度共设置了6个二级指标。环境治理水平使用工业固体废弃物处置率来衡量，反映区域的环境治理水平。城镇和农村生活保障通过最低生活保障人数占比来衡量，就业保障使用城镇居民登记失业率来衡量，三项指标均为负向指标，指标值越高，在一定程度上说明社会就业相对不充分，低收入人群占比较大，对社会的稳定性和有效治理带来压力。医疗保障和养老保障由城镇基本医疗保险年末参保率和城乡居民基本养老保险参保率来衡量，城镇基本医疗保险和城乡居民基本养老保险的参保率越高，对城乡居民的医疗保障就越完备，居民的健康就可以得到有效保障。公共安全由公共安全支出来衡量，户均投入越高，从另一个层面可以反映出治理的相对有效性。

### 5. 生活富裕

生活富裕维度共设置了4个二级指标。农村居民可支配收入、农村居民人均消费支出和城乡居民储蓄存款可以直观地反映居民的生活水平，这三项指标数值越高，说明居民的生活富裕程度越高。恩格尔系数越低，居民的食品消费占总消费的比例就越低，说明居民的生活消费多于食品消费，居民的生活就越富裕，生活质量越高。

## （三）评价方法

在构建乡村振兴指标体系过程中，需要对不同量纲的指标进行标准化，实现无量纲化。具体计算方法如下：首先，运用熵权法对三级指标进行赋权；其次，对二级指标赋权重时采用熵权法和德尔菲法相结合的赋权法，保证指标权重设计的科学性；最后，将三级指标和二级指标进行加权求和，得到各级评价指数，作为乡村振兴评价的得分，根据得分将评价结果进行分类。

### 1. 二级指标数据的标准化处理

由于评价指标体系中的二级指标实际数据计量单位不同，带有不同的经济意义，在研究过程中，不能直接使用。对不同意义的指标，必须进行标准化处理。本章采取了数据同趋化和无量纲化处理，即 min–max 标准化法处理不同指标的数据：

正向性单项指标（即单项指标取值越大越好时）的计算方法：

$$y_{ij}^k = \frac{x_{ij}^k - x_{\min}}{x_{\max} - x_{\min}} \tag{16.1}$$

负向性单项指标（即单项指标取值越小越好时）的计算方法：

$$y_{ij}^k = \frac{x_{\max} - x_{ij}^k}{x_{\max} - x_{\min}} \tag{16.2}$$

其中，$i$ 为评价县域，$k$ 为一级指标数，$j$ 为一级指标下的二级指标数，$y_{ij}^k$ 为第 $i$ 个县域第 $k$ 项一级指标下第 $j$ 项指标的标准化（无量纲化）数值，$x_{ij}^k$ 为第 $i$ 个县域第 $k$ 项一级指标下第 $j$ 项指标的实际数据，$x_{\min}$ 为 29 个县域相对应指标的最小值，$x_{\max}$ 为 29 个县域中相对应指标的最大值。

### 2. 熵值法确定二级指标权重

不同指标在同一经济模型中的重要性有所不同，本章利用熵值法来确定二级指标的权重，消除人为确定权重的主观性。本研究将乡村振兴总体目标值分为产业兴旺 $Z^1$、生态宜居 $Z^2$、乡风文明 $Z^3$、治理有效 $Z^4$ 和生活富裕 $Z^5$ 5 个一级指标体系，每个一级指标体系下有若干二级指标，二级指标使用熵值法确定权重，每个一级指标体系下的所有二级指标权重和为100。

（1）计算第 $i$ 个县域第 $j$ 项二级指标的比重 $P_{ij}$

$$P_{ij}^k = y_{ij}^k \Big/ \sum_{i=1}^{29} y_{ij}^k \tag{16.3}$$

其中，$i$ 为评价县域，$i = 1，2，\cdots，29$；$j$ 为一级指标下的二级指标数，$j = 1$，

2，…，$m$；$k$ 为一级指标数，$k=1$，2，…，5；$y_{ij}^k$ 为二级指标标准化后的数据。

（2）计算第 $j$ 项指标熵值 $r_{ij}^k$

$$r_j^k = (-1/\ln29) \sum_{i=1}^{29} P_{ij}^k \ln P_{ij}^k \tag{16.4}$$

（3）计算差异性系数 $\varepsilon_j^k$

$$\varepsilon_j^k = 1 - r_j^k \tag{16.5}$$

（4）计算一级指标下各二级指标的权重 $w_j^k$

$$w_j^k = \varepsilon_j^k / \sum_{j=1}^{m} \varepsilon_j^k \tag{16.6}$$

其中，$m$ 为每个一级指标下对应的二级指标个数。

### 3. 德尔菲法和熵值法融合确定一级指标权重

由于侧重点的不同，使用熵值法和德尔菲法相结合的赋权方法，不仅可以减少主观判断的偏差，同时可以克服数据质量和数量引起的客观偏差。本书采用了熵值法确定二级指标权重，采用德尔菲法和熵值法综合赋权的方法确定一级指标权重，提升评价体系的科学性。本书采用的赋权法公式如下：

$$Q^k = A^k B^k / \sum_{k=1}^{5} A^k B^k \tag{16.7}$$

其中，$Q^k$ 表示第 $k$（$k=1$，2，…，5）个一级指标的组合权重，是乘法合成的归一化处理，其中 $A^k$ 为熵值法确定一级指标的权重（$A^k$ 计算方法与二级指标权重计算方法相同），$B^k$ 为德尔菲法确定的一级指标权重。

### 4. 各级指标计算方法

二级指标的计算方法是对不同量纲的二级指标实际数据 $x_{ij}^k$ 进行标准化，得到标准化值 $y_{ij}^k$，$y_{ij}^k$ 最小值为 0，最大值为 1，运用熵值法对二级指标进行赋权，得到二级指标权重 $w_j^k$。对 5 个一级指标赋权重时采用熵值法和德尔菲法相结合的综合赋权法，得到一级指标权重 $Q^k$。为使最终计算结果便于分析，将二级指标数据标准化值 $y_{ij}^k$ 乘以 10，使得最终评价指数最高值为 10，最低值为 0，指数范围为 0~10 之间。最后将二级指标标准化值 $y_{ij}^k$ 乘以 10 后加权求和，得到一级评价指数 $Z_i^k$，将一级评价指标指数 $Z_i^k$ 加权求和得到目标值乡村振兴评价指数值 $S_i$，$S_i$ 为 0~10 之间的值。

一级评价指标指数 $Z_i^k$ 计算公式如下：

$$Z_i^k = \sum_{j=1}^{m} (w_j^k \times y_{ij}^k \times 10) \tag{16.8}$$

其中，$i$ 为评价县域，$j$ 为二级指标数，$m$ 为一级指标下二级指标总个数，$w_j^k$ 为二级指标权重，$y_{ij}^k$ 为二级指标标准化后数据。

县域乡村振兴评价目标值指数 $S_i$ 计算公式如下：

$$S_i = \sum_{k=1}^{5} Q^k \times Z_i^k \ (i = 1, 2, 3, \cdots, 29; k = 1, 2, 3, \cdots, 5) \qquad (16.9)$$

### 5. 乡村振兴分类

乡村振兴分类以乡村振兴评价指数来划分发展水平，通过各项一级指标评价指数判断乡村振兴各项指标之间的结构。根据乡村振兴评价指数可将乡村振兴评价单元分为高水平、中等水平和低水平发展阶段，结合各项一级指标之间的评价指数将乡村振兴类型划分为高水平—优先发展型；中等水平—特色发展型；中等水平—均衡发展型；低水平—特色发展型；低水平—均衡发展型 5 类。具体划分指数可结合研究区域的评价指数来具体划分。

# 三、乡村振兴划分案例

甘肃省作为我国西部地区发展相对薄弱的省份，贫困县和贫困人口相对集中，研究甘肃省的乡村振兴建设，对其乡村振兴发展进行科学规范的评价，并针对定量的评价结果分析甘肃省乡村振兴过程中存在的优势、劣势，对于西部地区具有一定的示范作用和指导意义。

## （一）研究区及其数据来源

甘肃省按地域划分为 5 大区域，即河西区（酒泉市、嘉峪关市、张掖市、金昌市、武威市）；中心区（兰州市、白银市）；陇中区（临夏州、定西市）；陇东区（庆阳市、平凉市、天水市）；两南区（甘南州、陇南市）（《甘肃省县域和农村发展报告（2016）》）。本书在选取研究对象时，主要集中在中心区、两南区、陇中和陇东区，河西区较少，酒泉市和嘉峪关市位于甘肃西北部地区，多属于少数民族自治县，人口密度相对较小，工业以能源重工业为主，农耕条件相对薄弱，主要以农牧业为主，未进行综合比对研究。2017 年，常住人口超过 200 万人的地级市主要有临夏州、陇南市、定西市、庆阳市、平凉市、天水市；超过 300 万人的城市为兰州市，上述地级市人口集中，经济发展水平整体较高，所以选择研究县域相对较多，按照各县域各地级市的经济发展水平选出具有代表性的县域。人口在 100 万～200 万人的地级市包括白银市、武威市、张掖市、酒泉市，人口在 100 万人以下的地级市包括嘉峪关市、金昌市、甘南州，上述地级市人口相对较少，分别选择 1～2 个县域作代表性研究。甘南州多以少数民族自治县为主，农耕条件相对薄弱，以农牧业为主，可作为自治县代表地区进行研究。在常住人口较多，人口平均密度较大地区，选择研究县域具有相对典型性，同时考虑数据的可获得性，最终综合各方面条件选取 29 个县进行分析研究，见表 16－2。

表 16－2　　　　　　　　甘肃省乡村振兴评价分类县域

| 地级市 | 县域数 | | 选择县域 | 地级市 | 县域数 | | 选择县域 |
|---|---|---|---|---|---|---|---|
| | 总数（个） | 选择数（个） | | | 总数（个） | 选择数（个） | |
| 酒泉市 | 4 | 0 | 无 | 嘉峪关市 | 0 | 0 | 无 |
| 甘南州 | 7 | 1 | 迭部县 | 金昌市 | 1 | 1 | 永昌县 |
| 张掖市 | 5 | 1 | 山丹县 | 白银市 | 3 | 2 | 景泰县、会宁县 |
| 兰州市 | 3 | 2 | 永登县、皋兰县 | 定西市 | 6 | 2 | 陇西县、临洮县 |
| 武威市 | 3 | 2 | 古浪县、民勤县 | 平凉市 | 6 | 2 | 崇信县、泾川县 |
| 陇南市 | 8 | 3 | 文县、礼县、徽县 | 临夏州 | 7 | 3 | 康乐县、东乡区、和政县 |
| 庆阳市 | 7 | 5 | 合水县、镇原县、宁县、华池县、庆城县 | 天水市 | 5 | 5 | 清水县、秦安县、甘谷县、武山县、张家川回族自治县 |

资料来源：笔者根据资料整理所得。

资料来源包括《甘肃发展年鉴 2018》《中国县域统计年鉴（县市卷）2018》。另外，还包括甘肃省各县政府官网公布的 2017 年各县一般公共支出决算表、2018 年统计公报。甘肃省现设 14 个市（州），其中有 12 个地级市（兰州市、嘉峪关市、金昌市、白银市、武威市、酒泉市、张掖市、天水市、定西市、平凉市、庆阳市、陇南市）和 2 个自治州（临夏回族自治州和甘南藏族自治州，又称临夏州和甘南州），下辖 86 个县（市，区）。

## （二）乡村振兴评价指标权重

根据乡村振兴评价指标体系，按照前述熵值法、德尔菲法及其综合方法，计算出甘肃省县域乡村振兴评价指标权重，根据甘肃省实际情况和数据的可获得性对量测指标进行了选择。具体量测指标和权重如表 16－3 所示。

表 16 – 3　　　　　　　　　甘肃省乡村振兴评价指标权重

| 一级指标（$Z^k$） | 综合权重（$Q^k$） | 量测指标（$x_j^k$） | 熵值法权重（$w_j^k$） |
| --- | --- | --- | --- |
| 产业兴旺 $Z^1$ | 26.88 | 人均生产总值 $x_1^1$ | 14.27 |
| | | 二三产业比重 $x_2^1$ | 11.48 |
| | | 每公顷耕地面积农机动力 $x_3^1$ | 19.92 |
| | | 乡村非农产业就业人员占劳动力比重 $x_4^1$ | 4.86 |
| | | 人均科技支出 $x_5^1$ | 22.93 |
| | | 农村人均第一产业增加值 $x_6^1$ | 16.51 |
| 生态宜居 $Z^2$ | 23.91 | 人均固定资产投资 $x_7^2$ | 10.03 |
| | | 人均公共卫生支出 $x_2^1$ | 7.21 |
| | | 森林覆盖率* $x_2^2$ | 12.99 |
| | | 空气质量达到及好于二级的天数* $x_2^3$ | 3.17 |
| | | 降水量 $x_2^4$ | 18.81 |
| 乡风文明 $Z^3$ | 21.27 | 人均文化体育传媒支出 $x_3^1$ | 16.16 |
| | | 农村居民人均教育文化娱乐消费支出 $x_3^2$ | 7.89 |
| | | 人均教育支出 $x_3^3$ | 13.36 |
| | | 人均公共图书馆藏书量* $x_3^4$ | 21.92 |
| | | 千户公共安全支出 $x_3^5$ | 18.96 |
| | | 人均节能环保支出 $x_3^6$ | 21.73 |
| 治理有效 $Z^4$ | 10.86 | 工业固体废物处置率* $x_4^1$ | 44.70 |
| | | 城镇基本医疗保险年末参保率* $x_4^2$ | 9.15 |
| | | 城乡居民基本养老保险参保率* $x_4^3$ | 8.68 |
| | | 城镇居民最低生活保障人数占比* $x_4^4$ | 11.23 |
| | | 农村最低生活保障人数占比* $x_4^5$ | 11.36 |
| | | 城镇登记失业率* $x_4^6$ | 14.88 |
| 生活富裕 $Z^5$ | 17.08 | 农村人均可支配收入 $x_5^1$ | 30.43 |
| | | 恩格尔系数 $x_5^2$ | 16.74 |
| | | 农村人均消费支出 $x_5^3$ | 27.29 |
| | | 城乡居民储蓄存款 $x_5^4$ | 25.53 |

注：二级指标中带 * 的指标由于县域数据难以获取，使用地市级数据代替县域数据。
资料来源：笔者根据资料整理所得。

## （三）评价结果

按照乡村振兴评价方法，基于 2017 年甘肃省县域数据资料，通过对产业兴旺、生态宜居、乡风文明、治理有效和生活富裕 5 个一级指标进行计算和分析，得出甘肃省县域乡村振兴评价结果（见表 16-4）。甘肃省 29 个县域乡村振兴评价得分整体偏低，排名前 5 位的是民勤县、迭部县、皋兰县、崇信县和永昌县，处于最后 5 位的分别是武山县、和政县、康乐县、会宁县、东乡县。

表 16-4　　　　　　　　　甘肃省县域乡村振兴评价结果

| 县域 | 生活富裕 | | 治理有效 | | 乡风文明 | | 生态宜居 | | 产业兴旺 | | 乡村振兴 | |
|------|------|------|------|------|------|------|------|------|------|------|------|------|
| | 指数 | 排名 | 指数 | 排名 | 指数 | 排名 | 指数 | 排名 | 指数 | 排名 | 指数 | 排名 |
| 崇信县 | 3.5 | 19 | 7.2 | 4 | 4.4 | 3 | 8.5 | 1 | 3.9 | 4 | 5.4 | 1 |
| 民勤县 | 8.6 | 1 | 3.2 | 23 | 3.9 | 4 | 2.7 | 25 | 7.1 | 2 | 5.2 | 2 |
| 迭部县 | 1.2 | 28 | 4.2 | 17 | 7.7 | 1 | 4.6 | 16 | 5.6 | 3 | 4.9 | 3 |
| 徽县 | 4.3 | 15 | 8.2 | 1 | 1.5 | 11 | 8.2 | 2 | 3.3 | 10 | 4.8 | 4 |
| 泾川县 | 7.3 | 3 | 7.2 | 4 | 1.9 | 9 | 6.9 | 7 | 2.0 | 17 | 4.6 | 5 |
| 皋兰县 | 5.3 | 11 | 4.5 | 14 | 2.9 | 7 | 2.6 | 26 | 7.3 | 1 | 4.6 | 6 |
| 永昌县 | 7.8 | 2 | 5.0 | 7 | 3.8 | 5 | 3.8 | 19 | 3.1 | 12 | 4.4 | 7 |
| 山丹县 | 6.8 | 5 | 4.3 | 16 | 3.4 | 6 | 4.1 | 17 | 3.9 | 6 | 4.4 | 8 |
| 华池县 | 2.9 | 24 | 5.0 | 7 | 4.4 | 2 | 5.3 | 12 | 3.9 | 5 | 4.3 | 9 |
| 文县 | 2.2 | 27 | 8.2 | 1 | 1.2 | 17 | 6.9 | 5 | 3.6 | 7 | 4.1 | 10 |
| 合水县 | 4.3 | 16 | 5.0 | 7 | 1.1 | 19 | 5.5 | 10 | 3.3 | 11 | 3.7 | 11 |
| 庆城县 | 5.3 | 10 | 5.0 | 7 | 1.2 | 18 | 5.4 | 11 | 2.5 | 14 | 3.7 | 12 |
| 清水县 | 3.6 | 18 | 3.6 | 21 | 1.3 | 15 | 7.3 | 3 | 2.0 | 18 | 3.6 | 13 |
| 礼县 | 3.4 | 20 | 8.2 | 1 | 1.0 | 20 | 6.9 | 4 | 0.7 | 29 | 3.5 | 14 |
| 秦安县 | 6.6 | 6 | 3.6 | 21 | 0.9 | 23 | 6.2 | 8 | 0.9 | 27 | 3.4 | 15 |
| 宁县 | 5.4 | 8 | 5.0 | 7 | 1.0 | 21 | 4.9 | 14 | 1.6 | 19 | 3.3 | 16 |
| 永登县 | 7.0 | 4 | 4.5 | 14 | 1.3 | 14 | 1.6 | 29 | 3.4 | 9 | 3.2 | 17 |
| 镇原县 | 5.3 | 12 | 5.0 | 7 | 1.3 | 13 | 4.9 | 15 | 1.1 | 25 | 3.2 | 18 |
| 张家川回族自治县 | 2.5 | 25 | 3.6 | 21 | 1.2 | 16 | 6.9 | 6 | 1.3 | 22 | 3.1 | 19 |
| 景泰县 | 4.8 | 14 | 3.5 | 9 | 1.9 | 10 | 2.3 | 27 | 3.4 | 8 | 3.1 | 20 |
| 武山县 | 3.9 | 17 | 3.6 | 21 | 0.7 | 26 | 5.9 | 9 | 1.5 | 20 | 3.0 | 21 |
| 甘谷县 | 5.3 | 9 | 3.6 | 21 | 0.5 | 29 | 5.3 | 13 | 1.3 | 23 | 3.0 | 22 |
| 陇西县 | 5.4 | 7 | 3.5 | 22 | 0.8 | 24 | 3.0 | 21 | 2.2 | 15 | 2.8 | 23 |
| 古浪县 | 3.0 | 22 | 3.2 | 23 | 2.5 | 8 | 2.8 | 22 | 2.5 | 13 | 2.7 | 24 |
| 和政县 | 2.3 | 26 | 3.8 | 18 | 0.6 | 28 | 3.8 | 18 | 2.2 | 16 | 2.4 | 25 |
| 临洮县 | 5.0 | 13 | 3.5 | 22 | 0.7 | 27 | 2.8 | 23 | 1.4 | 21 | 2.4 | 26 |

续表

| 县域 | 生活富裕 | | 治理有效 | | 乡风文明 | | 生态宜居 | | 产业兴旺 | | 乡村振兴 | |
|------|------|------|------|------|------|------|------|------|------|------|------|------|
| | 指数 | 排名 | 指数 | 排名 | 指数 | 排名 | 指数 | 排名 | 指数 | 排名 | 指数 | 排名 |
| 康乐县 | 3.2 | 21 | 3.8 | 18 | 0.8 | 25 | 3.5 | 20 | 1.2 | 24 | 2.3 | 27 |
| 会宁县 | 3.0 | 23 | 3.5 | 22 | 1.4 | 12 | 1.9 | 28 | 1.0 | 26 | 1.9 | 28 |
| 东乡县 | 1.0 | 29 | 3.8 | 18 | 0.9 | 22 | 2.7 | 24 | 0.8 | 28 | 1.7 | 29 |

资料来源：笔者基于 2017 年甘肃省县域数据资料整理所得。

乡村振兴二级目标排名有所不同，产业兴旺排名前 5 位的是民勤县、皋兰县、迭部县、崇信县、华池县，后 5 位的是礼县、东乡县、秦安县、会宁县、镇原县；生态宜居排名前 5 位的是崇信县、徽县、清水县、文县、礼县，后 5 位的是民勤县、皋兰县、永登县、景泰县、会宁县；乡风文明排名前 5 位的是迭部县、华池县、崇信县、民勤县、永昌县，排名后 5 位的是临洮县、和政县、甘谷县、康乐县、武山县；治理有效排名前 5 位的是徽县、文县、泾川县、礼县、崇信县，排名后 5 位的是武山县、永登县、甘谷县、康乐县、和政县；生活富裕排名前 5 位的是民勤县、永昌县、泾川县、永登县、山丹县，排名后 5 位的是东乡县、迭部县、文县、和政县、张家川回族自治县。县域乡村发展特色、优势与劣势分异比较明显，亟须差异化实施乡村振兴战略。

# 四、乡村振兴分类

在上述乡村振兴评价的基础上可将甘肃省的乡村振兴进行分类，以乡村振兴评价指数和 5 项一类指标评价指数为标准，划分为高水平—优先发展型、中等水平—均衡发展型、中等水平—特色发展型、低水平—特色发展型和低水平—均衡发展型，从发展水平和乡村振兴结构两个层面进行分类，反映乡村振兴的总体水平和 5 大指标的均衡结构。

## （一）分类

乡村振兴评价指数和相应的 5 项一级指标评价指数得分范围在 0～10 之间，根据乡村振兴评价指数测算结果，指数得分在 0～3 之间划分为低水平发展乡村振兴类型，指数得分在 3～4 之间为中水平发展乡村振兴类型，指数得分大于等于 4 的为高水平发展乡村振兴类型。运用 SPSS 10.0 对甘肃省 29 个县域的 5 项一级指标即产业兴旺、生态宜居、乡风文明、治理有效和生活富裕进行系统聚类分析，采用欧式距离测度各样本间的距离，以类间平均距离测度样本与小类、小类与小类之间的距离，得到甘肃省 29 个县域乡村振兴聚类谱系图（见图 16 - 2）。根据聚类分析的结果，结合 5 项一级指标的评价指数进行分类，将甘肃省的 29 个县域分为 5 种类型，即高水平—优化发展型、中等水平—特色发展型、中等水平—均衡发展型、低水平—特色发展型、低水平—均衡发展型。

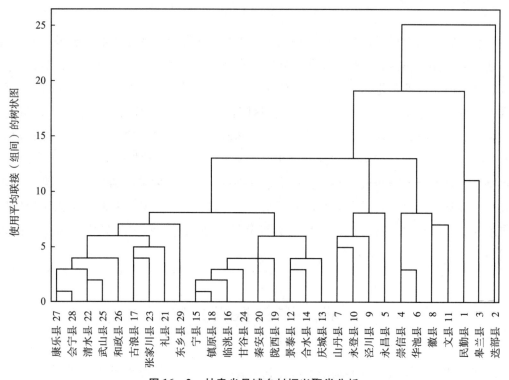

**图 16 - 2　甘肃省县域乡村振兴聚类分析**

**（1）高水平—优化发展型**

高水平—优化发展型是指乡村振兴评价指数大于 4，5 项一级指标得分均较高的县域。高水平—优化发展型包括崇信县、民勤县、迭部县、徽县、泾川县、皋兰县、永昌县、山丹县、华池县和文县 10 个县。这 10 个县产业发展水平较高，产业兴旺测算指数位居前列，产业基础较好，发展水平相对最高，产业发展带动居民增收，生活富裕程度加高，乡风文明指数也在整个甘肃省位居前列。由于甘肃省属于西部地区，气候干旱，降水量较少，对生态宜居程度造成一定影响，其余指标相对较好。从乡村振兴框架结构分析，存在发展不均衡的问题。在实施乡村振兴战略过程中，应重点发展高水平—优先发展型县域，通过发展优势带动周边县域的乡村振兴发展进程。

（2）中等水平—特色发展型

中等水平—特色发展型乡村振兴评价总体指数大于3小于等于4（3～4之间），5项一级指标中有部分指标具有一定优势，包括清水县、礼县、秦安县、宁县、永登县、张家川回族自治县和景泰县共7个县。其中，清水县、秦安县、张家川回族自治县和景泰县的治理有效指数排名在整个甘肃省评价县域中排名在前10位，县域治理水平相对较高，在乡村振兴各项指标中位居前列。秦安县、宁县和永登县的生活富裕指数排名位居甘肃省乡村振兴评价县域前10位，居民收入水平较高，生活富裕，在乡村振兴各项指标中位居前列。清水县、礼县、秦安县和张家川回族自治县的生态宜居指数在整个甘肃省评价县域中位居前10位，生态环境较好，宜居宜业，具有较大优势。综上所示，上述县域的整体乡村振兴评价指数位居评价县域中等发展水平，但每个县域均有若干一级指标，具有相应优势，是乡村振兴发展中特色优势明显的类型。

（3）中等水平—均衡发展型

中等水平—均衡发展型乡村振兴评价总体指数大于3小于等于4（3～4之间），5项一级指标发展较为均衡，没有较为突出的优势指标，发展水平呈现中等发展阶段水平，包括合水县、庆城县和镇原县，各项一级指标的评价指标排名基本在10～20位之间，发展较为均衡，特色优势不明显。

（4）低水平—特色发展型

低水平—特色发展型乡村振兴评价总体指数小于3，处于乡村振兴发展的低水平阶段，5个一级评级指标中有2个以上的评价指标具有相应优势，包括武山县、甘谷县、陇西县和古浪县。武山县、甘谷县、陇西县和古浪县的治理有效评价指标位居甘肃省评价县域前10位，乡村治理成效显著；甘谷县、陇西县生活富裕评价指标位于甘肃省评价县域前10位，居民收入水平较高，生活水平在甘肃省居于前列。古浪县乡风文明指数和武山县生态宜居评价指数均位于甘肃省前10位，两项指标发展较好，具有一定的发展优势。上述县域虽总体乡村振兴评价指数得分较低，但均有两项一级评价指标具有相应优势，发展特色较为明显。

（5）低水平—均衡发展型

低水平—均衡发展型乡村振兴评价总体指数小于3，处于乡村振兴发展的低水平阶段，5个一级评价指标均没有较为明显的发展优势和发展特色，基本处于相对均衡的发展阶段，总体发展水平不高，各项指标提升空间较大，总体属于重点提升和帮扶的乡村振兴发展类型。


## （二）分类推进乡村振兴建议

实现乡村振兴，首先要遵循乡村发展规律及地方发展实际，把握乡村的多功能性、多样性、差异性，避免发展同质化，分类施策，扎实推进乡村振兴战略。通过选择甘肃省典型县域进行考察评价，构建乡村振兴评价指标体系，聚类分析乡村发展特征类型，探讨了乡村振兴水平及类型划分。通过定性与定量分析评价，对于西部山区分类推进乡村振兴战略有以下几点建议：

### 1. 乡村振兴评价指数偏低，需要着力全面振兴乡村

甘肃省地处中国西北地区，黄土高原、内蒙古高原、青藏高原交汇之地，60%的山地和高原，山区水体流失、地质灾害严重，陇西土地沙化和荒漠化严重，草场退化、湿地锐减形势严峻，乡村振兴任务艰巨，是我国决胜全面小康社会的重点扶持地区之一。甘肃省乡村发展整体水平低，县域乡村振兴整体水平差异大，各项指标评分差异大，往往是某一项指标的发展态势好，而其他指标的发展态势较差，均存在短板问题。国家实施乡村振兴战略，针对西部地区乡村振兴短板进行政策设计和政策倾斜，在生态、产业、人才、基础设施、文化等方面的提升发展给予财政、技术支持。一般来说，位于兰州市及其辐射范围、自然资源开发比较充分、旅游文化资源开发较好的县域乡村发展较好；山高谷深、自然灾害严重、基础设施较差的县域乡村发展水平低，而这些县域往往是生态保护区，应推动实施生态产业化、产业生态化战略。

### 2. 乡村振兴区域差异明显，分类规划和实施差异化策略

甘肃省乡村振兴差异大，按照聚类分析可以分为高水平—特色发展型、中等水平—特色发展型、中等水平—均衡发展型、低水平—特色发展型和低水平—均衡发展型5种类型。按照习近平总书记强调的"遵循乡村发展规律，规划先行，分类推进，精准施策"[①]。在实施乡村振兴战略中，省域统筹和加强责任管理，以县域为评价单位，以乡镇村为差异化实施单元，分区分层进行乡村振兴评价，分类制定乡村振兴规划和差异化策略。针对甘肃省乡村振兴，高水平—优先发展型应重点加大投入，通过高水平—优先发展县域的乡村振兴发展带动周边县域的发展，同时对于发展的短板需重点提升，不断完善乡村振兴各个层面的发展；中等水平—特色发展型县域，在进一步充分发挥比较优势下，客观识别发展短板要素，加快补齐短板；中等水平—均衡发展型县域，应全面提升发展水平和有效协调好生态—经济—社会的协同发展；低水平—特色发展型县域，着力解决乡村振兴薄弱环节基础上提升发展水平。低水平—均衡县域应全面系统考察发展基础环境，客观判断各县域资源禀赋，凭借国家乡村振兴战略机遇，以持续脱贫和提高人民生活水平为目标，全面设计乡村振兴战略实施方

---

① 新华社. 习近平对实施乡村振兴战略作出重要指示［N/OL］. http：//www. gov. cn/xinwen/2018 - 07/05/content_5303799. htm. 2018 - 7 - 5.

案，坚持以创新引领跨越发展，充分发挥后发优势。

### 3. 因地制宜挖掘优势资源，尽快补齐短板

乡村振兴水平区域差异化明显，优势资源要素及短板各不相同。在实施乡村振兴战略中，乡村发展水平高的地区要进一步发挥优势资源作用，加快农业农村现代化步伐，对于发展水平偏低的乡村，注重后发优势作用，优先补齐短板，挖掘和塑造优势资源，尽快嵌入乡村振兴潮流中。从甘肃省乡村振兴评价来看，综合评价排在第 2 位的迭部县，生活富裕排名第 28 位；综合排名第 4 位的崇信县，生活富裕排名第 19 位；综合排名第 6 位的华池县，生活富裕排名第 24 位，说明乡村居民人均可支配收入、恩格尔系数、居民人均消费支出及储蓄存款水平较低，增加乡村居民的实际收入是第一要务。此外，县域产业兴旺、生态宜居的短板也十分明显，西部山区生态系统脆弱，生态环境保护与经济社会发展的协调非常重要，要加强示范引领，切实践行"绿水青山就是金山银山"。

### 4. 加强城乡融合，乡村振兴类型与村庄发展类型相协调

乡村振兴分类是基于乡村地域空间系统综合产业、生态、乡风、治理及村民生活富裕而进行的分类，村庄分类更侧重于农村居民点。中央出台的《乡村振兴战略规划（2018—2022 年）》和《关于统筹推进村庄规划工作的意见》明确将乡村分为集聚提升类村庄、城郊融合类村庄、特色保护类村庄和搬迁撤并类村庄。不同发展水平乡村面临不同类型村庄，这需要不同的乡村振兴道路与村庄治理类型相协调。在县域乡村振兴评价基础上，进一步开展村庄发展类型的科学识别，促进城乡融合，优化要素供给，"一村一策"优化人居环境，实现不同类型村庄的分层、分类治理，促进乡村的全面振兴。

## 参 考 文 献

［1］陈文盛，范水生，邱生荣，郑金贵. 福建省乡村发展水平及主导类型划定［J］. 地域研究与开发，2016，35（5）：143－148.

［2］陈秧分，黄修杰，王丽娟. 多功能理论视角下的中国乡村振兴与评估［J］. 中国农业资源与区划，2018，39（6）：201－209.

［3］董光龙，许尔琪，张红旗. 华北平原不同乡村发展类型农村居民点的比较研究［J］. 中国农业资源与区划，2019，40（11）：1－8.

［4］郭翔宇，余志刚，李丹. 社会主义新农村的评价标准、指标体系与方法［J］. 农业经济问题，2008（3）：73－76.

［5］韩欣宇，闫凤英. 乡村振兴背景下乡村发展综合评价及类型识别研究［J］.

中国人口·资源与环境，2019，29（9）：156 – 165.

[6] 金成晓，邵鲁，余志刚.改革开放 30 年我国农村建设成就——一个综合评价模型及其应用 [J].山西财经大学学报，2008（11）：36 – 40.

[7] 李贵才，朱倩琼，刘樱，周钰荃.广州市乡村发展类型及演化模式 [J].地域研究与开发，2018，37（4）：156 – 161.

[8] 李琳娜，璩路路，刘彦随.乡村地域多体系统识别方法及应用研究 [J].地理研究，2019，38（3）：563 – 577.

[9] 刘倩，张国春.低碳型新农村发展综合评价研究——以河北省保定市为例 [J].广东农业科学，2013，40（7）：215 – 218.

[10] 刘彦随.中国新时代城乡融合与乡村振兴 [J].地理学报，2018，73（4）：637 – 650.

[11] 刘玉，唐林楠，潘瑜春.村域尺度的不同乡村发展类型多功能特征与振兴方略 [J].农业工程学报，2019，35（22）：9 – 17.

[12] 龙花楼，邹健，李婷婷，等.乡村转型发展特征评价及地域类型划分——以"苏南—陕北"样带为例 [J].地理研究，2012（3）：495 – 506.

[13] 孟欢欢，李同昇，于正松，等.安徽省乡村发展类型及乡村性空间分异研究 [J].经济地理，2013（4）：144 – 148.

[14] 汤惠君，张效军，欧阳孔仁.社会主义新农村建设：评价理论与方法——以广东省为例 [J].经济地理，2009，29（5）：794 – 798.

[15] 王富喜.山东省新农村建设与农村发展水平评价 [J].经济地理，2009，29（10）：1710 – 1715.

[16] 王晓丽，吴蕾.吉林省社会主义新农村建设综合评价分析 [J].人口学刊，2009（3）：17 – 23.

[17] 王学军，陈武.社会主义新农村建设过程评价的实证研究 [J].中国人口·资源与环境，2009，19（1）：13 – 19.

[18] 韦家华，连漪.乡村振兴评价指标体系研究 [J].价格理论与实践，2018（9）：82 – 85.

[19] 魏耀华，陈荣蓉，杨朝现，信桂新.丘陵区村域乡村性空间分异及发展类型研究——以重庆市荣昌区为例 [J].地域研究与开发，2019，38（3）：170 – 175.

[20] 文琦，郑殿元.西北贫困地区乡村类型识别与振兴途径研究 [J].地理研究，2019，38（3）：509 – 521.

[21] 闫周府，吴方卫.从二元分割走向融合发展——乡村振兴评价指标体系研究 [J].经济学家，2019（6）：90 – 103.

[22] 张广胜，邹顺桥.新农村建设绩效检验及评价——基于对辽宁 45 个乡镇新

农村建设情况的调查［J］．财经问题研究，2012，344（7）：118-123.

　　［23］张磊．新农村建设评价指标体系研究［J］．经济纵横，2009（7）：67-70+29.

　　［24］张挺，李闽榕，徐艳梅．乡村振兴评价指标体系构建与实证研究［J］．管理世界，2018，34（8）：99-105.

　　［25］周游，李升松，周慧，魏博阳．乡村空间分类量化评价体系构建及南宁实践［J］．规划师，2019，35（21）：59-64.

# 后　记

　　本书力求科学阐释习近平乡村振兴战略思想理念，求真务实探讨西部山区发展不平衡不充分突出问题和薄弱环节，揭示乡村振兴战略学理逻辑，探索乡村振兴战略内生动力及实践路径。乡村振兴战略是党和国家的重大决策部署，是一项复杂系统工程，需要对"产业兴旺、生态宜居、乡风文明、治理有效、生活富裕"进行统筹，既要在统筹谋划、科学推进中具有长远性和全局性，又要因地制宜、精准施策和有序推进。以西部山区为对象，进行实地调查和开展实证研究，仅仅是乡村振兴战略研究的一个区域视角，以"人、业、地、财"为主线，以提升地方品质为内在要求来研究实施乡村振兴战略问题，既不能全面涵盖乡村振兴战略这个复杂大系统，也不能完全书写乡村振兴战略这一篇章。实施乡村振兴战略是一项长久的重大工程，乡村振兴战略研究需要持续开展更广泛的调查分析，需要广大学者们长期的共同努力。

　　本书在杨开忠教授统领指导下完成。彭文英教授负责第一、第四、第五篇，颜燕老师负责第三、第四篇。第一章主要由彭文英、何晓瑶撰写；第二章主要由李迎晨、李碧君撰写；第三章主要由彭文英、刘丹丹撰写；第四章主要由颜燕、刘丹丹、李迎晨撰写；第五章主要由陈润羊、颜燕、宁煊撰写；第六章主要由颜燕、宁煊撰写；第七章主要由颜燕、刘丹丹撰写；第八章主要由杨开忠、颜燕、刘丹丹撰写；第九章主要由杨开忠、颜燕撰写；第十章主要由王建强撰写；第十一章主要由彭文英、范玉博撰写；第十二章主要由范玉博、彭文英、尉迟晓娟撰写；第十三章主要由何晓瑶、范玉博、刘灿撰写；第十四章主要由范玉博、王建强、尉迟晓娟撰写；第十五章主要由何晓瑶撰写；第十六章主要由王瑞娟撰写。刘灿、李碧君负责总体文本编撰和校对。首都经济贸易大学的祝尔娟教授、安树伟教授、叶堂林教授、吴康教授、周伟副教授及硕士研究生李瑶，发展和改革委员会宏观研究院马燕坤，中国城市建设研究院有限公司高见，兰州财经大学陈润羊，北京服装学院戚晓旭等参与前期实地调查和分析研究。在实地调查研究中，得到了甘肃省天水市及甘谷县政府的大力支持和帮助。在此一并致谢。